四川证券市场发展研究

——历史演进与制度变迁

唐军 著

当代四川史编委会重大课题

法律出版社 | LAW PRESS | 北京

图书在版编目（CIP）数据

四川证券市场发展研究 ：历史演进与制度变迁 / 唐军著. -- 北京 ：法律出版社，2025. -- ISBN 978 - 7 - 5244 - 0649 - 5

Ⅰ. F832.771

中国国家版本馆 CIP 数据核字第 2025DD0260 号

四川证券市场发展研究

——历史演进与制度变迁

SICHUAN ZHENGQUAN SHICHANG FAZHAN YANJIU

—LISHI YANJIN YU ZHIDU BIANQIAN

唐 军 著

策划编辑 徐 菲
责任编辑 徐 菲
装帧设计 贾丹丹

出版发行 法律出版社
编辑统筹 法律出版社
责任校对 王晓萍
责任印制 胡晓雅
经 销 新华书店

开本 710 毫米 × 1000 毫米 1/16
印张 25.25 **字数** 378 千
版本 2025 年 8 月第 1 版
印次 2025 年 8 月第 1 次印刷
印刷 北京建宏印刷有限公司

地址：北京市丰台区莲花池西里 7 号（100073）
网址：www.lawpress.com.cn
投稿邮箱：info@lawpress.com.cn
举报盗版邮箱：jbwq@lawpress.com.cn
销售电话：010 - 83938349
客服电话：010 - 83938350
咨询电话：010 - 63939796

书号：ISBN 978 - 7 - 5244 - 0649 - 5
定价：102.00 元

凡购买本社图书，如有印装错误，我社负责退换。电话：010 - 83938349

序　言

满眼生机转化钧，天工人巧日争新。亘古至今，人类不断超越自我，书写属于自己的历史篇章，而创新正是其原动力。被称为“天府之国”的四川，因物产丰富、商贸发达，历来就在中华历史发展中占有重要位置。四川人民在长期的社会实践中创造了自己独特的地域文化。特别是在金融领域，根据不同历史时期之需所进行的创新，在中国乃至世界亦无成例可援。四川历史上的金融创新文化不仅在四川社会和经济等方面发挥了重要作用，也在全国范围内引领示范。邓通钱、直百五铢钱、同盛井约、川汉铁路股票、成都工展股票等记录了四川在不同历史时期的重大变革，展现了四川人民锐意进取、勇于创新之精神。

西汉时，邓通为适应当时经济发展之需，铸造了足值四铢半两之钱币，其广泛行用，并赢得了“邓通钱，布天下”之美誉。在北宋时期，王昌懿等联保发行了世界上第一张纸币——交子。[1] 之后,政府将交子发行权收为官办,并建立了一套严格的管理制度,包括发行额、准备金、流通时间、兑换办法以及流通地域等。[2] 四川自贡盐业历史上的同盛井约虽与现代股票有所区别,却亦包括了参与性、营利性、风险性、稳定性和不可偿还性等现代股票之表征。这份井约记录了当时自贡地区商贾和地主在井盐开采中的合作实践,他们通过有效地配置资本、土地等资源,实施了一种"契约股份合作制"。这一制度为四川自贡地区的盐业开采提供了合理的资源配置模式。这份井约揭示了我国企业股份制度的历史渊源。与日本明治六年(1873 年)诞生的第一国立银行相比,我国的股份制度提前了 106 年。在清朝光绪年间,川汉铁路公司向全川发行股票以募集股金。这一融资活动持续了 6 年,募集了一千多万两股银,成为中国历史上规模空前的融资事件。在 20 世纪 80 年代初,成都适应中国改革开放之新形势,取得了一系列重要的创新成就。其中最具代表性的是成都市工业展销信托股份公司发行股票,这是中国改革开放后的第一张法人股股票。而作为 1949 年后中国第一家民营银行的成都汇通城市合作银行,其更是发行了中华人民共和国第一张银行股票。这些举措开创了全国之先河,为中国证券业和银行业的改革开放作出了开创性贡献。此外,在发行公众股股票方面,四川的上市公司在 20 世纪 90 年代初期创下了全国最多的记录,为四川的股票市场奠定了基础。红庙子自发股票市场的出现,又一次展示了四川人民在改革开放中锐意前进、勇于实践之创新精神。

事物之演变以及它们的兴衰有其固有规律。回溯历史,让我们有了系统研

---

〔1〕 交子的起源与背景:一是实物货币向纸币的转变。在宋元之前,中国和世界其他国家都使用实物货币,中国主要依赖一般金属铸币。然而,随着商品经济的发展,特别是北宋时期经济的货币化程度大幅提升,对货币的需求急剧增加。铜钱铸造量剧增,但仍难以满足需求。二是四川地区的特殊需求。四川地区当时使用铁钱,铁钱分量重、价值低,给大宗贸易造成巨大困难。因此,民间开始寻求替代方案,纸币交子应运而生。北宋真宗年间,四川民间出现了用纸印制的货币代用品,即私交子。这些私交子由民间商户发行,但由于缺乏监管和信用保障,存在诸多争议。为了解决私交子带来的问题,真宗咸平六年(公元 1003 年),张咏担任益州知府时,从众多交子户中精心遴选了以王昌懿为首的 16 户信誉良好、财力雄厚的商户,作为交子特许经营户。这 16 户商户在官方的认可下,严格监督管理交子的印制、发行和运营,保证了交子的自由交换。

〔2〕 随着私交子的发展,其信用问题逐渐凸显。大中祥符年间(1008 ~ 1016 年),由于富商衰败,交子不能兑现,政府决定接管交子的发行和管理。天圣元年(1023 年),朝廷设置交子务,开始发行官交子。交子务作为国家发行、管理交子的特设机构,其设立标志着交子从民间自发印制转变为政府官方发行,对后世货币制度的发展产生了深远影响。

究四川证券市场发展规律的初心。这种总结对于建设创新型国家、继承和弘扬自主创新精神、贯彻科学发展观具有重要的时代意义。在新的历史条件下,经济建设中的各类问题频繁出现,虽然我们不能从过去的历史中找到既有之答案,但可以研究历史,总结其规律,为现实社会经济发展提供有益之镜鉴。

整体而言,1949 年之前,四川证券市场的发展受到政治、经济和社会等多重因素的制约,发展缓慢、规模有限。1949 年之后,由于计划经济等,四川证券市场处于踪迹难寻之境。改革开放后,四川证券市场在国家政策推动下逐渐恢复和发展,为四川经济的发展提供了重要支撑。2012 年之后,四川证券市场得到了长足发展,成为中国西部地区最具影响力的证券市场之一。通过对四川证券市场发展历程的研究,可以更好地理解中国证券市场的发展和变革。本书章节内容包括我国证券市场发展概述、四川股票市场、四川债券市场、四川期货市场、四川证券投资基金业、四川证券衍生品市场、四川证券交易平台建设与发展、四川上市公司的发展与演变、四川证券业协会、四川证券业监管的发展与演变等。每一章节都对相关主题进行深入研究与分析,以期能够全面、客观地呈现四川证券市场的发展历程、现状和趋势。本书乃第一部全面系统研究四川证券发展历程的著作,时间跨度从清末到 21 世纪的中上叶。本书力求突出史学价值和规律价值,以理论性和历史性相结合,对四川证券市场的发展历程进行系统、全面的研究和总结。通过揭示四川证券市场的发展现状与趋势,探其潜力而察其挑战,以飨从业者、学者及政策制定之士,俾得参考之益;亦冀促四川省证券市场之兴,兼助中国西部资本市场之建设,以收积极之效。

值得一提的是,此书之缘起,乃因侯水平教授对笔者之指导。承教之后初拟章节,经侯教授指导,敲定章节,遂请侯教授 2020 级学生相助,收集相关资料。然历时近一载,进展缓慢,所集资料仅 12 万余字,且大多数据不准确,不堪使用(此次成稿中,未采用此 12 万余字之数据资料)。数月后,偶遇侯水平教授,询问进度如何?笔者答曰:非已搁置乎?随后,笔者另觅 2021 级同学,请其协助收集各章所需资料。又历数月,2021 级同学共集 14 万余字之资料(其中,部分数据被笔者采用)。于是,笔者据 2021 级同学所供资料,并自收集阅览数百万字之文献,又历时近两载,始成初稿 50 万字,再经一年数月之修正,最终定稿近40万字。在此，特感谢侯水平教授之督责，亦感谢2021级诸位同学及吾之学生之鼎力相助，若无尔等支持，笔者实难以完成本次撰写。

回顾本次成稿，于本书撰写之过程中，资料收集，乃一项困难而重要之工作。四川证券市场之发展历程，所涉及之文献广博而复杂，且因历史因素及信息不完备，梳理之困难甚大。为求精准，笔者于众多文献基础上，经过大量调研与整理，历时累年，屡易其稿，终得以成形。由于编撰、校对等工作量巨大，引用文献难免有遗缺之处，望请见谅。在此，对广大之文献作者以及为本书撰写提供数据和支持之各方，感涕之至，无以言表。

——作者于成都百花潭

目录

绪论

第一章 我国证券市场发展概述

第二章 四川股票市场

第三章 四川债券市场

第四章 四川期货业市场

第五章 四川证券投资基金业

第六章 四川证券衍生品市场

第七章 四川证券（产权）交易平台

第八章 四川上市公司

绪　论

一、证券与证券市场的一般理论

(一)证券的定义及类型化

1. 证券的定义

(1)从比较法的角度看证券定义之模式

谓证券之概念界定,是我们理解证券发展历史之起点与基础。证券乃一金融术语,其内涵广泛,用以描述诸多投资,包括股票、债券、票据及有限合伙权益等。[1]"证券"一词指一种可替代、可转让之金融工具,具有一定货币价值。证券可以代表以股票、与政府机构之债权关系或以拥有该实体之债券为典型之公司所有权;或由期权所代表之所有权。证券之定义本身为一极为抽象之概念,当前,世界各国对证券之定义模式主要有两种:一是立法列举模式;二是立法列举与行政或司法认定相结合之模式。

立法列举模式,谓立法机关在制定证券法律法规过程中明确规定证券之范围,并对相应概念作立法上之解释。采取

---

〔1〕 虽然"证券"一词通常与股票、债券和类似工具联系在一起,但美国最高法院对该词给出了更广泛的解释。1946 年,美国证券交易委员会诉豪伊案中,法院认定原告出售土地和农业服务构成了"投资合同",尽管没有股票或债券的痕迹。

此种模式之国家主要有:英国、欧盟成员国、新加坡、澳大利亚等。例如,英国《2000年金融服务和市场法案》(Financial Services and Markets Act 2000)采用"集合投资计划"(Collective Investment Schemes)的概念,[1]其将证券定义为,与包括金钱在内的任何财产相关的安排,该财产(不一定是受英国金融行为监管局[2]监管的投资,可以是任何类型的财产)必须由该计划的运营者或其代表整体管理。然而,运营者需获得英国金融行为监管局之授权。参与者通过收购、持有、管理或处置财产而获得利润或收入。这意味着证券是一种投资工具,投资者通过参与某种安排或计划获得经济利益;[3]或参与者的出资和从中获得的利润或收入汇总。这意味着投资者的资金被集中起来,用于共同投资,并从共同的利润或收入中获得分配等特征。[4] 这种集合投资计划对结构没有限制,并且该安排可能涉及合同、合伙企业、信托或开放式投资公司。集合投资计划的投资者必须能够随时提取他们的财产;管理职能必须限于代表不同投资者批量买卖投资。英国《2000年金融服务和市场法案》包含一些除外条款,例如,该法案附表第1部分排除了投资者保留其投资组合所有权但全部使用同一投资经理服务的安排,但须符合以下条件:投资者必须能够在任何时候撤回他们的财产;不得将捐款、利润或收入集中在一起;管理职能必须限于代表各种投资者购买和出售大宗投资。适用除外条款的投资包括:股份、债券、政府和公共证券、认股权证、代表证券的证书、授权单位信托或认可集合投资计划中的单位和长期保险合同下的权利。

立法列举与行政或司法认定相结合模式,即国家既通过立法列举部分证券之定义和范围,也通过行政或司法机构对其他形式之权益进行认定。此种模式下,立法列举之证券较为明确,而其他形式之权益可能需经行政或司法机构认定方可视为证券。例如,某些国家将衍生品等其他金融产品视为证券,但需要由相关机构认定其是否符合证券定义和特征。[5]

---

[1] 亦有学者认为,一般而言,集合投资计划通常被称为"投资基金""共同基金"或简称为"基金"。它们投资于资产,如债券、股票或现金权益。基金拥有的集体资产被称为投资组合,它们由专业的基金经理管理。

[2] 英国金融行为监管局(Financial Conduct Authority,FCA)。

[3] 参与者的出资以及从这些出资中支付的收入或利润必须合并(包括资产的混合或共同混合或资产的集体受益所有权)。

[4] 参见英国《2000年金融服务和市场法案》第235条。

[5] 参见柯达:《区块链数字货币的证券法律属性研究——兼论我国〈证券法〉证券定义的完善》,载《金融监管研究》2020年第6期。

(2)我国对证券之定义

我国《证券法》颁行之前,学者研究主要集中于何谓有价证券上。例如,《法学词典》对有价证券的定义强调了有价证券的财产性质和权益的不可分割性。有价证券可以是股票、债券、期权等金融工具,其核心是代表权益和财产权益。这个定义亦与证券市场上有关交易和权益转移的法律规定密切相关。其一,表示财产权。有价证券上明确记录了权利人或执票人的财产权益。这意味着持有该证券的人拥有与证券上所载权益相关的特定财产权利。其二,权利与证券不可分离。有价证券上所表示的权利与证券本身是不可分割的。这意味着行使和转移权利时,需要依据证券的提示或交付来完成。换言之,持有人只有通过持有、展示或交付实际的有价证券才能行使和转移相关权利。1998 年,我国颁布了第一部《证券法》。1998 年《证券法》采取了较为狭隘的证券定义,其第 2 条规定:"在中国境内,股票、公司债券和国务院依法认定的其他证券的发行和交易,适用本法;本法未规定的,适用公司法和其他法律、行政法规的规定。政府债券的发行和交易,由法律、行政法规另行规定。"1998 年《证券法》立法时,将证券的范围限定在"股票""公司债券""国务院依法认定的其他证券"等类别。这一限定乃基于我国证券市场的实践基础和现实条件,并结合我国需求选择适合的证券种类而制定的,而不是简单照搬外国做法。然而,根据市场发展的实践情况,《证券法》在 2005 年修订时对证券的范围进行了重新界定,且扩大了其涵盖的范围。这意味着法律对证券的定义和类别作出了调整,以适应我国证券市场的发展和需求。2025 年《证券法》第 2 条规定:"在中华人民共和国境内,股票、公司债券和国务院依法认定的其他证券的发行和交易,适用本法;本法未规定的,适用《中华人民共和国公司法》和其他法律、行政法规的规定。政府债券、证券投资基金份额的上市交易,适用本法;其他法律、行政法规有特别规定的,适用其规定。证券衍生品种发行、交易的管理办法,由国务院依照本法的原则规定。"2020 年 3 月 1 日起正式施行的《证券法》经过 2013 年、2014 年两次修正和 2019 年的再次修订,依然采取了"立法列举"与"行政认定"相结合的模式。这种模式意味着法律明确列举了一些具体的证券类别,同时亦留有行政机关根据实际情况进行认定之空间。这样的做法有助于适应证券市场之发展变化,并灵活调整证券的内涵与外延。因此,根据 2020 年《证券法》,证券的范围相较于 1998 年《证券法》已经扩大,且在修订过程中逐渐发展和完善。[1] 2020 年《证券法》第 2 条第 1、2 款规定:“在中华人民共和国境内,股票、公司债券、存托凭证和国务院依法认定的其他证券的发行和交易,适用本法;本法未规定的,适用《中华人民共和国公司法》和其他法律、行政法规的规定。政府债券、证券投资基金份额的上市交易,适用本法;其他法律、行政法规另有规定的,适用其规定。资产支持证券、资产管理产品发行、交易的管理办法,由国务院依照本法的原则规定。”

综上所述,本书认为,证券乃证明持券人享有某种特定权益之法律凭证。[2] 循我国 2020 年《证券法》之观点,所谓证券,乃指股票、公司债券、存托凭证、政府债券、证券投资基金份额、资产支持证券、资产管理产品以及国务院依法认定之其他证券。

2. 证券的类型

一般而言,证券可以分为三种类型:股票、债券和衍生品。但根据不同的标准,证券有不同的分类。

(1)证券分类:广义、狭义与其他分类(见表 0 – 1 ~ 表 0 – 3)

表 0 – 1　广义的证券:资本证券、货币证券和商品证券

项目	内容
资本证券	信托资产中与信托发行的普通证券享有同等权益的未分割实益权益。但前提是,在违约事件发生和持续时,该等普通证券持有人在清算、赎回和其他方面的分配和付款的权利从属于该等资本证券持有人的权利。就任何人士而言,该人士资本的所有股份、权益、参与或其他等价物(无论指定如何,无论是否有投票权),无论是现在发行的、还是在本协议日期之后获得的,包括普通股、优先股、有限责任公司的成员权益,合伙企业中的有限或普通合伙权益或任何其他同等所有权权益。资本证券持有人有一定的收益请求权,它分为股权证券和债权证券。股权证券是代表持有人对“发行人净资产具有一定比例所有权”的一种权利证券,实质上是一种所有权证书。普通股股票、优先股股票都属于股权证券。债券证券是代表“发行人债务”和“持有人债券”债权的一种权利证券,发行人在债务证券到期后必须偿还债务。商业本票、国库券、国库票据、国债、市政债券、公司债和房产按揭债券都属于债务证券

〔1〕 参见朱文浩、孙全富:《改革开放四十年与“证券”定义研究》,载《金融服务法评论》2019 年第 1 期。

〔2〕 证券是表明持券人拥有证券权利的凭证。对于自由流通的证券而言,法律推定持券人即为所有人,谁持有就意味着谁可能成为该证券的权利人,可以依照券面记载的内容行使权力。

续表

项目	内容
货币证券	具有与货币相类似的支付、结算、流通和信用等核心功能的证券。它们在一定范围内可以代替实际货币的使用,广泛应用于单位之间的商品交易、劳务报酬的支付和债权债务的清算等经济活动。货币证券的典型形式包括期票、汇票、本票和支票。这些形式的货币证券具有不同的特点和用途。期票是一种指定日期到期的可转让债务凭证,用于支付或兑现到期金额。汇票是一种由债务人签发并指示受款人向第三方支付一定金额的票据。本票是由债务人签发并对持票人承诺支付一定金额的票据。支票是一种债权凭证,持票人可以通过银行直接兑现或转账的方式支付金额。货币证券主要分为商业证券和银行证券两类。商业证券包括商业汇票和商业本票,用于商业领域的支付和结算。商业汇票是商业实体签发的支付指示,要求付款人向受益人支付一定金额。商业本票是商业实体签发并承诺支付一定金额的票据。银行证券包括银行汇票、银行本票和银行支票,是银行作为发行人发行的具有货币支付功能的证券。货币证券在商业信用和经济往来中发挥着重要作用。它们为单位之间的交易提供了方便和灵活的支付方式,有助于促进经济活动的顺利进行。同时,货币证券亦具有一定的信用风险,需要发行人和持有人共同维护和管理
商品证券	与商品或商品指数相关的证券,代表着持有人对商品的所有权或使用权。它可以包括期货、期权、交易所交易基金等产品。商品证券的价格通常与特定商品价格相关,如黄金、原油、铜等大宗商品。投资者可以通过购买商品证券来参与商品市场,实现投机、风险管理或投资组合分散的目的。然而,商品证券的价格波动较大,投资者需要注意风险管理。商品证券的买卖通常在交易所进行,投资者需要了解市场情况和交易策略,以便作出正确的投资决策

表 0-2 狭义的证券:产权市场产品、债券市场产品和衍生市场产品

项目	内容
产权市场产品	产权市场是以产权为交易对象的市场,其中包括企业兼并、出售、拍卖、租赁、股权转让、闲置资产调剂等产权交易。在这个市场中,参与者可以买卖各种类型的产权,以实现其自身的经济利益。一是企业兼并是产权市场中常见的交易形式之一。[①]企业兼并是指一个企业通过购买或合并其他企业的股权或资产,来扩大自己的规模或实现某种经营战略目标。企业兼并的交易通常需要通过产权市场来进行,其中买方可以通过购买目标企业的股权或资产来获取控制权。二是产权市场亦是企业出售股权或资产的重要渠道。企业可能出售部分或全部的股权或资产,以获得现金流或重组资本结构。这些交易可以通过产权市场进行,以吸引潜在买家,并为卖方提供合适的价格和交易条件。三是拍卖是产权市场中常见的交易方式之一。拍卖可以用于出售企业的股权、资产或其他产权。在拍卖中,卖方将产权提供给潜在买家,通过竞价来确定最终的交易价格。拍卖可以提供一个公平和透明的市场环境,吸引更多的买家参与并获得较高的交易价格。四是产权市场还可以用于租赁和股权转让。租赁是指产权的暂时性转让,租赁方支付一定的租金以使用产权。股权转让则是指股东将其所持有的股权转让给其他人。这些交易均可以通过产权市场来进行,以满足租赁方和买方的需求。五是产权市场还可以用于闲置资产的调剂。闲置资产指的是企业

续表

项目	内容
	或个人拥有但未充分利用的资产。通过产权市场,闲置资产的所有者可以将其转让给有需求的买家,从而实现资产利用的最大化,同时获得经济回报
债券市场产品	债券乃典型之证券形式。债券乃一种借贷工具,由债务人(借款人)发行,债权人(投资者)购买。首先,债券市场为债务人提供了融资渠道,同时亦为投资者提供了稳定的收益和投资选择。债券市场为债务人提供了融资渠道。企业、政府和其他机构可以通过发行债券来筹集资金。债券发行者承诺在特定的时间里支付利息,并在到期日偿还本金。债券的发行额度、利率和到期日等信息在债券市场上公开,投资者可以根据自身需求来购买债券,从而为债务人提供了稳定的融资来源。其次,债券市场为投资者提供了稳定的收益和投资选择。债券通常有固定的利率和到期日,这使投资者可以预先了解到投资期限内的回报。相比于股票市场的风险而言,债券市场向投资者提供了更加稳定的投资选择。最后,债券市场亦提供了多样化的投资品种,包括政府债券、公司债券、可转换债券等,投资者可以根据自己的风险偏好和投资目标选择适合的债券投资。债券市场的发展亦对金融市场的稳定和经济发展有着积极的影响。债券市场的活跃程度反映了经济的状况和信心水平。当债券市场健康发展,投资者对于债券的需求增加,债券价格上涨,市场利率下降。这不仅为债务人降低了融资成本,也为其他金融机构降低了借贷成本。此外,债券市场亦为投资者提供了多样化的投资选择,促进了资本的流动和配置,对于经济的稳定和发展起着重要作用
衍生市场产品	衍生市场产品乃金融市场中的一类金融工具,其价格是由基础资产的价格衍生出来的。这些基础资产可以是股票、债券、商品、货币、指数等。衍生市场产品的特点是其价值来源于基础资产,而不是直接拥有基础资产本身。衍生市场产品包括期货合约、期权合约、互换合约和其他复杂的结构化产品。这些产品在金融市场中起到了多种功能,如风险管理、投机和套利等。首先,衍生市场产品在风险管理方面发挥着重要作用。例如,期货合约可用于对冲价格波动风险。一个生产商可以在购买原材料之前,通过期货市场上购买合适的期货合约来锁定未来的价格,以免在价格上涨时面临成本上升的风险。同样,投资者亦可以利用期权合约来保护其投资组合免受价格波动的影响。其次,衍生市场产品提供了投机和套利的机会。投资者可以通过买进或卖出衍生市场产品来获利。例如,投资者可以通过期货合约进行多头或空头交易,以赚取价格上涨或下跌的差价。此外,投资者还可以利用期权合约进行套利交易,从不同市场间价格的差异中获取利润。衍生市场产品还可以用于资产配置和投资组合多样化。由于衍生市场产品具有杠杆效应,投资者可以通过少量的资金来获取更大的市场暴露。这使得投资者可以根据自己的投资目标和风险偏好,将衍生市场产品作为投资组合的一部分,以实现更好的风险收益平衡。需注意的是,衍生市场产品由于其复杂性和杠杆效应,亦存在一定的风险。投资者在使用衍生市场产品时应具备充分的了解和知识,并严格控制风险;监管机构亦应对衍生市场产品进行监管,以维护市场的稳定

①此处所指的"企业兼并"是从狭义的角度来探讨的。公司法上的企业合并可以分为新设合并、吸收合并和控股合并。本处所指的企业兼并属于企业合并中的控股合并。

表 0－3 其他分类：债务证券、股权证券、衍生证券、混合证券

项目	内容
债务证券	大多数债务证券是向公司或政府发放的贷款，如公司债券、政府债券、定期存单和抵押证券，本质上与贷款功能类似，通常赋予其持有者定期支付利息和偿还本金的权利（无论发行人的业绩如何），以及任何其他规定的合同权利（不包括投票权）。它们的发行期限通常是固定的，到期后可由发行人赎回。债务证券投资者将本金借给另一方，借方有义务按协议规定定期支付预定的利息。一旦债务证券到期，借款人必须全额偿还本金。债务证券可以有担保（由抵押品支持）或无担保，如果有担保，在破产情况下，债务证券可以在合同中优先于其他无担保的次级债务。债务证券为公司、政府和其他实体提供了从公众筹集资金的机会，亦为投资者提供了利息收入的来源。债务证券的收益率通常取决于借款人的可靠性或信用评级
股权证券	亦称为"权益性证券"。股权证券代表股东在一个实体（公司、合伙企业或信托）中持有的所有权权益，以股本的形式实现，包括普通股和优先股。股权证券的持有者通常无权获得定期分红，尽管股权证券亦会支付股息，但当持有者出售证券时，其可以从资本利得中获利（前提是它们处于增值的情况）。股权证券使股东通过投票权按比例获得对公司的一定控制权。但在破产的情况下，他们只分享所有债务支付给债权人后的剩余利益，有时以实物支付的形式提供，一般涉及公司或其他实体的部分所有权。最常见的股权证券是上市公司的股票。共同基金的股份和纯股票型交易所交易基金的股份亦被认为是股票证券，而购买债务证券的投资者通常是为了获得固定的利息，这与股权证券存在区别
衍生证券	这是一种金融合约，其价格由某些标的资产的价值决定，如股票、债券或商品。交易最普遍的衍生品包括看涨期权和看跌期权，前者在标的资产升值时增值，后者在标的资产贬值时增值。衍生证券是从另一种资产（如股票或商品）中获取价值的证券。衍生品通常是两方之间的合同，规定了在给定一组特定条件的情况下资产交换的条款。常见的衍生证券包括期货合约、期权合约和掉期合约。投资者可以使用衍生品来降低风险或通过标的资产的价格变化进行投机。期货合约是在未来某一天以预定价格买入或卖出资产的协议。期权合约与期货合约相似，但它们只给予买方完成交易的权利，而不附加义务。掉期合约是一种双方同意交换两种不同金融工具的现金流或负债的协议。这些复杂的证券以基础股票、债券或其他资产的价值为基础。它们允许交易员以较低的投资获得比购买资产本身价值更高的回报，但这种杠杆作用亦使投资者面临很大风险
混合证券	顾名思义，此种证券结合了债务证券和股票证券的某些特征，是一种组合了两种或两种以上不同金融工具的单一金融证券。最常见的混合证券类型包括认股权证（公司自己发行的期权，赋予股东在一定期限内以特定价格购买股票的权利）、可转换债券（可以转换为发行公司普通股的债券）和优先股（支付利息、股息或其他资本回报可优先于其他股东的公司股票）。可转换债券，它具有普通债券的特征，但受到可转换股票价格波动的严重影响。如可转换债券或股权认股权证，具有股权证券的一些特征和债务证券的一些特征。混合证券在交易所或经纪公司进行买卖。混合投资可能给投资者一个固定或浮动的回报率，其回报可能以利息或股息的形式支付。有些混合债券到期后会将票面价值返还给持有者，有些则有税收优惠。除了可转换债券之

续表

项目	内容
	外,另一种流行的混合证券类型是可转换优先股,它在普通股分红之前以固定或浮动利率支付股息,并可与标的公司的股票进行交换。可转换证券具有比普通证券更大的收益潜力,但如果标的公司表现不佳,亦可能会贬值。混合证券的其他风险包括延期支付利息、资不抵债、市场价格波动、提前还款和流动性不足(混合证券可能没有足够的市场流动性,投资人无法在需要时出售证券或者必须以较低的价格出售证券)

除了上述证券的类型外,还有其他种类的证券。例如,认证证券、无记名证券、注册证券、信函证券、橱柜证券,等等。

(2)我国《证券法》对证券类型之规定

我国2020年《证券法》调整下的“证券”主要包括股票、公司债券、存托凭证、政府债券、证券投资基金份额、资产支持证券、资产管理产品以及国务院依法认定的其他证券等八种类型。(见表0-4)

表0-4　我国证券法律规定的证券种类统计

证券的种类	内涵界定
股票	股票是股份证书的简称,是股份公司为筹集长期资金公开发行的一种有价证券,是股份公司发给股东的持股凭证。股份公司发行股票进行融资,所筹集到的资金称为股本。公司的股本按相等金额划分成若干单位,称为股份,然后以股票的形式为各股东所有。但股票证券投资者则希望随着持股价值的增长而获得资本收益。股票证券通常被认为是比债务证券风险更高的投资,但它们通常亦存在更高的潜在回报
公司债券	公司债券是以证券形式来表现的一种公司债,具体指公司为了筹集资金,约定在一定期限内还本付息的公司债务。按照发行方式的不同,又可以分为公募公司债券和私募公司债券两种类型;根据是否载明持有人信息可分为记名公司债券和不记名公司债券;根据有无担保则可以分为有担保公司债券和无担保公司债券;根据债券的性质可分为普通公司债券和特别公司债券,其中特别公司债券是指债的发行对象、募集资金使用、债券权利等内容上具有某些特殊属性的债券
存托凭证	存托凭证是国际上普遍采用的一种具有涉外融资功能的证券品种,是境外企业进入中国境内证券市场融资发行的证券。我国2018年开始着手存托凭证的试点,随着2020年《证券法》的出台实施,已正式成为法律所规定的与股票、公司债券并列的证券新品种

续表

证券的种类	内涵界定
政府债券	政府债券,又称公债券,是指中央或者地方政府为筹措经济建设资金、弥补财政赤字或国库收支差额等特定目的而以债务人身份发行并承诺在一定期限内还本付息的证券。根据发行主体的不同可以分为中央政府债券和地方政府债券;根据是否发放凭证可分为凭证式政府债券和记账式政府债券;根据期限长短可分为短期、中期和长期政府债券;根据是否对政府债券利率实行保值补贴可分为保值政府债券和不保值政府债券
证券投资基金份额	证券投资基金份额是证券投资基金的证券形式,它代表了投资者在基金中所拥有的权益份额。证券投资基金是投资者通过购买基金份额参与基金投资的方式,由基金管理人负责管理和运用资金,为基金份额持有人的利益进行证券投资,并将投资收益按照份额持有人的比例进行分配。证券投资基金和基金份额是相互依存、相辅相成的概念,共同构成了证券投资基金这一间接投资方式的整体①
资产支持证券	资产支持证券是指资产证券化的证券表现形式,如贷款、租赁、信用卡债务、抵押贷款或任何其他产生收入的资产。随着时间的推移,来自这些资产的现金流被汇集起来,并分配给不同的投资者。资产支持证券以资产作为信用基础,可以分为信贷资产支持证券和企业资产支持证券两种类型。信贷资产支持证券通常以债务资产作为基础,如住房贷款、汽车贷款或信用卡债务。而企业资产支持证券则以企业的收入、租金或特定项目的现金流作为基础。资产支持证券的融资结构相对复杂,涉及不同级别的证券,包括优先级证券和次级证券等。在发行过程中,不同级别的证券享有不同的优先权和风险分担。这种结构可以吸引不同风险偏好的投资者,从而扩大融资来源和降低融资成本
资产管理产品	资产管理产品,又称为"资管产品",是指银行等金融机构,向公众投资者或合格的特定投资者募集资金并受托担任其资产管理人,在托管人独立托管下,为资产委托人的利益,运用委托资产进行投资的一种标准化的证券产品。资管产品具有委托理财的属性,包括融资和投资两个重要环节,并且在融资对象和投资范围上都受到了严格的限制
其他证券品种	其他证券品种,除前述证券品种外,我国还存在《证券法》没有列举却具有鲜明证券属性的品种,包括金融债券和具有证券衍生品种属性的权证和股票期权等。其中,金融证券是指金融机构发行的并承诺在一定期限内还本付息的证券。其发行主体为金融机构法人,且发行必须报经中国人民银行注册。权证则是一种典型的证券衍生品种,是一种建立在基础证券之上的证券形式,可分为证券型和契约型两种类型。股票期权是以股票期权合约来体现的证券形式,是我国证券市场近年来推出的一种证券新品种,而且属于契约型证券衍生品种

①证券投资基金中有一种基金是共同基金,其概念可以追溯到 19 世纪初,当时荷兰人创建了第一只投资信托基金。该信托基金允许投资者将资金集中起来,投资于多元化的资产组合。然而,直到 20 世纪 20 年代末,第一只现代共同基金才在美国成立。即在 1928 年,由总部位于波士顿的投资管理公司投资组建而成。这家投资管理公司的前身是 1924 年成立的马萨诸塞州金融服务公司。该基金被称为马萨诸

塞州投资者信托基金,允许投资者将资金集中起来,投资于多元化的股票投资组合。随着经济社会发展,基金行业得到了显著的扩展,例如,20世纪50年代和60年代,债券基金和国际基金等新型基金诞生。随着共同基金行业的发展,为确保基金的管理符合投资者的最大利益,1940年,美国出台《投资公司法》,规定了共同基金在证券交易委员会注册的要求。

(二)证券市场的定义及构成要素

1. 证券市场之定义

证券市场乃指证券交易之场所。它是一个集中展示、买卖和交易各类证券的市场,为投资者提供一个公开、公平、透明的交易环境。证券市场的主要功能包括资金融通、资源配置和风险管理等。证券市场是在受监管的环境下,为交易提供基础设施的地方,即股票、债券、证券投资基金等证券发行和交易的场所。它促进了企业的融资、投资者的理财和资产配置,同时亦为国家宏观调控和经济发展提供了重要支持。证券市场的健康发展,对于促进经济增长、维护金融稳定等方面都有着重要的作用。它和以银行为主体的货币市场一起,构成了投资、融资的主要渠道。

与传统的商品交易市场相比,首先,各种证券在本质上皆为价值凭证,代表着持有人在某种财产或利益上的权益。在证券市场上,投资者可以通过买入或卖出证券来直接交换价值。证券市场提供了一个有效的平台,让投资者可以通过买入股票、债券、基金等证券来直接获得对应的财产或利益。投资者可以通过购买股票成为一家公司股东之一,享受公司利润分配和资本增值的收益。他们还可以购买债券来获得债券发行方支付利息和本金的权益。基金、权证等证券亦提供了投资者分享对应项目价值的机会。在证券市场上,投资者可以根据自己的判断和预期来决定买入或卖出哪些证券,以获得理想的回报。价格的涨跌反映了市场对于证券价值的认定,投资者可以通过市场行情的变化,在合适的时机买入或卖出证券,实现自己的投资目标。其次,证券市场为财产权利直接交换之场所。例如,持有股票意味着持有人在一家公司中拥有一定比例的所有权,有权参与公司的决策和分享公司的利润。持有债券意味着持有人借出了一定金额的资金,作为债权人享有债务人还款利息和偿还本金的权益。最后,证券市场为风险直接交换之场所。投资风险是指投资者在投资过程中面临的可能损失的风险。证券市场的价格波动是由众多因素驱动的,如经济状况、行业发展、公司业绩、政策变化等。此等因素会对证券的价值产生影响,从而导致投资收益的波动。当投资者买入证券时,他们将承担持有该证券所带来的风险。如果证券价格下跌,投资者可能会面临亏损。相反,如果证券价格上涨,投资者可能会获得收益。与之相同,当投资者卖出证券时,他们转让了持有该证券所带来的风险。如果投资者在持有证券期间经历了价格下跌的风险,他们可以通过卖出证券来避免进一步损失。如果证券的价格上涨,投资者可能会错失继续享受涨价收益的机会。

2. 证券市场的构成要素

证券市场乃一个复杂之结构,可以根据交易组织或市场参与者之间关系的各种特征进行分类。例如,根据市场的组织特性,可以分为场内市场和场外市场。[1] 根据证券发行和流通阶段,可以分为一级市场和二级市场。[2] 根据证券流通的区域,可以分为国家证券市场、区域证券市场和国际证券市场。[3] 根据证券发行主体的不同,可以分为政府证券市场、公司证券市场。根据证券交易类型的不同,可分为现货市场和证券衍生品市场。根据交易的方式,可以分为传统的交易市场和计算机化交易市场。[4] 根据市场交易的特性,可以分为报价驱动市场、订单指令驱动市场、混合市场和经纪代理市场。[5] 整体而言,证券市场的构成要素主要包括证券市场参与者、证券市场交易工具和证券交易场所三个方面。

---

〔1〕 证券场外交易市场是一个无组织的市场,交易条件由买卖双方商定。比如,报价驱动市场是电子股票交易系统,买方和卖方与指定的做市商或交易商进行交易。这种结构只发布交易者愿意交易的特定股票的买入价和卖出价。这种结构非常适合流动性较低的市场。这种市场结构常见于场外交易市场,如债券市场、外汇市场和一些股票市场。纳斯达克和伦敦证券交易所自动报价是两个植根于报价驱动市场结构的股票市场的例子。需注意的是,纳斯达克的结构亦包含了订单驱动型市场的一些方面。在场外交易市场上,尚未上市或不希望在交易所上市的发行人的股票被流通。与之相对应的是,场内市场是一个有组织的市场,证券的交易操作按照交易所制定的规则进行。

〔2〕 一级市场是证券首次发行的市场,它是企业和政府融资的主要渠道。一级市场的交易包括首次公开发行、配股、债券发行等。首次公开发行可以是非公开发行亦可以是公开发行。在第一种情况下,股票被一定数量的人购买,而没有披露财务信息。在第二种情况下,通过公布财务指标的中介机构进行发行。二级市场是指已经发行的证券被转售的市场。市场的主要参与者是投机者,他们利用证券买卖价格之间的差额赚钱。二级市场是投资者进行证券交易的主要场所,亦是证券市场最活跃的部分。在二级市场上,投资者可以通过买入和卖出证券来获取投资收益或进行资金调配。

〔3〕 国家证券市场是指某一国家的证券市场。区域市场是指特定区域内的封闭流通市场。国际市场是指在不同国家和地区之间发生证券交易的世界市场。

〔4〕 传统的市场交易是在交易所直接发生在卖方和买方之间的。计算机化市场交易是通过计算机网络进行的,有证券交易终端。

〔5〕 See Joseph Nguyen, *An Introduction to Securities Market Structures*, Investopedia (Sept. 13, 2022), https://www.investopedia.com/articles/stocks/11/securities-market-introduction.asp.

(1)证券市场参与者

证券市场参与者包括证券发行人、证券投资者、证券市场中介机构、[1]证券行业自律性组织和证券监管机构[2]等。其中证券发行人是指为筹措资金而发行股票和债券的政府机构、金融机构、公司和企业,是证券发行的主体,主要包括公司(企业)、政府和政府机构以及金融机构等组织或机构。证券发行人委托证券承销商将证券推销给证券投资者,从而构成了证券发行过程。证券投资者是证券发行市场发行证券的购买者和证券市场的资金供给者,证券投资者的类型很多,投资目的亦不相同,主要包括机构投资者和个人投资者。证券市场中介机构是指在证券交易过程中提供中介服务的金融机构,包括证券公司、基金管理公司、券商、投资银行等。这些机构提供证券交易、托管、清算、结算和信息发布等服务,连接证券发行人和投资者,为市场提供流动性和交易便利性。证券行业自律性组织,是指通过自愿组织的行会、协会等形式,制定共同遵守的行业规则和管理制度,自我约束会员行为的一种管理组织。我国证券市场自律性组织有证券业协会和证券交易所等形式。证券监管机构的主要职能是对证券发行、交易和证券经营机构实施全面的监管,维护证券市场交易秩序,是证券市场不可或缺的组成部分。

(2)证券交易工具

证券交易工具包括股票、债券、基金、衍生品等,它们代表了不同的投资标的和权益。投资者可以通过购买和持有这些证券来参与市场的交易和投资活动。

股票。股票乃代表公司之所有权之证券,投资者可借由买卖股票而获得公司股份之收益。股票代表着投资者在一家公司中拥有一定比例的所有权。当投资者购买一家公司的股票时,则成为其股东,享有相应之权益与收益。首先,股票投资者可以通过股票的价格上涨实现资本收益。当一家公司的业绩改善、市场前景好转或市场对该公司的看涨情绪增强时,股票的价格往往会上涨,从而使投资者获得资本增值收益。这种资本增值收益是通过买入股票并在股票升值后出售来实现的。其次,股票投资者可以通过股息获得收益。许多公司每年会向股东支付股息,这是公司利润的一部分。股息根据公司的盈利情况和分

---

[1] 经纪人是证券投资的中介之一,是证券市场的专业参与者。他们执行投资者的订单并赚取佣金。投资者与经纪人签订协议,并开立经纪或个人投资账户。

[2] 监管机构保护投资者,控制证券市场的专业参与者,以防止其出现违法违规行为。

配政策而定,投资者可以根据持有的股份比例获得相应的股息收入。此外,股票投资者还可以通过投票权参与公司的决策和管理。作为公司股东,投资者有权参加股东大会并表决议案,例如,选举董事会成员、审议财务报告等。借由施行投票权,投资者可参与公司之治理与决策,影响公司之发展与运营。然而宜慎之,投资股票亦有风险。股票市场之价格波动不可预测,股票价格或有下跌之可能,令投资者蒙受亏损。此外,公司之经营风险、行业竞争、宏观经济环境等因素亦将对股票投资有影响。

债券。债券乃代表借款之证券,发行债券之企业或政府向投资者发行债券,作为借款之凭证,并承诺于一定时间内支付利息和本金。债券发行者可以是企业或政府。当企业或政府需要筹集资金时,他们可以通过发行债券来借款。债券发行者将债券出售给投资者,投资者则成为债券的持有人。债券有固定的面值和利率,面值是债券的发行价值,利率是债券的年利率。债券持有人在购买债券时,支付面值的一部分作为借款本金,而剩余的部分则是利息。发行者会按照债券利率向债券持有人支付固定的利息,通常是每年一次。债券具有一定的到期期限,到期时债券发行者必须偿还债券的本金。例如,一张 5 年期的债券在 5 年后到期时,发行者必须偿还债券的本金给债券持有人。债券投资者通过持有债券可以获得两种收益。一是利息收益,即投资者按照债券利率获得的固定利息收入;二是债券的价格亦可能随市场情况变化。如果债券市场上的利率下降,债券的价格可能上升,投资者可以通过出售债券来获得资本增值收益。与股票不同,债券投资一般被认为是较为稳定和低风险的投资方式。这是因为债券发行者承诺按时支付利息和本金,债券投资者在购买债券时可以根据发行者的信用评级来评估债券的风险。

基金。基金者,汇集众多投资者资金之一,以专业机构(基金公司)进行管理与投资之投资工具。投资者得以购买基金份额,将己身之资金投入基金中,从基金经理所作投资所带来之收益中受益。基金可以投资于各种资产类别,包括股票、债券、货币市场工具、房地产等。基金经理根据基金的投资策略和目标,选择适合的投资组合,以追求收益或风险控制的最大化。投资者通过购买基金份额,将资金集中起来,形成一个大规模的投资基金。每个投资者持有基金份额,其价值与基金总资产的比例相等。基金经理负责根据基金的投资目标和策略,进行资金投资和管理,以获取收益。基金收益主要来自两个方面:一是资产价格的增长和收益的再投资。资产价格的增长是指基金所持有的各种投资资产的价格上涨,例如,股票价格的上升、债券利息的收入等。二是收益的再投资。这是指基金获得的利息、红利或其他收益再度投资于基金中,从而进一步增加基金的价值。基金投资具有多样化的优势。首先,通过投资基金,投资者可以将资金分散投资于多个不同的资产类别和标的物,从而降低风险。其次,基金由专业的基金经理管理,投资者可以受益于专业的投资策略和研究分析。基金亦提供了较为便捷的投资方式,投资者可以通过购买基金份额来参与投资,不需要直接购买和管理个别证券。当然,基金投资亦存在一定的风险。基金的收益和份额价值可能会受到市场波动、经济变化、利率变动等因素的影响。此外,基金经理的投资决策亦可能存在一定的风险。

衍生品。衍生品者,基于目标资产之金融产品,含期权[1]、期货[2]、掉期[3]

---

〔1〕 期权者,一种金融工具。赋予持有者,于未来一定时间内,拥有特定价格之权利,可买进或卖出目标资产,不促强行。期权合约在买方和卖方之间达成,买方支付一定的费用(期权费)以获得这种权利。期权合约中包含以下要素:一是标的资产。期权合约所关联的资产,可以是股票、指数、商品等。二是行权价格。买卖双方约定的在合约到期时买入或卖出标的资产的价格。三是到期日。期权合约有效期结束的日期。四是买入期权(看涨期权):买方有权在到期日以行权价格买入标的资产。五者,卖出期权(看跌期权)。卖方有义务在到期日以行权价格卖出标的资产,而买方有权选择是否行使权利。买方购买期权的目的通常是为了获得未来价格上涨或下跌的机会,以实现利润。卖方出售期权的目的通常是为获得期权费,并承担标的资产价格在未来上涨或下跌的风险。期权交易具有灵活性和杠杆效应。买方只需支付一定的期权费,即可控制较大价值的标的资产。然而,期权交易亦存在风险,如果标的资产价格未达到或超过行权价格,买方可能会损失支付的期权费。期权交易在金融市场中起到了多种功能。一方面,期权可以用于对冲风险,保护投资组合免受市场波动的不利影响。另一方面,期权亦可以用于投机,通过预测市场价格的变动来获取利润。

〔2〕 期货者,一种定式合约。买卖双方约定,将于未来之某时,以特定价格买卖一定数量之目标资产。期货合约的标的资产可以是商品(如原油、黄金、大豆)、金融资产(如股指、利率)或其他衍生品。期货市场提供了一种在未来进行交割的方式,买卖双方在合约中约定了交割日期、交割价格和交割数量。期货合约的价格由市场供需关系决定,投资者可以通过买入或卖出期货合约来获得利润。期货交易有两种角色:多头和空头。多头指的是购买期货合约的一方,他们希望标的资产的价格上涨,以便在未来低于市场价格买入并获利。空头指的是出售期货合约的一方,他们希望标的资产的价格下跌,以便在未来高于市场价格卖出并获利。期货交易有一定的风险。由于期货市场的杠杆效应,投资者只需支付少量保证金即可控制较大价值的合约,这使投资者可能面临较大的损失。此外,期货市场价格的波动较大,投资者需要具备较强的风险管理能力。期货交易的目的多样化。一方面,投资者可以利用期货市场对冲风险,以降低在实物市场上的价格波动风险。另一方面,投资者亦可以通过期货交易来获取利润,通过预测市场价格的变动方向来进行买卖操作。

〔3〕 掉期者,乃交易双方约于将来某时互易其资产之交易。详言之,则为当事者约于将来某期间,互以所认为等价之经济现金流相易之契约。此交易恒涉两种或逾两种之资产或负债,若货币、利率、商品之类皆如是。货币掉期乃以一币之本利与另一币之等价本利互易之约。此交易于国际贸易及投资中尤多见,用以治汇率之险;利率掉期谓交易双方以同币异利之资产或债务互易之。此交易恒用于治利率之险,若定利与浮利之更易;商品掉期乃治商品价格之险之器。交易双方约于将来某时,互易特定商品之价差。

等。衍生品之价格与价值,俱由目标资产所量定。投资者可以通过交易衍生品来获取标的资产价格变动所带来的利润或者对冲价格风险。衍生品市场提供了丰富的投资和风险管理工具,为投资者提供了更多的选择且更具灵活性。然而,由于衍生品的复杂性和杠杆效应,投资者应该具备较高的风险管理和投资能力,并警惕市场风险。

从前文可知,我国的证券交易工具主要包括股票、公司债券、存托凭证、政府债券、证券投资基金份额、资产支持证券、资产管理产品以及国务院依法认定的其他证券等类型。

(3)证券交易场所

证券交易场所是证券交易活动发生的场所,即证券交易所和其他依法设立的证券交易场所。投资者可以在不同的交易场所选择适合自己的交易方式。一般证券交易场所分为以下几种。

证券交易所。证券交易所是金融市场中最常见的证券交易场所,它是由政府或私人机构创办和管理的机构,为证券买卖提供一个规范化、透明和有组织的交易环境。证券交易所的主要职责是组织和管理证券的买卖交易。它提供了一个集中的市场,使各类投资者能够在同一个场所进行买卖交易,并通过交易所的规则和监管来保证市场的公平竞争和公开透明。证券交易所的交易方式主要包括集中竞价交易和市场连续交易两种形式。集中竞价交易是在特定的时间段内集中进行交易,买卖双方通过竞价确定交易价格和数量。市场连续交易则是在交易所开市后,市场连续进行交易,买卖双方可以根据市场上的实时价格随时进行交易。证券交易所的运行有助于提高市场的流动性,降低买卖成本,提高交易的效率。

场外交易。场外交易(Over-The-Counter,OTC),是指在证券交易所之外进行的证券交易。它包括场外柜台交易和电子交易市场。在场外柜台交易中,买卖双方可以通过经纪人或者交易商进行交易。这种交易通常是个性化的非标准化的交易,买卖双方可以根据自身需求和意愿进行协商且达成交易。场外柜台交易具有更高的灵活性和自由度,适用于一些特殊需求和流动性较低的证券。另一种场外交易方式是电子交易市场,它提供了一个电子化的交易平台,通过互联网等电子渠道进行交易。这种交易方式通常是标准化的,买卖双方可以通过平台上的交易撮合系统进行匹配和交易。电子交易市场的优势在于交易效率高、成本较低,并且具有更广泛的市场参与者。与证券交易所相比,场外交易具有更高的灵活性和自由度,能够满足一些定制化的、非标准化的交易需求。然而,由于场外交易亦存在一定的风险问题。投资者在场外交易中需要更加谨慎,并且在选择交易对手进行交易时需要进行充分的尽职调查和风险管理。

二、国外和国内证券市场发展历程

(一)国外证券市场发展历程

1. 萌芽阶段(17 世纪初至 20 世纪初)

在 15 世纪和 16 世纪,随着商业的繁荣和经济的发展,一些欧洲国家的商业城市中开始出现了类似证券交易所的机构。在意大利的商业城市,诸如威尼斯、热那亚和佛罗伦萨等,证券交易主要是商业票据的买卖。商业票据是商人之间用于支付和结算的金融工具,这些票据可以在市场上交易,实现资金的流动和转移。法国证券交易所的历史可以追溯到 12 世纪,当时的交易亦是以商业汇票为主。为了管理早期的市场,法国腓力四世创建了类似的"交易信使"这一职业——courtier de change,这可以看作现代法国股票经纪人或交易代理人的前身。这些"交易信使"负责处理商业汇票的交易和结算。16 世纪时,法国的城市里昂和比利时的城市安特卫普亦建立了证券交易所。彼时,这些交易所主要进行的是国家债券的交易。国家债券是政府向投资者发行的债务工具,用于筹集资金。[1] 在巴黎曾经有三个证券市场:一个官方市场——地板(Parquet);一个半官方市场——场外(Coulisse);以及一个不受监管的非上市证券市场——外部(Hors Côté)。1929 年,外部受到官方监管,在随后的十年里,其活动被纳入场外,而场外在 1961 年的重组中又与地板合并。但整体而言,从贸易和商业的相似根源来看,证券交易所的制度起源于 16 世纪和 17 世纪,出现在世界各

[1] 16 世纪中叶,随着资本主义经济的发展,出现了所有权和经营权相分离的经营方式——股份公司。股份公司的出现使股票、公司债券及不动产抵押债券依次进入有价证券交易的行列。因此,最早出现在证券市场的交易品种不是股票或债券,而依次是商业票据、国债,后来才是股票、公司债券等投资品种。参见王丽:《证券市场发展历程》,载《合作经济与科技》2020 年第 24 期。

地的其他大贸易中心阿姆斯特丹、英国、丹麦和德国。[1]（见表0－5）

表0－5 世界主要国家证券交易所成立时间

国家	主要内容
荷兰	阿姆斯特丹证券交易所成立于1602年,是世界上最早的证券交易所之一。它起初是为了方便荷兰东印度公司的股票交易而设立的。荷兰东印度公司是当时最大的跨国公司之一,掌握着荷兰的海上贸易权利,因此吸引了大量的资本投入。在早期,股票交易是在阿姆斯特丹的综合交易所进行的。这个交易所是一个集市,商人们在那里交易各种商品,包括调味品、谷物以及股票等。然而,随着股票交易的增加,商人们意识到需要一个专门的场所来进行股票交易。于是,阿姆斯特丹证券交易所应运而生。它成立之初只是一个简单的交易场所,商人们通过面对面的交易来买卖股票。然而,随着时间的推移,交易所逐渐发展壮大,并引入了一些先进的交易规则和机制。在17世纪末,阿姆斯特丹证券交易所已经成为一个相对完善的股票交易市场。它吸引了来自世界各地的投资者和交易商,成为当时欧洲最重要的金融中心之一。阿姆斯特丹证券交易所的成功亦推动了其他国家建立自己的证券交易所。 至今,阿姆斯特丹证券交易所仍然存在,是荷兰最重要的金融交易所之一。它为投资者提供了股票、债券、期货等各种金融产品的交易平台,是全球金融市场的重要组成部分之一
英国	1556年,英国银行业的先驱、托马斯·格雷沙姆爵士和威尔士商人理查德·克拉夫爵士建立了皇家股票交易所。时任英国女王伊丽莎白一世正式为该交易所揭幕,并授予了皇家酒类交易许可证。皇家股票交易所的建立标志着英国股票交易的起源。1660年,格雷沙姆爵士甚至为交易所的零售商增加了两层楼,形成了英国第一个购物中心。然而,在1666年,伦敦大火摧毁了皇家交易所,之后新的大楼被建了起来,然而,1838年的另一场大火亦摧毁了第二座建筑,维多利亚女王于1844年启用了第三座建筑。 在17世纪后半叶,随着英国经济的崛起,股份公司在伦敦迅速发展。最早的股票交易活动在皇家交易所中进行,但后来交易商们在伦敦市内的咖啡馆进行交易。伦敦金融城的咖啡馆成为投资者的重要会议节点,并最终成为股票交易所的基础。 1698年,乔纳森咖啡馆的常客约翰·卡斯塔因开始每周两次列出股票和商品价格,名为"交易过程和其他东西"。这为股票价格的正式上市和有组织的交易奠定了基础。随后,咖啡馆成为股票交易的中心。1773年,英国的第一家证券交易所在乔纳森咖啡馆成立,并在1802年获得英国政府的正式批准。皇家股票交易所的发展经历了几次大火的摧毁,但每次都得到重建。1838年的大火摧毁了第二座建筑,而第三座建筑在1844年由维多利亚女王启用。如今,伦敦证券交易所是全球最大的证券交易所之一,扮演着金融中心的重要角色

〔1〕 See Ranald C. Michie, *The Global Securities Market: a History*, Oxford University Press, 2006, p. 231－276; Ranald C. Michie, *The Global Securities Market: A History*, Oxford Academic (Sept. 1, 2007), https://doi.org/10.1093/acprof:oso/9780199280612.001.0001.

续表

国家	主要内容
德国	位于汉堡的汉萨证券交易所成立于1558年,是德国最古老的证券交易所。交易所的创始人是"贞节商人"或"诚实商人"协会的成员。[①]交易所的主要焦点是商品交易;然而,金融交易和票据交易是同时进行的。最初,交易是在室外进行的,但在1583年建造了第一座建筑物后,交易转移到了室内。 1585年,德国法兰克福交易所成立。与其他欧洲证券交易所不同,法兰克福证券交易所主要专注于外国债券和国际政府证券。直到德国工业革命之后,该交易所才开始进行股票交易。 1820年,第一只普通股——奥地利国家银行的参与凭证在交易所上市交易。在创业初期经历繁荣时期之后,几家公司转型为股份公司,法兰克福证券交易所开始交易股票。 1685年6月,弗里德利希·威廉创立了柏林证券交易所。柏林证券交易所位于伯格大街。该交易所是该市杂货商和裁缝行会的市场,然而,直到1739年才在交易所进行了第一次交易
法国	巴黎证券交易所最初是由国王路易十五于1724年建立的,他希望给法国的经济带来一些秩序,第一个巴黎证券交易所就在卢浮宫,后迁入布朗尼亚特宫,并增加了科尔贝勒大厅,这是经纪人过去会面和交易的地方,因为它被称为公开叫价交易所。公开叫价交易系统一直在巴黎交易所运行,直到20世纪80年代末,他们开始实施一个基于计算机的交易系统,到1989年,电子交易系统完全自动化。 在20世纪90年代末,巴黎交易所发起了泛欧交易所倡议,与其他欧洲证券交易所结盟,并于2000年9月与阿姆斯特丹、布鲁塞尔和里斯本合并,成立了泛欧交易所,这是仅次于伦敦证券交易所的欧洲第二大交易所
日本	1878年5月,东京证券交易所在明治时期日本金融和工业西化的背景下成立,标志着日本金融市场迈向现代化的重要一步。随着市场规模的扩大,交易所的股票交易大厅亦进行了更新,逐渐引入了更多的交易品种。起初,交易所主要进行政府债券、黄金和白银货币的交易。政府债券的发行用于筹集资金支持国家的现代化建设和发展,而黄金和白银货币是当时的重要交易媒介。这一时期,交易所的规模和交易活动相对较小。随着20世纪20年代日本经济的现代化和经济增长的推进,股票交易逐渐占据了交易所的主导地位。在这个时期,日本经济经历了快速增长和工业化的阶段,众多企业需要融资来扩大业务和进行技术创新。股票市场成了企业融资的重要途径,亦为投资者提供了更多的机会。 "二战"结束后,日本经济经历了重建和再现代化的阶段,东京证券交易所成了国内最重要的交易所之一。在这一时期,交易所不仅继续发展股票交易,还引入了更多的金融产品和衍生品交易。交易所的发展促进了日本金融市场的发展,并在国内和国际上树立了良好的声誉

续表

国家	主要内容
美国	1790 年,美国诞生了第一家证券交易所,即"费城证券交易所"。随后在 1792 年,24 名经纪人聚集在纽约市华尔街的一棵梧桐树下,达成了一项名为"梧桐树协定"的协议,约定每天在该地点进行证券交易。一年后,华尔街上成立了一家名为"汤迪"的咖啡馆,这使证券交易市场从露天转移到了咖啡馆内进行。1817 年,参与在华尔街汤迪咖啡馆进行证券交易的经纪人制定了一份正式章程,并成立了一个名为"纽约证券交易会"的组织。1863 年,该组织更名为"纽约证券交易所"。纽约银行是第一家在纽约证券交易所挂牌上市的公司

数据来源:B. Mark Smith, *A History of the Global Stock Market From Ancient Rome to Silicon Valley*, University of Chicago Press, 2004, p. 97 – 109; Leo Smigel, *History of the Stock Market*, Analyzingalpha(Apr. 27, 2022), https://analyzingalpha.com/stock-market-history。

①该协会主要由汉堡的商人组成。这些商人以其诚信、勤勉和专业的商业精神而著称。他们不仅在当地享有盛誉,还在欧洲各地建立了广泛的商业联系。

2. 发展阶段(20 世纪初至 70 年代初)

20 世纪大萧条是工业化世界历史上最严重的经济衰退,从 1929 年持续到 1939 年。它始于 1929 年 10 月的美国股市崩盘,华尔街陷入恐慌,数百万投资者损失惨重。在接下来的几年里,消费者支出和投资下降,导致工业产出和就业率急剧下降。到 1933 年大萧条达到最低点时,大约有 1500 万美国人失业,全美国近一半的银行倒闭。1929 年经济危机[1]发生的原因:在 20 世纪 20 年代,数百万美国人在购买股票,有些人是运用借贷资金投资股市,并希望用他们赚的钱和利润来偿还贷款。在 20 世纪 20 年代,美国经济迅速扩张,国家的总财富在 1920 年至 1929 年翻了一番多。证券交易所股价上涨到前所未有的高度。道琼斯工业平均指数上涨了 6 倍,从 1921 年 8 月的 63 点涨到 1929 年 9 月的 381 点。大多数人认为,它会永远上涨。[2] 同时,在美国华尔街股票市场内,股市内幕交易盛行。当时一些人指出了股市之问题,并声称这是一个"泡沫",这意味着股市最终会下跌。然而,这些人的声音被忽视了,媒体、新闻界和其他

---

〔1〕 根据美国媒体相关报道,随着经济大萧条席卷美国,数百万人失去了工作。到 1930 年,失业人数为 430 万;到 1931 年,800 万;1932 年,这个数字上升到了 1200 万。到 1933 年年初,几乎有 1300 万人失业,失业率达到了惊人的 25%。

〔2〕 而当时,生产已经下降,失业率上升,导致股价远高于其实际价值。美国经济在 1929 年夏天进入了轻度衰退,消费者支出放缓,未售出的商品开始堆积,这反过来又减缓了工厂的生产。尽管如此,股票价格继续上涨,到当年秋天已经达到了无法用预期的未来收益来证明的水平。

人都声称"好日子还在后面"。然而,史诗般的繁荣以灾难性的崩溃告终。1929年10月24日,当紧张的投资者开始集体抛售价格过高的股票时,一些人担心的股市崩盘终于发生了。这一天被称为"黑色星期四",成交量达到创纪录的1290万股。1929年10月28日的"黑色星期一",道琼斯指数下跌了近13%;10月29日,亦即"黑色星期二",又一波恐慌席卷华尔街,成交量约1600万股,股市下跌了近12%。截至11月中旬,道指市值已缩水近一半,这种下滑一直持续到1932年夏天,道指收于41.22点,这是20世纪的最低点,比最高点低89%。道指直到1954年11月才回到崩盘前的高点。[1] 1934年《加利福尼亚州法律评论》中的一篇文章描述了当时的市场状况,该文章写道:"人为的证券价格是普遍现象,而不是例外。……其结果是巨大的经济权力,以及民主的所有含义,掌握在那些道德标准基本上与歹徒无异的人手中。"随后,美国政府加强了对证券市场监管,[2]凯恩斯国家干预主义开始盛行。在这个阶段,证券市场的规范化程度不断提高,市场参与者的权益得到保护,市场交易更加透明公正。政府通过立法和创新监管措施,加强对证券发行和交易行为的监管,防范市场操纵、内幕交易等违法行为的发生,维护市场秩序和投资者利益。此外,证券市场的发展亦推动了金融体系的完善和优化。政府通过引入新的金融工具和机构,完善资本市场的基础设施,提升市场的效率和流动性,促进了资金的配置和经济的发展。

3. 成熟阶段(20世纪70年代初至今)

在此阶段,全球证券市场经历了快速的扩张和发展。证券市场逐渐成为各国经济的重要组成部分,为企业融资提供了更多的渠道和机会,促进了资本的流动

---

[1] See Gary Richardson, Alejandro Komai & Michael Gou & Daniel Park, *Stock Market Crash of 1929*, Federal Reserve History(Nov. 22,2013), https://www.federalreservehistory.org/essays/stock-market-crash-of-1929.

[2] 就美国而言,美国总统胡佛最初从他长期坚持的自由主义原则的角度来应对经济衰退,换言之,他相信政府对经济的干预最小化,同时相信直接对个人的公共救济会削弱个人性格,使人们远离职业道德,导致他们对政府救济产生依赖。他认为政府不应该直接干预经济,政府没有责任创造就业机会或为公民提供经济救助。到1931年,胡佛改变了他早先的做法,开始接受政府干预经济理论。1932年,重建金融公司授权向银行、铁路和其他私人控股公司贷款20亿美元,1932年7月,联邦政府拨款3亿美元用于国家的第一个救济和公共工程项目。1932年11月,罗斯福当选美国总统,1933年3月4日正式就职,开始了新一轮对国家经济的干预。通过一系列的干预之后,经济危机的影响逐渐得到了消退。而对于这场世界性的经济危机,在大萧条之后的几十年里,经济学家和历史学家一直在争论相关问题。在米尔顿·弗里德曼和安娜·施瓦茨1963年出版《美国货币史》前后,人们对经济危机产生和应对基本达成了共识。

和配置。证券市场的规模和活跃程度不断增加,成为国际投资者关注的焦点。这一时期,证券市场的结构逐渐多元化。不仅有传统的股票市场,还出现了债券市场、期货市场、衍生品市场等多种类型的市场。各类证券产品的种类和数量大幅增加,投资者可以选择更多元化的投资方式。同时,证券市场的运行机制亦发生了变化。电子化交易系统的引入使交易更加高效和便捷,交易成本大幅降低。信息技术的发展使投资者可以获得更及时、全面的市场信息,提升了投资决策的准确性和效率。在全球范围内,证券市场的互联互通亦得到了推进。跨境投资和跨国公司的上市成为常态,资本市场之间的联系更加紧密。国际投资者可以更方便地进入其他市场进行投资,促进了全球经济的融合和发展。

(1)经济金融化和金融证券化

金融化在宏观和微观两个层面改变了经济系统的运作。经济金融化描述了20世纪后期以来的一种历史趋势。它标志着由工业生产和货物贸易驱动的战后经济与主要以金融指标为重点的当前经济之间的根本割裂。格雷塔·克里普纳将金融化定义为:"一种利润主要通过金融渠道积累的积累模式,而不是通过贸易和商品生产。"[1]证券化是将一项或一组非流动性资产,通过金融工程,将其(或它们)转化为可投资证券的过程。证券化为证券化资产的实体提供了流动性,并为买方提供了一项巨大的金融资产。就证券化的类型而言,主要包括主信托、发行信托、委托人信托和所有者信托。证券融资在全球范围内越来越普遍和多样化。通过证券化等创新机制,债务可以被转化为可交易的证券,为投资者提供更多选择和灵活性。在美国,以证券为载体的投资活动日益频繁,范围不断扩大。投资者将储蓄从传统的银行存款转向证券投资,主要是因为证券投资具有更大的保值和增值潜力。同时,证券市场的发展亦为人们提供了更多的财富管理工具和机会。全球金融体系亦正在向市场主导型过渡。传统的银行体系在金融中起到了重要作用,但随着证券市场的发展,市场机制开始在金融领域中扮演越来越重要的角色。市场主导型金融体系更加强调市场的自主性和竞争性,为经济发展提供了更多的活力和创新动力。然而,由于证券市场的复杂性和风险性,监管和风险管理亦变得尤为重要。各国金融机构

[1] Gerald F. Davis & Suntae Kim, *Financialization of the Economy*, Review of Sociology, Vol. 41, p. 203 - 221(2015).

和监管机构需要加强合作，加强监管和风险管理的能力，以确保证券市场的健康发展和稳定运行。

(2)证券市场多样化和层次化

芝加哥大学教授法玛提出，任何市场结构包括三种类型：一是弱效率市场。[1] 二是半强率市场。[2] 三是强率市场。[3]

证券市场多样化和层次化是指在证券市场中，不同类型的证券可以在不同的市场层次上进行交易，以满足不同投资者的需求。这些市场层次可以根据交易规模、交易对象、发行主体等方面进行分类。①交易规模。主板市场服务于大企业，交易活跃，流动性高；中小企业板市场支持中小企业融资；创业板市场针对创新和高成长性企业，灵活且对高风险友好。这些层次增加了市场多样性和活力，分散风险，促进经济和创新。②交易对象。市场可以根据交易对象的不同分为股票市场（交易股票）、债券市场（交易债券）、货币市场（交易短期金融工具）等，还有商品市场、外汇市场等，满足不同类型投资者需求。③发行主体。主板、新三板等市场层次根据发行主体身份划分，各有特点和规则。主板适合大型机构，中小企业板和中小板适合中小投资者，新三板适合中小企业融资。证券市场多样化和层次化有助于满足不同投资者的需求，提高市场的流动性和活跃度，促进市场的发展和成熟。但是，亦需要加强监管，保证市场的公开、公平、透明，保障投资者的权益。

(3)参与主体机构化

机构投资者是将众多投资者（可能是私人投资者或其他法律实体）的资金

[1] 弱效率市场，又称弱型效率市场，是指股票价格仅反映了全部能从交易中得到的信息，这些信息包括过去的股票价格、交易量等的历史数据。在弱效率市场中，证券价格能够充分反映所有证券过去的价格和交易量等历史数据信息集，其重要特点是当前价格与以往价格无关，即股票价格的变动与其历史行为方式是独立的。投资者不可能从股票历史数据中发现被错误定价的股票并通过买卖这些股票来获利，因为股票价格已经根据这些信息做了相应的调整。

[2] 半强效率市场，是指股价反映了所有公开可用的信息，这些信息包括公司财务报告、新闻报道等与公司前景有关的全部公开的已知信息。在半强效率市场中，股票价格已经迅速、及时地反映了公开发表的信息，因此投资者无法通过分析这些公开信息来获得超额收益。

[3] 强效率市场，是指金融市场中的所有可用信息（包括公开和非公开信息）都能够迅速、准确地被所有市场参与者知晓，并且能够在交易决策中得到充分考虑，从而实现市场价格与资产真实价值的高度一致。在强效率市场中，投资者无法通过分析任何信息（无论是公开的还是非公开的）来获得超额收益，因为市场价格已经反映了这些信息的全部价值。因此，投资者普遍采用被动投资策略，即跟随市场的整体趋势，而不是试图预测价格的具体走向。

积累起来,用于投资各种金融工具并从中获利的法律实体。换言之,机构投资者是指代表其他人进行投资的公司或组织,如银行、[1]保险公司、经纪交易商、基金、[2]养老金。机构投资者是专业的,它根据客户的利益和目标管理资产。机构投资者的形式和特征千差万别。它们受到不同的监管,并朝着特定的投资目标投资于不同的资产。机构投资者经常买卖大量的股票、债券或其他证券。进入21世纪,随着证券市场的不断发展和完善,证券参与主体的机构化程度不断提高,机构投资者和专业投资者的比重不断增加,证券市场的运作和监管亦越来越重视机构投资者的参与。

(4)证券市场法治化

在1929年世界性的经济大萧条后,对于证券市场的监管成为必要,基于此,以美国为代表的国家开始了证券领域的法治化建设。美国在证券领域的立法主要包括:1933年《证券法》、[3]1934年《证券交易法》、[4]1939年《信托契约法》、[5]

---

〔1〕 投资银行是从事企业融资、证券发行、并购重组、资产管理等业务的金融机构,如高盛、摩根士丹利等。

〔2〕 基金公司是专门从事基金销售和管理的机构,主要发行和管理各类基金,如易方达基金、博时基金等。

〔3〕 这部法律颁布于1933年5月27日,1933年《证券法》通常被称为"证券真相"法,它有两个基本目标:增加股票发行的透明度,要求投资者获得有关公开发售证券的财务和其他重要信息;并禁止证券销售中的欺骗、虚假陈述和其他欺诈行为。实现这些目标的主要手段是通过证券注册披露重要的财务信息。这些信息使投资者对是否购买一家公司的证券做出明智的判断。虽然美国证券交易委员会要求所提供的信息是准确的,但它并不保证这一点。购买证券并遭受损失的投资者,如果能够证明重要信息披露不完整或不准确,则享有重要的追偿权。对于这部法律重点在于干预纠正一些导致剥削公众的错误行为。这些不当行为包括内幕交易、出售欺诈性证券、秘密操纵交易以推高股价,以及一些金融机构和专业股票交易员从事的其他不利于普通个人投资者的行为。在1933年《证券法》颁布之前,证券的发行和销售受州法律管辖。新法案保留了州法律,但增加了联邦要求上市公司披露更多信息的规定。

〔4〕 1934年《证券交易法》第4节创建了证券交易委员会。根据该法案,国会成立了证券交易委员会。证券交易委员会的第一任主席是约瑟夫·肯尼迪。证券交易委员会下设五个部门:公司金融部、投资管理部、交易和市场部、执行部以及经济和风险分析部。该法案授权美国证券交易委员会对证券行业的各个方面拥有广泛的权力。这包括注册、监管和监督经纪公司、转让代理、清算机构以及国家证券自律组织的权力。各种证券交易所,如纽约证券交易所、纳斯达克股票市场和芝加哥期权委员会都是自律组织。金融业监管局亦是一个自律组织。该法案还确定并禁止市场上的某些类型的行为,并赋予委员会对受监管实体及其相关人员的纪律处分权。该法案还授权美国证券交易委员会要求拥有公开交易证券的公司定期报告信息。

〔5〕 该法案适用于公开销售的债券、公司债券和票据等债务证券。即使此类证券可以根据《证券法》进行登记,但除非债券发行人和债券持有人之间的正式协议(称为信托契约)符合该法案的标准,否则不得向公众出售。

1940年《投资公司法》、[1]1940年《投资顾问法》、[2]2002年《萨班斯—奥克斯利法案》、[3]2010年《多德—弗兰克华尔街改革和消费者保护法案》、[4]2012年《创业公司法》[5]等。需留意,美国1934年《证券交易法》的通过不仅是对美国市场崩溃的反应,它亦代表了美国社会和经济范式以及法律框架的广泛转变。此前,美国在很大程度上奉行自由放任的经济政策,而这种自由放任主义是由亚当·斯密和英国哲学家赫伯特·斯宾塞所倡导的,描述了一种经济哲学,即当市场自行运转时,没有或只有最低限度的政府干预或监管时,市场才能发挥最佳作用。

(5)证券市场网络化和国际化

证券市场网络化乃指证券市场在信息技术的支持下,利用电子化、网络化等技术手段,将传统的场内交易方式转变为线上交易,并实现了信息与资金的实时交互和共享。证券市场网络化的主要特点包括交易所电子化、经纪商电子化、交易方式多样化、信息公开透明等,如美国纳斯达克交易所等。证券存在的形式从传统的纸质凭据过渡到了无纸化、虚拟化、数据化和电子化,世界上各主要证券交易市场都实现了真正意义上的网络化交易,证券交易的方式呈现出较大的虚拟性,交割方式和交割数据实现了电子化,极大地提高了证券买卖和转让的速度和效率。证券市场国际化,是指证券市场的参与主体(机构或者个人)和证券品种跨越国界,在全球范围内进行交易和投资。证券市场国际化的主要表现包括证券跨境交易、跨国机构投资、国际化金融中心建设等,如纽约证券交

---

[1] 该法案的重点是向投资公众披露有关基金及其投资目标的信息,以及投资公司的结构和运营。值得注意的是,该法案不允许美国证券交易委员会直接监督这些公司的投资决策或活动,亦不允许美国证券交易委员会判断其投资的价值。

[2] 该法案对投资顾问进行了监管。除某些例外情况外,该法案要求为他人提供证券投资建议而获得报酬的公司或个体从业人员必须在美国证券交易委员会注册,并遵守旨在保护投资者的法规。

[3] 2002年7月30日,布什总统签署了《萨班斯—奥克斯利法案》,使其成为法律。他将该法案描述为"自富兰克林·德拉诺·罗斯福时代以来,美国商业实践中最深远的改革",并成立了"上市公司会计监督委员会",以监督审计行业的活动。

[4] 2010年7月21日,美国总统巴拉克·奥巴马签署了《多德—弗兰克华尔街改革和消费者保护法案》,使之成为法律。这项立法旨在重塑美国多个领域的监管体系,包括但不限于消费者保护、交易限制、信用评级、金融产品监管、公司治理和披露以及透明度。

[5] 《创业公司法》于2012年4月5日颁布。该法案旨在通过最大限度地减少监管要求,帮助企业在公共资本市场筹集资金。该法案的第三章,其中第4(a)(6)条允许众筹,即通常通过互联网从许多人那里筹集少量资金来资助一个企业或项目。众筹交易只要在12个月内筹集的金额不超过107万美元,就可以免于注册。

易所、伦敦证券交易所等。进入21世纪后,证券发行人、投资者、经纪人、交易商和市场为寻求交易而跨越国界的趋势日益增长。

(二)我国证券市场发展历程

1. 我国证券市场的诞生

自历史演进观之,我国近代证券市场之肇始,可上溯至20世纪之初。[1] 证券市场之兴盛,与公司体制之发展相辅相成。迨至西方工业革命波及他邦,"公司"这一新型企业组织模式亦于19世纪传入中国。鸦片战争后,中国门户大开,西洋人士纷至沓来,投身商贸。彼等采用公司之制,向国人发售公司股份。我国金融市场之上,初现者乃外商公司之股票证券,嗣后方有华商公司股票证券之流通。至1887年,已有38家华人商业公司发行股券。此现象非惟显彼时华人商贾于经济之活跃,亦示其于现代金融之器用之娴熟。彼时,正值中国近代化之初,诸多华人公司始试采西夷之商模与融资之术,以促其业之隆。股券之发行,既为新途以集资,亦促金融市场之繁荣,增民众于商贾投资之热忱与参与。1874年7月29日,《申报》曾有这样的记载:"上海有西人买卖各公司股份,曾习以为常。然其法未必今买而即付银,或以一二月为期,甚至有以六月为期者。盖冀以博一昂价耳,于赌博固无少区别。"[2]

洋务运动时期,一些买办和商人效仿西方,建立了一批官办和官商合办的公司制企业,1872年,上海轮船招商局成立,它是中国最早的现代企业之一。其主要业务是运输和船务,包括货物和旅客运输、码头和仓储服务等。1873年,上海轮船招商局发行了其第一批股票。[3] 该股票是由英国人甘乃迪设计的,票

---

[1] 这是一种基于一般的认识,人们对中国的历史研究过程中,基本都存在这样一种认识。但部分学者认为,中国的证券和证券市场的出现可能更早于这个时间。本文在后面结合四川证券的演进分析,亦持有后一种观点。

[2] 叶世昌:《名为股市,实为"赌市"……述说上海证券交易史上第一次"牛熊更替"》,载搜狐网2019年3月29日,https://www.sohu.com/a/304554164_777955。

[3] 李鸿章奏请同治皇帝批准成立招商轮船局,但清政府却未提供资金。于是李鸿章决定仿效西方发行股票,筹集资金。他找到了朱共昂和容闳一起筹划成立事宜。容闳是李鸿章的学生,亦是其门生中的佼佼者,被誉为"东南第一才子"。容闳根据李鸿章的指示,与朱共昂共同拟定了轮船招商局的创办计划和章程,并协助推动其组建。容闳主要负责撰写拟稿和审批文件,以及协调和沟通各方面的事宜,为轮船招商局的成立作出了重要贡献。在1882年,轮船局的股票从发行价的每股100两被炒到了每股265两白银。

面为100英镑,印有英文和中文。这张股票亦被称为“宝丽利”。彼时,上海轮船招商局所发行之股票被视为安全性稍高之投资,因该公司既有盈利能力,且管理层之诚信与稳定性亦获得广泛认可。继之,诸多华人商业公司接连发行本公司之股票,其中包括开平煤矿、上海机器织布局、荆门煤铁矿、鹤峰铜矿、平泉铜矿等。[1] 为应对国家财政及债务之压力,清政府户部提出“举内债、发公债”的建议,即“息借商款”制度,这是中国历史上第一次正式国债。1898年,清政府为偿付日本赔款——2亿两白银(《马关条约》约定的款项),采纳了“造自强股票筹借华款”的建议,发行了名为“昭信股票”的国家公债。[2] 此后,为了收赎京汉铁路的权利,清政府发行了第三次国债,这次国债的发行由交通银行承售。金融机构承销债券显示出比以行政手段发行债券更大之优势,此乃1949年前公债发行制度迈向现代化的重要一步。武昌起义后,清政府的财政收入锐减,几乎难以维持正常之开支,于是清政府发行了“爱国公债”。此次公债的承销商是大清银行,而购买主体主要是王公大臣等。此外,除了清政府发行之公债外,地方军阀(势力)亦发行了地方公债,例如,袁世凯发行了“直隶公债”;陈夔龙(时任湖广总督)发行了“湖北公债”;朱家宝(时任安徽巡抚)发行“安徽公债”;锡良(时任东三省总督)发行了“东三省公债”;等等。[3]

1869年(同治八年),外商长利洋行于上海四川路之畔,创设长利公司,乃专营有价证券之先河。此公司专司证券之托管、借贷与交易,为当时华夏股市注入便捷与活力之源。随着中国经济之蒸蒸日上,国际贸易之日益繁盛,长利公司之业务于中华大地迅速拓展,其影响力与日俱增,终成中国金融业中不可或缺之重要一员。[4] 随后英国商业公司科希奈－史密斯公司和苏利文－勃兹公司相继设立了从事证券交易之洋行。1882年9月,上海平准股票公司成立。

---

〔1〕 参见刘志英:《近代中国华商证券交易所制度的建设与演变》,载挂云帆网2023年11月16日,https://www.guayunfan.com/lilun/365330.html。

〔2〕 名义上为股票,其本身是国家公债性质。根据千家驹所撰写的《旧中国公债史资料》(中华书局在1984年出版)的记载,《昭信股票详细章程》规定了本次发行公债的具体内容:(1)总股本。昭信股票的总股本为58万张。(2)面额和数量。昭信股票分为面额为100两的50万张、面额为500两的6万张、面额为1000两的2万张。(3)募集资金总额。昭信股票的募集资金总额为1亿两。(4)期限。昭信股票的期限为20年。(5)利息。昭信股票的利息为周年5里,闰月不计。(6)本息还款方式。前十年只付息不还本,后十年本息并还。(7)本息支付方式。认购昭信股票的投资者每年可以选择准抵地丁盐课或领取现银来获得本息收益。

〔3〕 参见梁发芾:《打开潘多拉盒子:晚清政府的内外债》,载《同舟共进》2018年第6期。

〔4〕 自1871年2月23日起,由长利洋行挂牌的“上海股份行情纸”在《上海新报》逐期刊出,一直到1872年12月31日该报停刊。

该公司旨在规范上海的股票市场,促进中国股票市场的发展。上海平准股票公司是中国最早的证券交易所之一,亦是上海第一家经营股票业务的金融类公司。该公司厘定章程,以明规矩,其业务范畴,主要聚焦以下数端:第一,股票的市场定价业务;[1]第二,股票的买卖业务;第三,股票的抵押业务;第四,购买新设公司的股票。上海平准股票公司的成立使证券交易从无序向规范发展。1891 年,长利公司、史密斯公司、苏利文 - 勃兹公司联合组建了上海股份公所。1902 年,清政府开设上海众业公所。[2] 1908 年,王一亭等华商在上海南市开设了专营证券的公司——公平易,此乃中国最早的金融投资公司之一。公平易公司以经营股票、债券、外汇等为主,还为客户提供资产管理和证券托管等服务。不久,孙静山(中国最早买办资本之一)等在上海成立了信通公司,从事证券业务,经营华商公司股票。[3] 1912 年,鉴于证券业之兴盛与发展,上海的专业华商证券经营机构共同倡议并成立了上海股票商业公会。[4] 公会设于九江路渭水坊,会员逾十家,经营证券 20 余种。此公会乃当时沪上证券市场之重镇,旨在强华商于市之地位,扩其影响,促股票交易之繁荣。自上海股票商业公会成立,渐显其效用。公会积极引会员入市交易,供信息与咨询之服务,为会员之交流合作构建平台,且公会亦与政府及其他组织合作,参订证券市场之规条,以维市场之序。公会既立,数年之间,中国证券市场渐兴。然彼时之市场,缺乏规范与监管,乱象迭出,上海股票商业公会则以己之力,为市场之康健发展,作出积极之贡献。[5] 1914 年,北洋政府颁布《证券交易所法》,为证券交易所之合法营运,立法定之基。继而 1918 年,中国人自创之首家证券交易所——北平证券交

---

〔1〕 1882 年 10 月 27 日,《申报》的股市行情业务开始以"平准公司各股份市价"的名义进行发表。后来,随着股票市场的衰落,从 1883 年 4 月 13 日起,《申报》刊登的股票市价取消了平推公司的名义。

〔2〕 1902 年,清朝政府为了促进上海的经济发展和提高工商业界的组织水平,开设了上海众业公所。该公所是中国最早的商会之一,旨在促进上海商界的交流和合作,维护商业界的利益,并向政府提出建设性的建议和意见。上海众业公所的成立,标志着中国商组组织的起步和发展。上海众业公所的会员来自各个行业和领域,包括工商、金融、物流、文化等多个行业。该公所开展了许多活动,如组织商业考察团、举办商业展览和研讨会等,为商业界的发展提供了平台和机会。此外,上海众业公所还在一定程度上对中国政府的经济政策和法规起到了影响作用,为中国的现代化建设作出了贡献。

〔3〕 参见邹进文:《近代中国的股份制》,载《历史档案》1995 年第 3 期。

〔4〕 亦有观点认为,1914 年,北洋政府农商部批准成立上海股票商业公会,会所设在二马路(今九江路)的渭水坊。

〔5〕 参见《上海金融志》编纂委员会编:《上海金融志》第八章第二节证券公司,载上海通网 2007 年 3 月 26 日, https://www. shtong. gov. cn/difangzhi-front/book/detailNew? oneId = 1&bookId = 75491&parentNodeId = 75586&nodeId = 92432&type = -1。

易所,应运而生,此为中国证券市场发展之新纪元。随证券交易所之勃兴,中国金融市场愈益繁盛。1920 年 7 月 1 日,上海华商证券物品交易所,于延安东路创立,彼时,此所规模宏大,为沪上乃至全国证券市场之最佳交易平台,助推中国证券市场更进一层。上海华商证券物品交易所之创设者,乃虞洽卿、闻兰亭、盛丕华等九人。[1] 自此之后,中国证券市场渐由私人经营转为官办,交易之规模与范围亦日见扩大。然彼时中国证券市场犹存诸多弊病,如监管之制未完备,信息资料不彰等,此皆碍于市场之康健发展。[2] 1921 年 2 月,北洋政府农商部批准成立天津第一家证券物品交易所——"天津证券花纱粮食皮毛交易所股份有限公司",亦称天津交易所。天津交易所于同年 10 月 1 日开始对外营业,利用大胡同南口原旧海关道署院内凉亭作为交易大厅,理事长由曹钧担任,在天津上海两地募集。同一时期,汉口证券交易所[3]、上海华商证券交易所[4]、宁波四明证券交易所[5]、青岛市物品证券交易所[6]、天津市企业交易所和重庆证券

---

[1] 参见韦泱:《人间"证"道是沧桑——上海证券交易所走过的"风雨之路"》,载搜狐网 2017 年 6 月 9 日,https://www.sohu.com/a/147368046_777955。

[2] 1950 年,上海华商证券物品交易所关闭。

[3] 这是中国早期的一家证券交易所,成立于 1920 年,位于当时的汉市市(今属武汉市)。交易所的成立得到了当时的军阀政府的支持,是中国证券市场历史上的一件重要事件。汉口证券交易所的成立标志着中国证券场的发展进入了新的阶段。交易所最初的交易品种主要是汉口地区的企业股票和债券,以及一些特种股票等。此后交易所逐渐扩大了交易品种和交易规模,成为当时中国证券市场的重要组成部分之一。在交易所的发展过程中,一些商业大亨和政治人物曾担任过交易所的领导和成员,如刘骧、宋子文、杨石先等。这些人的加入和支持,为交易所的发展提供了重要的动力和资源。

[4] 1921 年 10 年 5 月,上海华商证券交易所正式开业,这是中国证券市场历史上的重要里程碑。该交易所由上海股票商业公会发起成立,旨在为华商提供一个安全、规范的证券交易场所。交易所开业时,有经纪人 200 名,股份代理人 55 名,实际上已经具有了一定的证券公司部分性质。上海华商证券交易所的成立,为中国证券市场的发展带来了新的机遇。交易所的开业吸引了越来越多的投资者和资本进入市场,证券交易的规模逐渐变大和频率亦逐渐增加。

[5] 宁波四明证券交易所是中国早期的一家证券交易所,成立于 1921 年,位于浙江省宁波市江北区。它的前身是四明银行,是由宁波商人黄远生等创办的民营银行,以经营本地物品票据和贸易业务为主。四明银行成立后,逐渐发展壮大,开始承担一些证券交易业务,后来于 1921 年正式成立宁波四明证券交易所。交易所最初的交易品种主要是本地企业的股票和债券,以及宁波特产等物品票据。

[6] 1931 年冬,在当时的青岛市市长沈鸿烈的支持下,青岛市物品证券交易所股份有限公司筹备委员会在馆陶路的齐燕会馆成立,由工商业大户宋雨亭、柳文亭、张立堂、梁和璞、董希尧、于维霆、姚仲拔等 21 人担任筹备委员,随即开始筹备。先行开业,经营土产、纱布期货。

交易所[1]亦相继成立。[2]

整体而言,1949 年前之证券及证券市场未能得长足之发展,其主要原因有三:一是 1949 年前之商品经济较为孱弱,产业结构相对单一,企业规模较小,致证券市场之基础颇为薄弱,缺乏大量优质之上市公司与活跃之投资者群体。二是社会长期战乱,对证券市场之发展亦产生负面影响。战乱局势不稳,社会秩序紊乱,投资环境不佳,致使投资者对证券市场之信心动摇,不愿投入重金从事证券交易。三是 1949 年前之金融体系相对不完备,缺乏健全之法律法规与监管机构,制约了证券市场之发展。

2. 中华人民共和国成立初期的证券市场

1949 年 10 月 1 日中华人民共和国成立后,证券市场走过一段从允许存在到逐步取缔的历程。中华人民共和国成立初期,针对 1949 年前证券市场投机活动猖獗导致物价飞涨的现状,中央人民政府对旧的证券市场进行了整顿或关闭。究其缘由,从执政理念上乃将证券市场与资本主义和旧社会联系在一起。中华人民共和国成立之初,由于私营工商业仍占有很大比重,为了尽快恢复和发展经济,仍有必要利用证券市场来引导社会资本投向国家的经济建设,是以,天津证券交易所[3]和北京证券交易所[4]成立。此两家证券交易所之特征如下:第一,在国家严格管理之下经营,且不以营利为目的,而旨在服务于国家之方针政策。第二,在业务方式上,从事现货交易,而非期货交易。随全国经济之渐次恢复,市场运行日趋稳定,此两家证券交易所之业务亦渐次减少。

---

[1] 1932 年驻防重庆的四川军阀刘湘为缓解扩大防区带来的经济压力,设立了"四川省经济建设公司",旨在推动当地经济发展。其中之一的措施就是成立了"四川省证券交易所",以便于企业融资和资本运作。然而,由于政治和经济环境的不稳定,四川省证券交易所的运营并不顺利,一度停止了交易。直到 1935 年秋,金融界人士潘昌猷等人发起了重建证券交易所的活动,并于当年 9 月组成了"重庆证券交易所股份有限公司"。新的交易所规模较前有所扩大,交易品种亦增多了一些,如国债、企业股票、债券等。此外,交易所在组织和管理方面亦作了一些改进和完善。交易所的成立和运营,为当时的重庆市和中国西南地区的经济发展作出了贡献。

[2] 参见王丽:《证券市场发展历程》,载《合作经济与科技》2020 年第 24 期。

[3] 1949 年 1 月,随着平津战役的结束,人民解放军接管了政权。为了引导游资、发展生产,经天津市军管会金融接管处的批准,1949 年 6 月 1 日,经过改造的天津证券交易所正式营业,根据《天津市证券交易所规章》规定,凡是设在解放区内有利国计民生的各种股份公司的股票,经审核批准后均可入场交易。

[4] 1950 年 1 月 30 日,经过改造的北京证券交易所重新开业。

1952 年 7 月,天津证券交易所停止交易。[1] 同年 8 月,北京证券交易所亦停止交易。[2] 需留意,在经济建设资金短缺的情况下,中央人民政府推行了公债政策。1953 年 12 月,中央人民政府颁布了《一九五四年国家经济建设公债条例》(已失效),从 1954 年开始发行经济建设公债。从 1954 年到 1958 年的 5 年,政府公债的发行规模达到了 35.53 亿元。然而,1958 年之后,公债的发行被暂停,这导致证券市场退出了中国的经济社会。迨至 20 世纪 90 年代之初,上海证券交易所与深圳证券交易所(以下简称深交所)之成立,标志着中国证券市场之重新兴起。彼时,中国渐次推进经济改革开放,增强金融市场改革之力度,为证券市场之发展创造了良好之环境。[3]

3. 改革开放后的证券市场

证券市场是我国改革开放之产物。纵观这一段之历程,我国证券市场紧紧伴随改革开放的进程,伴随人们思想的不断解放而逐步发展。这一时期证券市场的发展大致可以分为 3 个阶段。

(1)证券市场的新萌发和起步阶段

此段时间大致为 1980 ~ 1990 年。19 世纪 80 年代初期,趁中国改革开放之大势,一股推举企业股份改制之风潮蔚然兴起。时有诸学士,如厉以宁、于光远、童大林、冯兰瑞、董辅礽、王珏、赵履宽、鲍恩荣、胡志仁等,皆对股份改制之事深研细究。厉以宁于 19 世纪 80 年代之初,尝建言多端,论及企业改制与推广股份制之道。自 1980 年 4 月至 5 月,中央书记处研究室(已撤销)与国家劳动总局(已撤销)联袂召开劳动工资座谈会。会上,厉以宁献策数条,意在推进企业改制,广开就业之门。其提议以股份制扩增旧厂规模,或创设新厂,尤以允许知青购股入企为关键。此举旨在激发企业员工之积极性,增强企业之竞争力,且为知青提供更广之就业机会。所谓"带股进厂",即许知青以股东身份参与企业之经营决策,共享经济之利,以此强化其对企业之归属感与责任感。厉以宁之议,乃为中国企业改革与推广股份制奠定基石,故得"股份制之父"之美誉。股份制改革于中国广获成功,既解企业资金之困,又提升企业之竞争力与

---

〔1〕 天津证券交易所于 1952 年 7 月 22 日关闭,并被并入天津投资公司。

〔2〕 北京证券交易所于 1952 年 10 月关闭。

〔3〕 参见王国刚、郑联盛:《中国证券业 70 年:历程、成就和经验》,载《学术研究》2019 年第 9 期。

创新力,更兼为知青开辟就业之路,拓展发展空间,助力社会经济之稳定与繁荣。随岁月之迁延,中国渐行推广股份改制,众企始引股权激励之策,增员司利害相连之度,此举于国计民生之兴盛及企业革故鼎新,厥功至伟。1980 年 8 月,国务院举劳动就业之会议,厉以宁力陈股份改制之要,谓其能振企活力,激职员热忱,助经济繁荣。彼以为,借股份改制,可使员工以股主之身参与企务决断,共享盈收,以励其勤勉创新之志。厉以宁之议得诸经世学者响应,咸认此法可解国企之管理与激励之难,促其进益与竞争之力。斯论一时传扬,研讨纷纭,为我国企改制暨股份推行奠理论之基,树实践之范。[1]

1981 年,中国恢复发行国库券。在此之前,一些地方省份,少数企业就已经开始向社会发行股票和债券。全国最早发行股票的公司是四川省成都市的“成都蜀都大厦股份有限公司”,该公司的前身系“成都市工业展销信托股份公司”。1980 年 6 月,其经成都市成府发〔1980〕69 号文批准设立,公司成立伊始即发行记名定额股票,每股 1 元人民币。该股票由中国人民银行东河造币公司印刷,票面图案漂亮、印刷精美,现有股票原样可资考证。在 1984 年 4 月 16 日至 4 月 25 日,国家经济体制改革委员会(已撤销)召开了城市经济体制改革试点工作座谈会。会议纪要指出,“股份制”应该成为城市集体企业和国营小型企业进一步放开搞活的一个有效办法。此乃当时中国经济改革之所向及政令之所行。引股份改制,可振企业之活力与创造力,促其发展与竞争。股份改制分所有权与经营权,使员工得以股东之身份参与企业经营事务决策,共飨经济之利。如此改革,能激职员之热忱,增企业之效用与竞争。在座谈会纪要的指导下,中国逐步推进了城市集体企业和国营小型企业的股份制改革,这些企业通过发行股票,吸引社会资本参与经营,并开展了股份制改革的试点工作。这一改革举措带来了积极的效果,提高了企业的经营效率和市场竞争力。1984 年 8 月 10 日,上海市人民政府批准中国人民银行上海市分行《关于发行股票的暂行管理办法》,这是中国有关证券方面的第一个地方政府规章。1984 年 10 月 20 日,中国共产党第十二届中央委员会第三次全体会议通过《中共中央关于经济体制改革的决定》(以下简称《经济体制改革决定》)。《经济体制改革决定》的通过为企

〔1〕 参见中国(海南)改革发展研究院编著、迟福林主编:《中国改革开放全纪录(1978-2018)》,载中国改革开放数据库网 2024 年 11 月 13 日,http://rhb.reformdata.org/#/column/1/641。

业试行股份制改革提供了政策空间和指导。这一《经济体制改革决定》的提出体现了中国党和政府对经济体制改革的深刻认识和决心,为中国经济的转型和发展打下了重要基础。

1984年,北京天桥百货股份有限公司[1]和上海飞乐音响股份有限公司发行股票,[2]这一举措为企业融资和投资提供了更多选择和机会,同时亦为中国经济的改革和发展注入了更多的活力和动力。在证券市场发展初期,由于国库券发行方式和企业股票、债券的流通限制,没有形成规范意义上的证券一、二级市场。[3] 1986年,沈阳、上海等地开始进行企业债券和股票转让的试点工作。1986年9月,中国工商银行上海信托投资公司静安证券营业部首度悬牌,试行股票柜台交易,此举为我国证券二级市场之构建积累了宝贵经验。[4] 1988年,我国分两批于六十城试行国库券转让,自当年之末,于哈尔滨、沈阳、上海、广州、深圳、武汉、重庆等地开展国库券转让业务之试点,试点之成功,促进国库券转让市场于全国范围内迅速推广。迨至1990年,国库券转让市场全面开放,即国库券之买卖不再受限,得以自由转让。[5] 国库券转让市场之开放,为中国证券市场之发展奠定基石,时日既久,中国证券市场日益完备,证券种类益繁,交易制度与监管机制亦臻健全。此一系列改革,为中国资本市场之壮大夯实根基。随着证券市场之繁荣,越来越多企业择证券市场融资,尤以上海、深圳两地,股票交易市场之进展尤为显著。沪、深两地之股票交易市场遂成中国证券市场之中心,柜台交易亦日趋活跃,到1990年,两地共有12家股份有限公司的股票可以在柜台进行交易,此举为企业开辟了融资之途,亦为投资者提供了更

---

[1] 1984年9月,北京天桥百货股份有限公司发行股票,该股票背面注明:5年还本,除分红外,还保证每年5.4%的利息。换言之,这一时期的股票具有债券的特征,即"保息还本"。

[2] 1984年11月,上海飞乐音响股份有限公司发行股票,公司委托中国工商银行上海分行证券部公开向社会发行股票一万股,每股50元。这一举动甚至惊动了世界证券市场,从而亦在相当的程度上印证了外界对中国必将以更大步伐走向市场经济,全面推广企业股份制改革,开放证券市场的预测。"飞乐音响"由此载入了中国股份制改革的史册。

[3] 参见刘鸿儒:《向规范化发展的中国证券市场》,载《中国金融》1993年第11期。

[4] 1986年9月26日,中国工商银行上海信托投资公司静安证券业务部以挂牌方式代理买卖飞乐音响和延中实业两只股票,实行现金交易,按成交金额收取3%的代理手续费,是我国第一家股票交易柜台。

[5] 整体而言,我国国库券是缺少流动的,二级市场上的交易量远远小于一级市场发行的总规模。1989年年末,在二级市场转让的国库券等债券总额占发行量的3.5%;1990年年末,在二级市场转让的债券总额占发行量的6.3%。

多投资良机。除股票交易市场之兴盛外,证券经营机构亦相继成立。1987 年 9 月 27 日,经中国人民银行核准,中国首家证券公司——深圳经济特区证券公司于深圳成立(由深圳市十二家金融机构出资组成)。此举标志着中国证券市场进一步发展,证券公司之诞生为投资者提供了更为专业的投资咨询与交易服务。上述诸般进展,彰显中国证券市场正稳步迈向规范化与专业化之途。伴随证券市场之不断完善,中国之资本市场渐成国民经济之重要环节,在推动经济增长及优化资源配置方面发挥了重要作用。

(2)证券市场正式建立和逐步规范化发展阶段

这一阶段的时间大致为 1990 年至 1998 年。上海证券交易所成立于 1990 年 11 月 26 日,深交所成立于 1990 年 12 月 1 日。两所之兴,为中国证券市场规范运作奠基,彼等为华夏企业开辟规范融资之途,亦为投资者增益投资之机。上海、深圳两证券交易所之设立,视作中国证券市场之正始,其出现标志着此市场步入全面发展之境。嗣后,中国证券市场渐次壮大,不仅证券种类与交易制度日益繁多,且监管体系与投资者保护措施日臻完善。两所之设,推进了中国证券市场之发展,为华夏资本市场之构建与壮大筑基固本。其之设立,亦为中华经济之腾飞提供了关键之金融支撑,成为国计民生转型与开放改革之重要一环。至 1991 年年底,中国开始发行境内上市之外资股,谓之 B 股。[1] 此举为境外投资者开辟了直参中国股市之门径,同时亦为中国企业之融资提供了国际化之通道。B 股之推出,对中国证券市场及经济发展意义深远。首先,B 股之发行吸引众多境外投资者,促进了中国资本市场之国际化进程。其次,B 股之引进丰富了中国证券市场之品类,增强了市场之活跃度与流动性。当时,B 股亦为中国企业提供了一个更广阔之融资平台,有利于推动经济之发展,随 B 股市场之建立与壮大,中国证券市场渐与国际市场相接轨,为中国企业之国际化发展提供了重要支撑。同时,B 股之推出亦为国际投资者进入中国市场提供了途径,促进了资本之流动,增进了投资之便捷性。1992 年 10 月,国务院证券委员会(已撤销)和中国证券监督管理委员会正式成立,标志着中国资本市场

---

[1] 1991 年 10 月 31 日,中国南方玻璃股份有限公司与深圳市物业发展(集团)股份有限公司向社会公众招股,这是中国股份制企业首次发行境内上市外资股,即 B 股。1992 年 2 月 22 日,上海真空电子器件股份有限公司 B 股股票正式在上海证券交易所上市。

开始逐步纳入全国统一监管框架,区域性试点推向全国,全国性市场由此开始发展。这一举措对于规范证券市场秩序、促进证券市场健康发展具有重要意义。

1992 年 10 月,党的十四大正式确立了建设社会主义市场经济的国家战略,证券市场成为我国社会主义市场经济不可或缺的重要组成部分。上海和深圳两家证券交易所建立后,证券市场出现了迅猛发展的势头,买卖股票一时成为当时国内最热门之话题,一些地方还设立了区域性的证券柜台交易市场。但是,由于法律法规不健全、监管不到位,这一时期证券市场比较混乱。1992 年 12 月,国务院颁布《关于进一步加强证券市场宏观管理的通知》,这是深化改革、完善证券管理体制的重要决策,通过加强对证券市场的宏观管理,推动市场的健康发展,这一决策对于我国证券市场的发展和健康运行起到了积极的推动作用。1993 年 4 月,国务院发布了《股票发行与交易管理暂行条例》(以下简称《股票管理暂行条例》)。《股票管理暂行条例》的出台对于规范我国证券市场发挥了重要作用。它主要对股票的发行、交易和监管进行了规范和管理,涵盖了证券市场的基本运行机制。该法规规定了股票的发行条件、申请程序和审核标准,还规定了股票交易的基本要求和交易所的职责,促进了证券市场的公开、公平、公正。[1] 1993 年 8 月,《企业债券管理条例》出台,加强了对企业债券的管理。1993 年年末,《公司法》颁布,确认了证券市场的法律地位,为公司股票和债券的发行上市提供了直接的法律规范。为了防止市场风险,国务院于 1995 年对证券市场提出了“法制、监管、自律、规范”的八字方针,保障证券市场一直比较健康平稳地向前发展。[2] 从 1993 年我国开始境外上市外资股的试点起,已在新加坡等地成功地发行股票并上市。1997 年 3 月 25 日,国务院证券委发布《可转换公司债券管理暂行办法》(以下简称《债券管理办法》)(已失效)。《债券管理办法》开启了中国可转换债券市场的试点工作。根据该《债券管理办法》,试点企业可以通过公开发行可转换债券来筹集资金,同时允许债券持有人在特定条件下将其转换为发行公司的股票。该办法还规定了可转换债券的发行、交易、转股和托管等具体规则,为试点工作提供了法律依据和操作指

---

〔1〕 参见郭田勇:《关于我国〈证券法〉修改的若干思考》,载《中央财经大学学报》2005 年第 5 期。

〔2〕 1995 年 12 月 19 日,国务院副总理朱镕基视察上交所,提出指导证券市场的“法制、监管、自律、规范”八字方针。

南。1997 年 4 月 24 日，“证券期货市场防范风险年”活动是中国证券监督管理委员会为了保持市场的稳定和健康发展而采取的重要举措，旨在规范市场行为，防范和化解市场风险。这一活动对于中国证券市场的发展和健康运行起到了积极的推动作用。1998 年 8 月，中国证券监管体制实行了重大改革，其中包括撤销了国务院原证券委员会，并将其职能并入中国证券监督管理委员会。同时，中国人民银行与证券监管相关的职能亦移交给了中国证券监督管理委员会。此外，地方证券监管部门亦由中国证券监督管理委员会垂直领导，提高了证券市场监管的集中统一度。这次改革对中国证券市场监管体制的建立和完善具有重大意义。将国务院证券委员会的职能并入中国证券监督管理委员会，实现了证券市场监管的集中统一管理，有助于消除监管职责的重叠和分散，提高了监管的效率和一致性；同时将中国人民银行与证券监管相关的职能移交给中国证券监督管理委员会亦有助于加强金融监管的一体化，可更好地协调和统一监管政策，提高金融市场的稳定性和促进金融市场健康发展。地方证券监管部门由中国证券监督管理委员会垂直领导后，可更好地统一监管标准和规则，减少地方的异质性，有助于促进全国范围内证券市场的统一化发展，营造更优的投资环境和保护投资者的权益。中国证券监督管理委员会作为证券期货市场主管部门的地位亦因此正式确立。[1] 1998 年 12 月 29 日，《证券法》的颁布是我国法治建设的又一重大成就，标志着我国证券市场迈入了一个崭新且充满机遇的发展阶段。[2]

(3)证券市场法治化和逐步完善成熟阶段

这一阶段主要是指 21 世纪之后。随着我国《证券法》的实施和证券监管体制的改进，中国证券监督管理委员会出台了大量的监管法规，持续提升了证券市场的规范化程度。尽管我国股市在交易行情上波动起伏，但证券市场总体上是朝着市场化、法治化、国际化的方向稳步发展。(见表 0-6)

---

〔1〕 1997 年 7 月 3 日，上交所和深交所划归中国证券监督管理委员会直接管理。

〔2〕 1998 年 12 月 29 日，第九届全国人民代表大会常务委员会第六次会议通过了《证券法》。该法自 1999 年 7 月 1 日起施行，成为我国证券市场的基本法律。此后，随着证券市场的不断发展和变化，《证券法》又经历了多次修订和完善。

表 0-6 标志性大事记(2001~2005 年)

时间	事件内容
2001 年 3 月 17 日	正式实施股票发行核准制,取代了原来的审批制,是新股发行市场化改革中重要一步
2002 年 11 月 8 日	中国证券监督管理委员会宣布合格的境外机构投资者(Qualified Foreign Institutional Investor,QFII)制度将于 12 月 1 日正式实施,这表明我国证券市场对合格的境外机构投资者已开启大门。这是一种有限度地引进外资、开放资本市场的过渡性制度。 自 2002 年以来,我国相继推出了 QFII 和人民币合格境外机构投资者(RMB Qualified Foreign Institutional Investor,RQFII)制度。国际投资者利用 QFII 和 RQFII 制度开展跨境投资已经具备了相当规模。2014 年 11 月和 2016 年 12 月,沪深证券交易所和香港联合交易所互联互通的"沪港通"和"深港通"相继启动。2019 年 6 月,上海证券交易所与伦敦证券交易所开展互联互通存托凭证业务的"沪伦通"又正式启动,华泰证券发行的首只全球存托凭证产品在伦敦证券交易所挂牌交易,这标志着我国证券市场在对外开放和提升国际化程度上迈向更高层次
2002 年 2 月 26 日	深交所发布并正式实施《深圳证券交易所大宗交易实施细则》(以下简称《深交所大宗交易细则》)(已失效)。《深交所大宗交易细则》是证券市场达到一定规模的产物,深交所实行大宗交易制度标志着中国证券市场更加规范化和国际化
2003 年 10 月 28 日	十届全国人大常委会第五次会议于 2004 年通过了《证券投资基金法》,并于 2004 年 6 月 1 日正式施行。这部法律的颁布确认了基金业在证券市场中的地位和作用,是继《证券法》之后规范我国证券市场的又一部重要法律。《证券投资基金法》对证券投资基金的设立、运作、监督管理等方面进行了详细规定。它明确了证券投资基金的定义、种类和运作方式,规定了基金管理公司的组织形式、业务范围和责任义务,明确了投资者的权益保护和信息披露等方面的要求。该法律的颁布对于促进证券市场的发展和健康运行具有重要意义。它提供了法律保障和规范,增加了投资者的信心,吸引了更多的资金进入证券市场,促进了市场的繁荣和稳定。它亦加强了对证券投资基金的监督管理,保护了投资者的合法权益,防范了市场风险
2004 年 1 月 31 日	国务院出台《关于推进资本市场改革开放和稳定发展的若干意见》(已失效),把发展中国资本市场提升到国家战略任务的高度,提出九个方面的纲领性意见(以下简称"国九条"),为资本市场的改革与发展奠定了坚实的基础

续表

时间	事件内容
2005 年 4 月 29 日	中国证券监督管理委员会依据"国九条"中提出的"积极稳妥解决股权分置问题",发布《关于上市公司股权分置改革试点有关问题的通知》(已失效),这标志着股权分置改革试点工作正式启动。2006 年,股权分置改革基本完成。"股权分置改革",成功解决了 A 股上市公司中数量巨大的"国有股"和"法人股"不能上市自由流通这一困扰我国证券市场多年的重大难题

4. 2012 年新时代之后的证券市场

2012 年以来,中国证券市场在规模、制度建设和金融创新等方面取得了显著的进展。随着中国经济的不断发展和改革开放的深入推进,中国证券市场将继续迎来更加繁荣的时代。

2012 年以来,中国证券市场进入了一个新时代。在新时代中,中国证券市场经历了许多变革和发展,取得了显著的成就和进步。一是中国证券市场的规模和影响力显著扩大。2012 年以来,中国证券市场的总市值大幅增长,股票和债券市场的交易量亦大幅增加,中国证券市场的国际化程度逐步提高,吸引了越来越多的外国投资者参与。二是中国证券市场的制度建设和监管力度不断加强。中国证券监督管理委员会加强了对证券市场的监管,推出了一系列措施和政策,并加强了对上市公司的监管,中国证券市场的交易制度和市场规则亦不断完善。三是中国证券市场的金融创新不断推进。在新时代,中国证券市场涌现出了一批新型金融机构和产品等,这些金融创新为投资者提供了更多的投资渠道和工具,亦为中国经济的发展提供了更多的资金支持。

(1)新三板市场改革

2004 年的深交所中小企业板块启动和 2006 年的中关村科技园区非上市股份公司股份报价转让试点工作正式启动,标志着中国在多层次证券市场体系迈出了重要的一步。2006 年 1 月 16 日,新三板成立。"新三板"是指中关村科技园区的非上市股份公司进入代办股份系统进行转让试点,并因其特点与其他市场有所区别而得名。它是我国股票市场的重要组成部分,为中小微企业提供了融资和成长的平台,推动了资本市场的发展和改革。三板市场起源于 2001 年"股权代办转让系统"。[1]

---

〔1〕 2000 年,为解决主板市场退市公司和两个停止交易的法人股市场公司的股份转让问题,中国证券业协会协调部分证券公司设立了代办股份转让系统,即称之为"三板"市场。

2013年新三板正式运营，经过多年的运行，新三板市场在服务中小企业和民营经济方面发挥了积极的作用，并取得了不俗的成绩。2019年10月25日，中国证券监督管理委员会宣布将对新三板市场从发行制度和交易制度等方面进行改革，具体措施包括优化发行融资制度、完善市场分层、建立挂牌公司转板上市机制、加强监督管理和健全市场退出机制等。这些改革措施旨在进一步提升新三板市场的发展水平，为中小企业和创新型企业提供更加便利和多样化的融资渠道，推动市场健康发展。

(2)多层次证券市场的基本架构逐渐形成

2004年国务院《关于推进资本市场改革开放和稳定发展的若干意见》(已失效)发布以来，经过多年探索努力，我国多层次证券市场的基本架构已逐步明晰，形成以证券交易所、国务院批准的其他全国性证券交易场所和按照国务院规定设立的区域性股权市场三个层次的证券交易场所。

(3)证券法治化水平提升

我国《证券法》经过2005年和2019年两次较大幅度的修订；我国《公司法》经过1999年、2004年、2005年、2013年、2018年、2023年等多次修改；[1]《证券投资基金法》于2003年出台，并经2012年、2015年两次修改。国务院、中国证券监督管理委员会以及沪深两家证券交易所对证券市场发布了大量的规范性文件，以完善证券市场的法律法规体系，提升法治化程度。这些规范性文件包括法律、法规、规章、规范性文件等，涵盖了证券发行、交易、信息披露、监管等方面的内容。这些规范性文件的发布旨在规范证券市场的运作，维护市场秩序，促进证券市场的健康发展。通过不断完善法律法规体系，提高法治化程度，可以增强市场参与者的信心，为投资者和企业提供更加稳定和可靠的投资环境，推动证券市场的长期发展。

(4)科创板的创新改革

为鼓励高科技企业的发展，拓宽其融资渠道，中国证券监督管理委员会决定在上海证券交易所创设科创板。2019年4月16日，上海证券交易所发布《科创板股票发行与承销业务指引》(已失效)，对信息披露、发行方案与文件报备、老股托管等安排进行了明确。[2]

---

〔1〕 2023年修改的《公司法》对之前的内容进行了较大程度的修改和完善。

〔2〕 参见程丹:《重磅！科创板硬核文件出台！从跟投比例到持有期限，券商跟投细则明确，发行承销制度全面厘定》，载网易网2019年4月16日，https://www.163.com/money/article/ECTG9QJT00258105.html。

(5)北京证券交易所的成立

2021年9月3日,北京证券交易所正式注册成立,2021年11月15日北交所正式揭牌开市。作为继沪深交易所后的第三个全国性证券交易所,北京证券交易所被明确定位为服务创新型中小企业的主阵地。北京证券交易所的设立及开市,为推动中小企业坚持创新发展理念,促进创新发展、深化新三板改革提供了重要的实践支撑。中小企业是我国经济的重要组成部分,而创新发展是中小企业获得竞争优势和可持续发展的关键。北京证券交易所的设立可以为中小企业提供更多融资渠道和上市机会,进一步支持和促进这些企业的创新发展。同时,北京证券交易所的设立亦是新三板改革的重要一环。新三板作为我国资本市场的重要组成部分,一直致力于为中小企业提供融资和成长的平台。而北京证券交易所的设立将进一步深化新三板改革,提供更多的机制和制度创新,为中小企业的融资和发展提供更有力的支持。此外,北京证券交易所的成立还将有助于实现我国证券交易场所的互联互通和良好市场生态。北京证券交易所既可承接新三板挂牌公司上市,又可实现将满足沪深上市条件的公司转至科创板和创业板上市,这将增加资本市场的多元化和灵活性。北京证券交易所还将与区域性股权市场建立对接渠道,进一步促进区域性股权市场的发展。

我国证券市场的体量已经跃居全球前列。截至2018年上半年,我国股市市值为全球第二,债市规模居世界前列。这表明我国证券市场在规模上已经达到了全球领先的水平。我国证券市场在技术水平上亦取得了显著进步。股票、基金、债券的无纸化发行和交易已经实现,主要技术手段已达到世界先进水平。这种技术进步的应用,提高了交易效率,降低了交易成本,为市场参与者提供了更好的服务和便利。此外,我国证券市场的规模和重要性亦日益凸显。截至2023年12月31日,沪深交易所拥有5346家上市公司。[1] 证券市场已经成为国民经济的重要组成部分,对国家经济的发展起到了重要的支持和推动作用。随着我国《证券法》的不断修订与完善,我国证券市场必将迎来新的发展。这些改革措施将进一步提升市场规范化、透明化程度,优化市场机制和环境,为市场发展提供更加健康和可持续的基础。

---

〔1〕 参见《中上协:截至2023年12月31日境内股票市场共有上市公司5346家》,载新浪网,https://finance.sina.com.cn/jjxw/2024-02-01/doc-inafnzme0742724.shtml。

第一章　我国证券市场发展概述

19世纪40年代，我国近代证券市场始见萌芽，经40余载之渐进，至19世纪末20世纪初终成规模。中华民国期间，中国证券市场经历繁复多变，自成型、兴盛而至式微，其间演变对中国证券市场之发展意义深远。中华人民共和国成立后，50年间(1949～2000年)，证券市场历经数个阶段，由试办至废弃，复而恢复和发展。1981年，中国财政部首次发行国库券，此举标志政府启用债券作为筹资手段，并向民众开放投资路径，为证券市场发展奠定基石。国库券之发行，既为政府开辟筹款新途，又为百姓提供安稳妥当之投资工具。作为重要之金融工具，国库券对证券市场运行提供了范例与启示，促进了证券市场之发展，标志中国证券市场迈入新阶段。其发行不仅为证券市场之发展奠定基础，更为后续证券市场建设与发展奠定了坚实根基。尤以1990年以来，上海与深圳两证券交易所成立，中国证券市场遂得迅猛发展。此两所之设立，为投资者提供了更多选择与机遇，亦推动了中国资本市场之规范化与国际化。短短十年之内，中国证券市场完成西方成熟市场经济国家逾百年方能实现之进程，实为历史长河中之壮丽飞跃。

一、近代中国证券市场

1949年之前的中国证券市场，可以分为两个时期：清末时期和中华民国时期。相比清末时期,中华民国时期可以细分为北洋政府时期、南京国民政府时期和新民主主义革命时期,[1]每个时期的我国证券市场发展都受到了不同的时代特色的影响,体现出不同的特点。这些特点反映了当时政治、经济和社会环境的变化,对我国证券市场的发展产生了重要影响。

(一)清末时期(1840~1911年)

在中国的历史上,证券的发展可以追溯到更早之时期。在春秋战国时期,随着战争和建设的需要,国家开始向富户借贷款项,形成了最早的债券制度。继之,在汉唐时期,国家常常需要向富商贾族临时借款来支持军事行动。随着商业的发展,各种商业票据亦逐渐出现,如飞钱、[2]会票、[3]当票[4]等。[5] 需留意,在明朝后期和清朝前期,一些行业已经广泛采用"招商集资、合股经营"的形式,这可以看作中国最早的证券市场的雏形。在这种形势下,合作经营者之间会签订契约,明确各自的权益和责任。这种形式的出现反映了当时商业和经济活动的发展,亦为后来中国证券市场的形成打下了一定的基础。在清朝前期,出现了一种票据,称为庄票。这是清朝前期的一种票据,由钱庄签发和支付。庄票分为即期庄票和远期庄票两种。即期庄票一旦被签发,就可以立即支付。商人在办理业务时,可以将庄票作为支付手段,方便快捷。而远期庄票则

---

〔1〕 新民主主义革命时期的证券发展主要是指革命根据地的证券活动。

〔2〕 飞钱,亦称"便换""便钱",产生于唐朝四川地区的,是流行于唐宋的汇兑券。凭纸券取钱而不必运输,钱无翅而飞,故曰"飞钱"。《新唐书·食货志》记载:"(宪宗)时,商贾至京师,委钱诸道进奏院及诸军诸使富家,以轻装趋四方,合券乃取之,号飞钱。"参见赵君:《唐史原来超有趣》,中国华侨出版社2016年版,第177~178页。

〔3〕 会票产生于明末,是明清商人发行的一种异地支付钱款的凭证。原来是在一地交款领票,到另一地兑现的,后因金属货币不足,加以发行者的信用良好,这种会票便渐渐代替货币在市场流通,具有纸币的性质。《皇朝经世文编》卷五二:"令人家多有移重资至京师者,以道路不便,委钱于京师富商之家,取票至京师取值,谓之会票。"

〔4〕 典当是转移动产之占用进行融资的一种方式,而当票是典当行与当户之间订立的典当合同,是二者之间典当关系存在的书面凭证,亦是确定各方权利义务的主要依据。当票上面印有当铺名称、地址、抵押期限、抵押利率等内容,交当物人收执,到期凭此赎取当物。当物人如急需用钱,亦可将当票出卖。当票上除印有上述固定的内容外,还有手写的文字,如有关当物名称、质量、数量、典当金额等内容,字体采用本行业的特殊文字。这种文字称为"当字",只有当铺内部的人才能辨认,外行人(就连一些书法家)都很难辨识。参见温峰:《发现|难得一见的古代"当票"》,载搜狐网2018年6月12日,https://www.sohu.com/a/235460186_261152。

〔5〕 参见张春廷:《中国证券市场发展简史(清朝晚期)》,载《证券市场导报》2001年第4期。

需要到期后才能支付。商人在办理业务时,可以选择签发远期庄票,以延迟支付的方式来解决资金问题。庄票的出现,解决了商贩们在交易过程中的资金问题。商人可以提前向钱庄借款,用庄票作为支付手段,延缓支付时间,从而缓解了资金压力。

中国近代证券可以追溯到19世纪40年代后期。面对外来压力,清政府相继对广州等五个口岸开放贸易。随着外资的进入,各种股份制公司开始在中国设立,这些股份制公司可以被看作是中国最早的股份制企业,而股份制企业的出现为中国证券市场的产生与发展奠定了基础。

19世纪60年代,洋务派[1]意识到中国在军事技术上的落后已经成为国家安全的威胁。为了应对这一挑战,他们开始推动军事工业的发展。洋务派成立了许多军事机构和工厂,引进外国技术和设备,开展军事工业生产,他们致力于制造现代化的武器装备,以提升中国的军事实力。此外,洋务派还积极引进西方的军事思想和组织管理制度,进行军事教育和军队改革。他们派遣大量学生赴西方留学,以推动现代军队的建设和改革。洋务派的努力在一定程度上推动了中国的军事现代化。然而,由于各种因素,洋务运动的成果并没有完全达到预期。不过,洋务派的努力为后来中国的军事现代化提供了一定的基础和经验积累。洋务派倡导了一系列的军事工业项目,包括造船、造兵器、制造火药等,其中,造船业是重要的一项工业,他们希望能够建立自己的现代化海军力量,提高国家的军事实力。为此,在1872年,由李鸿章委派上海商人朱其昂和朱其绍创立上海轮船招商局,此乃中国的第一家现代股份制企业。[2] 该局之成立标志着中国开始探索现代化企业管理模式,推动了中国工业的发展。上海轮船招商局的成立不仅是为了发展造船业,更重要的是它引入了现代化的企业管理制

---

〔1〕 洋务派是指中国清朝末期的一群改革派政治家和知识分子,他们主张参考西方先进科技和制度,推动中国现代化。洋务派推动军事工业发展的目的是增强中国的国力,弥补与西方列强的差距。

〔2〕 事件经过:一是筹备阶段。1872年8月,李鸿章委派上海本地富商、世业沙船的朱其昂筹备新型轮船公司。朱其昂在上海洋泾浜永安街设局招集商股,定名为“轮船招商公司”。然而,由于“官办”色彩过于浓厚,朱其昂招募商股并不成功,开局十分不利。二是改组阶段。1873年6月,李鸿章对招商局进行改组,朱其昂被调管漕运业务,买办商人出身的唐廷枢、徐润接任为招商局总办、会办。改组后的招商局采取“商办”方针,尽量淡化官办因素,按照“买卖常规”招募股份与日常经营。三是正式营业。1873年1月17日(注:此处存在时间上的不一致,通常认为轮船招商局在1873年正式开局,但具体月份可能因资料不同而有所差异),轮船招商局在上海洋泾浜永安街正式开门营业,总局设在上海,分局设在烟台、牛庄、汉口、天津、福州、广州、横滨、神户、吕宋等地。

度和股份制度。该局的股本是通过发行股票的方式筹集的,这是中国自己发行的第一张股票。这一举措为后来中国资本市场的形成奠定了基础。该局的成立以及第一期股本的认购和筹集,标志着中国自己发行的第一张股票诞生。洋务运动时期,由于清政府财政困难,19 世纪 70 年代后,洋务派开始借助民间私人资本解决财政缺口。受西方股份制度之启发,中国建立了一批旨在追求财富的民营企业,采用"官督商办"和"商办"等形式。〔1〕这些民营企业主要涉及军事工业、矿产开采、交通运输等领域,其中,上海轮船招商局通过引进外国技术和资本,发展了船舶运输业,并成为中国近代最大的航运公司之一。此外,亦有天津洋务局、福州洋务局、南京洋务局等,皆为民营资本参与之典型代表。此类企业在一定程度上填补了中国现代工业化的空白,推动了中国军事实力和经济发展的提升。除了航运业,股份制公司亦广泛应用于保险业、矿业、纺织业和通信电报业等领域。这进一步促进了华商股票的出现。仁和保险(商办模式)、济和保险(商办模式)、开平煤矿(官督商办的模式)、上海机器织布局(商办模式)、上海电报局(官督商办模式)等都是中国近代最早出现的华商股票的代表。〔2〕斯群企之兴起与发展,促进了中国工业之兴盛,增强国家之经济实力,且反映洋务派之改革思想与实践,为后来中华近代之拓程奠定了基础。在此期间,素附于外来资本之企业,开始投资于洋务民用企业,或投资于近代工矿业公司。此类企业之兴起,标志中国股份制度之发展,亦奠定了中国证券市场形成之基。

长利公司为中国最早之证券交易公司之一,其渊源可追溯至 19 世纪末。当初,彼乃英商于 1865 年创设于上海,初名曰"长利洋行",所经乃棉花、丝绸等贸易业。随中国社会经济之进展及现代化之推行,股票交易渐有兴起。长利公司亦逐渐更转为专务从事有价证券之交易者,〔3〕并供投资者证券交易及投资咨询等。长利公司之经营模式与业务范围,在当时具先进创意,长利公司之兴

---

〔1〕"官督商办"和"商办"是洋务派推行的一种经济管理模式。"官督商办"指的是政府主导下的商业经营。在这种模式下,政府通过设立各类洋务局来管理和监督民营企业的经营活动,以确保其符合国家利益和发展战略。政府官员担任督办者,参与企业的决策和管理。"商办"指的是纯商业经营。在这种模式下,民间资本独立经营,政府不直接参与企业的经营管理,仅提供一定程度的政策支持和保护。这些企业通常以股份制的形式组织,吸收民间资本,并追求利润最大化。这两种模式在洋务运动时期都得到了一定程度的实践和推行。"官督商办"模式在一些重要的军事工业和交通运输企业中较为常见,政府通过设置洋务局来直接管理和监督。而"商办"模式主要出现在商业性质较强的企业中,政府更多地提供政策和法律保护,鼓励民间资本的投资和运营。

〔2〕参见张春廷:《中国证券市场发展简史(清朝晚期)》,载《证券市场导报》2001 年第 4 期。

〔3〕1869 年,长利洋行在上海四川路二洋泾桥北开设了第一家从事证券交易的公司,成为中国证券市场的先驱之一。

起,标志着中国证券市场初阶之成形。随时光之推移,更多证券公司相继创立,证券交易活动逐渐扩大。

19 世纪 80 年代前后,外资投资领域渐放宽,不少西方商人起步从事于华之租界公共事业及他业。为促本业之兴盛,西方商人各证券中介(亦称证券掮客),始于 1891 年互相沟通,组成上海股份公所。上海股份公所,中国早有之股票交易组织之一,中国证券市场之先驱,其主要事务乃买卖外商在中国所设各企业之股票,于此组织框架下,外商所组证券市场初具雏形。上海股份公所之立,标志着中国证券市场渐趋规模化及专业化之方向。彼时,证券市场初以外商为主要参与者,然亦供中国本土商人参与国际投资之机会。

及华商之证券交易而言,于 19 世纪 50 ~ 60 年代,除附股外资企业公司之证券交易活动外,华商之证券交易亦零散呈现。彼时,中国新兴企业迅获可观之利润,且发放丰厚之股息。故商人种种,除从事地产与外汇交易外,亦热衷追逐新兴企业之股票债券,以谋取利益。然则,虽时之证券交易活动零散,但亦显出投资者对新兴企业之关注以及对证券市场之兴趣。彼时之证券交易活动,为后华商证券等证券公司之发展奠定一定基础。

1882 年前后,数家既有企业,如轮船招商局等,获取了丰盈之利润,致使其股价倍增。此一成功引发了人们争相竞购方才刚刚上市之矿业股票,例如,荆门煤铁矿、长乐铜矿及鹤峰铜矿等矿业股票之价格速超其实际价值。当时之《上海新报》和《申报》等华文报纸对此景象进行了专门报道。此时期之矿业股票热潮反映了投资者对于新兴行业之热衷,尤其是矿业领域之投资。随着数家企业之成功典范与丰盈利润之吸引,投资者纷纷投资于矿业股票,期冀能够获得丰饶之回报。《上海新报》和《申报》等报刊之报道进一步推动了投资者之兴趣与参与热情。此一时期之矿业股票热潮为中国证券市场之发展奠定了一定之基础,亦展示了投资者对于新兴行业与高收益投资之追求。华商证券交易在没有正式的证券交易场所和规则的情况下主要是在私人之间进行的,交易双方通过熟人介绍来完成交易。此种交易方式易导致信息不对称与内幕交易等问题逐渐出现。为解决此等问题,上海平准股票公司于 1882 年成立,为证券交易提供了一个正式之场所和规则,并为交易价格提供了定价机制。其之成立使证券交易有了一个统一之场所,交易规则得到了规范,交易双方得以在公开透明之平台上进行交易,使信息更加对称,交易更加公正。上海平准股票公司之成功经验为其他地区之证券交易所提供了经验和参考,推动了中国证券市场之发展。随时间之推移,诞生了更多的证券交易所,证券市场亦逐渐完善和规范。

1883年,中国发生了一次倒账金融风潮,此为中国近代金融史上之重要事变。[1] 此次金融风潮是以上海为中心爆发的一次大规模金融危机。[2] 此次金融风潮之影响范围广泛,对企业、银行和个人均造成极大影响,亦给政府和社会带来巨大压力。[3] 为因应此次金融危机,政府采取了一系列措施,包括扩大货币发行、削减官员开支和加强监管等,最终稳定了金融市场。此次倒账金融风潮之兴起反映了当时中国金融市场之脆弱和不成熟,亦为中国金融改革和现代化之探索提供了重要经验和教训。此次倒账金融风潮对华商股票之信誉造成严重打击,与股票相关之钱庄亦受严重影响,导致众多破产事件。在此次倒账金融风潮之后,人们对股票市场产生了恐慌和不信任,投资股票之意愿大幅下降。在接下来的数年间,中国股票市场之交易量和股价一直处于低迷状态。这对于华商和整个金融市场而言,皆为一次严重打击,使股票市场之发展受到了严重阻碍。[4]

1895年至清末,中国证券市场之发展呈现外资证券迅速扩张之特色。于此时期,中国之工矿企业、银行以及铁路公司俱获迅速发展。诸多企业及公司于国内开始发行证券,冀以吸引更多资金。与此同时,外国在华铁路借款、矿业借款及政府借款之签署,亦令外资证券在中国市场上广获流通与交易之机缘。

斯时之证券市场,初步形成之时,交易主要集中于外资证券。证券交易所

[1] 背景与起因:一是钱庄经营问题。钱庄自身资本不足,放贷资金来源主要是山西票号、洋行、各类官商的存款。存户取款和贷款难以收回,迫使钱庄大量倒闭,引起金融恐慌。钱庄之间为了竞争,对借款人信用的考察降低标准,大肆放款,导致贷款难以收回。钱庄缺乏积聚资金和积累资本的自我要求,每年盈利全部分配给股东,没有提取公积金和增加资本的相关规定,使钱庄资本不足,难以抵御金融市场的冲击。二是洋务企业股票价格下跌。洋务运动中出现创办工矿企业的浪潮,以及由此引发的企业股票的泛滥和崩盘,是引发这次金融风潮的一个主要的直接原因。三是工矿企业投资过热,投资者争相购买股票,导致股票价格在短短几个月内大幅上涨。而这些企业自身盈利能力不足,投资者逐渐丧失信心,抛售股票,使股票价格大跌。四是外部因素。华北的旱灾和南方的水灾以及中法战争的传言是引发金融风潮的外部因素。1883年中法纠纷升级,进入战争状态,动荡的时局加剧了金融市场的波动。

[2] 从1873年开始,上海就有钱庄倒闭的事件发生。1883年1月12日,金嘉记丝栈的倒闭成为此次金融风潮的导火索,该商号欠款达50多万两,使40家钱庄受到拖累。到1883年2月,上海已有数10家钱庄倒闭。1883年12月,胡光墉因经营生丝贸易失败,其开设的阜康钱庄倒闭,并波及各地联号钱庄。

[3] 金融风潮从上海开始,波及京师、汉口、天津、宁波、杭州等地,并立刻危及各地商业、农业和手工业等,对社会经济造成了很大破坏。洋务企业亦受到波及,多数洋务企业倒闭。

[4] 上海南北市有钱庄78家,到了这一年末,只剩下10家。镇江与扬州两地共计破产倒闭之钱庄达68家。参见《倒账风潮:中国近代第一次金融风潮》,载招商局历史博物馆网2024年3月1日,http://1872.cmhk.com/ziliaoku/4473.html。

亦渐成,如上海及天津之证券交易所。同时,证券经纪人跃现,为投资者供证券交易及咨询服务。彼时之证券市场,虽初步形成,然外资证券之迅速扩张是基于中国证券市场,因此在一定程度上推动中国证券市场之发展。

甲午战争震动当时之中国社会,引发人们对国家建设及现代化进程之深刻反思。为振兴国家,诸多进步思想家与政治家提议“振兴工商、实业救国”口号。于是,中国之工商业与实业得以迅速发展。众多人投资兴办工厂与公司,生产各类新型商品与机器,满足国内与出口市场之需求。此时期被誉为中国设厂办公司之次高潮,亦为中国现代工商业与实业发展之重要阶段之一。在当时,诸多新工厂与公司相继成立,如上海洋务局、鹤山铁厂、汉阳铸造厂等。[1] 同时,诸多外国企业亦开始涌入中国市场,如英商洋行、德商亚细亚公司等。彼等企业之发展,不仅为中国之工商业与实业提供新动力,亦为中国之证券市场发展提供更多机会。1897 年,中国通商银行之创立,标志着中国近代化之第二次高潮。简言之,甲午战争之惨败引发中国第二次设厂办公司之高潮,推动中国工商业与实业之迅猛发展,为中国之证券市场带来更多机遇与动力。

公债制度在中国的引入可以追溯到清朝末年,即 19 世纪末的上海公共租界成立时期。当时,为了控制上海的经济,西方列强发行了上海公共租界公债,这是中国历史上首次引进西方公债制度。随后,中国政府在 19 世纪末和 20 世纪初陆续引进了一些公债制度。1894 年,甲午战争爆发后,中国被迫签署《马关条约》,根据该条约的规定,中国政府需要向日本支付巨额赔款。为了筹集赔款和借款,中国政府开始在国内外发行公债,并建立了公债制度。[2] 中国政府发行的公债主要用于促进国家经济振兴和加强国防力量,涵盖修建铁路、兴办工厂、购买武器等领域。公债制度的引入为中国证券市场的发展奠定了重要基础。公债成为证券市场中重要的品种之一,亦为后来股票、债券等不同证券品种的发展打下了基础。此外,公债的发行和交易亦推动了中国金融市场的发

---

[1] 1901 年至 1911 年间,中国创办的新式厂矿企业有 386 家,资本额达 8.8 亿多元。在这一时期,华商在工业领域取得了长足的发展,积极参与了工商业的经营和投资。为了筹集资金,华商开始发行股票,以吸引更多的投资者和股东。发行股票可以帮助这些企业扩大规模、增加资本,并进一步推动工业的发展。

[2] 1894 年,清政府为筹措甲午军费,“息借商款”,发行公债。此后,又发行了“昭信股票”和“爱国公债”。

展，为中国的现代化建设提供了重要的资金和动力。因此，公债制度在19世纪末和20世纪初引入中国，为中国证券市场的发展奠定了基础，同时亦为中国的现代化建设提供了重要的资金和动力。

在证券交易市场方面，上海股份公所，[1]成立于1891年，是外商[2]在中国设立的第一个股票中介机构，亦是中国股票市场的雏形之一。上海股份公所的主要职责是促进股票交易的进行，为投资者提供买卖股票的服务。上海股份公所的成立标志着中国股票市场开始走向规范化和专业化。该公所之存在，促进了股票交易的规范化和透明化，亦提高了股票交易的效率和安全性。同时，上海股份公所亦为后来中国证券交易所的成立提供了经验和基础。1903年，上海股份公所开始酝酿改组为上海证券交易所，以推动上海股票市场的发展。经过一段时间的准备和筹备，1904年，该交易所正式成立，命名为“上海众业公所”。上海众业公所成立后，开始推动上海股票市场的发展，逐渐形成了以上海众业公所为核心的证券交易市场。[3] 该所采用会员制，会员主要由当时在上海经营的外国银行、商会、贸易公司等组成。众业公所之成立，为中国证券市场的发展提供了新的平台和机遇。众业公所最初是由一些外国银行和商会等组织成立的，旨在为外商在中国的投资提供一个安全可靠的证券交易平台。随时间之变迁，众业公所逐渐扩大规模，成为当时中国证券市场的“领头羊”之一，吸引了越来越多的投资者和企业参与证券交易。在众业公所的发展过程中，它亦面临着一些问题和挑战。例如，上海众业公所的会员资格主要面向外商，导致本土企业很难进入；[4]上海众业公所的管理和监管亦存在一些问题。

其外，宜留意，于近代中国，西方列强通过不同方式进入中国，其中包括在华企业和公司的设立和经营，这些企业和公司需要筹集资金来支持业务发展，

---

[1] 直译为“上海股票经纪人协会”，最初称之为“股票掮客公会”，后改称为“证券掮客公会”。

[2] 一群在上海从事股票交易的外国证券经纪人，主要是英国商人。但亦有其他观点认为，这个公所是由上海工部局、上海银行家公会和商会联合成立的。上海银行公会于1918年7月8日正式成立，是由中国银行、交通银行、盐业银行、浙江兴业银行、浙江实业银行、上海商业储蓄银行等银行发起组织的。公会旨在加强银行间的合作与协调，共同应对金融市场的挑战。

[3] 上海众业公所除了进行外商股票的买卖外，还积极参与外商在华企业的股票交易。这些企业包括但不限于公和祥码头公司、会德丰拖孜公司以及上海电力公司等。

[4] 在该公所中，华人会员的数量相对较少，仅有13名，其中两位著名会员，即新丰洋行的俞开龄和合盛祥洋行的袁虬初。

而证券市场成了一种重要的融资渠道。于此背景下,西方商人在中国建立了一些股票交易所和股份公司,以提供证券交易和融资服务。然而,这些证券市场和股份公司的运作方式和效果,并不完全符合中国社会经济和投资者的利益。一些洋商通过投机手段,获取了高额收益,而投资者则面临风险和损失。由于缺乏监管和法律保护,一些洋商甚至涉嫌欺诈和违法行为,给中国的经济和社会带来了一定的负面影响。例如,1903年,英国投机商人乔治·麦边(George Mc Bain,有资料中"G"写作"Me")在中国成立蓝格志拓植公司(在部分资料中亦写作兰格志拓植公司)。[1] 当时,橡胶产业在全球范围内正处于高速增长的时期,而中国亦成了橡胶生产和贸易的重要地区之一。在此背景下,橡胶股票成了中国证券市场的热门投资对象。1909年国际橡胶价格上涨,乔治·麦边利用这个机会大肆宣传其公司的橡胶股票,引导人们购买,推动股票价格上涨。[2] 外商银行如麦加利、汇丰和花旗看到了这一趋势,选择与麦边合作,提供橡胶股票的抵押放款,进一步助长了人们对橡皮股票的购买兴趣,带来更多资金和信心,推动股票价格持续上涨。[3] 然而,乔治·麦边在高位抛售股票,其他外商银行亦纷纷跟进抛售股票,随之,外资银行停止了橡皮股票的抵押业务,导致了橡皮股票的抛售潮,使这些股票变得毫无价值,这进一步导致各地钱庄的倒闭,带来了极大的经济困境。[4] 这一事件暴露了中国证券市场在初步

[1] 这是一家在中国上海成立的从事植物学研究和植物资源开发的公司。公司主要在中国南方地区进行植物资源的开发和研究,例如,对樟树和茶叶等作物的种植和研究。该公司还在上海市区内拥有一座植物园,主要用于培育和展示各种植物。随着时间的推移,蓝格志拓植公司逐渐转型为一家综合性的商业公司,涉足了多个行业。在20世纪30年代初,该公司被英国经济集团洛克伍德收购,成为其在中国的子公司。

[2] 在麦边等人的操纵下,兰格志拓植公司的股价从面值100荷兰盾(白银60两)暴涨到920两白银的天价,甚至更高。

[3] 参见张春廷:《中国证券市场发展简史(清朝晚期)》,载《证券市场导报》2001年第4期。

[4] 除了市场的虚假宣传之外,导致此致事件的原因主要有:一是世界橡胶价格出现了普遍的下跌;二是上海的外资金融机构和中本土的金融机构过度介入橡胶产业;三是清政府对当时的市场缺乏有效的监控以及清政府内部存在的党派之争。此次橡胶危机最终引发天津、上海、江浙地区和广州等地的多家钱庄倒闭。1910年年初上海共有91家钱庄,而受此影响倒闭歇业的就达到了48家,占总数的53%,亏欠款总额1933万两。南京、镇江、扬州、苏州、杭州、宁波等六大经济重镇亦倒闭了18家著名钱庄和票号。而南京、镇江、扬州、杭州、宁波等五地的民族资本金融机构全部倒闭。1910年7月,天津的春华泰银号倒闭。同年10月,上海源丰润天津分号及联号新泰亦倒闭。万庆成洋布庄倒闭。1911年3月,上海义善源银号倒闭,天津分号受牵连因而倒闭。裕源长银号倒闭,义德厚钱庄、永盛钱铺、春兴钱铺等均因银根紧而歇业。

形成阶段的脆弱性和缺乏监管的问题。外资银行的参与和操纵亦暴露了市场的不稳定性和对外资的依赖性。这次事件对中国证券市场的发展产生了一定的影响，亦提醒人们在投资中要警惕风险和市场操纵。

1897 年 5 月 27 日，中国通商银行在上海成立，这是中国首家由私人创办的股份制商业银行。该银行的创立者包括叶澄衷、严信厚、朱葆三等来自宁波的商人，以及来自瑞典和英国的商人。这标志着中国民营银行的兴起。随着中国现代化进程的推进，政府亦开始逐步介入银行业的发展。在这一背景下，清政府采取了“官商合办”的模式，设立了户部银行和交通银行。其中，户部银行成立于 1908 年，最初是为满足政府财政需求而设立，后来逐渐发展成为全国性商业银行。交通银行则成立于 1905 年，旨在支持铁路和运输业的发展。此外，在此期间，一些地方政府陆续设立了自己的省级银行，如广东省银行、云南省银行、湖南省银行等。这些银行主要为当地商业和地方政府提供金融服务，成为当地经济发展的重要支持。一些私营企业家亦开始涉足银行业，创立了自己的商业银行。

在中国近代化的发展进程中，铁路建设一直被视为至关重要的一环。为了推动铁路建设，1903 年 12 月 2 日，中国政府颁布了《铁路简明章程》，规定无论是本国人还是外国人都可以向政府申请开办铁路公司。这一规定被看作中国铁路史上的一个重要转折点，标志着中国铁路业进入了民营化时代的正式开始。在此之前，中国的铁路业主要由英、德、法等外国大型铁路公司垄断经营，清政府掌控的铁路仍然较少。然而，随着《铁路简明章程》之颁布，铁路业开始向商人开放，鼓励他们筹资承办铁路建设，这一政策被称为“寓商于路”，即将商人引入铁路建设领域。在这一政策的推动下，全国各地开始成立铁路公司。这些铁路公司多数采用“官商合办”或“商办”两种形式，即政府和商人共同出资建设和运营铁路，或者由商人独立承办铁路建设和运营。这些铁路公司不仅给当地创造了就业机会，亦吸引了大量投资者，发行了大量的铁路股票。在 1903～1907 年这段时间内，全国 15 个省份先后成立了 18 个铁路公司，这些铁路公司的建设和运营为当地经济的发展提供了重要支持，亦为中国之工业化进程提供了必要的基础设施。

在这一时期，华商证券交易仍处于不规范阶段。梁启超于 1904 年提出了组织“股份懋迁公司”的倡议，旨在为中国资本市场的发展提供一种新的机制。

这个“股份懋迁公司”的设想,是将股份制度引入中国的资本市场中,通过股份的流通和交易,为企业和投资者提供更加便捷和灵活的融资和投资方式。此倡议虽获一些知识分子及商人之拥护,然而,由于当时中国政治和经济环境并不适合建立这种机制,致使此等倡议最终未能得以有力实施。在当时之上海,以买办商人为主导的商业资本开始崛起,他们渐觉股份制度和证券交易所对于发展资本市场的重要性。于是,在1907年,袁子壮、周舜卿、周金箴等人提出了仿照日本证券交易所组织公司的要求,希望在上海建立一个类似于日本证券交易所的机构,但清政府未予考虑。上海南市关桥是当时上海证券交易最为繁荣的地区之一,吸引了大批投资者和证券经纪人。在这里,上海买办商人王一亭、郁屏翰等人开设了一家名为“公平易”的证券经纪公司,专门从事证券的买卖和交易。“公平易”之所以成功,主要是因为它采用了先进的证券经纪方式,包括分户交易和分红交易等。此等方式为证券投资者提供更为灵活便捷之交易途径,亦为“公平易”带来更多之客源与业务。随着“公平易”的成功,越来越多的证券经纪公司开始涌现,例如,孙静山在上海九江路渭水坊开设的专营证券的“信通公司”,证券交易业亦逐渐成为上海的一大特色产业。这为中国资本市场的发展奠定了基础,亦为中国近代化进程的推进提供了重要支持。

在清末民初,上海华商证券交易市场开始萌芽,并出现了一些本国股票客,他们是一些茶商、钱商、皮货商等,以证券买卖为副业。这些掮客常以大新街福州路转角的“惠芳茶楼”为日常集会之地,因此被称为“茶会”。“惠芳茶楼”在20世纪二三十年代被誉为上海证券市场的发源地,成为股票交易的热门场所之一。掮客们在茶楼内以口头报价的方式进行交易,而无法交易的股票则会在茶楼外的马路上被叫卖。最初来茶会做股票交易的有何世葆、周韶笙、吴川如、孙子瑜(俞)、方鹄臣、王向梅等商人。茶会作为早期的证券交易场所,起初并没有统一的交易规则和交易所,商人们在惠芳茶楼集会,通过口头报价和洽谈方式进行交易。茶楼内外人潮涌动,交易氛围浓厚,掮客们会在茶楼内设立临时的交易摊位,展示和交易股票,交易的公平性和透明度受到一定的影响,信息传递速度亦较慢。然而,茶会作为上海证券市场的发源地,为证券交易的发展和繁荣打下了基础,商人们在茶会上交流股票信息和业务,为投资者提供了投资机会和交易平台。茶会吸引了越来越多的商人和投资者前来交易,逐渐形成了一定规模的证券交易市场。[1]

在中国近代工业化的进程中,股份公司和股票扮演了重要的角色。股份公司的出现使资本可以集中起来,促进了工业化的发展。股票则成了股份公司的一种融资方式,亦为投资者提供了参与企业发展的机会。在辛亥革命前夕,中国的股份公司逐渐增多,涉及的行业亦越来越广泛,钢铁工业、煤炭工业、运输业、纺织业等都有了股份化的趋势。股份公司的出现为这些行业的发展提供了资金支持和管理机制。清朝末年,尽管中国尚未建立正式的交易所,但股份化和证券市场之萌芽已潜植于华夏之土壤,一些大型股份公司会在公司内部设立股票交易所,方便股东之间的股票买卖;此外,一些商人和投资者亦会在私下里进行股票交易,形成了一定的证券市场。此等股票交易虽未臻规矩方圆,但对中国证券市场的发展起到了推波助澜的作用。它们为未来中国证券市场的崛起奠定了基础,为后来交易所的建置提供了宝贵之经验与奋进之力。总体而言,中国近代工业化的进程中股份公司和股票的兴起是不可忽视的因素,它们为资本积累和企业发展提供了重要的支持,亦为中国证券市场的形成和发展打下了基础。

(二)民国时期(1912~1948年)

第一次世界大战前后,中国产业经济的发展和政府债券的大量发行,加速了证券市场的形成和发展。各种新型证券不断涌现,证券的数量和品种亦迅速增加。证券交易市场亦经历了从松散无序的茶馆、公会交易到有组织的交易所交易的转变。在这一过程中,中国证券市场逐步形成了以上海证券交易所、天津证券交易所、北平证券交易所为核心的交易所体系。证券交易形式亦逐渐多样化,从最初的现货交易演变为现货、期货、期权等多种交易形式,为投资者提供了更多的选择和机会。在1919年6月,北洋政府正式批准成立上海证券物品交易所。该交易所是中国最早的证券交易所之一,标志着中国金融市场的发展进程。该交易所最初交易的品种包括证券、棉花、棉纱、布匹、毛皮、金银和粮油等七种。[2] 这七种交易品种的选择,从侧面反映了当时上海作为中国经济

---

〔1〕 参见《旧上海证券交易所风云录(上篇)》,载东海证券网2020年11月27日,http://edu.longone.com.cn/app?c=Longxingdonghai&d=www&id=3539&m=LgpHistory_Details。

〔2〕 参见沙青青:《老上海股票往事》,载参考网2016年11月2日,https://www.fx361.com/page/2016/1102/299225.shtml。

中心的地位和上海市场的特点。证券作为金融工具的引入,乃为促进资本市场的发展,吸引国内外投资者和资金。棉花、棉纱、布匹等纺织品交易,反映了上海作为中国重要的纺织产品集散地和加工制造中心的地位;而金银、粮油等商品的交易则反映了上海作为贸易中心和国际金融中心的特点。1920 年 2 月,上海证券物品交易所召开了第一次会议——创立大会,会议选举产生了理事和监察,其中虞洽卿等 17 人被选为理事,另有 3 人被选为监察。随后,理事会推选虞洽卿为理事长。上海证券物品交易所在成立初期就致力于参考日本的经验,并通过聘请日本顾问来提高交易所的运作水平。[1]

20 世纪 20 年代初,中国的产业证券市场经历了一段繁荣期后陷入了低谷。在这期间,政府发行的公债成了投资者的主要选择,而证券市场则面临困境。1921 年 10 月,中国爆发了一场被称为“信交风潮”的金融危机。这场风潮是由一些投机商人发行信托公司的股票,在交易所上市买卖,并暗中哄抬股价以牟取暴利引起的。当时,一些商人看到了投机的机会,纷纷开始发行信托公司的股票并在交易所上市。他们通过各种手段哄抬股价,吸引更多的投资者参与。由于参与者众多,交易所和信托公司的数量亦急剧增加,最高峰时分别达到了 136 家和 12 家。大量的股票上市,形成了一场投机热潮,然而,在价格被人为推高的情况下,许多投资者纷纷倒戈出售,导致股价暴跌。许多信托公司和交易所因此破产倒闭,风潮过后,交易所仅剩下 12 家,而信托公司只剩下了中央信托公司。之后,一些商业银行出现了挤兑现象,导致金融体系岌岌可危。这次“信交风潮”在当时引起了广泛的关注和反思,它揭示了中国金融市场的脆弱性和监管的不足,并对未来的金融体系改革和监管措施产生了重要影响。这场危机对证券市场产生了负面影响,使其陷入了更深的低谷,许多投资者在这一事件中遭受巨大损失,这进一步阻碍了证券市场的发展。这场金融危机的爆发,使投资者对证券市场产生了不信任和恐慌情绪,导致投资活动的减少和资本撤

---

[1] 在 1916 年,孙中山与沪商虞洽卿等人就共同建议组织上海交易所股份有限公司,并拟定了章程和说明书,呈请北洋政府工商部核准。1917 年 1 月 22 日,孙中山、虞洽卿、张静江、戴季陶、盛丕华等九人署名,再次呈文请当时的北洋政府农商部批准设立“上海交易所”,业务种类除了证券外还有花纱、金银、杂粮、皮毛等。虽然该所已迭经地方和北京政府批准“先行开办”,然而,三年多过去了,尚未取得部颁营业执照。1920 年 7 月 1 日,筹备数年的上海证券物品交易所正式开幕,这是中国的第一家综合性交易所。

离；政府亦加大了对证券市场的监管，以稳定金融体系并防范类似事件再次发生。尽管经历了这段低谷期，中国证券市场在之后的时间里逐渐复苏和发展，然而，此时期之金融危机，对证券市场实乃影响深远。

为解决财政赤字和满足基础设施建设的需要，政府在此后大量发行公债，并成立了专门的银行来管理公债，公债市场逐渐取代了产业证券市场，成了当时中国财政市场的主导形式。这种以公债为主的财政市场一直持续到第二次世界大战爆发前夕。随着国内局势的变化和经济体制的调整，中国证券市场的发展又迎来了新的机遇和挑战。20 世纪 40 年代初，中国的股票市场在上海租界逐步复苏并迅速繁荣，但这一市场的发展与中国产业经济发展的联系较少，其出现和发展的主要动力是社会游资的投机需求。由于国民政府的金融管制政策较为宽松，加之战争经济的推动，使股票市场蓬勃发展。此时之中国股票市场，虽然在交易规模和交易品种等方面已经有了一定的进步，但其发展的主要矛盾是资本市场与实体经济的脱节，其与产业经济之间的联系十分微弱，成为中国股票市场发展的畸形轨迹之一。抗战中期，中国的通货膨胀问题愈加严重，这种通货膨胀在一定程度上使政府轻松偿还了前期举借的内债，但亦导致了政府之信誉危机。由于政府一直大量发行货币来满足战争支出和社会经济需求，通货膨胀加速、物价飞涨，使社会经济陷入了混乱之中，而股票市场的繁荣，亦是在这种畸形的经济环境下暂时出现的。投机者抓住了通货膨胀和政策宽松的机会，进一步推高了股票价格，使股票市场暂时出现了繁荣。然而，此繁荣徒有虚华之表，实乃经济之畸形发展，难以为继。[1]

1. 四川四大金融风潮

中华民国初年，四川出现了四大金融风潮，席卷了四川整个证券金融市场。自清末至中华民国初年，四川钱币制度的紊乱繁杂和四川地方实力派军阀割据统治的混战导致金融风潮频发，严重扰乱了当地的经济秩序和金融市场，亦波及了全国其他地区，对国计民生造成了严重的危害。这些风潮的形成，除了钱币制度的紊乱和地方割据统治的因素，尚与当时四川之政治、经济、文化等多方面的问题密切相关。[2] 据有关资料记载，从 1912 年至 1933 年，四川地方实力

〔1〕 参见张春廷：《中国证券市场发展简史（民国时期）》，载《证券市场导报》2001 年第 5 期。

〔2〕 参见张善熙：《民初四川四大金融风潮》，载《文史杂志》1993 年第 6 期。

派军阀之间的混战,有学者统计约有478起。[1] 由于战争和政治风潮的起伏而引起的省、县内大小金融风潮亦近乎百次。(见表1-1)

表1-1 金融风潮的类型

类别	典型案例
全国政治性的金融大风潮	新中国成立前的黄金风潮①、镍币风潮②、银元券(金圆券)风潮等③
全省军事性的风潮	如军用票券、浚川券、官银号券等风潮
市、县商业性的风潮	如重庆划条、万县行庄倒闭,聚兴诚、美丰挤兑,重庆汤字号连锁倒闭等风潮
其他各县、区的金融风潮	虽范围小但次数多。前两类于全省带有普遍性,在各市县都不同程度地发生

①1947年2月10日,发生黄金风潮,由国民党金融政策失误、通胀、内战等因素导致。抗战期间(1937~1945年),法币发行量剧增。战后,宋子文任行政院院长,1946年3月推行金融开放政策,抛售黄金回购法币,初稳物价。但内战爆发,法币再增,通货膨胀加剧,引发黄金抢购潮。2月金价飙升,法币贬值,物价飞涨,风潮由上海扩至全国。2月15日,央行停售黄金,未遏制热潮。国民政府采取紧急措施,出台《经济紧急措施方案》《取缔黄金投机买卖办法》《禁止外币流通办法》《加强金融业管制办法》等多项法规干预市场,但效果不佳。风潮致宋子文辞职,称“二月风潮”。原因涉政治动荡、货币过剩、物价上涨等。

②1935年11月,国民政府发行法币,镍币作为辅币于1936年开始铸造,至1943年停铸,随着1949年新中国成立退出流通。其间,《辅币条例》规定了镍币相关事宜。因日军入侵,造币厂迁址并增设分厂。1940年《修正辅币条例》调整了镍币规格。镍币生产成本超面值,且法币贬值,镍币成为重要计价依据。1948年成都等地发生镍币升值风潮,中央银行成都分行多次调整政策应对,但镍币抢购风潮加剧,最终导致禁用。此风潮亦波及武汉、广州、桂林等城市。

③1948年11月,徐堪任国民政府财政部长,考虑恢复银本位制。同月,美国议员周以德承诺援助。1949年1月,美国承诺提供银块助回收金圆券。2月,徐堪与刘攻芸制定经济方案,恢复银本位制,发行银元及银元兑换券。7月2日,《银元及银元兑换券发行办法》出台。7月3日,广州政府停发金圆券,公布银圆券兑换价,但金融界持疑。7月27日,银圆券汇率暴跌。因国民党统治区有限,银圆券兑现受限,民众失信任。共产党政权不收兑伪币,打击银圆券。7月8日,央行定兑换日期,西康省建议运银元应对兑换需求,但民众拒用。镍币暂作辅币流通,引发投机和物价上涨,多地请求停镍币。央行下令停镍币流通。银圆券遭抵制和拒用,广西等地停用。8月中旬重庆银元短缺,歧视银圆券。9月,驻军拒银圆券。11月,解放军攻占贵阳、逼近重庆,央行停兑银圆券。29日,国民政府迁成都;30日,重庆解放。银圆券发行四月余即结束。

这些金融风潮,尤以商业经济性的金融风潮,多发生于成渝两地或波及嘉、叙、庐、万、自贡等川渝中等城市。从这些金融风潮的迭起中略可窥见四川金融事业在新中国成立前,因受政治、军事、经济影响而形成的币制紊乱、通货膨胀之影像。

---

〔1〕 参见《“天府之国”四川为何军阀混战不休,21年间大小战斗478次》,载搜狐网2020年6月16日,https://www.sohu.com/a/402130428_120556189。

(1)四川军用票风潮(1911～1915年)

1911年10月10日武昌起义后,四川省积极响应了起义,出现了多方势力争夺四川政权的局面。在武昌起义爆发后不久,张培爵和杨庶堪在重庆发动起义,成立了“蜀军政府”,并宣布独立。张培爵担任正都督,夏之时担任副都督。此时,四川省议会的蒲殿俊、罗纶等人与原四川总督赵尔丰达成了一个名为“官绅协定”的协议,亦宣布四川独立,并在成都成立了“大汉四川军政府”,蒲殿俊担任正都督,朱庆澜担任副都督。然而,这两个军政府的成立并没有得到广泛的支持,特别是“大汉四川军政府”。赵尔丰反对蒲殿俊和朱庆澜的掌权企图,并煽动他原统率的边防军于1911年12月8日在东校场阅兵时发动兵变,迫使蒲殿俊和朱庆澜逃避。赵尔丰唆使其原统率的边防军在成都大肆抢掠财物,这其中包括藩库、盐库,浚川源官银号以及一些富裕商号的库存现银五六百万两。这次事件严重破坏了四川的经济和社会秩序,给当地民众带来了巨大的损失和不安。随后,尹昌衡率领新军进城平乱,并成立了四川军政府,罗纶担任副都督。在这之后,四川军政府与蜀军政府合并,成立了中华民国四川都督府,由尹昌衡、张培爵担任正、副都督。起初,四川都督府的势力范围较小,仅仅控制了四川部分地区,然而,随着时间的推移,四川都督府逐渐扩大其势力范围,并在政治、军事和经济方面取得了一定的成就。尹昌衡在位期间,致力于改革军队、整顿政权、发展经济,并实施了一系列的政策和措施。然而,由于当时中国各地政治和经济的混乱,四川都督府的历史地位并不显著,在随之而来的政治动荡中,四川都督府的影响力渐衰,终被其他势力所取代。但是,不可否认,四川都督府对于巩固和维护当地政治稳定,以及推动经济之发展亦起到了一定的作用。

鉴于藩库等遭到劫掠,军政府资金突然减少,财政形势极为困难。于1912年1月,四川省政府在原浚川源银行旧址成立了四川银行,旨在为当时的政治局势提供资金支持。四川银行发行的主要货币是四川军用票,用于支付军费和支持军政开支。这些军用票分为1元、5元和10元三种面额,但10元面额券并未真正发行。当时,两府合并后,四川省政府面临巨额的军费开支。为了满足这一需求,四川银行开始大量发行军用票,最初的发行总额定为300万元。但随着时间推移,发行量不断增加,最终超过了1500万元。在1912年夏天,尹昌衡奉命赴西藏平乱,在率兵离川赴藏时,将四川银行现金数百万元全部提走,导致军用票原本承诺的“一年内兑现”的承诺无法兑现，军用票的价值下降。[1]随着政局的动荡，票面价值与实际银行兑换价值之间的差距越来越大。当时，一枚银元可以兑换一千到一千三百文铜元，而一元军用票只能兑换八九百文铜元，仅相当于四角或五角银元的价值，因此，老百姓更愿意珍藏银元，将其收藏起来，甚至拒绝使用军用票。胡景伊在四川执政期间，采取了强制推行军用票的措施，并采取了一些手段来执行。据历史记载，他曾对于歧视或拒绝接受军用票的行为进行了严厉打压，[2]然而，胡景伊的这些举动在当时引起了广泛争议和反对。有人认为，强制使用军用票并不是解决经济问题的最佳途径，反而可能加剧经济不稳定和衰退。另一些人则反对胡景伊采取的暴力手段和对待商人的不公行为。胡景伊在执政期间强制使用军用票的策略效果甚微，不久后，军用票经历了折扣贬值。军用票大量流入重庆，重庆制定了一项特殊的“周行银”规定，所有交易都必须按照七成生洋（银元）和三成军用票的比例进行，以减少市场争议。1914 年，军用票价格持续下跌，各地纠纷不断，后来，商准盐务所在盐税下征收军用票的三成，将回收的 300 多万元军用票在重庆焚毁。然而，由于成渝两地军用票发行量庞大，仍然存留很多，导致价格进一步下跌，成为金融市场的负担。简言之，由于四川银行发行的军用票没有得到国家监管，发行量无限制地扩大。这导致了通货膨胀和物价上涨，对当时的四川社会和经济造成了严重影响。为了解决这一问题，政府在 1914 年开始对四川银行及其军用票进行了调查、清理和整顿。最终，四川银行被迫停止了军用票的发行。1915 年，陈宧上任后，向重庆中国银行借款 400 万元用于兑换券，并向浚川源银行拨款 200 万元发行纸币，作为回收军用票的基金，按五折收回军用票。在回收过程中，发现了数十万元重复编号的军用票，全部予以收回，共计收兑了 1000 多万元，市面上所剩不多，此后事件

---

〔1〕 参见张善熙：《民初的两个“四川银行”和两种“四川兑换券”》，载《四川文物》1994 年第 4 期。

〔2〕 其中，商人陈少卿就是因拒绝接受军用票而被杀害的案例之一。他的遭遇成了一个反映当时政治环境和商业行为之间紧张关系的案例。陈少卿拒绝接受军用票的决定可能是基于商业考虑。但这一拒绝行为，这意味着商人对政府权威的挑战。政府为了维护自身的权威和稳定秩序，会采取严厉措施来惩罚拒绝接受军用票的商人。陈少卿可能就是这样一种严厉措施的结果。这样的案例反映了当时商人与政府权力之间的紧张关系。商人在追求自身利益时，常常需要在政治环境中谨慎行事。他们需要考虑政府的政策和要求，并权衡风险和收益来做出决策。对商人而言，拒绝接受军用票可能是一种商业选择，但亦可能导致政府的愤怒和严厉惩罚。

渐渐平息。

军用票风潮持续了四五年，对于四川省的农工商业和金融事业以及人民的生活产生了异常深刻之影响。这一事件反映了民国之初政治经济财政的混乱，亦使政府发行纸币长期在人民群众中丧失了信用，给当时的社会经济带来了严重后果。

(2)川中券、浚川券、交通券、滇中券停兑风潮(1916～1920年)(见表1-2)

表1-2　四川发行的几种证券(1916～1920年)

证券名称	主要内容
川中券	1914年，四川财政厅电请财政部令中国银行在重庆设立分行，以解决军用票的兑换事宜。1915年1月，中国银行重庆分行设立(以下简称渝行)。1915年，陈宧入川后，为了收回已贬值的军用票，向渝行借款，进而渝行发行了一种兑换券，俗称川中券。川省府向渝行借了400万元的兑换券，并命令浚川源银行发行了200万元的兑换券(浚川券)，专门用于以五折的价格收回军用票作为基金。然而，蔡锷在云南起义讨伐袁世凯，进军蜀地。时政府未顾中国银行重庆分行准备金之调拨，竟以收回军用票之资转充军需，强令中国银行出借川中券及库存现金，凡一百八十余万两。此讯既传，成渝两地民众纷至中国银行兑换券，挤兑之势甚嚣尘上，情势危急。加之全国反袁运动方兴未艾，局势纷扰，北洋政府颁令，令各省中国银行、交通银行停止兑换。川中分行亦即刻奉命止兑，致使川中兑换券于民间信用尽失
浚川券	四川浚川源官银行成立于光绪三十一年(1905年)，总行设在重庆，同时设立成都分行。1906年2月13日，该银行在上海宁波路开设分行，成为在上海设立分行的第一家川邦银行。此后，又陆续增设了北京、宜昌、汉口、沙市等分行。1908年，该行退还商股，成为纯粹的官办银行。1911年，四川地区发生了辛亥革命，四川浚川源官银行在内的多家金融机构宣布歇业。 1912年重新开业后迁至成都，并在北京、上海、汉口、重庆、宜昌、五通桥、自流井等地设立分行。然而，由于川中券停止兑换，浚川券亦因为增加了肉厘基金①并被政府用于支付军饷，导致银行库存空虚。因此，政府决定同时停止兑换川中券和浚川券，这导致国家银行和地方银行的两种兑换券无法兑现，引发了金融风潮，造成了恐慌。停止兑换的第二天，兑券与银元的比价就下跌了10%，之后继续持续下降，人民遭受了巨大的损失
交通券	在1915年，交通银行在重庆设立了分行，并发行了仅在重庆流通的兑换券。然而，1916年，交通银行与中国银行同时被命令停止兑换券。此时，由于军队借走了50万元而未归还，导致50万元的兑换券未能收回，交通银行亦不得不停止营业

续表

证券名称	主要内容
滇中券	1916年,蔡锷率领护国军进入川陕时,随军携带了云南中国银行发行的“滇中券”200万元。在蔡锷到达成都后,大约发行了50万元的兑换券。然而,随后蔡锷前往日本治病,由他的秘书长罗佩金代理督军职务时,继续将未使用的滇中券用于军事需要,总共发行了180万元的兑换券。成都发生刘(存厚)罗(佩金)巷战、戴戡巷战后,滇黔军相继撤离成都,致滇中券无以兑,其价值骤降。这些战斗造成了巨大的混乱和不安,人们失去了对滇中券的信心,遂致兑换券之价暴跌

① 1. 设立背景。在浚川券流通过程中,为了应对通货膨胀、币值下跌等问题,四川政府决定设立肉厘基金。肉厘基金的设立旨在通过增加货币发行收入,来稳定浚川券的币值,并增强公众对浚川券的信心。2. 作用机制。肉厘基金通常与货币发行量挂钩,即每发行一定数量的浚川券,就需按一定比例缴纳肉厘基金。这些基金通常被用于购买实物资产(如粮食、布匹等),以作为浚川券发行量的实物支撑。在必要时,政府可以使用肉厘基金来平抑物价、稳定市场,从而维护浚川券的信用。3. 实施效果。肉厘基金的设立在一定程度上增强了公众对浚川券的信心,有助于稳定其币值。然而,由于当时四川地区政治动荡、战乱频繁,肉厘基金的实施效果亦受到了限制。

以四川省政局变动不定、财力不足为由,上述四种券在市场上泛滥、不断贬值,且都不能兑现,只能打折扣使用,导致人民生活困苦。有资料记载,上述券票一度贬值到原来的三成,彼时,四川省约有这四种券共一千万元。熊克武主政后,决心整顿四川货币制度,决定分阶段收回“利用钱庄”的银元券、浚川券、川中券、滇中券。除了对浚川券采用标卖公产的方式收回外,还以铜元抽签收兑,每元兑换1000文铜元。在税收方面,五成以银元,五成以券收入;发放薪饷,则七成以现金发放,剩下的三成是纸币,可以销毁,同时盐税亦采用同样的方式收取税款。如此,税款和盐税每年至少可以收到1400万元的兑券,自从1919年到1920年实行后,除了交通券没有纳入税款收入范围,由交行自行收回外,滇、浚两种券完全收回,川中券收回500万元,其余的70万元由中行以七年期的长期公债票照额收回。至此,四川省成为一个没有纸币的省份,无论公家还是私人,都以现金进行交易,结束了四川省自军用券风潮后第二个范围遍及全省的军事性的重大金融风潮。1923年,熊克武、刘成勋联合命令成立成都官银号,并由刘成勋签署发行官银号券(官银票)等多种货币。

(3)大中银行的挤兑风潮(1922年)

大中银行是股份公司性质的私家银行,由重庆的汪云松等人筹资建立。它成立于1919年3月,并于同年11月22日开始营业。[1] 大中银行成立初期,由

[1] 亦有观点认为,大中银行成立的时间是6月29日或7月21日,9月19日获得北洋政府的核准。抗战期间,哈尔滨、大连、沈阳等地分行撤退收歇。1947年资本法币400万元,实收260万元,每股100元。1949年6月30日因交换缺额停业。

于与股东和管理层的紧密关系，享有一定的经营自由和独立性。作为重庆地区最大的商业银行之一，主要业务是为企业和个人提供贷款。随着业务范围的扩大，大中银行在四川、贵州、云南等地设立了多个分支机构。该银行的经理与奉系军阀财政总长张岱三关系密切，因此获得了向北京币制局申请发行纸币400万元的特权。大中银行先后在北京、天津、上海、汉口和成都设立了分行，并在北京和重庆发行了数十万元的钞票。该行还借给北京政府五六十万元，并代替财政部发行了二、三月期票执照共计200多万元，成为一家半官半商的银行。然而，1922年政治局势变化，奉系退出北京，财政部原本打算以九六公债300万元作为保证发行执照款项，但由于吴佩孚不同意，财政部无法履行承诺。持有票据的人纷纷向大中银行追讨款项，导致北京分行出现挤兑潮，进而波及上海和汉口。此讯既传，重庆市场亦起挤兑之潮，彼时，大中银行流通于市之券，约有五十万两，而库藏现银，唯二十余万两。值得一提的是，在政府、知识界和商界的合力维持下，加上政府拨款30万元提供援助，大中银行成功收回了券据，挤兑潮才逐渐平息。然而，此次事件对大中银行造成了重大影响，该行业务陷入停滞。

(4)"四川银行"和"重庆官银号"纸币风潮(1923年)

自1918年以来，随着四川防区、制区的形成和发展，[1]金融业亦直接受到实力派军人的控制。在1919年至1920年，中、浚、交、滇各券收销后，四川省没有纸币流通，现金交易持续了大约三年。1923年国内军阀割据，四川的军人有些靠南方，有些靠北方。靠南方的有驻成都的刘成勋、但懋辛、赖心辉等人，称为省军；靠北方的有驻重庆的刘湘、杨森，以及黔军的袁祖铭、北军的赵荣华等人，称为联军。由于一些琐事引发了战争。在八月间，省军攻至重庆浮图关，逼

[1] 1.四川防区、制区形成之背景。(1)军阀割据。在辛亥革命后，四川地区陷入了军阀割据的局面。这些军阀为了争夺地盘和权力，不断发动战争，导致四川社会动荡不安。(2)辛亥革命影响。辛亥革命虽然推翻了清朝统治，但并未完全解决四川地区的政治问题。相反，它加剧了四川地区的政治分裂和军阀割据。2.防区、制区之形成与发展。(1)防区的形成。为了维护自己的统治地位和利益，四川军阀纷纷建立自己的防区。这些防区通常是以军阀的驻地为中心，包括其控制的若干县或地区。防区的形成使四川地区更加分裂和混乱。(2)制区之设立。在防区的基础上，一些军阀还设立了制区。制区通常是由多个防区组成的更大范围的行政区域，由军阀或其代表进行统治。制区的设立进一步加剧了四川地区的政治分裂和割据局面。(3)防区、制区之演变。随着时间的推移，四川地区的防区、制区经历了不断的演变。一些军阀因为实力衰退而失去对防区的控制，而另一些军阀则通过扩张势力范围来巩固自己的地位。此外，一些防区、制区之间还发生了争夺和战争，导致四川地区的政治局势更加复杂和动荡，进而导致四川经济衰退。

近联军的总部所在地重庆。然而,黔军的周西成突然倒戈依附南方,加入省军,向城内轰击南岸。被围困在城内的联军急需军饷,于是杨森委派曾子唯(号述孔)担任新设的"四川银行"总理。临时由本城的石印公司赶制了"四川银元"兑换券,发行了100万元。后来,省军攻破重庆,联军向下川东退却,此时"四川银行"发行的兑换券已达到200万元,市井之中之兑换券,纷纷成为废纸而已。省军进入重庆城后,军需物资短缺,赖心辉委派梁正麟担任四川官银号总办,将原本在成都印制的四川兑换券带到重庆,设立了重庆官银号,发行了"重庆官银号"兑换券,用于提供二百六七十万元的军饷,将纸币当作现金使用。诸商家因畏惧而遵从。然而,当年四月,联军再次反攻,省军再次撤出重庆,此二百六七十万元的官银号兑换券再次成了废纸。无论是"四川银行兑换券",还是"重庆官银号兑换券",皆采用了与"四川兑换券"相同的板式花纹、印制年号和"重庆"地名,都是相同的一元券。只是"四川银行兑换券"右上角有一个"西"字和"四川银行"印章,"重庆官银号兑换券"则左右上角都有一个"智"字和"刘成勋印"的章。在一年内,给重庆市场和附近地区的人民突然增加了近500万元的不可兑现纸币,造成了异常沉重的经济和生活损失。

2. 北洋政府时期的证券市场

(1)产业证券市场的形成和发展

北洋政府时期的产业证券市场的形成和发展是中国证券市场发展的重要阶段。政府的支持和监管、投资者的积极参与以及重要产业公司的涌现都推动了产业证券市场的繁荣,为中国证券市场的进一步发展奠定了基础。首先,产业证券市场的形成得益于中国经济的发展和现代化进程。随着国家独立后的经济体制改革,中国开始引进先进的经济理念和制度,并积极推动工商业的发展。大量的产业公司涌现,为了扩大经营规模和筹集资金,开始发行股票和债券。这些产业证券的发行和交易需求催生了证券市场的发展。从1912年到1927年,创办资本在万元以上的工矿企业约有1984家;创办近代新式银行有311家。这段时间可谓是中国近代工商业发展的黄金时期。[1] 其次,政府的支持和监管亦是产业证券市场发展的重要因素。北洋政府时期积极推动证券市

〔1〕 参见许纪霖、陈达凯:《中国现代化史(1800~1949)》(第1卷),学林出版社2006年版,第330~336页。

场的发展,设立了一些专门从事证券交易的机构,例如,1914 年,上海股票商业公会成立,得到了当时的农商部的批准。1918 年北京证券交易所成立。这些机构提供了统一的交易平台,促进了股票和债券的买卖活动。政府还加强了对证券市场的监管和规范,制定了一系列法规和公约。再次,产业证券市场的发展亦受到投资者的积极参与和市场需求的推动。在这一时期,越来越多的投资者开始关注和参与股票和债券的买卖活动。投资者的参与推动了交易的活跃度,亦为产业公司提供了更多的融资渠道,进一步促进了证券市场的发展。1921 年春,通泰盐垦五公司(大有晋、大豫、大赉、大丰、华成等)委托 24 家上海银行和钱业组成的银行团[1]发行了年息八厘的公司债券 500 万元,开创了中国企业发行公司债券的先河。最后,产业证券市场的发展得益于一些重要的产业公司的涌现。1912 年至 1927 年,新设私营银行达到 186 家,1925 年私营银行的总资本超过 1.58 亿元,其中,较为大型的私营银行集团为"北四行"和"南三行"。私营银行在此时得以发展的重要原因有民族资本力量加强、我国产业资本活跃、外国对我国金融业控制减弱、战败国银行信用减弱下我国企业和官僚资金注入本国私营银行、大量经营军阀后为罗掘战争经费发行的债券等,以上这些因素共同推动了私营银行的崛起与繁荣。[2]

(2)证券交易所时代的开创和"信交风潮"

证券交易的兴盛使清末创设证券交易所的呼声在此时终于有了实质性的内容。就中国本土的证券交易所而言,始于 1910 年的茶会交易(见前文所述)。1914 年 3 月 1 日,在茶会交易的基础上,上海股票商业公会在上海成立(会所地址:二马路),是中国第一个由股票经纪人自行组织的行业协会。公会成立初期有会员 13 家(亦有说法是 12 家后增至 15 家)。在成立后,该公会的会员达到了 70 家左右。该公会的成立标志着中国证券业的正式诞生和发展。刘揆一、梁士诒和张謇等政府官员在北京政府时期对证券交易所的设立起到了重要的

---

[1] 1921 年春,中国银行副总裁张公权在考察五公司后,积极推动上海银行业公会与钱业公会组织银团,承销五公司债票。银团几乎囊括了近代中国最著名的新式银行及钱庄,包括中国银行、交通银行、"南三行"、"北四行"中的 3 家银行及福源、永丰钱庄等 24 家,合组定名为"通泰五公司债票银团"。"北四行"是指盐业银行(1915 年)、金城银行(1917 年)、大陆银行(1919 年)、中南银行(1921 年);"南三行"是指上海商业储蓄银行(1915 年)、浙江兴业银行(1907 年成立,1915 年重组)、浙江实业银行(1923 年)。

[2] 参见陆仰渊、方庆秋主编:《民国社会经济史》,中国经济出版社 1991 年版,第 102～104 页。

推动作用。刘揆一召集工商界巨头讨论证券交易所的设立,并决定在通商大埠酌量分设证券交易所,为证券交易所的设立提供了初步的方向。梁士诒曾提议由官商合办交易所,虽未能有效实现,但反映了政府在此事上的意向和关注。张謇则积极推动证券交易所的筹建,1914 年,北洋政府颁布了中国第一部《证券交易所法》,进一步推动了证券交易所的设立。此外,在 1915 年,《证券交易所法实施细则》和《证券交易所法实施附属规定》颁布,这标志着中国证券交易所开始进入筹建阶段。这些法规和规定提供了证券交易所的组织架构、交易规则等方面的具体规定,为证券交易所的发展奠定了基础。

孙中山、虞洽卿等人在 1916 年冬季和 1917 年初先后两次向政府农商部申请设立上海交易所,但仍未获得批准。与此同时,北平证券交易所成功获得了农商部的批准,并于 1918 年 6 月 5 日成为中国自己开办的第一家证券交易所。[1] 日本商人在利用治外法权的机会下,于 1918 年年底抢先在上海设立了取引所(交易所),这对华商产生了很大的刺激。虞洽卿等人在 1919 年 3 月向政府发出通电,要求政府核准他们的申请。经过漫长的等待,农商部最终在 1919 年 9 月批准了他们的申请。这表明日本商人抢先在上海设立交易所的行动可能加剧了华商的不满和要求政府支持本地商业的呼声。虞洽卿等人的通电以及长时间的等待可能使政府意识到了华商的需求和重要性,最终农商部批准了他们的申请。这一事件显示了政府在华商和外商之间的利益平衡和政策决策方面之考量,他们可能需要在处理各方利益、维护国内商业环境和国际关系之间做出权衡,才能最终做出决策。最终,虞洽卿等人的申请得到核准(1919 年 6 月,农商部发布训令,批准合办证券物品交易所),上海交易所得以成立。上海交易所于 1919 年 9 月修订了章程,正式定名为“上海证券物品交易所”。在 1920 年 2 月 1 日召开的成立大会上,该交易所宣布正式开业,并于 1920 年 7 月 1 日开始正式运营。1918 年 6 月 5 日,北京证券交易所(后改名为北平交易所)成立后不久,根据形势的发

---

[1] 北京证券交易所的创设背景可以追溯到 1916 年的“京钞”停兑事件,这一事件导致了京津地区金融市场的混乱。为了整理金融市场,北京政府采取了回收不兑现“京钞”的方式,并提出了成立“北京证券交易所”的倡议。经过筹备和立案审批,北京证券交易所于 1918 年正式开业。交易所内设有股票部门和处室,同时设有经纪人进行交易。经纪人组织了北京经纪公会,并制定了详细的规约。这一创设背景为北京证券交易所的运营奠定了基础,并为后来的发展提供了参考。参见刘志英:《近代中国华商证券交易所制度的建设与演变》,载挂云帆网 2023 年 11 月 16 日,https://www.guayunfan.com/lilun/365330.html。

展,在范季美等人的倡议下,上海股票商业公会决定成立上海华商证券交易所。1920年5月20日,上海华商证券交易所举行了创立大会,但此时还未得到政府的批准。范季美担任该所的理事长,同时成立了经纪人公会,何世葆担任会长。随后,经过农商部的批准后,上海股票商业公会在1920年11月改组为上海华商证券交易所。1921年1月,上海华商证券交易所正式开业。北京和上海两地的三个证券交易所的成立标志着中国证券市场进入了有组织的证券交易所时代。这一事件表明,中国证券市场在20世纪20年代初进入了一个新的阶段,以有组织的证券交易所为基础进行证券交易。这为中国的证券市场发展提供了更稳定和规范的环境,并为投资者提供了更多的机会和保障。上海证券物品交易所在开业不到半年的时间里,通过收取佣金和投机操作赚取了巨额利润,掀起了各行各业纷纷效仿开设交易所和信托公司的热潮。然而,由于市场上可流通的证券和物品有限,一些交易所开始利用自身股票进行买卖,哄抬股价获取利润。加上外资回流、战乱频发等因素,市场出现了资金短缺的情况。随着银钱业收缩资金,投机者无法周转资金,导致股票价格暴跌,交易所和信托公司大量倒闭,引发了"信交风潮"。风潮结束后,如前文所述,股票市场遭受重挫,进而陷入低谷。

(3)公债市场的形成和发展

近代中国工商业和金融业蓬勃发展,与此形成鲜明对比的是,北洋政府财政状况每况愈下。为了维持日常开支,政府不得不借债,共举借外债387项,借款总额超过12亿多元。当国际资本市场低迷,政府无法偿还债务且无法再举借新外债时,只能转向国内发行公债。政府在1912年至1926年发行了27种公债,总额达到6.12多亿元。公债发行通过高息、大折扣吸引银行承销,并通过银行金融机构网络和银行信用广泛发行,形成了中国公债发行市场。公债买卖交易日益兴隆,上海和北京的证券交易所成交的证券中,有98%以上是公债。1921年后,华商股票信誉受损,使大量社会游资转向公债交易,公债市场蓬勃发展,银行等机构投资者的资金亦涌入公债市场,使其更加活跃,公债交易市场逐渐形成并取得主导地位。

受到政治形势、金融季节变化、资金供需等因素的影响,公债市场风波不断。除此之外,公债本身的利率、期限、担保和交易方式亦对市场产生影响。一些有政治背景的集团和个人故意散布谣言、操纵市场以谋取私利,而一些大银行家和大企业主则常常利用巨额资金在市场上"兴风作浪",使原本信誉良好的公债亦成为投机对象。公债市场频繁出现风波,其中较为重大的有1924年8月的“二四公债风波”和1926年12月的“二六公债风波”。[1]

(4)外国资本对中国市场的觊觎

在北洋政府时期,中国面临外国帝国主义的侵略和剥削,但西方国家对中国的资本输出并没有减弱。外国资本通过间接投资和直接投资项目继续扩大其在中国的经济影响力。帝国主义国家通过对北洋政府借款进行间接投资,并继续在中国进行直接投资项目。外国经济力量的扩张以及外资公司股票和债券数量的增加,推动了外商在中国组织证券交易市场的发展。战争期间,中国经历着动荡不安的局势,外国资本的流入受到一定程度的限制,然而,战后,外国资本重新流入中国,华商企业的获利增加,而同时,外商投资的证券交易所(如上海众业公所)得以重新繁荣起来,上市股票的种类和成交量创下历史最高纪录。这一繁荣反映了外商对中国市场的兴趣和对经济发展的乐观预期。

日本商人在中国开办交易所的历史背景可以追溯到19世纪末和20世纪初。当时,中国正经历着社会变革和经济改革,对外国资本和商业活动的需求增加。日本商人看到了这个商机,积极开展活动,其中之一就是开办交易所。1918年6月,上海日商交易所成立,旨在为日本和中国之间的贸易提供便利。然而,该交易所的运营并不顺利。首先,中国民众抵制日货的情绪高涨,日本商人面临了贸易壁垒和抵制行动。中国民众普遍认为,日本商人的经营行为有损中国的利益,并且日本政府的侵略行为进一步加深了这种敌意。其次,上海还有其他的华商交易所存在,这些交易所是由华人商人组织和经营的,它们在上海的商业圈中占据着重要的地位。这些华商交易所在经验、资源和人脉方面具有优势,与上海日商交易所形成了竞争。这种竞争使日商交易所难以获得足够的商业机会和利润。最后,由于中国民众抵制行动的影响以及与其他华商交易所的竞争,上海日商交易所的业务并不成功。1927年1月,上海日商交易所停止运营,此外,亦有类似的交易所在青岛和天津开设。然而,诸交易所之营运并不成功,旋即闭歇,其原因包括中国民众抵制日货、地方政治和经济环境的变化等。

---

[1] 除了这两次比较著名的公债外,还有其他类型的公债,例如,1925年的“九六公债”风潮、1927年的九六公债风潮、1932年公债风潮、1935~1936年上海公债风潮、1937年的公债风潮和1946年6~7月的公债风潮。参见孙建华:《民国时期主要的公债风潮及其成因述评》,载《内蒙古民族大学学报(社会科学版)》2011年第1期。

3. 南京国民政府时期

(1)南京国民政府前期证券市场

南京国民政府的一系列经济金融变革措施对中国证券市场的发展产生了深远影响。公债市场的迅速扩大是证券市场继续发展的标志,南京国民政府通过发行公债成功筹措资金,并初步建立起金融垄断体系。

第一,南京国民政府实施了整顿财政的措施。政府削减了开支,降低了官员薪酬,裁减了官僚机构,以减少财政负担。政府亦加强了税收征收,提高了关税和征收战争税的力度,以增加财政收入。通过整顿财政,南京国民政府试图通过减少开支和增加收入来改善财政状况。这些措施有助于缓解财政困难,提供更多的资金用于国家建设和发展,为经济的稳定和发展创造了有利条件。但是,由于战争和经济困境的持续,南京国民政府仍然面临财政压力。

第二,南京国民政府在面临经济困境和战争的背景下进行了币制改革。政府发行了新的货币,旨在稳定货币供应和汇率,并整顿了银行体系,提高了对金融系统的控制能力。通过发行新货币,政府试图解决通货膨胀和货币贬值的问题,稳定市场信心;整顿银行体系有助于加强对金融机构的监管,防止金融乱象和不稳定因素的出现。这些币制改革措施提高了政府对经济的控制能力,恢复了市场信心。尽管这些措施在一定程度上取得了成功,但如前述,由于战争和经济困境的持续,南京国民政府仍然面临诸多困难。

第三,发行公债。南京国民政府面临战争的持续和军费开支增长,导致财政赤字,为了弥补赤字,政府大量借债,包括外债和内债。当政府最初在国内公债市场发行债券时,遭到了一些抵制和怀疑,为吸引投资者,政府采取了一些优惠措施,如提高利率、延长债务到期时间和提供额外回报。这些措施帮助政府成功筹集了一部分资金,但仍面临财政赤字问题。随着战争的持续,南京国民政府发行公债的规模不断增加,导致公债市场出现问题。尽管公债市场在1921年至1937年经历了繁荣,但仍存诸多问题和不稳定因素。政府在1932年和1936年对公债市场采用整顿措施,宣布了债务违约,给投资者带来了严重损失。这些整顿措施揭示了公债市场的不健全和风险,亦暴露了政府在财政方面的困境,对资本市场发展和投资者信心造成严重冲击。

第四,初步建立了“四行二局”的金融垄断体系。南京国民政府在经济金融变革中初步建立了“四行二局”的金融垄断体系。“四行”指的是中国银行、交通银行[1]、中央银行[2]和中国农民银行[3],这些银行在当时成了南京国民政府控制的主要金融机构。政府通过整顿和重组银行体系,加强对这些银行的管理和控制,实现了金融市场的垄断,这些银行的成立和发展,为政府提供了更多的金融工具和渠道,以支持国家建设和经济发展。“二局”指的是邮政储金汇业局和中央信托局。[4] 这个金融垄断体系的建立为政府更大规模地发行公债提供了便利,并增强了政府对金融市场的控制能力。

此外,南京国民政府前期的证券市场得到了进一步的发展(见表1-3)。

表1-3 南京国民政府前期的证券市场继续发展情况

项目	内容
证券市场的监管力度有所加强	1929年10月,南京国民政府重新颁布了较完整的《交易所法》,这标志着中国证券市场管理和立法的加强。随着这一举措的推进,中国证券市场逐渐形成了更为规范和健全的市场环境。首先,重新颁布的《交易所法》为证券市场的运作和交易提供了更为明确的规定和制度安排。该法规范了证券交易所的组织和运行,规定了交易所的职责和权益,明确了交易所监管的范围和方式。这为市场参与者提供了更为明确的交易规则和保障。其次,证券管理和立法的加强亦推动了投资者保护机制的建立和完善。《交易所法》和其他相关法律法规的出台,为投资者提供了更多的合法权益保护。例如,规定了投资者信息披露的要求,加强了对公司财务信息披露的监管;加强了对操纵市场和内幕交易等违法行为的打击,保护了投资者的利益。此外,证券管理和立法的加强亦为市场的稳定发展提供了有力支持。通过规范交易所和证券市场的运作,加强监管和执法力度,减少了市场的操纵和不当行为,提高了市场的公信力和投资者的信心。这有利于吸引更多的资金投入市场,推动市场的健康发展。需要指出的是,在当时的历史背景下,中国证券市场仍然处于起步阶段,市场规模相对较小,交易活跃度有限。这主要是中国当时的经济发展水平和金融体系相对薄弱,以及社会经济政治环境的不稳定所致。因此,尽管有证券管理和立法的加强,中国证券市场的发展仍然面临许多挑战和限制

[1] 中国银行和交通银行创建于晚清,而后成为北洋军阀政府时的两大金融支柱。1935年3月,国民政府通过发行公债和人事调动,取得了中国银行和交通银行的控制权。增加两行的“官股”,使政府成为两行的主要股东,并任命政府官员担任重要职务。两行成为南京政府实际控制下的国家专业银行,获得了独占国际汇兑业务和投资实业的特权。

[2] 1928年11月成立,具有国家银行性质,作为国内最高的金融机关。由蒋介石政府发行金融公债拨给,开始时资本为2000万元。四大家族凭借政治权力使中央银行在银行界取得独占优势,享有经理“国库”、发行兑换券、铸发国币、经募内外公债等特权。

[3] 原名为“豫鄂皖赣四省农民银行”,1935年6月,国民政府将其改组为中国农民银行。

[4] 邮政储金汇业局于1930年成立,中央信托局于1935年成立。中央信托局主要办理国家特许的信托保险、进出口物资等业务;邮政储金汇业局则专办储金汇兑业务。

续表

项目	内容
以上海为龙头的全国证券市场开始形成	根据1929年颁布的新《交易所法》,上海证券物品交易所的证券部与上海华商证券交易所在1933年合并,形成了上海华商证券交易所。该所统一经营上海的证券交易,业务飞速增长,成交额大幅度提升,获利丰厚。此次合并使上海华商证券交易所成为当时中国乃至远东规模最大、设备最完备的证券交易所之一,为中国资本市场的发展奠定了重要基础。 北京证券交易所在此时改名为北平证券交易所,但由于失去了公债业务的优势,经营状况每况愈下,最终,在抗日战争爆发后,该所于1939年初停止了营业。这一过程反映了当时战乱时期对经济和证券市场的严重影响。 天津在当时虽然未成立证券交易所,却有许多证券行和银行的证券部或信托部参与证券交易。在公债市场疲软的背景下,天津形成了一个独特的局部股票市场,在这个局部股票市场中,天津证券行和银行的证券部或信托部成了主要参与者。这些机构通过买卖股票来获取差价利润,参与投机活动。由于没有成立正式的证券交易所,这些交易主要在某些场所或办公室内进行,形成了一个相对封闭的市场。天津局部股票市场的形成和繁荣,一定程度上是由于时局的不确定性以及投资者对公债市场的失望,投资者纷纷将资金转向股票市场,希望通过投机获得更高的回报。在这个过程中,一些投机者通过掌握市场动态和信息,赚取了丰厚的利润。然而,宜留意,由于市场的相对封闭性以及缺乏监管,天津局部股票市场亦存在一些问题,市场中存在操纵和内幕交易的情况,投机活动亦带来了不稳定性。因此,尽管天津局部股票市场在当时一度繁荣,但亦面临一些挑战和问题。 此外,其他地方亦有证券交易所成立,如重庆、汉口、宁波和青岛等地。地方证券交易所一方面是为了满足当地投资者的需求,提供一个便利的股票和债券交易平台。另一方面是为了鼓励地方经济的发展,吸引资金的流入和投资。当时的中国证券市场在国内的发展还相对较为有限,虽然有一些地方证券交易所的建立,但整体规模和交易活跃度相对较低
股票、公司债券等产业证券进一步增加	这一时期产业证券市场的相对活跃和发展。尽管政府公债仍占据主导地位,但一些企业通过发行股票和公司债券来进行融资和扩大经营。这表明在国家资本主义尚未完全垄断工商业的情况下,政府仍在一定程度上支持和奖励民族工商业的发展

20世纪20年代以来,政府公债一直占据着中国证券交易市场的主导地位。这主要是由于信用交易的兴起以及政治、经济等多种因素的影响。此时,产业证券很难进入市场,企业公司股票和债券主要集中在少数大企业家、官僚和富商以及承办发行的金融机构手中,很少上市交易。由于政府公债的规模较大且具有较高的信用基础,它们在交易市场上表现出色。与此相比,产业证券的规模较小,且缺乏信用基础,因此在交易市场上的表现较差,这导致了产业证券只有发行市场而没有交易市场的局面。这一时期的证券市场的特点反映了当时

中国金融体系的不完善和发展不均衡。政府公债的主导地位限制了其他类型证券的发展,企业债券尤其受到影响。这种局面在当时的经济环境下比较普遍,许多产业证券无法得到充分的发展和交易。

1932 年 4 月,刘航琛在重庆创办重庆证券交易所,[1]第一届理事长由聚兴诚银行的总经理杨灿三担任。重庆证券交易所成立后,最初专注于地方债券的交易,主要包括政府债券(如田赋公债、军需债券、盐税库券等)和少数几家企业股票(如民生公司、自来水公司等),但由于这些债券缺乏信用基础,交易量非常小。然而,随着钱业公会的申汇交易转移到交易所,交易所的主要业务逐渐转向了申汇交易。1934 年 2 月交易所的申汇交易总额为 3023 万两,而整理金融公债的成交额只有 1.2 万元。这反映了申汇交易在交易所的重要性和流动性较高。[2] 事实上,证券交易所变成了申汇投机的场所,受到社会各界的谴责,于 1935 年 1 月被迫停业。但在 1935 年秋,由于认为恢复交易所对发行公债有利,金融界人士潘昌猷重建了重庆证券交易所股份有限公司,并在南京国民政府财政部获得营业执照。抗日战争期间,由于战争的持续和国家财政的紧张,公债市场发生了剧变,中国政府发行了大量的国债和地方债以筹集战争经费,但由于战争的破坏和国家经济的困难,公债市场遭受了严重的影响。重庆证券交易所是中国抗战时期最重要的证券交易所之一,它在抗战初期发挥了重要的融资和投资功能,帮助中国政府筹集战争经费。然而随着战争的持续,公债市场逐渐陷入混乱,其主要原因是,战争加剧了国家财政的困难和债务的不可持续性,政府无法按时支付利息和偿还本金,投资者失去了对债券市场的信心,公债交易无法继续进行。到了 1938 年 8 月,公债市场已经无法正常运作,重庆证券交易所不得不宣布关闭。

(2)抗日战争时期证券市场的发展与演变

①国民党统治区的证券市场

抗日战争爆发后,上海华商证券交易所停业,导致公债市场陷入停顿。然

---

[1] 创办的主要背景:一是经济需求。20 世纪 30 年代初,重庆作为西南地区的经济中心,随着工商业的发展,对金融市场的需求日益增长。为了活跃金融市场,促进资金融通,创办证券交易所成为当时的迫切需求。二是债券发行。刘湘作为四川军阀,为了筹集军费,发行了大量债券。然而,这些债券的推销和流通面临困难,需要通过证券交易所这一平台来实现债券的买卖和转让。

[2] 参见重庆金融编写组:《重庆金融》(上卷),重庆出版社 1991 年版,第 293 页。

而,为了继续进行公债的交易,上海原先经营公债的商号发起组织了一个小规模的公债场外交易市场。这种场外交易是为了满足市场的需求,但由于战争的推进,南京国民政府在1939年2月不得不宣布非常时期公债停止还本付息,这一形式的公债交易彻底停顿。

在1937~1945年这一时期,政府发行公债是主要的融资手段。除了一些直接向社会发行的公债,如“救国公债”“军需公债”“同盟胜利公债”等,其他公债并没有在证券市场公开发行。[1] 这意味着公债市场的运作相对较为封闭。在国统区,亦未能建立证券交易所参与公债的交易,其主要原因,笔者认为,第一,政治不稳定。抗日战争时期,由于国民党本身的情况,国共两党存在长时间的冲突与斗争,南京国民政府在国民党统治区内的统治并不稳定。政治的不稳定会对证券市场的运行产生不利影响,可能导致市场的不确定性和风险增加。第二,战时经济形势。抗日战争时期中国正面临严峻的战时经济形势,资源紧缺、生产下降、物价上涨等问题极为突出。在此等情况下,南京国民政府更加关注战争的进行和国家的生存,而不是发展金融市场。第三,缺乏金融基础设施。抗日战争时期的中国金融体系相对薄弱,缺乏完善的金融基础设施。证券市场需要一系列的法律、制度、技术等支持,这些都需要时间和资源来建设和完善。在抗日战争时期,南京国民政府面临更紧迫的战争需求,难以投入大量的资源和精力来建设证券市场。第四,战时控制经济。为了应对战争的需要,南京国民政府实施了一系列的经济控制政策,对于市场的自由运作进行了限制(特别是公债市场的掌控)。这种情况下,发展证券市场的条件和环境并不成熟,南京国民政府亦没有兴趣进行相关的改革和开放。第五,外部因素限制。抗日战争时期,中国受到日本侵略的严重影响,国际贸易受到限制,资本流动受到限制,这对于建立和发展证券市场造成了一定的制约。外部的不稳定因素亦加剧了南京国民政府的谨慎态度,不愿出台金融改革政策。综上,抗日战争时期国民党统治区未设立证券市场的原因主要有政治不稳定、战时经济形势、缺乏金融基础设施、战时控制经济以及外部因素

---

〔1〕 参见段艳、易棉阳:《近代中国债券市场监管的演进与特点(1894~1949年)》,载《中国社会经济史研究》2010年第1期;张春廷:《中国证券市场发展简史(民国时期)》,载《证券市场导报》2001年第5期。

的限制。这些因素共同作用下,抗日战争时期国民党统治区没有建立和发展证券市场的条件和环境。

②上海租界内的股票市场

上海租界[1]的证券市场在特殊的历史背景下繁荣发展,但亦面临缺乏规范和监管、投机氛围蔓延等问题,这些问题反映了当时市场的不稳定性和风险性。由于日军对上海租界的围困情势,租界变成了一个政治上的"孤岛",[2]租界内的外国银行仍然继续营业,[3]南京国民政府的经济机构亦留在租界,例如,中国银行、交通银行、农民银行等。这些经济机构的存在,使租界在某种程度上仍然保持着与南京国民政府的经济联系(南京国民政府在上海租界内留有办事处)。这也使租界控制着上海的金融市场,主要体现在三个方面:第一,金融机构的集中。租界内聚集了大量的银行、证券公司和金融机构,这些机构在租界的特殊环境下得以继续运营,并形成了相对完善的金融体系。第二,货币流通的主导。法币作为南京国民政府的主要货币,在租界内仍然保持着重要的地位。由于租界内相对稳定的经济环境,吸引了大量的游资和外汇流入,进一步巩固了租界在金融市场的地位。第三,金融政策的实施。尽管租界在政治上处于相对独立的状态,但是,南京国民政府仍然通过其留在租界的经济机构对金融市场进行一定的政策干预和调控。这些政策包括限制游资投机、维护金融市场稳定等。此时,民族资本工商业纷纷将资金转移到租界,导致社会资金从各地流入上海租界。然而,这种特殊环境下的繁荣亦带来了一些问题。首先,南京国民政府发布的《外汇审核办法》(1938 年 3 月)在实施过程中存在一些漏洞和流弊,如申请标准的模糊性、审核过程的不透明等,这些问题导致了外汇管理的困难。部分进口商和企业通过黑市获取外汇,绕过了政府的监管,这直接导致了外资股票价格因汇价变动而迅速上升,投机外汇与投机外资股票无异,

---

〔1〕 这里的上海租界是指上海的公共租界(不包括虹口、杨树浦两区)与法租界。

〔2〕 由于特殊的政治背景,上海租界仍然保持着相对独立的状态,成为日伪势力和国民政府控制之外的相对"真空",因此被称为"孤岛"。这段时间大致从 1937 年 11 月 12 日持续到 1941 年 12 月 8 日太平洋战争爆发。

〔3〕 在"孤岛"时期,尽管上海租界面临日军的围困,但租界内的银行仍然继续营业。这主要得益于租界相对稳定的政治环境和特殊的地位。此外,由于日南京国民政府虽然退到重庆,但仍在上海租界内留有办事处,日本还未和英、法、美等国正式开战,这些国家的银行在租界内的分支机构得以继续存在和运营。

此种情况之下,一些股票价格被高度夸大。这些现象反映了投机氛围的蔓延和市场的不规范。其次,缺乏规范和监管亦导致了证券市场的乱象和风险。因为证券市场缺乏监管机构和法规制度,投资者往往面临信息不对称、内幕交易等问题。由于投机氛围的存在,投机行为成为市场的主要驱动力,而非基本面的价值投资,市场的不稳定和股价的波动性增加。

在租界内,有必要提到两个股票市场,分别是华商的股票交易市场和外商的股票交易市场,即中国股票推进会和西商上海众业公所。中国股票推进会在1940年12月成立,是由新华银行等11家会员单位发起的。它通过提供股票买卖服务(只限于正式注册的华商股份公司的股票,并只进行现货交易),推动中国股票流通,方便投资,并倡导实业发展。该会填补了当时缺乏华商证券交易所的空白,对股票市场的复苏和发展起到了重要促进作用。然而,由于战争的影响,中国股票推进会的活动受到了限制。

西商上海众业公所在20世纪40年代初受到租界人口增加、消费品供应不足、物价上涨和货币贬值等因素的推动。当时,买入外资股票成了保持币值的最佳选择,特别是在外汇升值的背景下,社会资金涌向外资股票市场。上海众业公所作为一个多元化的证券市场,吸引了更多的投资者参与其中,股票价格屡创新高,市场活跃度不断攀升。[1] 在1941年太平洋战争爆发,日军占领上海后,许多外国企业和机构被迫离开或关闭,西商上海众业公所亦不例外。这标志着西方商业在中国的存在暂时消失。[2]

③沦陷区证券市场

日伪当局要求上海华商证券交易所于1943年9月29日重新开业。在日伪政权的授意下,天津银行业公会负责组织成立华北有价证券交易所。后于1945年8月27日正式开业。沦陷区的天津、上海证券交易所成立的原因包括从政治、经济和社会方面等方面。一是,政治上,日伪政权希望通过建立证券交易所来显示他们对经济的控制力和管理能力。他们认为,证券交易所是一个可以体现国家繁荣和经济活力的重要机构,通过建立证券交易所,可以为日伪政权树

---

〔1〕 上海众业公所的股票市场出现了显著上涨。特别是在1939年6月到1940年5月上旬,众业公所的股票价格暴升,甚至超过了票面额的数十倍。

〔2〕 参见朱荫贵:《抗战八年:上海华商证券由陪衬转入主角》,载《经济参考报》2008年2月29日,第1版。

立一个“合法”和“正当”的形象。同时,证券交易所亦可以为日伪政权提供一个集中监管资本流动和投资活动的平台,以便更好地控制和引导经济活动。二是,经济上,沦陷期间的天津、上海是中国最重要的经济中心之一,有着发达的金融业和资本市场。建立证券交易所可以为资金投资提供一个合法、透明和有序的交易平台,吸引国内外投资者,促进资本流动和经济活动。此外,证券交易所的成立亦可以提升沦陷区经济的活力和竞争力,为企业融资提供更多渠道和机会。三是,社会上,建立证券交易所可以满足投资者的需求,提供一个安全、透明和便捷的投资平台。在战争和政治混乱的背景下,人们的投资选择受到限制,股票成了相对较为自由的投资方式。投资者希望通过投资股票获取利润,抵御通货膨胀带来的财富损失。因此,证券交易所的成立可以为投资者提供一个规范和可信赖的交易环境。

4. 南京国民政府后期证券市场

(1)证券交易所运行情况

1945 年 8 月 18 日,上海华商证券交易所被查封停业,之后,证券交易转入了黑市。这种非法交易方式虽然违反了政府的禁令,但由于缺乏有效的监管和执法手段,黑市交易依然存在并持续蓬勃发展。1946 年 5 月,南京国民政府指定杜月笙负责筹建上海证券交易所,这是南京政府在恢复国内经济秩序和发展资本市场方面的一项重要举措。1946 年 9 月 16 日,上海证券交易所正式开业。中国证券市场除了上海证券交易所的场内交易外,仍然存有一些场外交易,这些场外交易的证券主要包括政府统一公债、未上市的华商股票和外资股票。场外交易提供了额外的交易渠道,使投资者有更多的选择和机会参与股票和债券交易。然而,投资者在进行场外交易时需要谨慎选择交易对象,并进行充分的风险评估。

在天津,华北有价证券交易所在 1945 年 11 月被南京国民政府接收,并于 1946 年 3 月改组为天津有价证券交易所。改组后的天津有价证券交易所在 1948 年 2 月正式开业。1948 年 2 月开业的天津有价证券交易所虽然只上市了少数几种股票,但随着时间的推移,逐渐增加了上市股票的种类和数量。

(2)半殖民地半封建社会证券市场的终结缘由

前半殖民地半封建社会的证券市场的终结是在当时社会经济和政治变革的背景下发生的。这一系列事件的发生,对证券市场产生了重大影响,并最终导致了当时证券市场的终结。首先，主要推动因素之一是1948年的金圆券币制改革。当时，中国面临物价飞涨和通货膨胀的问题，为了控制资金流动和稳定经济，政府指令上海和天津两地的证券交易所暂停营业。这意味着股票交易暂时停止，投资者无法进行交易。此举对证券市场造成了直接的影响。其次，当时的政治局势的变化亦对证券市场产生了重大影响。随着天津的解放，天津有价证券交易所停业，而上海证券交易所在1949年3月以"疏导游资、稳定经济"的名义恢复营业。然而，由于政治和经济的变化，以及市场信心的动荡，股票交易的活跃度下降。最终，随着上海的解放，上海证券交易所亦停业，标志着半殖民地半封建社会的证券市场的终结。[1]

5. 革命根据地和解放区的证券活动

1927年至1949年，中国共产党根据地和解放区在经济建设中不仅注重保障革命战争，还进行了一系列有益的证券化尝试。根据地通过发行公债和股票筹集资金，支持革命战争和建设事业。这些举措显示了根据地领导者对证券市场的重要性的认识。股票作为一种证券工具，可以吸引各方资金参与经济建设，并提供一种融资方式。根据地采用股份制形式，发行股票来集资，创办根据地工农银行和建立合作社。通过发行股票，根据地可以吸引社会资本进入经济建设领域，推动生产力的发展，这种方法在根据地和解放区的经济活动中发挥了重要作用。在中国共产党根据地和解放区，通过发行公债和股票等方式筹集资金，支持抗日战争和经济建设。这些举措在一定程度上为解放战争的胜利提供了经济支撑。

（1）公债和股票

在根据地和解放区的政府筹措革命战争经费和经济建设资金方面，发行公债是一个重要的渠道。通过发行公债，政府可以借款来筹集资金，用于支援革命战争、推动经济建设和其他方面的需要。首先，发行公债可以提供大额的资金支持。公债是政府发行的债券，可以吸引大量的资本投资者进行购买。由于革命战争和经济建设需要大量的资金，通过发行公债可以一次性筹集到大量的资金，用于满足战争和经济建设的需求。发行公债不仅可以由国内的个人和机构购买，还可以吸引国外的投资者参与，进一步扩大筹资规模。

---

[1] 参见张春廷：《中国证券市场发展简史（民国时期）》，载《证券市场导报》2001年第5期。

其次,发行公债有利于凝聚民众的支持。公债购买者可以成为债券的持有人,享受债券利息和本金的回报。通过购买公债,民众可以以一种经济的方式参与到革命战争和经济建设中,同时亦能够获得一定的经济回报。这种参与感和利益共享的机制有助于凝聚民众的支持,增强他们对革命事业和政府的认同感。

此外,发行股票亦是根据地和解放区组织银行、合作社和公营企业筹集资金的重要手段。

在 1932 年中华苏维埃共和国国家银行成立之前,根据地先后创办了一些工农银行,这些银行的设立是为了满足地方经济的金融需求,推动经济发展和支持革命战争。这些工农银行的设立资金主要来自两部分:一部分资金由苏区政府或红军拨款,另一部分资金通过发行股票的方式来募集。发行股票是一种募集资金的方式,即通过向公众发行股票,以购买股票的资金作为企业或银行的资本。股票相当于股份,代表着投资者在企业或银行中的所有权和利益。当投资者购买股票时,就相当于为企业或银行提供了资金,以便其进行经营或金融活动。例如,1930 年 11 月 7 日,闽西工农银行成立时的 20 万元资本就是通过发行股票来筹集的。这意味着该银行向公众发行了股票,以募集所需的资金作为银行的起始资本。这种方式不仅能够解决银行的资金需求,还能够让公众参与银行的经营和发展,提高公众对经济建设的参与度。通过发行股票来筹集资金,根据地的工农银行能够获得更多的资本,支持地方经济的发展和革命战争的进行。这种方式为当时的根据地提供了一种有效的资金来源,推动了经济的增长和社会的进步,同时通过公众参与股票投资,亦增加了公众对经济建设的关注和参与,促进了社会主义建设的推进。

合作社经济作为根据地和解放区重要的经济形式之一,有特别之效,具异禀之用。首先,合作社经济采用集股的方式筹集资金,面额较小,这使更多的人能够参与其中。不仅可以用现金购买合作社股票,还可以用实物进行交换,提高了参与的灵活性和多样性。其次,合作社经济有多种形式,包括消费、供销、生产和信用合作社等。这些不同形式的合作社可以针对不同的经济领域和需求进行运作,有助于提高经济效益和资源利用效率。此外,合作社经济在抗日根据地和解放区中与私营股份制企业共同存在,尽管根据地和解放区的证券规模小、品种少、发行面窄,合作社股票主要是为了集资和组织内部成员的利益分配而发行的,而不是为了在市场上交易。因此,合作社股票的流通范围有限,不能像公开市场的股票那样自由买卖,但这并不影响对根据地和解放区证券和证券活动的认可和重视。合作社经济作为一种经济组织形式,为根据地和解放区的经济发展提供了一种有效的机制。

整体而言,根据地和解放区的政府和企业通过发行公债和股票筹集资金,以支持革命战争和推动经济建设。这些举措为根据地和解放区提供了资金来源,促进了经济的发展和增长。

(2)私营股份制企业

根据地和解放区内私营股份制企业亦发行股票,并且这些股票亦属于根据地和解放区的证券。私营股份制企业是指由私人投资者组成的股份制企业,他们通过发行股票来筹集资金,并将企业的所有权分享给股东。与合作社股票不同的是,私营股份制企业的股票可以在市场上自由买卖,在根据地和解放区内可以进行交易,但交易的规模和范围相对较小。尽管如此,私营股份制企业的股票交易仍然为根据地和解放区的证券市场提供了一定的活力和动力。这种形式的企业股票发行和交易有助于吸引更多的投资和资金流入,促进经济发展和增长。然而,需留意,根据地和解放区的证券市场相对封闭,对外资的流入和交易有一定的限制,这是根据地和解放区的特殊政治和经济背景所决定的。尽管如此,根据地和解放区仍然通过发行私营股份制企业的股票,积极引导和促进经济的发展,为解放区的经济建设奠定了基础。[1]

二、1949～1978年的中国证券市场

(一)新中国成立初期对证券市场的改造和利用

1. 设立证券交易所,开放证券交易市场

新中国成立前之证券交易所,乃社会游资投机之主要所在,此投机之行为导致社会经济之不稳定,物价亦因之波动。为解决此问题,新中国成立后之人民政府迅速接管并关闭证券交易所,禁止证券、黄金、白银及外币之买卖,然而,

---

〔1〕 参见张春廷:《中国证券市场发展简史(民国时期)》,载《证券市场导报》2001年第5期。

此举并未消除1949年前长期形成之投机习性。关闭证券市场及货币市场后，部分游资转入地下黑市继续活动，而大部分游资转向商品市场，并囤积居奇，对物价造成更大冲击，此举给政府疏导游资投向生产带来更大困难。彼时，由于股份制经济在社会经济中所占比重甚大，私营及公私合营股份制企业公司所发行之股票仍存，亦需一转让流动之渠道。为吸纳、疏导社会游资并支持股份制企业公司，中央人民政府决定设立证券交易所，开放证券交易市场。证券交易所之设立，为社会游资提供合法之投资渠道，由此减少其对商品市场之冲击。证券交易所之开放，亦为股份制企业公司之股票交易提供流动性，有助于提升企业之融资能力及发展。借由设立证券交易所及开放证券交易市场，政府试图引导社会游资向生产领域转移，由此促进经济之稳定与发展。1949年6月，天津证券交易所在接收原天津有价证券交易所官僚资本的基础上，在原交易所旧址设立了。[1] 这是1949年后中国成立的第一家证券交易所，标志着中国证券市场的新起点。天津证券交易所成立之初，以经纪人交易为主，交易品种相对较少。在国家财政状况好转和国民经济恢复的背景下，社会游资大部分开始转向正常的生产和流通；与此同时，证券市场逐渐变得清淡，部分经纪人不得不选择歇业，这可以解释为证券交易规模减小的原因之一。1952年7月，由于证券交易所已经完成了吸纳社会游资的任务，中央人民政府决定关闭天津证券交易所。这一决策表明，中央人民政府认为证券交易所已经完成了初始阶段的任务，没有进一步的必要性。

1950年2月，中央人民政府在北京设立了北京证券交易所，与天津证券交易所的设立具有相似的背景和原因。这一举措的目的是建立一个股票交易市场，以促进资本市场的发展和经济的稳定。彼时，参与证券交易的主要客户是新中国成立前的一些投机倒把分子，包括金钞贩子、囤积商人、旧官僚、旧军阀以及倒闭的旧银行和钱庄的从业人员。这些人多半通过买空卖空等投机手段来获取利益。政府意识到，这些投机分子对经济的稳定和发展造成了一定的影响，因此决定建立证券交易所来规范和引导他们的行为。由于北京本地公司股票尚未上市，北京证券交易所选择了在天津证券交易所挂牌上市的六种股票作

---

〔1〕 天津证券交易所是中国人民银行天津市分行领导下经营证券交易的专门机构。其主要职责是组织社会闲散资金发展生产、流通证券、繁荣经济、促进生产建设。

为交易对象。通过这种方式，北京证券交易所得以启动交易，并吸引早期投资者参与。北京证券交易所成立初期，交易参与者的数量受市场行情的波动影响。当市场行情稳定时，交易参与者减少；但一旦行情波动起伏，参与交易的人数就会增加，这表明了当时股票交易市场的不稳定性和投机性质。然而，过度投机和政府的严格管理同时亦带来了一系列问题。经纪人因过度投机而出现巨额的坏账，资金周转不灵，许多经纪人不得不停业；政府对股票交易市场实施严格的管理措施，一定程度上使交易所的业务受到限制。此外，在“三反五反”运动之后，北京证券交易所的业务几乎停滞。这一运动主要针对资本家和投机商，使得交易所的活动受到了严厉的限制。最终，于1952年10月，北京证券交易所被政府关闭。这一决定是出于对过度投机和市场不稳定的担忧，以及对资本市场进行整顿和重组的考虑。

整体而言，北京证券交易所之成立与关闭反映了当时中国资本市场发展之一系列问题与挑战。尽管初期存有投机与不稳定之问题，但此举亦为未来中国资本市场之发展奠定基础，并为后来证券交易所之设立与发展提供了历史经验。

2. 公债市场

(1)利用公债，举借内外债

1949年12月2日，中央人民政府委员会第四次会议通过《关于发行人民胜利折实公债的决定》(已失效)。这一决定的背景是中国新政权的建立和国内经济的重建。在解放战争结束后，中国面临巨大的经济困难和财政压力，为了重建国家经济，政府需要大量的资金来支持农业、工业和基础设施建设，彼时，发行公债成了一种重要的筹资手段。《关于发行人民胜利折实公债的决定》规定了发行折实公债的主要内容和程序。折实公债是以国家信用为担保，发行给国内公民和机构的债券，可以用于购买国家指定的商品或支付税款。这种债券的特点是以实物形式兑付，而不是以纸币或金融资产兑付。通过发行折实公债，政府成功地筹集了大量资金用于国内经济的发展。这不仅为国家的重建提供了必要的资金支持，亦为广大公民提供了投资和储蓄的途径。折实公债的发行亦在一定程度上稳定了国内物价，促进了经济的稳定和增长。

值得注意的是，1950年经中央人民政府批准在东北发行地方公债——东北生产建设折实公债，这是另一次折实公债的发行。[1] 东北生产建设折实公债与人民胜利折实公债相比，两者都以实物为计算标准，旨在避免物价波动的影响，然而，它们在发行目的、范围、对象等方面存在差异。人民胜利折实公债是1949年后新中国成立初期为了克服财政经济困难、筹集资金而发行的一种特殊公债；而东北生产建设折实公债则其原因在于，在解放战争取得胜利之后，中国政府着手对东北地区进行经济上的统一整顿与恢复工作。为了有效筹集资金，支持该地区的经济建设，该公债采用折实形式，旨在广泛吸纳社会上的闲置资金。这一决策不仅加速了东北地区的经济恢复步伐，还为其后续发展提供了坚实的资金支持，有力推动了地方经济的繁荣发展。

(2)经济建设公债市场

在1953年，中央人民政府颁布了《一九五四年国家经济建设公债条例》(已失效)，决定发行国家经济建设公债，以筹集资金用于国家经济建设。这一决策表明了利用公债市场筹集建设资金的必要性，对于建立国民经济工业基础发挥了积极的作用。利用公债市场筹集建设资金在新中国成立初期十分必要。首先，利用公债市场筹集资金可以解决资金短缺的问题。在建设初期，中国的经济发展面临着巨大的资金需求，而国家财政收入有限，通过发行公债，可以从社会吸收资金，满足经济建设的资金需求，加快建设的进程。其次，公债的发行可以广泛吸纳社会资金，形成多元化的资金来源。公债的持有人主要包括城市工作人员、私营工商企业、公私合营企业以及其他城乡居民，各界人士都有机会参与国家经济建设。这样的广泛参与可以增加社会的凝聚力，形成共同推动国家建设的合力。再次，公债的发行亦有助于优化资源配置，推动经济结构的调整。通过公债的发行，国家可以引导资金流向特定的领域，如基础设施建设、工业化进程等，以推动国家经济的结构升级和产业升级。最后，公债的发行还可以培养投资者意识和金融市场的发展。通过向公众宣传和推广公债投资，可以增加人们对投资的认识和了解，培养投资意识，推动金融市场的发展和壮大。

---

[1] 1.实物计算标准。东北生产建设折实公债以实物为计算标准，这有助于避免受物价波动的影响。公债的计量单位为“分”，每“分”所包含的实物根据当时沈阳市的高粱、布、盐和原煤的市价总和来计算。2.发行总额与期限：公债总额为3000万分，计划于1950年内分上、下两期发行。第一期在1950年3月发行，计1700万分；第二期在同年9月发行，计1300万分。

3. 合作社股票

在新中国成立初期,农业在国家经济中占有重要地位,但个体农民的生产方式相对落后,难以适应国家工业化和现代化的需求。政府决定通过农村合作化运动来改造农业,提高农业生产效率,于是政府积极推动农村合作化运动,鼓励农民组织生产合作社和供销合作社。这些合作社发行了一种名为"合作社股票"的证券,代表了合作社成员的所有权和利益。合作社股票一般分为两类:劳动股和资金股。劳动股是以农民的劳动力作为投资,其价值体现在劳动者的劳动量上,劳动股的分配根据劳动力的投入进行。资金股则是以农民的资金投入作为基础,其价值体现在投入的资金数量上,资金股的分配按照资金的投入进行。合作社股票的发行和交易一般在本地区的合作社或者农村信用合作社进行,合作社会根据合作社股票的数量和价值,向合作社成员分配相应的红利或者利息。合作社股票的交易和转让一般在合作社成员之间进行,但亦有些地方将合作社股票引入当地证券交易所进行公开交易。需注意的是,合作社股票在建国初期主要是在农村地区发行和流通,并且由于种种原因,合作社股票的市场流动性不高,交易规模相对较小。随着经济体制的改革和农村合作化运动的深入,合作社股票的作用逐渐减弱,对农村经济的影响逐渐减小。

(二)计划经济时期对证券市场的最终摒弃

在1956~1978年的这段时间里,中国实行了计划经济体制,最终摒弃了证券市场。

1. 市场经济原则之抑制

在这段时期,中国实行了集中统一的计划经济体制,政府通过指令性计划的行政手段来调节国民经济运行。在这种体制下,市场经济的作用被否定,商品的生产和分配完全由政府决定,市场供求关系被忽视。因此,证券市场作为市场经济体系中的一个重要组成部分,在这种计划经济体制下无法生长和发展。首先,计划经济体制的核心是政府对经济的全面调控和掌握,这意味着政府主导着经济资源的配置和分配。在这种体制下,政府通过指令性计划来决定商品的生产数量、价格和分配方式,市场供求关系被忽视。证券市场的基础是市场供求的平衡和价格的形成,但在计划经济体制下,市场供求关系无法自由运作,价格亦无法根据市场需求和供应来确定,证券市场无法正常发展。其次,计划经济体制下政府对经济活动的掌控导致了资本的集中和国有经济的主导。在这种体制下,政府通过指令性计划来调节资源的分配,大部分经济活动由国有企业和政府掌控,私人企业和民间资本的发展空间受到限制。证券市场需要有充足的股票和债券供应,以及各类投资者的参与,但在计划经济体制下,企业的所有权集中在政府手中,私人企业的股票和债券发行受到限制,投资者参与证券市场的机会亦受到限制,因此证券市场无法发展起来。最后,计划经济体制下政府对金融机构的控制亦妨碍了证券市场的发展。在这种体制下,银行和其他金融机构受到政府的行政指导和干预,它们的主要任务是为国家的经济计划提供融资和资金调度,而不是为证券市场的发展提供支持,这导致银行与金融机构失其独立,运作非市场化,难以供证券市场以必需之金融服务与扶持。

2. 市场信用和国家信用被限制

市场信用,是指在市场经济中,由市场参与者之间建立起的信任和信用关系。市场信用的形成和发展需要市场参与者之间的交易和合作,通过信用交易和信息交流来实现资本的流动和融通,市场信用的存在和发展对于市场的正常运作至关重要。然而,在计划经济体制下,市场信用几乎被取消,企业之间的信用交易受到限制。计划经济体制下,经济活动由政府全面控制和安排,企业之间的交易和合作主要依靠政府的指令和计划安排。这种体制桎梏了市场参与者间之自由信用交易,致使资本之流动与融通备受羁绊。

此外,计划经济体制下,国家信用亦受到了限制。国家信用是指国家作为债务人所具备的信用,它对于债券市场的发展至关重要。在计划经济体制下,当时政府认为既无外债又无内债是社会主义制度的表现,因此举借外债和发行债券的行为被停止和摒弃。这进一步限制了资本市场的发展,使得证券市场无法在当时中国的经济体制内生根发芽。证券市场需要一个信用良好、资金流动自由的环境来支持其运作,市场信用和国家信用的限制意味着资本的流动和融通受到了限制,信用交易的环境变得不利于证券市场的发展。

证券市场欲行债券之自由发行，兼纳投资者之信任，然于计划经济体制下，此种环境难以实现。

3. 计划经济财政金融体制之存在

计划经济财政金融体制是指在计划经济体制下，国家通过财政和金融机构来管理和调配资金的一种体制。在这个体制下，国家拥有广泛的权力和控制权，通过财政部门和银行部门来实现对资金的统一管理和调控。在计划经济体制下，财政部门扮演着重要角色，负责编制国家财政预算和计划，并决定各个部门和企事业单位的资金分配。这种集中的财政管理方式可以确保国家对资金的有效调配和控制，以满足国家发展和计划要求。此时，金融机构在计划经济体制中亦发挥着重要作用。银行部门主要负责资金的存储、贷款和支付等金融活动，为国家和企事业单位提供资金支持和服务，在计划经济体制下，银行部门通常是国有的，国家通过银行来掌控金融资源和资金流动，以满足国家经济计划的需求。这种计划经济财政金融体制的存在，使国家能够对资金进行集中调配和分配，以实现国家经济计划的目标。

在计划经济体制下，中国并没有将股票、债券等证券形式作为国营经济和集体经济融通资金的手段。资金的分配和调拨主要通过"大财政、小银行"的财政金融体制进行。国家实行统分统配、统存统贷的单一渠道纵向流动，不需要依靠证券市场。国家通过财政部门来集中管理和调配资金，而银行部门则扮演着资金的存储和贷款的角色。这种集中式的资金流动方式可以满足国家对资金的直接控制和调控需求，同时亦减少了风险和不确定性。在这一体制下，证券市场的作用相对较小，因为国家已经通过其他渠道实现了资金的集中调配和分配。时之中国，重社会主义经济制度之优越，以证券市场为资本主义经济之余绪，与社会主义经济之原则不合，遂排斥于社会主义经济之外，不以其为国家经济之重要组成。[1]

---

〔1〕 参见张春廷：《中国证券市场发展简史（改革开放前）》，载《证券市场导报》2001年第6期。

三、改革开放后四川证券市场

(一)改革开放后四川证券市场的主要发展时间段(见表 1-4)

表 1-4　改革开放后的四川证券市场的发展主要经历了三个阶段

时间阶段	主要内容	代表事件
1980～1985 年	在这一时期,四川省以发行国债、金融债等债券形式为主,来获取资金支持。国债的发行可以吸引各类投资者参与,为国家和地方政府提供了资金来源,支持社会主义建设和经济发展。这些债券的发行可以为四川省提供多样化的融资渠道,为经济建设和基础设施建设提供资金支持。国债和金融债的发行亦提高了债券市场的健康发展,促进了金融体系的建设和完善。通过发行国债和债券进行直接融资,四川省能够获得更多的资金投入,加快经济发展步伐,提高基础设施建设水平,促进经济结构的升级和转型	1980 年 7 月,成都市工业展销信托股份公司(后变更为成都蜀都大厦股份有限公司)发行了成都地区的第一张股票,成为 1949 年后中国有记载的第一批以募集方式设立的股份公司。这次改革试点为四川地区的企业直接融资提供了新的方式和渠道,推动了企业的发展和壮大。股份制改造使企业能够通过发行股票筹集资金,吸引更多的投资者参与,增加资金来源,促进企业扩大产能和技术创新。四川地区的股份制改造试点不仅是全国范围内的先行者,亦为全国其他地区提供了宝贵的经验。这一举措对于中国的企业改革和经济发展起到了积极作用。 1985 年 5 月,中国人民银行正式授权成都市第三产业开发公司发行价值 1000 万元的股票;同年 8 月,该行再次批准广汉涤纶厂发行同等规模即 1000 万元的债券
1986～1990 年	随着改革的深入,政府债券的发行比例逐渐降低,企业债券开始作为企业直接融资的重要手段,其占比逐年提高。四川省的一批股份制试点企业经过政府审批,通过发行股票进行了直接筹资	1987 年,成都市汇通城市合作银行率先进行股份制试点,向社会公众发行股票 1000 万元,成为 1949 年后中国第一家股份制民营银行。 1988 年 4 月 27 日(亦有观点认为是 1988 年 8 月 4 日),四川省第一家专营证券经营机构四川证券股份有限公司成立,标志着证券业在四川兴起;同年 7 月,经四川省人民政府批准、由四川省财政出资兴办的四川省川财证券公司成立,这是全国首家由财政国债中介机构整体转制而成的专业证券公司。 1989 年,中国人民银行四川省分行批准成都地区第一家兼营证券经营机构设立分支机构——四川省信托投资公司福兴街证券营业部,证券业在四川陆续发展①

续表

时间阶段	主要内容	代表事件
1991 年至今	股份经济有了较快发展，随着川盐化、金路、金顶等公司股票的上市，四川省证券二级市场有了跨越式发展。可转换债券等一批新券种陆续面市，试办国债期货（尽管之后，全国性暂停），活跃并充实市场，证券品种日益增多，证券经营机构、中介服务机构发展迅速	1991 年，四川证券交易中心在成都红庙子街 60 号正式开业，成为全国首家区域证券交易中心。最初，四川证券交易中心的主要业务是承销交易国债、金融债、企业债等。随后，为了满足四川券商在本地参与沪深交易所交易的需求，该交易中心于 1993 年的 2 月和 4 月分别成为深圳证券登记结算公司和上交所在四川地区证券登记业务的代理机构。 随着四川地区股份制改造的快速推进，投资者迫切需要二级市场满足其交易流转要求，1992 年起，在成都红庙子街、冻青树街，乐山市柏杨路、绵阳市体育中心、南充市涪江路、德阳市泰山路等地相继形成了自发性的证券交易市场。 1992 年，上海万国证券成为四川首家异地证券公司营业部，这标志着四川证券市场开启了对外开放和扩大国内外资本市场的步伐。随后，在 1993 年，四川峨眉山盐化（集团）股份有限公司成为四川第一批上市公司，通过在深圳证券交易所上市，成为深交所上市的第一批注册在异地的公司。同年，乐山电力股份有限公司亦成功在上海证券交易所上市，成为四川第一批在上海证券交易所上市的公司。这些公司的上市进一步提升了四川证券市场的知名度和发展水平。在 1994 年，东方电机股份有限公司的股票在香港联合交易所发行 H 股上市，这是四川地区企业首次赴境外上市。这一举措展示了四川企业对国际资本市场的开放态度和对境外投资者的吸引力。[②] 20 世纪 90 年代中期起，四川证券市场在各项指标上就一直领跑我国西部各省份。1980 ~ 1990 年末，全国纷纷设立股份制企业，最早发行公众股票的企业共计 104 家，其中四川企业就达 36 家（共筹措融资 11 亿元），占全国的 34.62%。与此同时，四川的证券行业亦开始扩容，在全国占据一定的地位，不仅本地券商精耕细作，外地券商亦纷纷入驻四川。90 年代四川证券交易量在沪深交易所名列前茅。1996 年基本实现在省内各主要地市州设立营业网点的布局任务。 1999 年 7 月 1 日，中国证券监督管理委员会的派出机构中国证券监督管理委员会成都证券监管办公室正式挂牌（现四川监管局），四川证券市场的发展自此更加规范

续表

时间阶段	主要内容	代表事件
		从2004年开始,四川按照中国证券监督管理委员会的统一部署,开展了证券公司的综合治理工作。综合治理工作的目标是确保证券公司的风险控制能力和经营管理水平,以提高市场的稳定性和可靠性。通过综合治理,四川证券公司加强了风险管理和内控体系建设,提高了经营管理的规范性。同时,还加强了对监管政策和法规的学习和遵守,提高了公司的合规安全边际。这些措施的实施和成效为四川资本市场的创新发展奠定了基础。它们有助于提升市场的信任度和投资者保护意识,为投资者提供更加安全和可靠的投资环境,亦为四川证券公司的可持续发展提供了更加稳定的基础。 2005年8月,海特高新股权分置改革成功,成为四川首家完成股改的上市公司。 2008年"5·12"汶川特大地震后,四川上市公司蒙损各异,证券期货之营业网点亦受重创,或毁或歇,交易系统亦受波及。此灾直致四川证券市场运营受阻,经济损失惨重。然而四川证券之同仁,临难不屈、急谋对策,以复市场秩序与运营。 2019年,四川省上市公司数量总计125家,2019年,四川资本市场实现直接融资3175.5亿元,同比增长13.4%。首发上市企业7家,实现融资36.6亿元;上市公司和挂牌公司实现股权融资109.4亿元,其中,上市公司实现股权融资84.9亿元,同比下降41.2%,新三板增发募集资金24.5亿元,同比下降23.4%。[③]截至2023年4月30日,四川上市公司总计203家。其中,A股上市公司171家,上市公司总量、总市值列中西部省份的首位[④]

①四川省信托投资公司于1986年12月12日成立。

②参见田立民:《四川证券市场20年"闪光的岁月"谱写华彩乐章》,载《上海证券报》2010年11月30日,第F11版。

③参见梁沛资:《2019年四川省金融业发展回顾》,载智研咨询网2020年11月27日,https://www.chyxx.com/industry/202011/912646.html。

④参见谢振宇、付彦桥:《最新报告披露:四川A股上市公司数量、市值稳居中西部第一盈利能力明显提升》,载每经网,https://www.nbd.com.cn/articles/2023-09-05/3006392.html。

(二)改革开放后四川证券市场早期发展状况(1980~1991年)

改革开放后,四川证券市场开始兴起。然客观上论之,20世纪80年代,发育成长中的四川证券市场存在诸多问题。第一,彼时的四川省还没有统一的证券交易市场，特别是二级市场。证券交易的价格不统一。第二，彼时的证券交易机构于专业分工有所阙如，难以尽其证券经纪商之用，致四川证券交易陷于低水平之境。专业化分工是指根据各个机构的专业能力和职能，将任务和责任进行明确划分。在证券交易领域，专业化分工是非常重要的，然而，在彼时，经批准经营证券业务的交易机构几乎都实行多种经营，没有进行明确的专业化分工。这意味着，这些机构没有充分发挥其作为证券经纪商的职能。证券经纪商作为中介机构，应该在买卖双方之间提供信息咨询、交易撮合、风险管理等服务，然而，由于缺乏专业化分工，这些交易机构在证券交易方面的意识不够强烈，大多选择收购囤积证券，而不是积极促进有效的证券交易市场，这限制了市场的活跃性和流动性，导致了四川证券交易的低水平。第三，违背了发展证券市场的初衷。在这种情况下，发展证券市场的初衷是通过买卖证券来实现宏观调控目标，然而，这一议事日程未被纳入人民银行的工作计划。由于中央银行在金融领域扮演着重要的角色，具有一定影响力，其对证券市场的积极作用至关重要。但是，由于缺乏相关计划和支持，中央银行无法充分发挥其作用，证券市场发展陷入困境。发展证券市场的初衷是为了促进经济的稳定和可持续发展，以及提供一个公平、透明、有序的交易平台。然而，由于相关议事日程未被纳入中央银行的工作计划，这些初衷无法得到充分实现，阻碍了证券市场的发展。第四，证券市场交易方式落后。当时的证券市场交易方式落后，主要是由于信息技术建设不足，交易过程主要依赖手工操作，缺乏电子信息系统的支持，这使交易的效率较低，价格信息传递迟缓，使得证券价格缺乏时效性和公正性。由于缺乏有效的信息技术支持，交易员需要手动处理交易订单和执行交易，这不仅耗费时间和人力资源，还容易引发错误和延误。当时，交易信息的传递速度慢，投资者无法及时了解到市场的最新情况和价格变动，导致证券价格的时效性不足。此外，手工交易容易产生不公正之情况。交易员可能会受到人为因素的影响，如个人好恶或利益关系，从而导致交易的不公正和不透明。监管阙如，交易系统不完善，亦增加了市场操纵和内幕交易的风险。

1. 四川证券发行市场

四川证券发行市场其历史渊源可以追溯到 1981 年发行的国库券。国库券是一种短期政府债券，用于政府筹集短期资金，这标志着四川地区开始尝试通过证券市场进行融资。1981 年后，四川陆续开始发行各类债券，包括政府债券、企业债券和地方债券等，这些债券的发行是通过公开招标、协议发行和私募方式进行的。债券的发行规模小和期限较短,发行利率相对较高,一般由四川省政府或地方政府主导。然而,在 1980 ~ 1990 年,四川的证券市场相对不发达,证券交易所和券商等相关机构的建立较晚,市场参与者相对较少。因此,四川的证券发行市场主要以债券为主,并且直接融资的比例较低,主要依赖于间接融资,如银行贷款等方式。(见表 1 – 5)

表 1 – 5　1981 ~ 1990 年四川证券发行市场融资情况

证券名称	累计发行金额/亿元	累积兑付本金/亿元	社会存量金额/亿元	同期四川证券存量/亿元	占比/%
国家债券	64.4	14.4	50	103.4	48.36
国家投资公司债券	9.39	0.08	9.31	103.4	9.00
金融债券	10	4.43	5.57	103.4	5.39
地方企业债券	11.32	3.59	7.73	103.4	7.48
企业股票	3.79	0.31(退股)	3.48	103.4	3.36
可转让定期存单	37.86	14.48	23.38	103.4	22.61
短期融资券	7	4.17	2.83	103.4	2.70
企业内部债券	1.78	0.64	1.1	103.4	1.10

数据来源:何燮清、廖小林:《四川证券市场:现状、问题与建议》,载《四川金融》1991 年第 8 期。

四川在 1980 ~ 1990 年证券发行中存在诸多问题。第一,债券发行规模与四川经济发展不匹配。在 1980 ~ 1990 年,四川的经济发展速度较快,但债券发行规模相对较小。这导致四川在资金需求方面存在缺口,难以满足经济建设的需要。第二,直接融资的占比较轻。在 1980 ~ 1990 年,四川地区的融资主要依赖于间接融资,而直接融资的占比相对较低。直接融资是指企业直接通过发行股票、债券等证券融资,而间接融资则是指企业通过银行贷款等中介机构融资。此等情况出现原因为:(1)证券市场不完善。彼时,四川地区的证券市场发展相对滞后,缺乏成熟的股票和债券市场,这使企业很难通过直接融资来获取资金,而不得不依赖于银行贷款等间接融资方式。(2)企业规模较小。在 1980 ~ 1990 年,四川地区的企业多为中小型企业,规模较小。这些企业在直接融资方面面临较高的成本和风险,往往难以满足证券市场的上市条件,因此更倾向于通过银行贷款等间接融资方式来获取资金。(3)投资者风险偏好。投资者对于股票和债券市场的风险偏好较低,更倾向于将资金存放在银行中获取稳定的利息收益，这导致了直接融资市场的需求较低，进一步限制了直接融资的发展。第三，债券期限与资金使用周期不匹配。彼时，四川的债券期限较短，而经济建设需要较长时间的资金支持，这导致债券的期限与资金使用周期不相适应，需要不断进行滚动发行，增加了筹资成本和工作量。第四，债券发行利率较高。在1980～1990年，四川地方企业债券的发行利率普遍较高，高于同期存款利率的40%以上，这使债券的吸引力降低，投资者的购买意愿减弱，影响了债券的发行情况。第五，投资者对证券风险估计不足。彼时，投资者对债券的风险估计不足，盲目追逐热门证券，导致投资风险增加。

2. 四川证券转让市场

四川的证券转让业务，其起始点可以追溯至1986年1月。当时重庆市人民银行作出了一个重要决定，即批准该市工商银行信托公司开办证券柜台交易业务，这一举措不仅为四川乃至整个西南地区的证券转让活动拉开了序幕。1987年11月，四川省国际信托投资公司（在1994年4月前称为四川省长江国际信托投资公司）获得了四川省人民银行的批准，首次开始办理证券柜台交易业务，这两个事件标志着四川证券市场的最初发展。转让市场的形成始于1988年4月，当时国务院批准上海等7个城市开放国库券转让市场。紧接着，成都亦成为第二批开放国库券转让市场的城市之一，开放了转让市场。其后，其他类型的债券，包括企业债券等，陆续开始上柜转让。从1988年到1990年，四川各类证券的累计转让总额为11.12亿元，占累计发行总额的7.98%。1988年，四川转让的证券种类为8种，包括国库券、国家建设债券、重点建设债券、重点企业债券、金融债券、地方企业债券、企业股票和大额可转让定期存单。转让总额为1.81亿元，占当年四川证券社会存量的3.5%。1989年，转让的证券种类增加到12种，转让总额为1.38亿元，占社会存量的1.77%。1990年，虽然财政债券和重点企业债券没有进行转让，但转让证券的种类减少到10种，转让总额却激增到7.93亿元，占社会存量的7.67%。[1] 转让市场的发展表明了四川证券业的快速增长和市场参与者的增加。转让市场的形成促进了更多证券品种的引入，提升了市场的流动性和活跃度。然而，与一线城市的证券市场相比，四川证券市场发展仍具有局限性（见表1－6）。因此，在后续的发展中，需要加强市场宣传和教育，提高投资者的投资意识和风险承受能力；需要推进市场改革

〔1〕 参见何燮清、廖小林：《四川证券市场：现状、问题与建议》，载《四川金融》1991年第8期。

和创新，提高市场的流动性和活跃度，促进四川证券市场的健康发展。[1]

表1－6 四川证券转让市场存在的问题

问题类型	主要表现
证券转让价格要素单一	在四川证券转让市场中，证券转让价格的要素相对单一，主要受到市场供求关系和投资者对证券的估值影响。这种单一的要素导致了市场的价格形成机制相对简单，容易受到外部因素的影响，缺乏多样性和复杂性。这种单一的证券转让价格要素极易导致以下问题：第一，市场价格波动较大。由于市场供求关系和投资者估值的影响较大，市场价格容易受到情绪和短期因素的影响，价格波动较大。第二，价格发现机制不健全。如果价格要素较为单一，市场对证券的真实价值难以准确反映，价格发现机制就会受到限制，导致市场价格与证券的真实价值存在较大的偏差。第三，投资者风险增加。由于价格要素的单一性，投资者很难准确判断证券的价值，容易受到市场波动和投机情绪的影响，增加了投资的风险
股票转让受到严格限制	在四川证券市场中，股票转让受到了严格限制。第一，交易时间限制。股票转让通常只能在交易所或者经过批准的场外交易机构进行，且只能在规定的交易时间内进行。在中国，股票交易通常只能在工作日的特定时间段内进行。第二，股东限制。根据中国《证券法》，个人和机构在持有股票时需要符合一定的条件和限制。例如，个人投资者需要满足最低持股数量的要求，并且不得持有超过公司总股本的一定比例。对于机构投资者，还需要获得相应的资格认定和许可。第三，股票流通限制。为保护市场稳定和投资者利益，中国证券市场对股票的流通进行了一定的限制。例如，对于上市公司的大股东、关联方和高管人员，通常需要在一定期限内进行减持或者持有一定比例的股票，以避免股票流通过度导致市场波动。第四，股票交易规则限制。股票转让还受到一系列交易规则的限制，包括交易价格范围、交易数量限制、交易方式等。这些规则旨在维护市场秩序和公平交易
证券转让规模较小，债券周转率过低	在四川证券市场中，转让的证券规模相对较小，债券的周转率亦普遍较低，其原因有：第一，市场规模相对较小。四川证券市场相对于一线城市的证券市场规模较小，交易活跃度低和市场参与者相对较少，这使证券转让的规模相对较小，交易量有限。第二，地区经济发展相对滞后。相对于一线城市，四川等地的经济发展相对滞后，市场资金总量和投资需求相对较小，这可能导致投资者对证券的需求较低，证券转让规模相对较小。第三，债券市场发展较慢。相对于股票市场，债券市场在四川地区的发展相对较慢，债券的流动性较低，交易品种较少，投资者对债券的需求较小，因此债券的周转率相对较低。第四，投资者风险偏好较低。四川地区的投资者风险偏好相对较低，更倾向于保守型投资，这可能导致投资者对证券转让的兴趣和参与度较低，进一步影响了证券转让规模的大小

---

〔1〕 参见何燮清、廖小林：《四川证券市场：现状、问题与建议》，载《四川金融》1991年第8期。

续表

问题类型	主要表现
交易流动性不足	由于四川证券转让市场的交易规模相对较小，交易品种相对较少，市场的交易流动性不足。这使投资者在买卖证券时可能面临着较高的交易成本和较低的交易效率
风险管理不健全	四川证券转让市场在风险管理方面存在一定的不足，缺乏有效的风险监控和风险防范机制，容易出现违规交易、操纵市场等风险行为
投资者保护不完善	四川证券转让市场在投资者保护方面存在一定的问题，投资者的信息披露不充分，投资者教育和培训不完善，导致投资者的权益保护不够全面
市场监管不够严格	四川证券转让市场的监管力度相对较弱，市场监管部门的职能和能力有限，容易导致市场秩序混乱、信息不对称等问题
市场发展缺乏活力	四川证券转让市场发展相对滞后，缺乏市场创新和多样化的产品，限制了市场的发展活力和吸引力

3. 证券交易方式和证券市场形式

据考证，在 1980～1990 年，四川的证券交易方式包括认购、自由购买和内部购买 3 种（见表 1－7）。这些方式提供了不同的途径和机会供投资者参与证券市场，根据个人需求和风险偏好选择合适的方式进行投资。

表 1－7　四川的证券交易方式

种类	主要内容
认购	认购是指投资者在发行新股时，按照规定的配售比例和发行价购买新股的行为。认购通常是在公司首次公开发行或增发时进行，投资者根据自己的意愿和风险偏好，以认购方式参与公司股权的融资活动。认购是一种主动参与的方式，投资者可以根据自己对公司前景的判断和风险承受能力决定是否认购
自由购买	自由购买是指投资者通过证券交易所或交易系统自由选择股票进行买卖的方式。投资者可以根据自己的需求和判断，自由选择股票进行购买或出售。自由购买是市场机制的一种体现，投资者可以根据市场行情和个人判断，以买入或卖出股票的方式进行投资
内部购买	内部购买是指公司内部人员以优先或特定条件购买公司股票的行为。内部购买通常是公司内部人员或关联方以特定价格购买公司股票，旨在增加他们对公司的投资并表达对公司未来发展的信心。内部购买一般需要符合相关法律法规的规定，且有一定的限制和监管，以防止内幕交易和利益输送等问题的发生

在 1980～1990 年这一阶段，四川证券市场的交易方式主要是柜台交易。柜台交易是指投资者通过证券公司的营业部柜台进行证券买卖交易的方式。

投资者可以亲往证券公司的营业部柜台,通过填写相关表格和提交身份证件等资料开立证券账户,并向营业员委托买入或卖出特定的证券品种和数量。柜台交易是传统的交易方式,可以与营业员进行面对面的沟通和交流,适合一些对交易过程和风险有较高要求的投资者。柜台交易亦可以辅助投资者进行其他业务办理,如查询账户信息、咨询投资建议等。

4. 四川证券市场管理

四川证券市场管理是指对四川省内的证券市场进行规范、监管和指导的一系列行为和政策措施。证券市场管理的目的是保护投资者利益、维护市场秩序、促进经济发展。在四川证券市场管理的过程中,主要涉及:第一,监管机构。四川证券市场的管理主要由中国证券监督管理委员会负责。中国证券监督管理委员会负责监管证券市场的运行,监督证券公司、基金管理严格公司、期货公司等中介机构的行为。中国证券监督管理委员会还发布各种政策、规定和通知,对证券市场进行指导和规范。第二,法律法规。四川证券市场管理严格依法依规进行。1987 年 3 月,国务院颁布了《企业债券管理暂行条例》(已失效),并发布了《关于加强股票、债券管理的通知》;而在这之前的 1986 年 9 月,四川省人民政府公布了《关于企业债券、股票管理的暂行规定》,这一系列举措体现了政府对证券市场的高度重视和规范管理。通过制定和实施相关法规和政策,政府旨在确保证券市场的健康、稳定和有序发展,同时为企业提供更多的融资渠道和机会。1990 年以来,国家层面制定的证券法、公司法等相关法律为证券市场提供了法律基础。此外,中国证券监督管理委员会还发布了一系列管理细则、规章,如《证券公司监督管理条例》、《证券投资基金管理公司管理办法》(已失效)等,对证券市场的各个环节进行具体规定。第三,市场准入和监管。四川证券市场对市场准入实行严格的审核制度,证券公司、基金管理公司、期货公司等中介机构需要经过审批才能开展业务。此外,中国证券监督管理委员会还对这些中介机构的运营、风险管理等进行监督和检查,确保其合规运作。第四,投资者保护。中国证券监督管理委员会要求证券公司等中介机构加强投资者适当性管理,提供全面、真实、准确的信息,防范欺诈行为和不当操纵市场行为。中国证券监督管理委员会还设立了投资者保护基金,用于赔偿因证券市场交易引发的损失。第五,市场监测和风险防控。四川证券市场管理对市场的波动和风险进行监测和预警。中国证券监督管理委员会通过监控交易数据、资金流向等信息,及时发现异常情况,并采取相应措施进行风险防控。此外,中国证券监督管理委员会还对市场内的违法违规行为进行打击和处罚，维护市场的公平、公正、透明。总之，四川证券市场管理通过监管机构、法律法规、市场准入和监管、投资者保护以及市场监测和风险防控等手段，针对证券监管中存在的问题（见表1-8）对证券市场进行规范和监督，促进市场稳定和健康发展。

表1-8　证券市场监管中存在的问题

问题类型	主要表现
监管法律制度不完善	证券市场监管法律体系仍存在不完善的问题，监管法规制定滞后于市场发展的速度，无法及时适应新的市场需求和问题。法律的执行力度亦需要进一步加强，确保监管措施的有效执行
监管机构职责不明确	监管机构之间的职责划分不清晰，导致监管工作的协同性和效率不高。不同机构之间的信息共享和协作不够顺畅，导致监管漏洞和盲区的存在
信息披露不透明	部分上市公司信息披露不规范，存在信息不对称的问题。一些公司对自身的真实情况进行隐瞒或虚假披露，损害了投资者的利益；还有一些公司可能存在内幕交易和操纵市场等违法行为，监管部门难以及时发现和打击
对违法违规行为的处罚不力	一些违法违规行为被发现后，监管部门的处罚力度相对较轻，无法有效震慑相关市场主体的违规行为。缺乏严厉的法律制裁和行政处罚可能会导致市场秩序的混乱
投资者保护不到位	投资者的权益保护仍然存在问题。一些投资者可能由于信息不对称和专业素养不足，容易受到欺诈、误导和不公平交易等损害，监管部门需要进一步加强对投资者教育和投诉处理的工作，提升投资者的保护水平

（三）四川证券市场的发展现状

1. 市场规模逐年扩大

随着经济的快速发展，四川证券之市场规模日益壮大。四川是中国西部地区经济“领头羊”，拥有丰富的资源和潜力巨大的市场需求，吸引了大量的资本投入。根据数据统计，四川证券市场的总市值逐年增长，股票交易量持续稳步增加。随着四川经济的快速发展，四川证券市场的市场规模呈现逐年扩大的趋势。首先，四川作为中国西部地区的经济中心，拥有丰富的资源和巨大的市场需求，吸引了大量的资本投入。四川拥有丰富的自然资源，如能源、水力、矿产等，同时亦拥有庞大的人口基数和消费市场，这些优势吸引了大量的投资者和企业来四川投资和发展，进一步推动了四川证券市场的发展。其次，根据数据统计，四川证券市场的总市值逐年增长。随着四川企业的上市和发展，其市值亦得到了提升。四川证券市场的总市值是市场规模的重要指标之一，它代表了市场中所有上市公司的总价值。市值的增长意味着市场中的企业价值得到了提升,投资者对市场的信心亦得到了增强。此外,四川证券市场的股票交易量亦在稳步增加。随着市场规模的扩大,投资者对四川证券市场的关注度和参与度亦在增加,越来越多的投资者选择在四川证券市场进行交易,导致市场的股票交易量逐年增加。交易量的增加反映了投资者对市场的兴趣和参与度的提高,亦反映了市场流动性的增强。

2016 年至 2023 年,四川省上市公司的数量呈现出总体增长的趋势(见表 1-9)。特别是在 2023 年,四川省上市公司数量大幅增长,达到 173 家,这显示了四川省在推动企业上市、扩大资本市场融资方面的积极成效。四川省不仅注重 A 股市场的上市工作,还积极推动企业到境外上市,例如,在 2022 年,四川省就实现了境内外首发融资 268.7 亿元,同比增长 51.1%,这显示了四川省在多元化融资渠道方面的积极探索和成效。[1]

表 1-9　2016~2023 年年末四川省 A 股上市公司统计

年份	上市公司数量/个
2016 年	111
2017 年	116
2018 年	120
2019 年	125
2020 年	136
2021 年	152
2022 年	169(含北交所)
2023 年	173(含北交所)

数据来源:中国证券监督管理委员会:《2017 年 12 月四川证券期货市场概况》,载中国证券监督管理委员会网 2018 年 2 月 5 日,http://www.csrc.gov.cn/sichuan/c104875/c1137493/content.shtml;中国证券监督管理委员会:《2018 年 12 月四川证券期货市场概况》,载中国证券监督管理委员会网 2019 年 2 月 11 日,http://www.csrc.gov.cn/sichuan/c104875/c1137464/content.shtml;中国证券监督管理委员会:《2019 年 12 月四川证券期货市场概况》,载中国证券监督管理委员会网 2020 年 2 月 21 日,http://www.csrc.gov.cn/sichuan/c104875/c1137432/content.shtml;中国证券监督管理委员会:《2020 年 12 月四川证券期货市场概况》,载中国证券监督管理委员会网 2021 年 1 月 29 日,http://www.csrc.gov.cn/sichuan/c104875/c1405617/content.shtml;中国证券监督管理委员会:《2021 年 12 月四川资本市场主体概况》,载中国证券监督管理委员会网 2022 年 2 月 10 日,http://www.csrc.gov.cn/sichuan/c104899/c1880511/

[1] 参见叶燕、宋嘉问:《四川境内外上市公司达 206 家,居全国第 8 位》,载新浪网,https://finance.sina.com.cn/tech/roll/2023-03-23/doc-imymvute6460799.shtml。

content. shtml；中国证券监督管理委员会：《2022 年 12 月四川资本市场主体概况》，载中国证券监督管理委员会网 2023 年 2 月 9 日，http：//www. csrc. gov. cn/sichuan/c104899/c7082627/content. shtml；中国证券监督管理委员会：《2023 年 12 月四川资本市场主体概况》，载中国证券监督管理委员会网 2024 年 2 月 2 日，http：//www. csrc. gov. cn/sichuan/c104899/c7461159/content. shtml。

2019 年四川省当年国内股票（A 股）筹资额为 122 亿元，当年国内债券筹资额为 4704 亿元，其中，短期融资券筹资额为 605 亿元，中期票据筹资额为 102 亿元。（见表 1－10）

表 1－10　2015～2019 年四川省股票、债券筹资情况

年份	当年国内股票（A 股）筹资/亿元	当年国内债券筹资/亿元
2015 年	396	1589
2016 年	376. 6	570. 6
2017 年	337. 3	1248. 4
2018 年	298. 2	6796. 6
2019 年	122	4704

数据来源：中国人民银行成都分行发布的《2016 年四川省金融运行报告》《2017 年四川省金融运行报告》《2018 年四川省金融运行报告》《2019 年四川省金融运行报告》《2020 年四川省金融运行报告》；梁沛资：《2019 年四川省金融业发展回顾（附四川省银行业、证券业、保险业发展概况）》，载智研咨询网 2020 年 11 月 27 日，https：//www. chyxx. com/industry/202011/912646. html。

为更好地说明四川资本市场发展情况，我们收集了 2022 年 7 月 31 日前的相关数据。（见表 1－11）

表 1－11　四川资本市场概况（截至 2022 年 7 月 31 日）

项目		期末数
上市挂牌企业情况	上市公司总市值/亿元	32, 101. 56
	上市公司总股本/亿股	1555. 29
	上市公司家数/家	166
	其中：主板/家	102
	创业板/家	42
	科创板/家	17
	北交所/家	5
	“新三板”挂牌公司家数/家	193

续表

项目		期末数
证券经营机构情况	辖区本年代理证券交易额/亿元	134,406.74
	证券公司家数/家	4
	证券公司分公司家数/家	73
	证券营业部家数/家	414
	投资咨询公司家数/家	3
期货经营机构情况	辖区本年累计代理期货交易额/亿元	81,740.14
	期货公司家数/家	3
	期货分支机构家数/家	53
基金经营情况	私募基金管理人/家	447
	管理基金规模/亿元	2457.95

数据来源：中国证券监管管理委员会：《2022 年 7 月四川资本市场主体概况》，载中国证券监督管理委员会网 2022 年 9 月 13 日，http://www.csrc.gov.cn/sichuan/c104899/c5663664/content.shtml。

2. 四川证券市场推进金融创新，品种和服务不断丰富

四川证券市场于推动创新上，成效显著，实为市场繁荣与进展之重要驱力。此成效不仅显于市场规模之扩张，亦见于产品服务之丰富，技术创新之应用，共促市场之多元化、高效化、国际化进展。其一，四川证券市场高度重视科技创新，特别是在信息技术和金融科技领域取得了令人瞩目的成绩。通过应用人工智能、区块链、大数据等前沿技术，四川证券市场显著提升了市场的运行效率和服务质量。例如，人工智能技术的引入，使交易监管更加高效、风险控制更加精准；区块链技术的应用，则增强了交易的安全性，进一步提升了投资者的信任度和市场的竞争力。这些技术创新不仅推动了四川证券市场的高效化发展，还显著增强了其在全国乃至全球范围内的影响力和竞争地位。其二，四川证券市场为满足投资者多元化需求，积极推出期权、期货等金融衍生品等投资工具，降低了投资门槛，提高了市场流动性和活跃度。同时，市场产品和服务日益丰富，包括股票、债券、基金等，金融机构亦提供更多如证券承销、投资咨询等金融服务，这些举措有效地推动了市场的多元化和高效化发展，为长期繁荣奠定了坚实基础。

3. 四川资本市场高度重视行业文化的建设

行业文化被视为资本市场之软实力要素，于维护市场之稳定、推动其进展，

皆有其举足轻重之作用。其一,四川资本市场通过强化行业自律与道德风尚建设,成功地激发了市场参与者的诚信观与责任感。这不仅有助于塑造一个健康、有序的市场环境,还能增强投资者对市场的信心。相关监管机构与行业协会携手合作,共同制定并持续优化行业规则与道德规范,明确要求市场参与者秉持诚信原则,严禁欺诈、市场操纵等不法行为。这些规则的施行,为市场参与者提供了清晰的行为准则,进一步巩固了市场的信赖基础。其二,四川资本市场高度重视行业协会的构建与发展。行业协会作为行业的自律管理机构,在规范行业行为、促进行业发展方面发挥着至关重要的作用。四川资本市场与行业协会紧密合作,共同推动行业建设与发展,有效增强了行业内部的凝聚力。这种紧密的合作关系有助于行业共同应对挑战,引领行业向更加健康、可持续的方向发展。其三,四川资本市场还通过举办行业文化建设活动,不断提升行业从业者的专业素养与职业道德水准。这些活动包括专业培训,旨在加强行业人才的技能与知识积累;同时还通过行业交流与论坛,促进经验分享与合作交流。这些举措有力地提升了行业从业者的整体素质,为行业的竞争力与发展潜力注入了新的活力。

(四)四川证券市场发展之展望

1. 增强对证券市场发展规律的准确理解与认知

(1)证券二级市场之形成以一级市场之充分发展为必要前提。

证券二级市场的形成是在一级市场充分发展的基础上才能实现的。一级市场是指证券的首次发行市场,它是新股或其他证券首次向公众发行的市场。一级市场的充分发展是证券二级市场形成的必要前提。首先,一级市场的充分发展能够为证券二级市场提供充足的供给。一级市场是企业融资的主要渠道,通过一级市场发行的证券可以提供足够的流动性和市场参与者;一级市场充分发展可以保证证券二级市场的顺畅运作,防资金流动性之匮乏。其次,一级市场的充分发展可以提高证券二级市场的投资价值。一级市场的发展意味着有更多的新股和其他证券进入市场,投资者有更多的选择机会;一级市场的活跃程度和多样性将增加二级市场中的交易机会和投资组合的多样性,提高市场的效率和投资者的收益。再次,一级市场的充分发展可以为证券二级市场提供更多的信息。一级市场的发行过程需要进行严格的信息披露和审查,这些信息可以为二级市场提供重要的参考和依据;一级市场的充分发展可以促使发行人和中介机构更加注重信息披露的质量,提高市场的信息效率和投资者的信任度。最后,一级市场的充分发展可以增加证券二级市场的参与者和交易活跃度。一级市场的发展可以吸引更多的投资者和机构参与证券市场,扩大市场的规模和流动性;一级市场充分发展还可以带动二级市场的交易活跃度和市场深度,形成良性循环和市场的稳定发展。

(2)证券经营机构、中介服务机构等不断规范和壮大是证券市场发展的必备条件。

证券经营机构和中介服务机构在证券市场中扮演着重要角色。它们的健全、规范和不断壮大是证券市场发展的必备条件。首先,证券经营机构和中介服务机构能够提供全面、专业的投资和交易服务。证券经营机构包括证券公司、基金管理公司等,它们可以为投资者提供证券交易、资产管理、投资咨询等一系列服务;中介服务机构包括证券交易所、登记结算机构、评级机构等,它们可以提供市场交易、信息披露、风险评估等专业服务。这些机构的健全和规范运作,能够为投资者提供安全、高效、透明的市场环境,增强了投资者信心,促进市场发展。其次,证券经营机构和中介服务机构能够维护市场秩序和规范市场行为。证券市场是一个公平、公正、公开的市场,需要有专业的监管机构和中介服务机构来维护市场秩序和监督市场行为。证券经营机构和中介服务机构通过制定和执行相关规则和标准,监督市场参与者的行为,防范市场风险,维护市场的稳定和健康发展。再次,证券经营机构和中介服务机构能够推动市场创新和产品丰富。证券市场的发展不仅需要有健全的基础设施和规则,还需要有丰富的金融产品和创新的业务模式。证券经营机构和中介服务机构在市场创新和产品开发方面发挥着重要作用,它们可以推动新的投资工具和业务模式的出现,提供更多元化、创新化的投资选择,满足不同投资者的需求。最后,证券经营机构和中介服务机构的健全和壮大能够提升市场竞争力和国际影响力。一个健全、规范、透明的证券市场能够吸引更多的投资者和资金流入,提高市场的流动性和深度,它们的规范运作和服务水平的提高亦可以增加市场的竞争力,提升国际市场的认可和影响力。

(3)证券融资日益成为企业直接融资的主要手段。

进入21世纪,证券融资在企业融资中的地位日益重要,成为企业直接融资的主要手段。首先,证券融资为企业提供了多元化融资渠道。通过证券市场,企业可以通过发行股票或债券等证券工具直接向公众募集资金。相比传统的银行贷款和信贷融资,证券融资具有更加灵活、便捷的特点,可以满足企业在资金规模、期限和成本等方面的多样化需求。其次,证券融资有助于提高企业的知名度和形象。通过在证券市场上发行股票,企业可以获得更广泛的关注和认可,这不仅有助于扩大企业的知名度,还能提升企业的形象和信誉。一些知名企业通过证券融资,进一步提升了自身品牌价值和市场地位。再次,证券融资有助于改善企业的股权结构和治理机制。通过发行股票,企业可以引入更多的股东,实现股权的分散化和多元化。这有助于改善企业的股权结构,并强化企业的治理机制。最后,证券融资有助于提升企业的融资效率和成本优势。相比银行贷款等融资方式,证券融资可以为企业提供更低成本的资金来源。证券融资可以通过公开市场交易,提高企业的融资效率和灵活性,减少融资时间和手续成本。

(4)证券市场的发展广泛深入地影响着四川社会经济的诸多领域。

在四川社会经济的诸多领域,证券市场发展都起着不可忽视的作用。首先,证券市场的发展为四川企业融资提供了重要渠道。通过证券市场,四川企业可以通过发行股票或债券等证券工具来融资。这不仅有助于企业扩大规模和提升竞争力,还促进了经济的发展和增长。融资活动亦为企业创新提供了资金支持,推动了科技进步和产业升级。其次,证券市场的发展提升了四川资本市场活跃程度。随着证券市场的发展,四川省的投资者数量和交易量都得到了增加。这使四川资本市场更加活跃,为投资者提供了更多的投资机会和选择。活跃的资本市场亦吸引了更多的资金流入,促进了四川省的经济发展。再次,证券市场的发展推动了四川金融业的创新和发展。随着证券市场的不断发展,四川省的金融机构亦在不断创新和完善自己的产品和服务。例如,证券公司、基金公司等金融机构提供了更多样化的金融产品,为投资者提供了更多投资渠道和方式,金融创新亦促进了四川金融业发展,提高了金融业的竞争力。最后,证券市场的发展对四川经济结构调整和转型升级起到了积极的推动作用。通过证券市场,四川省的企业可以更便利地进行股权融资,推动企业转型升级。证券市场的发展还促进了四川资本市场发展,为各类企业提供了更多的退出机制,促进了资源的优化配置和经济结构的调整。

(5)形成集中的证券交易市场,是证券一、二级市场迅猛发展的必然结果和客观要求。

集中的证券交易市场的形成是证券一、二级市场迅猛发展的必然结果和客观要求。这种趋势产生的原因在于：首先，集中的证券交易市场可以提高市场效率和流动性。在集中的市场中，交易活动集中在一处，交易规模相对较大，可以吸引更多的交易参与者和资金流入，提高市场的流动性。交易活动的集中还可以提高信息的集中度，减少信息不对称的问题，使市场更加透明和公平。其次，集中的证券交易市场可以降低交易成本。在分散的市场中，交易参与者需要在不同的市场之间进行跳转，增加了交易的成本，而在集中的市场中，交易参与者可以更方便地进行交易，降低了交易成本。集中的市场还可以提供更完善的交易设施和系统，进一步降低交易成本。再次，集中的证券交易市场有利于监管和监控。在集中的市场中，监管机构可以更方便地监管市场参与者和交易活动，提高市场的监管效果。集中的市场更容易被监控和监测，可以更及时地发现和应对潜在的风险和问题。复次，集中的证券交易市场有利于市场发展和创新。集中的市场可以聚集更多的交易参与者和资金，提高市场的活跃程度和竞争力，有助于吸引更多的企业上市融资，促进资本市场的发展。集中的市场还可以更好地支持和推动金融创新，提供更多的金融产品和服务。最后，集中的证券交易市场有利于国际化发展。在全球化的背景下，集中的市场更容易与国际市场接轨，吸引国际资金和投资者；集中的市场亦更容易与国际市场形成互联互通，促进国际投资和合作。

2. 四川证券发展的目标及现实基础

四川将能够吸引更多资金和资源流入证券市场，推动当地经济的发展，提高资金配置效率，促进投资和创新。四川作为中国西部地区的证券交易中心，将为整个西部地区的经济发展提供支持和推动。[1] 四川设立西部证券交易所

---

〔1〕 在四川发展证券市场的问题上，建立四川证券交易所是一个重要目标。上海、深圳等地建立证交所已经为当地经济带来巨大利益，北京亦设立了证交所。鉴于证交所带来的巨大优势，应将在川建立证交所作为四川经济发展和改革开放的重要事项，动员各方力量，积极准备工作，落实任务，制定规划和方案，研究政策。将证交所的建立作为当前发展的战略目标。在设立证券交易所的问题上，要避免对是否在川设所持无所谓态度的倾向。这是一个认识问题，必须予以解决。需要认识到，在川设所是否成功，关系到四川经济能否实现快速发展，既涉及改革，也涉及如何发展。长期以来，资金一直是困扰四川经济实现结构调整、产品升级和规模扩大的"瓶颈"。各方已经想尽办法，但效果不尽如人意。证券筹资的效果显著，而证券交易所是证券的集散地，具有辐射和集聚资金的能力。通过建立证券交易所来获得大批企业需要的技改资金是可行的，应该高度重视。建立四川证券交易所有助于促进资金流动、提升企业发展水平，并推动四川经济实现快速发展。因此，应全面准备，动员各方力量，积极推动这一目标的实现。

的必要性在于:第一,促进四川本地经济发展。设立证券交易所可以促进本地证券市场的发展,为本地经济发展提供资金支持。第二,满足投资需求。证券交易所可以提供专业化、规范化的证券交易服务,满足投资者的投资需求,提升市场的吸引力。第三,提高金融市场竞争力。证券交易所的设立可以为四川的金融市场增加一项竞争力,促进金融市场的发展。

四川具备了建立西部证券交易所的经济基础。第一,在宏观经济基础方面。首先,经济总量与增速。四川省经济总量稳居全国上游。例如,2024 年前三季度,四川省国内生产总值超过 4.5 万亿元,位居全国第六、西部第一,显示出强劲的经济实力;四川省的经济增速亦高于全国平均水平,显示出良好的发展势头。其次,产业结构与优势。四川省拥有电子信息、装备制造、食品轻纺、能源化工、先进材料和医药健康六大优势产业,这些产业构成了四川工业经济和高质量发展的"四梁八柱"。多元化的产业结构有助于分散风险,增强经济的稳定性和抗风险能力。第二,在金融市场与融资能力。首先,资本市场融资功能。近年来,四川证券期货市场融资功能有效发挥,资本市场直接融资规模持续增长。例如,2020 年四川资本市场实现直接融资 4206.6 亿元,同比增长 16%,显示出强大的融资能力。随着多层次资本市场建设的不断推进,四川证券业融资功能还将持续提升。其次,债券市场发展。四川交易所债券市场服务实体企业、助力壮大经济发展成果明显。例如,2022 年年末辖区交易所市场债券余额超 5400 亿元,较 2021 年年底增长 12.4%,创新品种发行量逐年增加,品种数量中西部领先。债券市场的健康发展为四川建立证券交易所提供了良好的市场基础。第三,在财政与债务状况方面。首先,财政收入与支出。四川省一般公共预算收入在全国排名靠前,但一般公共支出更大,导致财政自给能力较低。然而,这并不意味着四川缺乏建立证券交易所的财力支持,因为证券交易所的运营并不完全依赖于地方政府的财政拨款。其次,债务存量与负债率。虽然四川省债务存量规模较大,但负债率处于全国中游水平,且随着化债政策的不断推进,有助于缓解债务压力。因此,从债务角度来看,四川并不缺乏建立证券交易所的财务基础。第四,在区域经济与金融生态方面。首先,成都市的"虹吸效应"。成都市作为四川省的省会城市,经济总量约占全省的 37%,具有显著的虹吸效应。成都市的强劲经济实力和金融资源集聚能力为四川建立证券交易所提供了有力的区域支持。其次,金融生态与服务质量。四川省金融生态环境不断优化,金融机构数量和服务质量持续提升。例如,证券、期货、基金机构数量稳居中西部第一,为四川建立证券交易所提供了良好的金融生态基础。第五,在政策支持与战略规划方面。首先,国家与省级政策支持。四川作为国务院确定的我国发展的战略腹地,是支撑新时代西部大开发、长江经济带发展等国家战略实施的重要省份。这些国家战略的实施为四川建立证券交易所提供了有力的政策支持和战略引导。其次。区域发展格局与战略规划。四川省按照"一干多支、五区协同"的区域发展格局进行战略规划,有助于推动区域经济协调发展,增强四川建立证券交易所的区域竞争力。

3. 四川证券市场进一步发展完善的对策

优化市场结构。通过引导更多优质企业上市,进一步优化四川证券市场的行业结构,提升市场整体竞争力。第一,应当加强政策引导。政府可以加大政策支持力度,鼓励优质企业上市,为企业提供更多的资本支持和发展机会。此外,力争在四川建立继深圳、上海和北京证券交易所之后境内的第四家证券交易所。第二,建立健全信息披露制度,要求企业及时、准确、全面地披露财务和经营信息。政府可以加强监管力度,对信息披露不规范的企业进行处罚,要求企业提高信息披露的质量。政府和监管机构应加强对监管政策和规则的解读,主动公布监管信息,提供监管指导,使市场主体清楚了解监管要求和标准。第三,鼓励知识产权类企业上市。政府可以通过税收优惠等方式,鼓励知识产权类企业上市,提高四川证券市场的知识产权类企业比重。第四,优化上市流程。建立与企业的良好沟通渠道,为企业提供上市前的指导和咨询服务。政府可以设立专门的咨询机构或提供在线指南,帮助企业了解上市的流程、要求和准备工作,提供必要的培训和指导。为符合条件的企业设立快速通道,加快上市进程。政府可以设立特殊审批机制,对符合条件的企业提供加速审批服务,畅通快速的上市通道。建立自愿性的审核机制,由专业机构对企业的上市申请进行审核。企业可以自愿选择接受审核,通过审核后可获得更快的上市进程和更高的市场认可度。第五,推动行业升级。政府可以通过推动行业升级,加强技术研发和创新,提高企业竞争力,推动行业转型升级,为优质企业上市提供更好的环境和条件。

理顺管理体制,加强市场监管。加强证券市场监管力度,完善监管制度,减少市场风险,维护投资者利益,增强市场信心。为了加强四川证券市场的监管,可以采取以下措施:第一,完善监管制度体系。建立健全地方证券市场的法律法规和监管制度,确保市场的运行规范和稳健。第二,加大监督力度。加大对四川上市公司及中介机构的监督力度,监督其合规经营、信息披露、内部控制等方面的工作。第三,强化投资者保护。加强对散户投资者的保护,提高投资者风险意识,加强对投资者的教育和培训,提高投资者的投资技能和风险意识。

拓展融资渠道。四川证券市场作为中国西部地区的重要证券市场,一直致力于拓展融资渠道,促进资本市场的发展。在未来的发展中,应进一步加强与银行、保险等金融机构的合作,拓展融资渠道,为企业提供多元化的融资渠道,促进企业发展与市场繁荣。第一,拓宽融资渠道。通过发展新型债券市场等方式,为企业提供更多的融资选择,缓解传统融资渠道的压力。第二,推动股权投资。四川证券市场积极发展股权投资业务,支持创业企业和高成长企业的发展,同时亦为投资者提供了多元化的投资渠道。第三,拓展资产管理业务。四川证券市场应积极发展资产管理业务,为客户提供专业化的资产配置和风险管理服务,同时亦促进了证券市场的稳定发展。第四,扩大金融衍生品业务。四川证券市场应致力于推动金融衍生品市场的发展,拓展衍生产品和服务,提高市场的风险管理水平和市场流动性。

加强技术创新。加强技术创新,推动智能化、数字化转型,提高交易效率和市场运行效率。一是加大技术投入,引入人工智能、区块链、云计算等技术;二是创新交易模式,开发高频交易、算法交易等新型方式;三是优化交易系统与平台,提升可靠性和安全性;四是推动证券行业数字化转型,探索数字资产交易等新型业务模式;五是加强信息安全保护,建立健全管理制度,确保市场稳定与安全。

第二章　四川股票市场

一、四川股票市场产生的历史背景及意义

18 世纪前后，在四川地区出现了证券萌芽（股票契约、债券等形式），其历史背景主要受商业兴盛、商人合作与风险共担、经济发展与资本需求、商业信誉与市场形成等因素之共同作用。此等因素齐力推动四川证券之萌芽，为商人们提供新投资机会与财富积累途径。

改革开放后之中国资本市场迅猛发展，四川省政府积极响应国家政策，推动本地企业以公开发行股票以融资。四川省政府亦鼓励境内外之投资者来四川省投资。在此时背景下，四川企业选择以发行股票以融资，为企业之扩张与发展提供资金支持。同时，国内外投资者之参与亦促进四川经济之发展。四川股票市场之形成与壮大为四川省之经济发展提供重要之金融推动力。

（一）历史背景（1978 年改革开放之后）

1. 经济发展趋势

在十一届三中全会的历史性决策之后，中国毅然踏上了改革开放的伟大征程。这一政策转向不仅为国家注入了前所未有的活力，也极大地促进了四川省经济的蓬勃发展。在这样的宏观背景下，四川省凭借其得天独厚的地理优势、

丰富的资源禀赋以及活跃的市场氛围，经济发展速度显著加快，为股票市场的萌芽与兴起铺设了肥沃的土壤。随着企业改革的深化和资本市场的逐步开放，四川省的股票市场迎来了前所未有的发展机遇，成了推动经济转型升级和高质量发展的重要力量。第一，产业优势。四川省拥有较为完善的产业体系，涵盖了第一、第二、第三产业多个领域，并且各产业之间相互关联、协同发展。众多优质的企业为股票市场提供了丰富多样的投资标的，涵盖了不同行业、不同规模和不同发展阶段的企业，满足了不同类型投资者的投资需求，促进了股票市场的活跃。第二，经济增长。改革开放后，四川省的经济增长迅猛。随着国民经济的发展，企业规模扩大、资本需求增加。股票市场为企业融资提供了新的渠道，促进了经济发展。第三，四川省位于西南地区，地理位置优越，与周边省份和国家有着密切的经济联系。这为四川省的企业提供了更多的合作和交流机会，亦为股票市场的发展提供了更多的机遇。第四，其他因素。改革开放后，四川省还积极引进外资，扩大对外开放，加强了与外部市场的联系。这些因素亦为四川股票市场的发展提供了动力。

2. 政策支持

改革开放为成都及西南带来活力，经济之桎梏得解，发展之路越广，地方物产之流通渠道由是而宽，市场之活力得以激发，商品经济因之繁荣，生产方式亦随之革新。政府深化改革，首要考量选取适应市场经济、促进产品流通的企业组织形式和经营模式。股份制作为现代企业制度，凭其产权明确、资本筹集灵活、管理科学、股东参与广泛等优势，受到政府与企业的关注。股份制企业能够吸引更多的社会资本参与，实现资源的优化配置，其完善的法人治理结构亦有助于提高企业的决策效率和风险管理能力。正是在这样的背景下，成都市工业展销信托股份公司应运而生。

成都市政府在1980年6月下发的文件[1]批准了成都市工业展销信托股份公司的设立，这是全国首家按照股份制原则组建并经政府批准的股份制企业。该公司资金按入股自愿的原则，这意味着各单位可以通过购买股份来参与公司的投资和经营，并共享公司的收益。该公司实行独立核算，自负盈亏，这意

〔1〕 本处所指的是成都市人民政府《关于批准设立成都市工业展销信托股份公司的通知》(成府发〔1980〕69号)，1980年6月11日发布。

味着公司的经营成果将由公司自身承担和分配。[1] 该公司于 1980 年 12 月进行了定向募股,成功集资 2000 万元。这一举措表明成都市政府对于运用股票融资发展市场经济的重视,深刻认识到市场经济在发展国民经济中的重要作用,因此积极推动股份制企业的发展,为企业提供了更多的融资渠道和经营自主权。这亦为成都市股票市场的发展奠定了基础,为后续的股票发行和交易提供了范例和经验。

3. 工业基础环境和交通条件改善

1964 年,党中央与国务院高瞻远瞩,作出了关乎国家长远发展的重大战略抉择——"三线建设"。这一宏伟蓝图对于四川省的工业基础构建与经济发展起到了至关重要的作用,它不仅极大地强化了四川的工业实力,更为其经济的持续繁荣与多元化发展奠定了坚实的基础。第一,促进了工业发展。四川在"三线建设"期间建设了大量的工业基础设施,包括水电站、化肥厂、冶金厂等,为四川的工业发展提供了坚实的基础。这些基础设施为四川提供了丰富的能源和原材料,推动了工业生产的发展。第二,提高了交通运输能力。四川"三线建设"期间建设了大量的铁路、公路和航道,极大地改善了四川的交通运输能力。这些交通基础设施的建设使四川的产品可以更加便捷地运到其他地区,加快了四川与其他地区之间的交流与贸易。第三,促进了区域经济协调发展。四川"三线建设"连接了四川的各个地区,促进了区域经济的协调发展。通过建设三线,四川的中西部地区得到了更多的投资和发展机会,缩小了与东部地区的经济差距。

4. 理论创新

在 1980 年至 1992 年的这一时间跨度内,中国经济理论领域迎来了一系列具有里程碑意义的深刻突破,这些理论创新不仅为后续的经济改革铺设了坚实的基石,亦为国家的全面发展指明了方向。第一,社会主义市场经济理论的提出。改革开放后,提出了有计划的商品经济理论,[2] 但随着改革的深入,在 20 世纪 90 年代,逐渐过渡到了社会主义市场经济理论。这一理论突破了过去计

[1] 参见《中国第一股——蜀都大厦股份有限公司探索现代企业之路调查》,载《经济体制改革》1995 年第 1 期。

[2] 参见赵德馨:《中华人民共和国经济史(1985 - 1991)》,河南人民出版社 1999 年版,第 31 ~ 32 页。

划经济体制的束缚，强调市场在资源配置中的重要作用，并强调在社会主义条件下发展市场经济，它为中国的市场经济改革提供了理论依据。第二，“以农业为基础、工业为主导”的发展战略。这一战略突破了过去工业优先的发展模式，强调农业在国民经济中的重要地位，提出了农业现代化和农村经济的发展。这一战略为农村经济的改革和发展指明了方向。第三，社会主义初级阶段理论。中国处于社会主义初级阶段理论是中国共产党总结中国社会发展阶段性特征和实践经验得出的理论。中国处于社会主义初级阶段理论的核心观点是，中国目前仍然是一个发展中国家，经济社会发展水平相对较低，人民的生活水平还有很大的提升、提质空间。在社会主义初级阶段，中国的主要矛盾是人民日益增长的物质文化需要同落后的社会生产之间的矛盾。为了解决这个矛盾，中国必须坚持经济建设的中心地位，推动生产力的发展，同时保障人民的基本生活和发展权益。中国社会主义初级阶段理论强调，中国的社会主义事业仍然面临许多困难和挑战，需要坚持党的领导、人民民主、社会主义法治等基本原则，不断改革创新，推动社会主义事业向前发展。第四，发展是硬道理理论。这一理论突破了过去对于经济增长的认识，强调经济发展是最基本、最紧迫的任务，必须以发展为中心，解决人民的温饱问题。这一理论为中国经济的快速增长奠定了基础。第五，“一国两制”理论。这一理论突破了过去对于政治体制的思考，提出了中国特色社会主义的新实践。它强调中国在经济发展的同时，要保持社会主义制度的稳定，实现经济和政治的有机统一。第六，对外开放和外资利用的理论创新。这一理论突破了过去对外经济合作的限制，提出了开放政策和利用外资的重要性。它为中国吸引外资、引进先进技术和推动国际经济合作提供了理论支持。这些突破为中国经济的改革开放提供了思想引领和理论支持，为中国经济取得长足发展奠定了基础。

5. 探索精神

改革开放以来，四川以其锐意进取的精神，勇于担当、积极创新，在多个领域迈出了先行先试的坚实步伐，多项开创性举措都走在了全国改革浪潮的前列。从农村改革深化企业改革，从政企分开到股份制改革的深度拓展，四川不断探索、不断突破，为全国树立了改革创新的典范。这不仅极大地推动了四川自身经济社会的高质量发展，亦为全国其他地区提供了宝贵的经验与启示，彰显了中国改革开放伟大征程中四川的蓬勃活力与卓越贡献。

(1)农村改革。

四川在农村改革方面走在了中国乃至世界的前列。20 世纪 80 年代初,四川率先进行了农村经济体制改革,实行了家庭联产承包责任制,亦被称为“包产到户”。这一改革措施将传统的人民公社体制进行了分解,使农民可以自由经营土地并享有相应的经济收益。通过实行家庭联产承包责任制,农民可以根据自己的实际情况来经营土地,并且可以自主决定种植什么作物、如何管理土地。这一改革措施极大地激发了农民的生产积极性和创造力,提高了农村经济的效益和农产品的产量。家庭联产承包责任制的成功实践,为中国其他地区的农村改革提供了有益经验。这一改革措施的推广亦对中国农村经济的发展起到了积极的推动作用,带动了农民收入的增加和农村经济的腾飞。四川的农村改革亦吸引了国际社会的关注,成为世界农村改革的先行者。四川在农村经济体制改革方面的成功经验,为其他发展中国家提供了可参阅的经验和启示,对于全球农村发展和扶贫事业亦具有重要意义。(见表 2 - 1)

表 2 - 1　早期改革探索情况

涉及单位	时间	内容
金鱼公社	1978 年年初	广汉金鱼公社率先在农业生产中引入“包”字责任制,实行分组作业、定产定工及超产奖励,成为四川首个实施“包产到组”的公社,标志着中国农村联产承包责任制的早期探索。 广汉县委批转了县农林水电局《关于金鱼公社整顿经营管理建立生产责任制的试点报告》,肯定了金鱼公社率先建立生产责任制,实行包产到组的做法,并要求在全县推广。到 1981 年,金鱼公社全部实现“包产到户”,进一步解放了农村生产力。金鱼公社的改革经验为其他地区的农村改革提供了重要经验和参考
向阳公社	1980 年 6 月	一是政社分开试点。1979 年 9 月,广汉县委在向阳公社进行政、社工作分开试点,得到省委肯定。这一试点为后续的全面改革奠定了基础。 二是人民公社体制改革。1980 年 5 月,广汉县委选定向阳公社作为试验田,率先启动人民公社体制的改革探索。在此期间,向阳公社成功召开了人民代表大会,经民主选举程序,产生了乡长及副乡长,标志着人民公社管理委员会的职能正式向乡政府过渡。同时,公社的牌子被撤销,取而代之的是全新的向阳乡人民政府,并配套建立了党委和农工商联合公司,实现了党政工作的明确分工以及政府与企业的职能分离。同年 9 月,这一变革达到了高潮,向阳公社正式告别了“广汉县向阳人民公社管理委员会”的旧称,换上了“广汉县向阳乡人民政府”的新颜,从而成了全国范围内首个废除人民

续表

涉及单位	时间	内容
		公社制度、成功建立乡政府的地方,开创了中国农村治理的新篇章。 三是社队企业改革。在改革过程中,向阳公社还大力推动了社队企业改革。通过改革,向阳公社建起了炼铁厂、砖瓦厂、酒厂、农机厂等14家社队企业,务工社员上千人。这些企业的建立不仅解决了农民的就业问题,还促进了当地经济的发展。 广汉向阳公社率先进行改革试点,这一改革标志着中国农村管理体制的重大变革,为后续的中国家庭联产承包责任制等改革奠定了基础

(2)四川还率先推行了政社分开、政企分开的新体制。

四川省在推行政社分开、政企分开的新体制方面亦走在了中国的前列。这一改革措施指的是将原先政府和企事业单位的职能进行分工,明确政府的管理职责和企业的经营自主权。通过政社分开的改革,政府能够更加专注于公共管理和服务,将一些原本由政府直接管理的企事业单位交由社会力量进行运营,实现政府的职能转变和资源优化配置。企业能够更加灵活自主地进行经营决策,有利于提高企业的经济效益和竞争力。四川率先推行政社分开的新体制,不仅为其他地区提供了可参考的经验,亦为中国加快推进政府职能转变和深化改革提供了有益的探索。这一改革措施的推行,进一步推动了四川的经济发展和社会进步,亦为中国全面深化改革提供了重要实践和经验参考。(见表2-2)

表2-2　1978年10月四川省委扩大企业自主权的试点

项目	内容
试点背景	四川省工业固定资产总量居全国前列,但经济效益却相对低下。为了提高经济效益,四川省委经过深入调研,决定改革僵化的经济管理体制,选择一批具有代表性的工业企业进行扩大企业自主权的试点
试点企业	四川省委选择了宁江机床厂、成都无缝钢管厂、重庆钢铁公司、新都县氮肥厂、南充丝绸厂和四川化工厂这六家企业作为试点。这些企业涵盖了机械、化工、钢铁等多个行业,具有广泛的代表性
试点内容	允许企业在完成国家计划的前提下,增产市场需要的产品,并承接来料加工。 允许企业自行采购原材料和销售物资。 允许企业在全面完成国家计划的前提下,提取企业基金和实行利润留成
试点成效	试点企业在短短几个月内就取得了明显成效。例如,宁江机床厂在试点期间利润大幅增长,成为新时期中国最早的城市经济体制改革的成功案例之一。这些成效证明了扩大企业自主权改革的有效性,为后续的城市经济体制改革提供了宝贵的经验

续表

项目	内容
试点意义	一是,拉开了国有企业改革的序幕。四川省的试点改革是全国最早的城市经济体制改革尝试,标志着国有企业改革的开始。二是,提供了经验参考。试点改革取得了显著成效,为后续的城市经济体制改革和国有企业改革提供了重要的经验参考。三是,推动了经济发展。通过扩大企业自主权,激发了企业的生产积极性,提高了经济效益,推动了四川乃至全国的经济发展

(3)股份制改革是指将国有企业的所有权转变为股份制,通过发行股份和引入社会资本,实现国有资产所有权向多元主体共有的改制过程。

这一改革举措旨在激发企业的活力和创造力,提高企业的经营效率和竞争力。四川省在国有企业改革方面取得了一定的成绩。通过股份制试点,引入了社会资本,推动了企业的改革和发展。这些试点企业涵盖了多个领域,包括能源、交通、通信、金融、制造业等。股份制试点的实施,为四川省的国有企业注入了市场活力,提升了企业的竞争力和经营效益。股份制改革亦为四川企业的发展提供了更多的发展机会和空间,并促进了四川经济的快速发展。第一,股份制试点得到推广和扩大。到1988年,已有36家国有大中型企业和15家企业集团进行股份制试点,并开始发行股票。随后,股份制试点迅速扩大,发行股票和股权证的企业亦逐渐增加。第二,证券发行与转让从单一品种发展到多品种。从1981年国家恢复国债发行开始,国债市场在成都出现。到1993年6月末,成都市累计发行各种有价证券达到78.7亿元。证券的种类亦从单一的国库券发展到国债、企业债、国家公司债和股票等多个品种。当时,还开始试发行一些新的证券品种,如可转换债券、信托受益证券、浮动利率债券、金融同业融资券等。第三,成都还建立了一个较为合理的证券服务机构网络。这个网络以证券公司专营为主,信托投资公司、交通银行兼营为辅,其他金融机构代办为补充。这样的网络结构可以提供更全面和专业的证券服务,为投资者和企业提供更多的选择和便利。从1987年12月成都市第三产业投资公司设立成都第一个证券交易柜台开始,到1993年6月末,省、市在成都的证券交易机构已发展到24家,城区及郊县营业处28个,代办点30个。这一发展的成果表明,成都在证券交易方面的规模和影响力逐渐提升。随着证券交易机构的增多,成都的金融市场亦得到了进一步的发展和完善。

1993 年,成都被国务院定位为“西南地区金融中心”。这意味着成都在金融领域的地位和影响力得到了官方的认可。这一定位的目的是进一步促进成都金融市场的发展,吸引更多的金融机构和资本进入成都,推动成都成为西南地区的金融中心。这一定位的结果是,成都在金融业方面得到了更多的支持和政策优惠,吸引了更多的金融机构和投资者。这亦进一步推动了成都金融市场的繁荣和发展,为成都及周边地区的经济发展提供了有力支撑。

6. 中国股票市场当时的发展状况

在 1980 年至 1992 年,中国股票市场经历了曲折的复苏与起步阶段。这个时期,中国正处于计划经济与市场经济体制转型的夹缝中,股票市场亦在此背景下逐步发展。在这一时期,证券和股票发行逐步拓展,并开始朝着市场化方向迈进。多元市场主体初步培育成型,市场监管体系的雏形初现。这使中国的证券市场初步形成并具备一定规模。证券市场的发展对当时经济的快速增长和市场导向改革起到了积极的促进作用。它在筹资、反哺和示范等方面发挥了重要作用,并为自身的后续成长和突破积蓄了一股即将爆发的市场力量。[1]在四川本地区,以成都为中心的证券交易网络已初步形成,并与北京、上海、深圳等地直接相连。各类中介服务机构亦得到了健全发展,包括被全国认可的会计师事务所、律师事务所、审计事务所和资产评估机构。这一时期中国股票市场的发展为后续的资本市场建设奠定了基础,并为中国的经济发展提供了重要的支持和推动力。[2]

(二)意义

1. 促进本地经济发展

四川股票市场的发展可以促进当地经济的发展,为企业提供融资渠道,驱动实体经济发展。第一,提供融资渠道。股票市场是企业融资的重要渠道之一,四川股票市场的发展为企业提供了更多融资渠道。企业可以通过发行股票来融资,扩大投资规模、提高生产能力、增加就业机会、促进经济发展。第二,激发投资热情。四川股票市场的发展可以激发投资者的投资热情,吸引涓涓资金

〔1〕 参见王年咏:《1980 ~ 1991 年中国证券市场的复苏与起步》,载《当代中国史研究》2007 年第 3 期。

〔2〕 参见刘国安、阚超、张大河:《积极促进成都证券市场的发展》,载《四川金融》1993 年第 12 期。

流入当地经济。这些资金可以用于企业投资、消费等方面,带动整个经济的发展。第三,推动产业升级。通过股权市场的运作,可以实现资本的优化配置,推动了产业升级。在市场竞争和投资者监督的双重压力下,企业不得不加大研发投入,提升生产技术和管理水平,以适应市场需求,实现产业链的整体升级。四川股票市场通过引入高科技企业和创新型企业,加速了传统产业的转型升级,推动了智能制造、新能源、生物医药等新兴产业的发展,为四川经济注入了新的增长活力。第四,提高企业竞争力。四川股票市场的发展促使企业不断完善经营管理,通过股权激励、员工持股计划等措施,激发了企业内部的创新活力,提升了企业的整体竞争力。这不仅有利于企业在国内外市场的拓展,亦为四川经济的可持续发展奠定了坚实的基础。第五,促进区域经济协调发展。四川股票市场的发展可以促进区域经济的协调发展,推动四川省及周边地区的经济互动和合作,形成更加稳定与可持续的经济发展格局。

2. 推动金融市场发展

四川股票市场的存在可以推动当地金融市场的发展。第一,提高金融市场竞争力。一个多元化的金融市场体系包括股票市场、债券市场、衍生品市场等多个组成部分。四川股票市场作为金融市场体系的重要组成部分,其发展为多元化的金融市场提供了有力支撑。随着股票市场的不断壮大,不仅丰富了金融市场的投资品种(如推出新的投资工具、优化交易机制等),亦促进了金融市场的多元化发展,提升四川金融业的整体实力。四川股票市场还与其他金融市场如债券市场、期货市场等相互联动,形成了一个多层次、多元化的金融市场体系。第二,推动资本市场规范化、专业化发展。近年来,四川省政府出台了一系列政策举措,以推动资本市场的高质量发展。例如,四川省发布的《关于推动资本市场高质量发展的实施方案》从优化资本市场培育机制、持续提高上市公司质量等多个方面提出了具体举措。这些举措不仅有助于提升四川股票市场的规范化水平,还促进了其专业化发展。随着四川股票市场的发展,投资者结构将逐渐优化。机构投资者的比例将不断提高,他们拥有更专业的投资知识和分析能力,能够更好地识别投资机会和风险,这种投资者结构的优化将推动资本市场向更加专业化的方向发展。

3. 提高资本市场透明度

四川股票市场在推动信息披露的规范化与透明化进程中起到了核心作用。

资本市场透明度的核心在于信息披露的质量和及时性。四川股票市场着力完善企业信息披露制度,确保企业能够及时、准确、全面地披露财务状况、经营成果、重大事项等信息。具体措施包括:第一,强制性信息披露。要求企业特别是上市公司按照严格的会计准则和监管要求,定期发布年报、季报,并对重大事项(如并购、重组、管理层变动等)进行及时公告。第二,非财务信息披露。除了财务数据,还应鼓励或强制披露企业的社会责任报告、环境影响评估等非财务信息,帮助投资者更全面地了解企业。第三,透明的治理结构。要求企业公开其内部治理结构,包括董事会成员、独立董事的比例、薪酬政策等,确保公司治理的透明性和公信力。

中介机构(如券商、会计师事务所、律师事务所等)在资本市场中扮演着重要的角色。它们不仅为公司提供专业服务,亦是市场透明度的重要保障。四川股票市场积极推动中介机构的专业化发展,确保其独立性和专业性。具体措施包括:第一,提高准入门槛。对中介机构设定更高的资质要求,确保其具备足够的专业能力和职业道德。第二,强化执业规范。制定严格的执业标准和行为准则,确保中介机构在提供服务时遵循诚信、公正的原则。第三,加强行业自律。鼓励中介机构成立行业协会,通过行业自律机制,提升整体服务水平和公信力。

良好的市场基础设施是提高资本市场透明度的基础。四川股票市场通过优化交易平台、结算系统等基础设施,提升市场的运行效率和透明度。具体措施包括:第一,升级交易系统。引入先进的交易技术和平台,确保交易的高效性和安全性,减少人为干预的可能性。第二,简化交易流程。优化开户、交易、清算等环节,减少不必要的烦琐程序,提升用户体验。第三,增强数据共享。建立统一的数据共享平台,促进市场参与者之间的信息交流,减少信息不对称现象。

市场监管是保障资本市场透明度的重要手段。四川股票市场需要通过健全的法律体系和有效的监管机制,打击市场操纵、内幕交易等违法行为,维护市场的公平和公正。第一,加强对证券市场的日常监管,建立健全的违规行为举报机制,及时查处并公开处罚结果,形成威慑效应。第二,引入科技手段。利用大数据、人工智能等技术手段,实时监控市场动态,识别异常交易行为,提升监管效率。

二、四川股票市场的发展与演进

股票市场之萌芽可追溯至古罗马帝国之初，迄今已有二千多年之历史。然近代意义之股份制始崛起于欧洲之中世纪，具体是公元 12 世纪。当时，欧洲商业活动方兴未艾，人们开始从事商业贸易与金融活动。在此背景下，股份制作为一种商业组织形式开始出现。最早之股份制组织可追溯至荷兰，尤以荷兰东印度公司为甚。该公司创立于 1602 年，为全球之首家股份制公司，荷兰东印度公司以海洋贸易为主业，通过发行股票来筹资，并将公司利润分配给股东。此模式为后来股份制公司之崛起奠定基础。在 17 世纪和 18 世纪，股份制公司在欧洲其他国家亦开始出现。这些公司主要从事国际贸易和殖民活动，例如，英国的东印度公司和法国的伊索公司。这些公司通过发行股票来吸引投资者，并将公司利润分配给股东，从而吸引了大量的资金和人才。19 世纪和 20 世纪，股份制公司在工业革命的推动下得到进一步发展。工业革命带来了大规模的工业化生产，需要大量的资金和技术支持。股份制公司的模式可以方便地筹集资金，并吸引了大量的投资者和企业家参与。这些公司在煤矿、钢铁、铁路、石油等行业中扮演了重要角色，推动了工业化进程。随着经济全球化的加速和金融市场的发展，股份制公司的地位和影响力亦不断增强。股份制公司的出现推动了资本主义经济的发展，促进了企业的规模化和专业化，为经济的快速增长提供了强大的动力。

在中国，现代股份制经济的形成与改革开放有着密切的关系。改革开放以来，中国逐渐转变为社会主义市场经济体制，注重发展市场经济和资本运作，推动了现代股份制经济的发展。改革开放后，我国逐渐开展了股份制试点。[1] 随后，我国逐渐建立了股票交易市场、证券法律法规和监管机构，为股份制经济的发展提供了制度保障。经过多年的发展，我国股份制经济逐渐成熟，股票市场亦日益完善。研究股份制产生的背景对于我们理解和把握股票市场的运行

---

〔1〕 1984 年，北京天桥百货成为我国第一家股份制国有企业。1984 年和 1985 年是中国国有企业改革的重要时期。上海设立了飞乐音像和延中实业两家股份制企业，而广州则有针对性地进行了国有企业股份制改造试点。这些举措为中国国有企业改革的进一步推进奠定了基础，亦为中国经济的改革开放作出了积极贡献。

机制以及推动我国资本市场改革具有重要意义。

(一)中国股票的溯源——四川自贡自流井盐场同盛井约

四川自贡市盐业历史博物馆收藏(西南财大货币金融博物馆亦有收藏)的自流井盐场同盛井约诞生于1779年(清乾隆四十四年)10月21日。它与现代股票相比较,具备多个共同特征,有许多相似之处。正如马克思在《资本论》中曾经做过这样的表述:“在不存在欺诈行为的前提下,股票实质上是对一个股份公司所拥有实际资本的法定所有权证明,并且赋予了持有人每年从公司剩余价值中获益的权利凭证。”[1]2003年10月23日,自贡盐业契约档案被列入《中国档案文献遗产名录》,具有重要的历史文化价值。同盛井约被称为“中国最古老的股票”,将中国股份制的出现时间向前推进了100多年。这份契约的深远意义,在于它不仅映射出中国盐业股份制发展的悠久历史,还深刻揭示了中国经济成长历程中的一个重要侧面。

1. 同盛井约产生的背景:自贡盐业的发展给发展股份经济提供了条件

四川自贡市盐业历史博物馆之所以能保存下老股票实物凭据——同盛井约,[2]与历史上该地区盐业十分发达是分不开的。四川自贡地区是西南产盐基地,盐业十分发达,素有“盐都”之称。从留下的清代大量历史资料可以看出,它记载了该地区盐业发展的历史。早在东汉章帝时期(公元75~88年),自贡地区就开始了井盐生产,晋代已初具规模,唐宋时闻名全川,明清进入鼎盛时期,成为四川盐业生产中心。封建时期,中国的传统是重农轻商,人民对土地有一种特别的关注。由于四川土地肥沃,物产丰富,原住民一般以耕种为业。清政府为了开发四川的资源,解决人口稀少的矛盾,采取了从其他地区移民入川的政策,随之带来了大量的技术和资金,使四川的盐业得到相应发展。据有关资料介绍,清代乾嘉时期,四川富荣一带的井盐开采之所以发达,与秦(陕西)人投入大量资金有直接关系。他们起初贩盐,后来投资采盐,“川盐各厂井灶,秦

---

〔1〕《马克思恩格斯全集》(第24卷),人民出版社2016年版,第387页。

〔2〕自贡盐商所采用的契约形式主要包括井契、笕契、灶契及号契等,这些契约详尽地界定了股权单位、投资者的出资份额以及土地所有者所持有的股份比例。这些珍贵的契约文献,不仅忠实地记录了盐商们的商业运营活动,生动地展现了当时的社会经济架构与制度环境,而且深刻地揭示了契约股份制在盐业经营中所占据的举足轻重的地位及其所发挥的关键作用。

人十居八九”，而开采大多是通过合伙经营的方式进行的。从这些史实可以看出，陕西人在自贡盐业的发展中扮演了重要角色。他们的资本投入推动了四川井盐开采钻井技术的进步。在乾嘉时期，自贡地区已经形成了一套完备的开采技术，包括钻井位置的确定（定井位）、井口的开掘、石圈的下降（下石圈）、大口径的凿掘（凿大口）、木桩的下沉（下木桩）、小眼的凿制以及井的技术修治等。这些先进的技术使中国在当时世界的盐井开采钻井技术方面处于领先地位，为人类文明和进步做出了卓越贡献。随着盐业生产技术的发展，生产力得到了显著提升，尽管当时社会非常封闭，但盐井开采经营依然呈现出繁荣的景象。一些经济学家认为，在清代乾嘉时期，四川井盐在富荣[1]、犍乐[2]等盐场的生产中已经出现了资本主义的初步形态。这种形态的出现和发展，对四川地区的经济发展、社会结构变化和文化繁荣都产生了积极的影响。

自贡盐商所采用的招商引资模式，堪称一种汇聚社会资本、高效募集资金投入盐业经营的成功典范。该模式巧妙地运用股份制原理，将众多投资者紧密联结在一起，共同投身于盐业的开发与运营之中，实现了利益的社会化分配与共享。这一模式的诞生与实践，不仅为中国盐业的发展注入了强劲的动力，更在一定程度上促进了经济的繁荣与社会的全面进步，展现出其深远的积极影响与重要意义。[3] 这种招商引资模式强调了股东间的合作和共同利益，而不是以个人或特定集团的利益为中心。各个股东共同承担风险和共享收益，形成了相互合作和互利共赢的局面。这种模式通过整合多方资源和资本，提高了盐业的生产效率和竞争力，推动了盐业的发展。这种招商引资模式的特点在于能够

---

〔1〕 乾嘉时期，四川井盐业中的资本主义萌芽以工场手工业为主要形式，而规模较大的井灶则主要是在道光年间建立于富荣盐场。富荣盐场的生产已经具有了一定的规模化和组织化特点，工场手工业成为重要的生产方式。晚清时期的富荣盐场，劳动分工已经相当细致，达四五十种。每一生产过程分别设有掌柜、经手、管事、外场等管理人员，并有较为完善的管理体系。盐场的井灶主开始大量雇佣工人进行生产，这种雇佣关系的出现，是资本主义生产关系的重要特征之一。

〔2〕 犍乐盐场由乐山盐场与犍为盐场合称而来，是四川四大盐场之一。清初时，原永通厂因盐卤枯竭、燃料缺乏、运输困难而日益衰落，盐商们遂另寻出路，逐渐在牛华溪、吴家山、沙湾头一带形成新的产区中心。到了乾嘉时期，犍乐盐场的生产规模不断扩大，盐井和煎锅数量显著增加。例如，民国时期全场产地分为七区，共有盐井5224眼，煎锅2404口，年产盐38万吨。随着生产规模的扩大和商品经济的发展，犍乐盐场亦逐渐呈现出资本主义的初步形态。盐商们通过投资井灶、雇佣工人、销售井盐等方式，获取了丰厚的利润。

〔3〕 参见宋良曦：《初论自贡盐商的首创精神》，载《盐业史研究》2014年第3期。

集合多方资本,形成合作共赢的局面。不同投资者可以通过共同投入资本,共同承担风险和分享利益。这种模式的成功,使自贡盐商能够有效地募集资金,提高盐业的经营效益。这种模式不仅取得了经济上的成功,亦强化了股东之间的团结和合作意识,促进了不同所有者之间的协作和互利关系。此外,这种招商引资模式还具有一定的社会化特征,通过股份制的形式,不同的投资者可以共同参与经济活动,并分享经济利益。这种模式强调了各方之间的互动和合作,促进了社会资源的整合和优化配置,这种社会化的利益分配方式是一种成功的经验,展示了股份制经济的优势和潜力,也为我们理解中国股份制的历史和发展提供了有益的参考。

2. 四川自贡自流井盐场同盛井约给我们研究传统股份制经济提供了依据

在现代经济学框架下,股份制作为一种核心企业组织形态,其核心价值在于汇聚多方资本,促进投资者共同参与企业经营并分享成果。18 世纪中国的同盛井约便是与当代股份制相似的经济组织形式的有力证据,对于追溯中国经济制度的历史演变具有重大价值。自贡盐业契约档案,作为珍贵的历史资料,详细记录了盐业的生产技术与方式,揭示了这一在中国历史上占据重要地位的行业的经济活动细节。尤为珍贵的是,这些档案在清代中期以前纸质文献稀缺的背景下,以丰富的内容和系统性填补了盐业生产技术和方式研究的缺乏,展示了盐业股份制生产方式及井基租佃制度的实践,为研究盐业生产体制提供了第一手资料。

一些外国学者可能对中国股份制的历史了解不足。实际上,中国的股份制起源于 200 多年前的四川地区,当时人们根据经济发展需要,采用井约形式,有效结合土地、资本等资源,逐渐发展出中国特色的"契约股份合作制"。[1] 井约作为盐井投资开发前的关键性文件,是投资者共同签署的契约,详细记录了投资责任与利益分配。这些契约在当时的社会经济发展中发挥了重要作用,特别适应了大规模盐业开采的需求。因此,中国的股份制并非改革开放后的产物,而是拥有悠久历史,基于实践经验发展而来。同盛井约展示了自贡地区盐井合伙关系的基本内容,代表了自贡盐业生产中的合伙制度。其存在证明了清代自贡盐业中一种特殊的股份合作制在封闭环境中得到充分发展。这一文物为研

---

〔1〕 彭久松:《中国契约股份制》,成都科技大学出版社 1994 年版,第 16 ~ 27 页。

究当地生产关系演变及早期盐业中的资本主义萌芽提供了实物史料，展现了清代自贡盐业最主要的经营组织形式。传统观点认为，中国人接触和推行股份制始于19世纪后半叶的“洋务运动”，而上海轮船招商局被视为中国第一家现代意义上的股份制企业。然而，同盛井约的出现挑战了这一观点，其起源于清朝乾隆四十四年(1779年)，比轮船招商局早了近百年。据此追溯，中国股份制的历史已超过220年，比日本明治六年(1873年)最早诞生的第一国立银行早了106年，印证了中国在股份制经济方面的悠久历史。

(二)保路运动中的四川省川汉铁路有限公司股票

1. 四川省川汉铁路有限公司股票的整体特征

1909年川汉铁路有限公司发行的股票，在设计上更加注重美观和艺术性，采用了更为丰富的图案和元素。这些元素不仅增加了股票的艺术价值，更体现了当时人们对铁路事业的期望和憧憬。在印刷方面采用了更为先进的技术和材料，使股票的印刷质量有了显著提升，字迹清晰、图案精美，整体给人一种更加专业和正式之感。川汉铁路股票是一种有着多种面额的股票，[1]细分为大股和小股。股票正面有彩色印刷，满版暗花底纹，四周镶花框，上方印有双龙图案，中间印有“商办川省川汉铁路有限公司”字样。花框内有文字说明，表明该公司经批准商办，股本为三千五百万两银子。股票分为大票和小票，大票计五十万股，每股库平银五十两；小票计二百万股，每股库平银五两，息单附给。特别是左下角盖有“民田租股”红印的股票，其股款主要来自“抽租之股”，而抽取办法主要针对四川贫困农民和小商贩等劳动群众，体现了他们的努力和汗水。股票背面印有火车头图案，下方印有注意事项，规定此股票不能转售或抵押给非中国人，否则作废。[2] 这些股票记录了当时四川人民自己建设铁路的爱国热情和他们应有的权利，然而，这种爱国热情受到打击和权利被剥夺，引发了资产阶级革命。因此，这些股票具有重要的历史意义，记录了四川人民反对帝国主义、爱国的历史，蕴含着深厚的革命文化内涵，是中国近代革命史上非常重要的文物。

---

[1] 川汉铁路股票分壹股票、贰股票、叁股票、肆股票、伍股票、陆股票、柒股票、捌股票、玖股票、拾股票等多种。

[2] “此股单照定章不得转售或抵押与非中国人，如不遵章，此单即作废纸。”

2. 川汉铁路公司成立及保路运动发展过程

日本明治维新中修建铁路对于其由弱转强起到了重要的推动作用。铁路的建设不仅提升了交通和运输能力，亦推动了经济的发展和社会的变革。故甲午战争之后，在国人反思之际，修建铁路被视为日本明治维新的核心，亦是中国自身现代化进程中必须重视的方面。第一，日本明治维新实现了政治体制和经济结构的现代化。日本在明治维新后，进行了一系列政治、经济和社会改革，通过建立现代化的政府体制、推行市场经济和工业化等措施，成功地实现了国家近代化的转型。这种变法维新对于日本的强国建设起到了至关重要的作用。第二，修建铁路于日本近代化，实为关键之举。在日本明治维新过程中，修建铁路被认为是连接各地、促进贸易和工业发展的重要手段。日本政府积极推动铁路建设，并将其作为国家发展的重要战略实施，铁路的建设不仅提升了日本的交通运输能力，亦推动了工业的发展和经济的繁荣，为日本的现代化建设做出了重要贡献。此外，修建铁路还带来了一系列的社会变革。铁路的建设不仅改变了日本的交通方式，亦带来了新的就业机会，大量的工人和技术人员参与到铁路建设中，促进了劳动力的流动和技术的传播。铁路的修建亦推动了城市化进程，促进了资源的流动和区域经济的发展。这些变革进一步推动了日本近现代化进程。[1]

在清朝末年，四川地区的交通状况相对较差，成为制约经济发展的瓶颈。为了改善这种状况，一群来自四川的留日学生提出了自办川汉铁路的建议，希望通过修建铁路来促进四川地区的经济发展。他们意识到铁路的建设将大大提高交通运输效率，促进货物流通和人员流动，有助于加速经济的发展。为成此宏图，四川总督锡良奏请于朝廷，冀得允准，自握川汉铁路营造之权。锡良意识到修建铁路对四川发展至关重要，遂竭力推进此议，力图说服朝廷支持自办铁路的计划，最终，朝廷批准了锡良的请求，决定让四川自行修建川汉铁路。[2]

1904 年 1 月，川汉铁路总公司在成都成立。这是我国第一家没有外资参与

---

〔1〕 参见朱荫贵：《近代中国：金融与证券研究》，上海人民出版社 2012 年版，第 373～374 页。

〔2〕 清光绪二十九年（1903 年）7 月，四川总督锡良奏请自办川汉铁路，次年 1 月在成都岳府街成立了川汉铁路总公司，派冯煦为督办，委派沈秉民、蔡乃煌等为会办，并双极进行集股筹款，制订施工计划。川汉铁路总公司自成立以来，与四川当局议定一切均系自办。集股章程规定，不收外股，不借外债，专集中国人股份。集股章程颁布后，受到四川官绅民众的热烈欢迎和响应，纷纷出资认购股票，不到一年的时间，便已筹集到相当数量的股银。至宣统三年（1911 年），清廷下谕将铁路干道收归国有时，川汉铁路大小股票共发行近百万张，集得股银一千多万两。

的铁路公司。最初,清廷意欲官督官办此铁路,然资金筹集维艰。于是,锡良复奏于朝,改官办为"官设公司、召集华股、自保权利"的官商合办。[1]

1905年1月,川汉铁路公司通过制定股份章程,并正式开始招募民间股东。铁路股本的来源主要分为四种方式:第一,认购股份,即投资人自愿购买的股份;第二,抽租股份,按照租赁计算方式收取;第三,官方拨款股份,由政府拨款作为资本;第四,公利股份,即公司的盈利。其中,最主要的是抽租股份。抽租方式实际上相当于对土地征收附加税,将铁路建设费用分摊到每一亩土地上,税率为3%。当时,四川地区以农业为主要产业,最终从抽租股份中获得的资金高达928万两,占全川实收股本1645万两的77.5%。绅商、地主、农民等广泛持有川汉铁路股票,全川人民与之利益紧密。1907年,川汉铁路公司股东大会宣布政府股份撤出,转为"商办川省川汉铁路有限公司",但管理层仍由朝廷官员控制,导致人员冗余、效率低下,资金被挪用滥用,铁路建设进展缓慢。

自1906年开始勘测路线,直到1909年才成立工程局,开始动工修建铁路。经历了3年的拖延,到1911年为止,仅仅在宜昌附近完成了一段长度约30里的窄轨运料铁路,至此,铁路的完工和通车似乎还遥遥无期。1911年5月9日,清政府发布上谕,宣布"实行铁路国有政策",将各省原本准许商办的铁路干线一律收归国有。[2] 一般而言,国有化对于商办铁路的弊端是有一定解决作用的,因为在商办铁路运营中存在诸多问题,多年来铁路修筑没有取得有效进展。因此,当时盛宣怀提出的铁路国有办法被认为是一种合理的解决方案。根据盛宣怀的国有办法,政府将对公司已用和现存的款项,以国家铁路股票的形式进行兑换,不再退还现款。此外,一旦官方股份退出,川汉铁路公司所募集到的民间资本约为1400万两白银,虽然账面上显示已用于建设的资金约为700万两,剩

---

[1] 光绪三十四年(1908年),川督奏请我国著名的铁道专家詹天佑任总工程师,负责川汉铁路建筑工程上的一切事宜。宣统元年(1909年)川汉铁路自办开工,粉碎了"此路之结果,非得外国专家与财政之资助,绝难望其成就"的谬论,显示了中国人民的反帝爱国精神和艰苦奋斗、奋发图强的伟大气魄。而英、美、德、法、日等帝国主义对川汉铁路尤为垂涎,一直反对商办。川汉铁路开工后,帝国主义者疯狂地造谣诋毁,同时加紧同清政府勾结,"恫吓要挟,无所不至"。中国的官僚买办张之洞在当年6月与英、法、德三国银行签订了湘鄂境内的粤汉铁路、鄂境川汉铁路共借550万英镑的借款合同。同时,规定粤汉铁路用英国人为总工程师,川汉铁路用德国人为总工程师。其后,美国要求加入,成立了美、英、法、德四国银行团,还提出将川汉铁路"收归国有,借资筑路"。

[2] "昭示天下,干路均归国有,定为政策"。

余约为700万两，但在政府核算之后，只给予股民价值400万两的股票。究其缘由，川汉铁路公司驻上海总经理施典章擅挪300万两购橡胶股，逢橡胶股灾致巨亏，政府令施典章自担此亏，若无力偿付，股民则自食其果。此方案距川人初衷甚远，遂激起强烈不满。

1911年6月13日，四国借款合同传到了成都。[1] 这份合同是盛宣怀代表政府与英、法、德、美四国银行团于1911年5月20日签订的，以川汉铁路和粤汉铁路路权为抵押，借款600万英镑，用于修建川汉、川粤铁路。在庚子国变（义和团运动）之后，出于对列强的愤恨，国内呼吁不借外国人的钱，自力更生修建铁路，以防止被列强掠夺路权。因此，这份借款合同引起了四川人民的愤怒，人们将矛头指向了盛宣怀，谴责他出卖了路权，而民间亦有文章批评盛宣怀，痛斥其误国害民。1911年6月17日，四川的士绅们组织成立了"保路同志会"，号召大家以文明的方式争取保护铁路权益，破除这份借款合同，并推选代表前往京城请愿。全川各地响应此号召，各州县乡镇纷纷成立了保路同志会，形成了以成都为中心、遍及全川的保路运动。[2] 彼时，保路运动仅限于和平请愿之举，尚未诉诸激烈行动。时任四川代理总督王人文采取了温和策略，拒绝对股民实施镇压，并上书朝廷弹劾盛宣怀，恳请延缓川汉铁路国有化进程，以期能与股东进行对话协商。然而，时摄政王载沣秉政，受幕僚之策，决意行刚猛之治，强行纳川汉铁路于国有，并黜王人文之职。双方的矛盾逐渐激化，超越了最初"文明争路"的自我约束。8月24日，成都开始了罢市和罢课。随后，抗捐和抗粮行动亦开始出现，一些地区出现了零星的起义。继王人文之后，四川总督赵尔丰初期亦行怀柔之策，然局势日炽，清政府两度严词责赵尔丰，令其平息保路之潮，否则将严惩不贷。彼时，清政府命令端方带领两千人进入川汉地区镇压保路运动。在9月7日，赵尔丰制造了"成都血案"（详见后文）。这引起了川人更加激烈的反抗，同盟会以保路运动为旗号发动起义，全川各地的同志军纷纷起义，各县皆燃烽火，参与者众，声势浩大。

---

〔1〕 宣统三年（1911年）5月4日，清廷发布上谕："特向英、美、德、法四国银行修款1000万英镑，日本横滨正金银行1000万元，专备考定币制，振兴实业，推广铁路之用。"政府的倒行逆施，引起了全国特别是川、鄂、湘、粤四省爱国同胞的反对，其中四川人民的保路运动尤为激烈。

〔2〕 8月，四川保路同志会在铁路公司开会，反对将川汉铁路收归国有、出卖主权的行为，一致通过了罢市、罢课……的决定。全川"千里上下，府县乡境，一律罢市"，反对清廷卖国卖路。

"成都血案",诚为中国近代史之重要事端。此番事变,非独为抗清之呼声,亦寓民众对国家大利与社会公正之渴求。保路运动与"血案"相续,激化社会痼疾,为民主革命辟一契机,亦奠定武昌起义之基。须知,保路之初,意在保卫经济之权益,然时光荏苒,渐成反清之广泛风潮。此运动者,为中国革命斗争增色添彩,亦深化民众对民主平等之向往。[1]

3. 川汉铁路公司各方在保路运动中的基本情况

(1)四川人民参与川汉铁路筹资集股成了股东

川汉铁路从最早的官办到改为官商合办到后来全改为商办,其筹资与全川人民息息相关。总公司成立之初,计划投资白银5000万两,其中1000万两由发起人分担,其余4000万两向各界募集,五年竣工。开始营业以后,以纯利润的4/10作为铁道税,交付国库收存,45年后全路收归国有。清光绪三十一年(1905年)1月制定筹款集股章程,分股款为"认购之股"[2]"抽租之股"[3]"官本之股"[4]"公利之股"[5]四项,规定每股库平银50两,四厘行息。

改为商办以后,1907年续订公司章程,拟定募股办法,分为"股份之股"与"抽租之股"两种。"股份之股"以50两为整股,5两为零股。"抽租之股"以谷物之多少定租股之多少,不限定数目。由于实际"股份之股"为数不多,其股本主要来源仍为"抽租之股"。股款来源以"抽租之股"为主,各州、县相应立即选派士绅成立租股局,其征收是带强制性的,而抽收办法又以广大劳动人民为对象,不管人们是否愿意入股,一律由铁路公司凭借官府命令,依靠当地租股局的士绅硬性征收,往往是先于正粮入库,因此,当地人戏称其为"铁路捐"。公司章程规定:"凡业田之家,无论祖遗、自买、当变、大写、自耕、招佃,收租在十担以上者,均按该年实收之数,百分抽三……无论公产庙田,一律照抽。"《川汉铁路按

[1] 这激起了四川各县人民的义愤,纷纷成立保路同志军,宣布独立,并进行武装斗争,影响所及,震动遐迩。此时清廷派鄂军由端方率部入川,致使鄂省守备空虚,武昌起义遂一举成功。这次川人力争川汉铁路在川境内股权的保路运动,直接担当了辛亥革命的先导,促成了武昌起义的胜利。

[2] 由督署下文各府、厅、州、县154处,每年摊派1083股,合银54,150两,于1905年开始申缴。其后,并要求盐茶商分别认购。

[3] 凡收租在10担(每担10斗,每斗折合今秤约重16.5千克,即每担约重165千克)以上者,均按该年实收之数,百分抽三,合计每年可得股银200余万两,成为股本之主要来源。此外,要求烟馆一律加抽灯捐、土药厘金增加一倍征收,作为路用。

[4] 由国库拨银28万两。

[5] 以铁路公司名义,借藩库生息银100万两设立重庆铜元局,以其盈利入股。

租抽股详细章程》规定："其有佃户押重租轻，及债户以租抵利者，但有租可收，数在十担以上，均一律照抽，不专抽自由者。"因此，广大的佃农、自耕农或小地主，凡岁入在十担以上者，均需缴纳租股。[1]

铁路公司在官办时股息年利率为四厘，而在商办后的1907年，股息提高到每年六厘。持有租股股票的人都是川汉铁路的股东。为了筹集修建川汉铁路所需的资金，政府向鸦片、盐、茶、土药等商家征收加倍税款，并使用这些资金购买租股股票。根据数据统计，自川汉铁路于1905年开始筹建到1910年结束的六年间，共筹集白银1198.3万两，其中包括实际征收的租股928.8万两，占总数的77.5%。这使川汉铁路公司成为中国近代史上参股人数最多的公司之一，并且这成为中国近代史上规模最大的融资行为之一。这意味着全川7000余万人民，无论贫富，皆与川汉铁路有直接之关联。

(2)川汉铁路租股为保路运动奠定了广泛的群众基础

租股在川汉铁路公司的经济运作中扮演了重要的角色，但它亦带来了一系列社会问题。租股的征收对于那些收入十担以上的人而言，除了其他各种赋税外，还需要缴纳"铁路捐"。此外，许多地方的征收方式更为苛刻，官府和豪绅甚至以勒索的手段强迫缴纳租股，这导致富人利用权力对租股股东利益进行侵害，而普通小农和下户则无力缴纳，甚至破产。[2] 根据相关资料统计，南充县每年从租赁土地收取的租金约为19,000两，然而向铁路公司解付的租金仅为13,000多两，剩余的5000多两被其他人私自占有。这种情况引发了一些地方的贪污腐败现象，人们私自盗用了属于政府应收的租金。[3] 同时，存在劣绅借派租股之机徇私舞弊、受贿的情况，导致一些人因关系亲疏或行贿与否而面临租金负担的不公平分配。[4] 而政府将铁路出让给外国资本家，这更加剧了民

---

〔1〕参见冉杰：《清末锡良治川研究》，陕西师范大学2014年硕士学位论文，第8~9页。

〔2〕参见四川留日学生撰写的《川汉铁路改进会报告书》。20世纪初，英法等帝国主义国家企图夺取川汉铁路修筑权，四川人民对此强烈反对。在日留学生出于爱国热情，决定自筹资金筑路，以为内地倡率。当时，川督锡良奏请清廷自办川汉铁路，蒲殿俊等人在东京联合川籍学生300余人支持自办，并承担募捐股银的任务。然而，蒲殿俊等人发现川汉铁路公司存在诸多积弊，因此约集胡骏、萧湘等数百名在日川籍学生组成川汉铁路改进会，并出版《川汉铁路改进会报告书》，与清廷进行合法斗争。

〔3〕"上则冒领股息，下则吞灭股票。"

〔4〕"如地主为其戚族或受其苞苴，则收租多者可以少报；如地主与之有嫌怨，或未行贿赂，则收租少者可以多报。"

众对政府和外国人的愤慨。民众开始以勒捐[1]来表达对政府的不满。此外，铁路和洋务成了他们宣泄不满的对象，民众开始对洋行教堂进行打砸。[2]

由于拥有更多的土地意味着拥有更多的租股股票，地主乡绅开始掌握各地的租股局，冀望于将来之股息红利，以增己之资财。此辈乡绅与川汉铁路休戚相关，乃于全国倡言反对清廷售川汉铁路于外人之举，踊跃投身保路之潮。其间，有数人成为保路运动之领袖，这亦为他们提供了进入政治舞台之契机。

(3)铁路公司股东会在四川保路运动中发挥了重要作用

川汉铁路自筹建设始，列强始终觊觎倾销商品、输出资本及掌控建设权。清廷财政困窘，借款筑路。1911 年 5 月，清政府宣布铁路国有，外国优先投资，停收川湘租股权，引发四川商绅强烈反对，铁路公司召开股东会，决定“协议抗争”。1911 年 5 月 28 日，股东会上立宪派要求铁路国有后偿还路款，同盟会反对朝廷接收。社会各界亦呼吁朝廷收回决定。清政府在对不同铁路干线收归“国有”的股款处理上，多所弄巧，以欺民众：对粤，由政府发还现银六成、“国家无利股票四成”；对湖南、湖北地区的商股持有者全部返还了现金，而对四川则全部发放了“国家无利股票”。对川汉铁路公司，不仅未发还任何现银，还扣留其 700 余万两存款。然而，这些“国家无利股票”实际上是无法兑现的空头支票。由于当时四川地区的股民集资已达到了 1600 多万两，此种变相掠夺必然引起他们的反对。1911 年 6 月，四国(英、美、德、法)银行团借款合同寄到成都，清政府借款筑路、以权抵债、卖国祸民的面目在川人面前充分暴露。股东和各社会团体对“借款合同”逐条研究，认为直接损害了股民和绅士们的切身利益，路权尽失，重于卖路，全国存亡攸关，不只是涉及四川利益。为了既废除借款合同又保护路款，他们决定借民众之爱国热忱与浩大声势，以迫清政府让步，致保路之斗争如潮汹涌，迅猛高涨。

1911 年 6 月 17 日，川汉铁路公司在成都召开会议，参会的股东和代表指出，川汉铁路的归国有和朝廷与借款合同违法丧权，决定成立“四川保路同志会”。该组织发动股民和群众参与游行、请愿等活动，迅速扩散到四川各州县，

---

[1] 勒捐指的是在一定时期内强制征收款项，通常是指政府或者某个团体对居民或企业强制征收捐款，以满足特定的需求或目的。在历史上，勒捐常常被用来募集军费、赈灾、修建工程等。

[2] “川民穷而思逞，以勒捐而积恨于铁路，以铁路为洋务而迁怒于洋人，四处哄起，遍打洋行教堂。”

各地成立保路协会积极响应。保路同志会还设立了舆论机构，以反帝爱国为宣传先导，以“破约保路”为中心。在这种背景下，四川保路运动迅速地在全省各地、各阶层展开。彼时，盛宣怀、端方为了削弱四川争路力量，贿赂川汉铁路驻宜昌总理李稷勋。李稷勋提出只争路款不争路权，将川汉铁路募集的资金全部附为国家路款续修宜昌至归州段铁路，并以宜昌川汉铁路董事局名义致信成都董事会，建议停止争取路权，这一举动激起了股民和民众的愤慨。经过川路公司股东特别大会决议，李稷勋被辞退撤职，并电奏朝廷。然而，清政府却不顾四川股民、绅民和民众罢撤李稷勋的要求，仍让李稷勋继续办理路工。1911 年 8 月 23 日，赵尔丰得到“饬总理留办之旨”，要求川汉铁路公司遵从，并将电文转给正在开股东会的铁路公司。第二天，铁路公司在股东大会上宣读了清廷的电文，激起了股东之愤怒情绪，〔1〕股东大会决定罢市、罢课、抗捐、抗粮等以示抗争。决定和传单发出后，成都各行业停业，学堂亦相继停课。全省各地亦掀起了罢市、罢课等各种形式的斗争。

为抵制清廷借款筑路、出卖主权，逼迫清廷收回川汉铁路收归国有的“圣旨”，1911 年 9 月 1 日，川汉铁路公司股东会正式作出不纳粮税的决议，要求全体股民从今天开始，不再缴纳正粮和捐税，已经缴纳的不再继续缴纳，未缴纳的不必缴纳。同时将此议案提交给公司，并通知各厅、州、县地方官。向全国发布公告，宣称今后不再承担外债分厘，并且不进行买卖田地和房产的交易。一时间，“十余州县地方，并相约不纳钱粮，不上捐输，学堂停课，商民罢市”，出现了“人无乐生之心，士怀必死之志，愁惨萧条，如经打劫”的拼死以争的气氛和景象。〔2〕 1911 年 9 月 7 日，赵尔丰诱捕保路同志会的蒲殿俊、罗纶、颜楷、邓孝可、张澜等人，当晚，同盟会的龙鸣剑、曹笃、朱国琛等人将此消息写在木牌上并投入江中传出，数千请愿民众涌向督署要求放人。赵尔丰令军警开枪，酿成“成都血案”。此后，各县保路同志军纷纷独立，武装斗争爆发。此时，朝廷派遣鄂军由端方率部入川，致鄂省守备空虚，武昌起义得以一举成功。川人保卫川汉铁路之股权，力

〔1〕“有喊须罢市者，有喊须罢课者，有喊不纳厘税者，有喊以租股抵正粮者……”参见陈文：《四川保路运动中的罗纶》，载《西华师范大学学报（哲学社会科学版）》2009 年第 4 期。

〔2〕参见柯劭忞等：《清史稿》（卷一百四十九 · 志一百二十四），载国学网 2023 年 1 月 9 日，http://www.guoxue.com/shibu/24shi/qingshigao/qsg_149.htm。

争于川境之内,其保路运动,实为辛亥革命之先声,促成武昌起义之成功。

川汉铁路公司、股东大会、四川保路同志会、保路同志军及同盟会,于保路运动中皆扮演重要之角色。川汉铁路公司,乃保路运动之滥觞与汇聚之所,借股东大会之召开,促四川保路同志会之成立。股东大会之核心人物,亦深度介入保路同志会后期之活动,对运动之进展至关重要。四川保路同志会,则为保路运动之组织中枢,其超越"文明争路"之范畴,动员并组织股民与民众,投身广泛之抗争,有力推动了保路运动之波澜。保路同志军则以哥老会[1]为基础,成为公开以武力争路的群众武装组织,发挥了关键作用,他们的存在和行动最终导致清朝在四川的统治结束。同盟会则深耕基层,动员民众投身保路运动,于关键时刻挺身而出,发挥领导核心之效能,凭借宣传之威与组织之力,同盟会对保路运动之推进,功不可没。

(三)川帮银行——聚兴诚银行股票[2]

1. 聚兴诚银行的萌芽时期

聚兴诚银行,乃川帮银行之首,亦为四川最早创立之商业银行,始建于1915年3月,始于重庆。1919年12月9日,复于上海设立分行,名曰申行。其发展过程与杨氏家族之兴起息息相关。[3]

聚兴诚银行是一个从经营商业转向经营近代金融业的著名家族银行,其创始人是杨文光。在清朝光绪中叶,聚兴诚商号开始由杨文光租赁经营,杨文光

---

[1] 哥老会是中国清末民初时期的一个秘密组织,主要聚集在华南地区。该组织以抵制洋货、维护传统文化和道德为主要宗旨,成员多为民间工匠。哥老会在政治上亦有一定影响力,曾多次参与反清起义和革命运动。此外,哥老会亦曾经和其他秘密组织合作,参与了一些暴力事件。四川地区亦曾经存在哥老会组织,其成立大约在清朝末年,早期多以维护本地传统文化和道德风尚为主要宗旨,后来亦参与了一些反清和革命运动。特别是在保路运动中,四川哥老会成为了保路同志军的重要组成部分,为其提供了一定的人员和物资支持。虽然在保路运动成功后,哥老会在四川地区的政治影响力逐渐减弱,但其对于当地社会和文化的影响仍然是深远的。

[2] 《聚兴诚银行(重庆工商史料第六辑)》对聚兴诚银行的创办、发展、改组、业务经营及经历的重大事件进行了全面概述。该书不仅提供了珍贵的历史资料,还让我们更加深入地了解了聚兴诚银行的发展历程及其在四川乃至全国金融界的重要地位。该书亦为我们研究中国近代金融史提供了重要的参考。参见中国民主建国会重庆市工商业联合会文史资料工作委员会编:《聚兴诚银行(重庆工商史料第六辑)》,西南师范大学出版社1988年版,第1~2页。

[3] 参见陈曦:《聚兴诚银行的发展与变迁》,华中师范大学2016年硕士学位论文,第11~12页,第42页。

的父亲靠教学维持生计。由于家境贫寒,他将杨文光送到重庆的刘质堂商店作为学徒,学徒期满后,杨文光留在商店工作,并凭借当时的环境和自己勤俭下的积蓄,在不久后开设了一家自己的名为聚兴仁的商店,专门经营四川土产的输出和外地布匹杂货的进口。[1] 由于经营得当,他获得了很多利润。[2] 杨文光共有三个儿子,杨粲三是其第三个儿子。杨粲三的大哥杨培德(字寿宇)曾与吴勋臣合作经营聚兴成商号,从事土产杂货的生意。后来,吴勋臣退出股份,杨培德独自经营,并将店名改为聚兴诚,当时的资本仅为2万元。在清朝宣统年间,杨培德之后,杨粲三接手管理业务。杨粲三曾经承办了四川铜元局的铜井购置项目,取得了可观的利润。杨文光的次子杨培贤曾先后在日本和美国留学,他在美国期间与杨伯乐等人共同创办了中华物产会社,专注桐油出口美国业务。

杨文光初为聚兴仁商号之掌柜。当与票号(民间的金融机构)交游之际,于票号之内幕及资金营运之道,特感兴趣,渐有所悟。继而,恃己之资本雄厚,试营票号之业,获利颇丰。1904年,杨文光之长子杨培德创办聚兴成商号。1907年,杨文光将聚兴仁商号并入聚兴成,杨粲三接任后,将"聚兴成"改为"聚兴诚"。中华民国初年,聚兴诚商号又兼营金融存贷等业务,杨家通过办理这些金融业务,为后来兴办聚兴诚银行积累了经验。

聚兴诚银行起源于聚兴诚商号的兼营汇兑,当时四川经营汇兑的仅有大清银行、顺天祥及山西票号数家。最早提出创办家族银行的是杨文光之次子杨希仲。1905年,杨希仲被选派日本深造,在日期间,他观察到日本的三井家族通过集中资本创立银行,并积极促进工农商业的繁荣,从而成就了其作为企业巨头

---

[1] 杨文光自幼聪颖好学,10岁遭家火灾变故。16岁时经姐夫介绍入聚兴祥商号学徒。3年期满升掌柜,对经商兴趣浓厚,志在积蓄资金创商号。1886年聚兴祥改组,杨文光因持股10%成老板。随后与人合伙创聚兴仁商号,任掌柜,得名师指点,获客商信任,盈利颇丰。后设省内外分号,业务拓展,杨文光成重庆商界风云人物。

[2] 1898年(清光绪二十四年),四川大足地区爆发余栋臣领导的反清灭洋运动。商家纷纷抛售库存,市场物价急剧下滑。杨文光采取"逆向操作",与商号、票号签协议,存银、办存贷款,免利息等。其利用资金购进滞销本地特产,从上海引进商品,存于汉口、宜昌、万县。余栋臣势力平定后,川东地区稳定,重庆市场亦重新焕发生机。杨文光将囤积特产运往上海销售,外地商品在重庆高价推出。一年获利60万两白银,远超初始投资数十倍。自此,杨文光被誉为"杨百万",名声广传。1904年(清光绪三十年),杨文光商业帝国拥有十余家商号,购置数百亩田产。1911年,四川掀起保路运动,杨文光与三子杨粲三分析时局,再次"逆向操作",低价购进货物。辛亥革命胜利,社会需求回暖。杨文光高价出售之前购入的货物,获利10余万两白银。

的地位。基于此,他向父亲及三弟提出了效仿三井模式,在国内创立银行的建议,这一提议获得了他们的赞同与认可。中华民国既立,重庆之票号,随清廷之崩而相继歇业,且民族工商业者,与外商竞逐之时,乏金融之力以为援。彼时,重庆亟须民族商业银行。他们利用这一契机,于 1913 年之际,请浚川源银行[1]监理官——肖止真起草了聚兴诚银行两合公司章程,额定资本 100 万元,分有限股东和无限股东两部分。无限责任股 50 万元由杨氏父、兄、子、侄等 11 人认购。为照顾亲友伙计利益共享,将有限责任股 50 万元中的 26.8 万元分售予他们。1914 年 12 月,呈报北京政府农商、财政两部备案,1915 年 2 月获得批准,原杨氏家族的聚兴诚商号变成了聚兴诚银行,由杨粲三任总经理,杨培英任协理。1915 年 3 月 16 日,四川最早的私营商业银行聚兴诚银行隆重开业。聚兴诚银行大厦在 1917 年在重庆新丰街隆重落成。

2. 聚兴诚银行的控制权变迁史

聚兴诚银行是一家在战乱年代中成长起来的典型家族银行。聚兴诚银行的业务主要集中在汇兑和商业领域,其设有贸易部、信托部、储蓄部和国外部。贸易信托部主要经营四川的桐油土产的输出和出口押汇业务。初创时,它采用了股份 + 两合公司的形式,额定资本为 100 万元,[2]其中无限责任公司与有限责任公司的股份各占 50 万元。杨氏家族共有 11 人,他们不仅持有全部 50 万元的无限责任股,还额外持有 23.2 万元的有限责任股本,总计占有 73.2% 的股权。然而,银行的实权掌握在事务委员会手中,而事务委员会主席一职则由杨文光担任。随着业务的不断发展,聚兴诚银行逐渐从家族经营转变为向社会开放。后经多次扩股,银行成功吸纳了社会资本参与,资本金从成立之初的 100 万元增加至 1943 年的 1000 万元。地方官僚势力因势而起,或任董事,或居常务董事之位,此虽破杨氏一族独揽聚兴诚银行之局,然外族股本终限于总股本之二成以内,杨氏一族仍牢牢执八成以上之股本之权,以维聚兴诚银行旧有之经营之道。(见表 2 - 3)

[1] 浚川源银行于 1906 年在成都设立。
[2] 该银行的资本最初为 60 万元实收资本,后来增至 100 万元。

表 2－3　聚兴诚银行的控制权变迁史

时间	事件
1915 年 3 月	聚兴诚银行的创立是由重庆富商杨文光及其族人于 1915 年 3 月共同发起的。成立之初，聚兴诚银行为股份两合公司，额定资本 100 万元，其股票分为无限股和有限股，各共 500 股。无限股全部由杨氏家族成员认购，有限股中杨氏家族成员认购了 209 股，余下的 291 股由杨氏家族的亲友及以前的伙计认购。在创立银行之前，杨氏家族已经经营商号，这为银行的创立奠定了基础。可言之，聚兴诚银行是在杨氏家族商业基础上发展而来。为了确保杨家对银行的绝对控制权，银行在成立之初就采取了股份两合的组织形式。这种组织形式分为无限责任股东和有限责任股东，其中，无限责任股东由杨氏兄弟 7 人组成，他们承担着无限制的责任，意味着对银行债务负有无限的责任；而有限责任股东则由杨氏家族族人及亲友组成，他们的责任有限，仅限于其所投资的股份额度。银行的权力机构是由无限责任股东担任的事务会员，这意味着杨氏家族在银行的决策和管理中占据主导地位。银行的事务则由杨氏家族进行管理，这进一步确保了杨家对银行的绝对控制。银行在经营方针上采取了汇兑为主、存放款业务次之的策略。这意味着银行将重点放在汇兑业务上，提供汇兑服务来满足客户的需求。存放款业务亦是银行的主要业务之一，接受客户的存款来积累资金。通过采取这样的经营方针和组织形式，聚兴诚银行取得了初步的发展。杨氏家族的控制权和管理能力确保了银行的稳定运营，并为其未来的发展打下了坚实的基础。此时，银行通过专注于汇兑业务和存放款业务，满足了客户的需求，进一步促进了银行的发展和壮大
1921 年	为躲避四川军阀之间的争斗，总行迁至汉口
1931 年冬	由汉口迁返重庆
1937 年 7 月	在军阀争斗的年代，各派系军阀为了筹措军费，常常对富商和银行实施压榨。聚兴诚银行作为四川较大的银行之一，亦遭受了军阀的劫掠。军阀通过派垫（发放借款）、派捐（征收捐款）和易现（变卖资产）等手段，屡次敲诈聚兴诚银行，这对银行的财务状况和运营造成了严重的影响。官僚资本主义一直试图将其权力渗透到聚兴诚银行内部，这进一步加深了银行之困境。官僚资本主义之力侵蚀，令银行在军阀掠夺之际，自身权力之争及干预屡出，阻碍其正常运行。不止如此，杨氏家族内部亦出现分歧，无力担当银行责任。同时亦为适应南京国民政府《银行法》《银行注册章程》的要求，并应对日益激烈之市场竞争，故此，改组为股份有限公司，公司原事务委员会为董事会所代替。首届董事 9 名，其中常务董事为杨粲三等 3 人，甘典夔等 3 人为监察；杨粲三为董事长，童庆伯任总经理。聚兴诚银行实行总行、区行和分支行（处）三级管理，增资 200 万元，外界股仅占股本总额的 12.5%，杨氏家族的出资比例降低为 51.2%。改组后，吸引了刘航琛、何北衡等四川政界大人物的出资。这一变化意味着银行从杨家一族承担无限责任的形态转变为与股东共同承担有限责任的近代化形态。改组后，聚兴诚银行开始拓展各项业务，特别注重发展信托和外汇业务，并且对许多企业进行投资。然而，由于时局影响，这一时期聚兴诚银行的业务并不顺利。战争和动荡的局势使银行面临许多困难，无法顺利开展业务

续表

时间	事件
1940 年	资本增加至 400 万元
1943 年	增资为 1000 万元,外界股占股本总额的 20%
1946 年	改选董监事,杨季谦为董事长,李维城代总经理;该银行被国民政府核准为外汇经济人;除了汇兑贸易外,聚兴诚银行还在工业领域进行投资
截至 1948 年年底	聚兴诚银行计有分行、支行、办事处 32 个,其中分行 8 个、支行 4 个、办事处 20 个,分布于重庆、成都、自贡、宜宾、上海、汉口、长沙、北京、广州、哈尔滨、香港等地,并在伦敦、纽约、旧金山等地设有代理处。全行员工 608 人,工友 532 人。杨粲三任董事长 30 余年
1949 年	杨季谦任董事长兼总经理
1950 年	改选杨晓波任董事长,杨寿百为代总经理
1951 年 11 月	改组为公私合营银行。中华人民共和国成立之后,国家面临着建设社会主义的重大挑战,经济、金融领域亦需根据时代要求进行改革。聚兴诚银行,作为一家重要之银行,亦需顺应新时代浪潮,与国家发展目标相一致。为解决银行之困境,聚兴诚银行于 1951 年进行一次重要之改革。此次改革,主要涵括对银行之经营方针及组织结构之调整。银行改革后,始采取顺应社会主义经济体制之运营模式,更重视国家之经济建设及人民之利益。此期间,国家对金融业进行社会主义改造,私营银行参与公私合营为主流趋势。聚兴诚银行亦积极适应时代浪潮,进行改组,成为一家公私合营之银行。此番改组,使银行得以更好地融入国家之经济体制,与其他金融机构形成合作关系,共同为国家之经济发展服务。经改组成为公私合营银行,聚兴诚银行得以更好地适应国家政策之变化,同时亦为银行带来更多机遇与资源。银行之经营状况逐渐好转,为国家经济发展做出了更大贡献
1952 年年底	参加全行业公私合营。聚兴诚银行自创办到 1952 年参加公私合营止,杨氏三代牢牢地掌握了公司控股权

3. 聚兴诚银行股票记载了它的发展史

聚兴诚银行作为川帮银行的代表之一,在四川和西南地区的工商业发展中发挥了重要作用。其股票亦成了反映该地区经济发展状况的重要指标之一。如今,聚兴诚银行的股票已经成了历史文物和收藏品,它们见证了银行从初创到发展壮大的历程,亦承载了无数投资者的希望和梦想。(见表 2-4)

表 2－4　聚兴诚银行的股票记载的发展史

项目	详情
银行名称	聚兴诚银行
股票类型	聚兴诚银行两合公司股票（最早发行）、聚兴诚股份有限公司股票［民国二十六年（1937 年）、民国三十二年（1943 年）发行］
杨氏家族历程	从经营商业转向经营金融业，成为较有影响力的民营股份制商业银行
银行发展轨迹	经历了半个多世纪的基本轨迹
资本原始积累	1899 年至 1908 年，用了 10 年时间
原始资本向商业资本转化	1909 年至 1914 年，用了 5 年时间
聚兴诚银行成立	1915 年，成功地将商业资本转化为金融资本
特点	反映了中国民族资本家善于经营和灵活经营的特点，杨氏家族事业成功，经营具有独特之处
中华人民共和国成立后的变化	接受政府改组，变为公私合营形式
杨氏家族成员态度	开明进步，愿意顺应时代变化，适应新的经济体制和发展要求
历史意义	聚兴诚银行股票不仅记录了银行的发展历程，还反映了中国民族资本主义的发展历程和杨氏家族的商业智慧与经营策略。同时，它亦见证了中华人民共和国成立后经济体制的变化和银行行业的改革

数据来源：张守广：《川帮银行的首脑——聚兴诚银行简论》，载《民国档案》2005 年第 1 期。

(四) 中外合资银行——四川美丰银行股票

四川美丰银行，乃近代中国西部地区最早之中外合资银行，自 1922 年至 1950 年，经历三个时期，共历 28 载。其影响不仅覆盖西部地区，亦遍及全国。(见表 2－5)

表 2-5　四川美丰银行发展历史

阶段	内容详情	
创立与初期发展	创立背景	四川美丰银行由美商 K. J. 雷文与中国商人邓芝如、康心如等合资开办，是川渝地区第一家中外合资成立的银行
	注册与开业	1922 年 4 月 2 日，在美国康纳克州（或康涅狄格州）注册，资本为银元 25 万元。同年 4 月 10 日，在重庆正式开业，总行设于市区新街口（今渝中区新华路）[①]
	管理层与股权结构	成立之初，总经理为雷文，协理为邓芝如、康心如。1927 年，收买全部美股，成为华资银行，康心如任总经理并掌握实权
业务拓展与建筑建设	分支机构设立	在发展过程中，不断在省内外设立分支行处，省外分行包括上海、汉口、西安、南京、昆明、贵阳、长沙、宜昌、广州等地
	发行兑换券	1922 年开始发行兑换券，最高额达 150 万元，成为当时金融市场上的重要力量
	银行大楼建设	美丰银行大楼于 1934 年开工，1935 年 8 月正式落成剪彩，由上海基泰工程司建筑师杨廷宝设计，具有现代主义建筑风格
抗日战争时期与战后经营	抗战时期	全面抗战爆发后，国民政府迁都重庆，四川美丰银行凭借强大的金融实力和广泛的分支机构网络，在抗战期间发挥了重要作用，为政府提供了大量资金支持，积极参与战时金融市场的稳定和货币发行工作
	战后经营	抗战胜利后，一度面临资金短缺和经营困境。随着国民党当局发动全面内战，国统区政治纷乱、经济社会动荡，美丰银行业务急转直下，难以为继
停业与财产	停业原因	因无力支付到期存款及逾期未交存款汇款而陷入困境，尽管有人提供担保并建议向人民银行贷款以维持经营，但康心如决定尽早停业。1950 年 4 月 4 日，宣告停业
	遗产与影响	四川美丰银行虽然停业，但其留下的美丰银行大楼成为重要的历史遗产，该大楼在 1949 年的“九・二”火灾中起到了阻挡火势蔓延的重要作用，是这一历史事件的“见证者”。如今，作为中国人民银行重庆市分行办公和营业用房，继续发挥着其历史价值

①时广东：《康心如与中美合资时期的四川美丰银行》，载《社会科学研究》2003 年第 6 期。

美丰银行立业之初，遭遇亏损之因不胜枚举。例如，美方职员操劳无度，财物挥霍无度；K. J. 雷文贪恋金钱，私自挪用资金；中美职员之间，经营思想与方式迥异；缺乏与当地商界通力合作之纽带；市场推广与宣传未尽其责。因此，美丰银行在重庆市场，几无声誉可言，业务成效微乎其微，甚至陷入亏损之境。此乃美丰建行历史中之污点，极为不利于银行之声誉与业务发展。

中华民国时期，美丰银行历时亏损，然终能逆转乾坤，此与多方因素息息相关。首者,当时中国经济之复苏及金融市场之活跃,为美丰银行带来发展之机遇。第一次世界大战后,中国经济渐复,各行各业复兴,贸易往来频繁,此为银行增添诸多业务之机会。美丰银行善加利用此机遇,与各大机构紧密合作,尤与海关、邮政局等建立良好关系,确保稳定之收入源。次者,美丰银行调整经营方针及方式,对扭亏为盈至关重要。康心如作为美丰银行之主事者,认为须变革银行之经营策略及业务模式。彼积极拓展海关、邮局等机构之业务,并采取先交后兑之资金调度方式,维持银行资金之流动性。美丰银行于国际声名远播,通过与外国银行合作,列入国际银行名录,增进其声望与信誉,吸引更多客商。此外,美丰银行大胆革新储贷方式,设立定期存款,吸引重庆商贾之关注,增加其存款量。康心如又制订放贷往来限制表,评估各钱庄、票号,适度放宽贷款额度,使银行贷款业务更加灵活,从而提高收入与利润。美丰银行更注重服务质量之提升,创设储蓄存折、汇款业务等,提供便捷之服务予客户。此种改革措施,不仅增强银行竞争力,亦提高客户满意度,进一步吸引更多业务与客户。

美丰银行赖刘湘等政界后盾之扶持,商业版图渐次扩展,涉猎多种债券业务,获利颇丰。1948 年后,四川美丰银行受时局动荡之波及,面临挤兑风潮,董事长康心如以为,若继续经营必致破产,关闭银行并保留私产方为上策,于是,在 1950 年 4 月 4 日,美丰银行自愿宣告歇业,终其二十八载发展之历程。然而,四川美丰银行作为 1949 年前的一家重要商业银行,对中国金融业的影响仍然深远,其在中外合营、华资转变、抗战经营诸方面,皆历丰富之历史变迁。该行经营范围广博,分号遍布各地,员工众多,且在建筑特色与文化遗产上,具有重要之历史与文化价值。

(五)1949 年后中国第一家民营银行股票——成都汇通城市合作银行股票

1. 汇通银行的发展史

银行初设之时,外埠客商于成都难觅开户之所,颇感不便。汇通城市合作银行之兴起,解决了此等问题,满足了集体与个体小企业之信贷需求。成都汇通银行创立之前,一众青年走出书斋,投身金融改革之先锋行列。其中包括四川省社会科学院财政经济研究所的王史华、西南财经大学金融系的温思渝、张炜、[1]张一昆，以及四川省工商银行干校的陈道明。彼等创立汇通金融公司，于1985年2月在成都光华街挂牌营业。1986年，经上级人民银行批准，汇通金融公司更名为汇通城市合作银行（以下简称汇通银行）。此举进一步巩固了汇通银行作为合法金融机构之地位。

1986年的10月14日，成都汇通银行正式挂牌。该行的成立填补了金融体制改革之空白，为集体及个体经济提供了更多金融支持与服务。由于汇通城市合作银行乃中国首家由民间资本设立之银行，其成立标志着金融体制改革向市场化方向迈出了重要一步。[2] 成都汇通银行之始建，对中土金融体制改革具“领袖”之功，破国有银行垄断之局，为后世银改树立楷模。其成功之例，证实民营银行于华夏之地可行且必要，为后继者提供理论与实践之支撑。成都汇通银行之设立，亦促地方经济之繁荣，强力金融之援，帮助蓉城经济之发展，推进本地企业壮大。当时之体制下，国有银行资源多倾向大型国有企业，私营与个体经济难获足够金融支持，成都汇通银行之诞生，弥补此缺，为地方经济注入新活水。更甚者，其设立亦推动金融创新与业务多元化。初建之际，积极探索各类金融业务之发展，力求提供客户更丰富之金融产品与服务。此举为中国金融业之未来革新奠定基石，亦为金融市场开放积累宝贵经验。

虽成都汇通银行于短暂之时内颇有成就，然因种种因素，终未能久存。然其出世，于中华金融体制改革深有影响，为后世金融改革提供参考与启示。成都汇通银行之事迹，成为中华金融发展史之一重要典范，激励后人在金融创新与改革之道上屡屡探索与前行。

2. 股票上面的汇通文化

在成立初期，汇通银行因为处于改革的前沿，面临许多困难和挑战。当时，中国的法律法规还没有完善，银行业监管体系亦还没有建立起来，汇通银行名称中的“合作银行”亦反映了当时国家对于银行体制改革的探索和试点。此外，汇通银行在设立时的批准程序上亦存在一些瑕疵，可能没有完全符合后来制定的法律监

---

[1] 1982年毕业于西南财经大学金融系，后留校任教，1986年任汇通银行副总经理，1989年任总经理。

[2] 成都汇通城市合作银行不仅标志着中国金融体制的重要改革，更重要的是，它诞生的时间特别早。这一家银行诞生的时间，要比后来认定的中国第一家由民间资本设立全国性商业银行——中国民生银行股份公司诞生早10年，后者成立于1996年1月12日。

管的要求。而且,其股东结构中全无国有股,与当时的国有企业改革方向相悖,亦可能引发制度性的摩擦。1993 年全国对金融机构进行清理整顿、1995 年《商业银行法》颁布、1997 年东南亚的金融危机、国内的金融宏观紧缩等,使汇通银行融资受阻,存款增长困难。为了保持金融稳定,经政府有关部门决定,于 2000 年 1 月 31 日撤销了汇通银行,其资产、负债及 20 多个营业网点由成都市商业银行(成都银行)接收。

汇通银行从成立到撤销,共走过了 14 个春秋,其是 1949 年后中国第一家民营股份制银行,其发行的股票是中国金融体制改革的实物见证。特别值得一提的是,在当时人们股票意识淡薄的情况下,许多个人和企业出资购买汇通银行股票,实属不易。彼时,持股人能连续享受 10 多年的分红、派息以及公积金转增股本,在当时是不多见的。因此,汇通银行股票极具历史价值、研究价值和收藏价值。鉴于此,汇通银行股票的文化内涵十分独特,主要表现在:第一,它是 1949 年后中国发行的第一张银行股票。它的前身为成都汇通金融公司,在此基础上于 1986 年成立了汇通银行,不久发行了股票。汇通银行既是 1949 年后中国的第一家民营银行,其股票亦是中国发行的第一张民营银行股票。它的出现预示着中国进行金融体制改革是必然的。如今,昔日的国有商业银行已逐步转型为股份制银行,遵循与 20 世纪 90 年代后新兴的交通银行、招商银行、华夏银行、民生银行等相同的现代股份制商业银行运营模式。这些银行的资本主要通过市场公开募股的方式筹集。值得一提的是,早在 20 多年前成立的汇通银行,自其诞生之日起便沿着这一路径前行,无疑为中国银行业的发展指明了方向,并树立了典范。第二,它是真正意义上的民营银行股票。成都汇通银行于 1987 年发行了股票,它与深圳发展银行股票同年发行。从股本构成来看,深圳发展银行股本由国家(投资)、集体、个人三部分组成,而汇通银行股本由集体、个人两部分组成,国家没有投入一分钱,它是真正意义上的民营银行。第三,它是真正的高校概念股票。成都汇通城市合作银行成立后,西南财经大学将它作为教学实验银行,这对提高教学质量、培养全面发展的金融人才发挥了重要作用。后来虽然按国家政策要求,汇通与财大脱钩,但办教学实验银行是财大的初衷。成都市委研究室 1987 年 8 月编撰的《成都市情简介》一书,在教育篇中有这样的表述:“西南财经大学现有金融、政治经济学、工业经济……经济研究所、出版社和学校主管的成都汇通城市合作银行。”第四,汇通银行股票是实践的典型实物见证。由于成都汇通城市合作银行是改革开放初期成立的第一家民营银行,亦有过自己的风光历程,进而,成都汇通城市合作银行股票,是研究中国改革开放初期证券实践的典型实物见证。第五,成都汇通城市合作银行的诞生、发展和消失,都是中国金融体制改革的产物。汇通银行是经政府职能部门批准成立的,但现已并入成都市商业银行(成都银行)。它的生成、演变和消逝,是研究中国改革开放初期法律制度等方面众多不完善的典型案例。

汇通银行现在虽然不存在了,但它的改革创新精神及其创新文化都得到了社会的肯定。《20世纪四川全纪录(1900-2000)》把汇通银行的成立及发展成就编入了其中。

(六)改革开放后,中国发行的第一张股票——成都市工业展销信托股份公司股票

1980年,中国改革开放的浪潮中,成都市成了金融创新的前沿阵地,见证了1949年后中国第一只股票的诞生。这一里程碑式的事件以“蜀都大厦”股票的发行为标志,该股票由成都市工业信托展销公司为了筹集资金修建成都工业产品展销大楼(蜀都大厦)而发行,它绝非一张简单的纸片,更是中国市场经济改革初期对所有制形式和资本筹集方式探索的重要实践。彼时,成都正积极响应国家改革开放的号召,面临如何有效打通地方产品流通渠道、激发市场活力、推动生产方式转型升级的重大挑战。为了破解这一难题,为地方产品流通搭建一个高效、开放的平台,成都市政府将探索新的所有制形式作为改革的首要任务。在此背景下,成都市经委于1980年年初向市政府提交了一份具有前瞻性的请示报告,提议成立“成都市工业展销信托股份有限公司”。该报告深刻阐述了股份公司的组建原则与运营模式:公司由多个集资合股的单位共同组成,资金募集遵循入股自愿的原则,确保了资金来源的多样性和灵活性;公司的资产明确归属为投资单位的集体所有,有效防止了资产的非法平调或侵占,保护了投资者的合法权益;公司实行独立核算、自负盈亏的经营机制,这标志着企业在市场经济条件下自主经营、自我发展的新模式的确立。[1]

---

〔1〕 参见《中国第一股——蜀都大厦股份有限公司探索现代企业之路调查》,载《经济体制改革》1995年第1期。

1980年6月11日，成都市政府正式发布了编号为成府发〔1980〕69号的文件，该文件批准了“成都市工业展销信托股份公司”（成都蜀都大厦股份有限公司的前身）的设立，并明确授权其进行股票的发行工作。为了广泛争取并获得相关单位的理解与支持，这份具有历史意义的文件被迅速分发至成都市内的各个部门及企业手中。1980年8月4日，成都市工业展销信托股份公司迎来了其历史上的高光时刻——公司正式宣布成立。这一时刻不仅标志着一家新企业的诞生，更象征着全国范围内首家严格遵循股份制原则组建，并且获得了政府正式批准的股份制企业的诞生。这家企业的成立，无疑为中国的企业制度改革与市场经济发展注入了新的活力与希望。[1] 1980年，成都市工业展销信托股份有限公司对外公开发行了2000张法人股票，每股1万元。当时的蜀都股票由成都东河印钞公司仿照人民币设计印制，纸张和印刷工艺防伪俱佳，手工绘制，照排制版。[2]

如今，通过参观成都市档案馆，人们可以观看到盖有“成都工业经济技术开发公司”钢印的成都工展股票原件，以此了解这些股票所承载的历史重量和文化价值，从而更加深入地了解中国改革开放的艰辛历程和伟大成果。[3]

据蜀都大厦的一名资深员工回忆，当时外界对股份制了解甚少，而为了圆满完成这项艰巨的任务，负责募股的同事们经历了无数艰辛。那时，募股工作常常被误解，甚至被视为“乞讨”，然而，正是这些募股人员的不懈努力和坚持，最终成功筹集到了第一笔高达1300万元的股金，为蜀都大厦的建设和

〔1〕 参见刘华：《30年巨变　看西部金融中心建设》，载《成都日报》2008年12月18日，第T34版。

〔2〕 参见厉勇：《从“成都工展”看“红庙子”当年》，载《中国收藏》2022年第1期。

〔3〕 股票委托给了东河印钞公司（成都印钞公司前身）设计印刷。当年参加成都工展股票设计的东河印钞公司王冠武老人回忆，接到任务后大家觉得很茫然，因为股票是什么样子，谁都没有见过。为了完成任务，他骑着自行车满城找灵感，在没有找到可参考实物的情况下，他只有参考奖状和结婚证书的设计理念，但结果不理想。因为股票是用以证明投资人权利的凭证，与这些证书不在一个档次上。后来他们根据人民币的设计理念，将股票四周底纹和花边装饰全面使用人民币上面的波浪彩色底纹，在“壹万元”的字样上面簇拥一个花团，构成了成都工展股票的个性，并采用了用棉花作原料的专用纸印刷。这样，中国改革开放后的第一张股票诞生了。成都工展股票简洁大方，票福38厘米×26厘米，彩色印刷，面值壹万元，分正联和存根两部分。正联印有”成都市工业展销信托股份公司股票”、大小写金额及拼音字母等产样，印有编号，底纹和花边装饰用人民币底纹波浪图案；存根印有入股单位、股金壹万元、时间、编号够样。背面印有股票说明：（1）本股票根据成都市人民政府成府发〔1980〕69号文的规定制发；（2）股票系有价证券，不准在市场上流通和倒卖，如因特殊原因需转让者，必须到公司办理手续；（3）股票属入胶单位所有，凭股金分配红利；（4）股票应妥善保存，丢失不予补发。

发展奠定了坚实的资金基础。[1] 随着经营的不断扩大,报经政府有关部门批准后,成都市工业展销信托股份公司于 1986 年 8 月又向社会发行公众股,成了四川乃至全国较早发行公众股票的企业之一。截至 1990 年年末,公司共募集股份 11,142 万股(其中国家股 3474 股、法人股 4708 股、个人股 2960 股)。1986 年,经成都市成经〔1986〕19 号文批复[2],成都市工业展销信托股份公司更名为成都工业技术开发公司。1990 年 4 月,公司再次更名为成都蜀都大厦股份有限公司。[3] 1991 年,成都蜀都大厦股份有限公司开始向内部员工发行记名式普通股股票。1995 年 11 月 28 日在深圳证券交易所上市(总股本 14,142 万股,其中国有股 3474 万股、法人股 7132 万股、流通 3536 万股)。至 1988 年,四川省已有 36 家国有大型及中型企业和 15 家企业集团踏上了股份制试点的征程,部分试点企业更是迈出了发行股票的步伐。步入 1991 年后,股份制试点的范围迅速扩张,越来越多的企业开始发行股票和股权证。至 1991 年年底,成都市共组建了 934 家各类股份制企业,其中公开募集股金达到了 5600 万元,而通过定向方式募集的资金则高达 79,361 万元。若将四川省在成都地区批准设立的股份制企业纳入考量,那么股票和股权证的总体发行量已逾越 10 亿元大关。[4]

回顾成都市工业展销信托股份公司股票的发行,成都之所以成为中国改革开放后第一只法人股的诞生地,与四川当年思想解放、改革走在全国前列的大环境是分不开的。分析其原因,主要有以下数端:第一,成都市主要领导思想解放,重视利用价值规律的作用。在十一届三中全会召开后的两年,人们的思想意识大多还束缚在高度计划经济里,后来又出现了姓“资”姓“社”的大争论,一般人对股份制仍存在种种非议,在这样的时代背景下尝试股票融资发展市场经济,注重市场经济对发展国民经济的作用,是一项大胆的创举。其中,相关领导思想解放、给予大力支持是很重要的因素。第二,当时四川改革走在全国前列。1979 年年初,广汉县向阳公社率先进行了人民公社体制变革的试点,成为全国

---

〔1〕 当时老百姓购买力较低,股票为固定面额壹万元的法人股,基本没人买得起。在政府有关部门的协助下,经过大家两年多时间苦口婆心地向有购买能力的单位推销,到 1983 年到位股金 1300 万元(亦有观点认为 1400 万元)。

〔2〕《成都市经济委员会关于同意成都工业经济技术开发公司更名的批复》。

〔3〕 参见厉勇:《从“成都工展”看“红庙子”当年》,载《中国收藏》2022 年第 1 期。

〔4〕 参见马国栋:《火爆一时的成都红庙子街自发的非上市股权交易市场》,载《巴蜀史志》2018 年第 6 期。

第一个摘掉“人民公社”牌子换上“镇政府”牌子的农村基层政权,这标志着中国体制变革的开始。紧接着,城市经济改革从扩大企业经营自主权入手,使企业利润留成增加,自己有了可支配的财力,为市场融资提供了源泉。第三,政府给予支持。在支持股份制经济发展和股票融资方面,成都市人民政府率先在全国用政府文件批准发行股票,动员有条件的企业认购,并通过政府协调会,动员企业用自己可支配的资金购买,成为股票成功发行的坚强后盾。第四,蜀都大厦的建设,以艰苦创业、百折不挠的精神,依靠省、市政府的大力支持,使大厦成为一个计划内、预算外的“重点建设项目”。大厦于 1986 年 9 月动工,1991 年底投入全面试营业,整个工程共耗资 1.7 亿元,除政府拨给的 500 万元外,其余资金全部由入股、贷款、卖房等办法筹集而得。特别是在 20 世纪 80 年代中期,数万吨的“三材”(计划经济时期,由国家控制的木材、钢材、水泥等短缺生产资料),全靠建设者们自己到市场上寻找求得,这在当时是罕见的。大厦在施工建设中,还创造了可以同深圳速度媲美的“蜀都速度”(东楼主体 7 天 1 层)。蜀都大厦建成投入经营后,1991 年创利 559 万元,1992 年创利 3850 万元,1993 年创利 5161 万元。实践证明,蜀都通过实施股份制,为蜀都的发展注入了强大的生命力和良好的发展前景,使蜀都大厦成了当时成都市的一项重要形象标志性建筑,还成了成都市当年改革开放所取得成就的缩影。

成都市工业展销信托股份公司股票是历史的见证,见证了中国新旧经济体制的变革,同时亦记录了一代人敢于创新求发展的开拓精神。2005 年 8 月,中央电视台第四套节目(国际频道)播放了大型历史文化片《天府的记忆》,在第七集“人造天府”中,把成都市工业展销信托股份公司发行全国第一张股票的事例,作为“锦官城的人文魅力”内容之一,向海内外进行了宣传。由于成都市工业展销信托股份公司股票是法人股,曾在全国证券交易自动报价系统挂牌交易,托管后进行了彻底销毁,被保存下来的十分稀少,目前已被收藏家及研究者们视为珍品。

(七)改革开放初期中国股份制经济发展的先锋——四川企业公众股股票发行和自发交易

1. 四川证券市场发展的基本情况(见表 2－6)

红庙子股权交易市场于股份改制及证券市场之发展历程中占据独特之位。1991 年 12 月 26 日,红庙子街六十号附 4 号,四川金融市场证券交易中心正式开张营业,为成都开证券之先河。此中心由中国人民银行四川省分行金管处独立运作，为时兴之企业债券与国债提供实体交易之地。[1] 1992年，四川金融市场证券交易中心的会员单位包括三家证券公司：成都证券公司、四川省证券股份有限公司[2]、川财证券公司。[3] 自1992年初，红庙子街成了一个非正式的股权交易市场，人们在此自发买卖各类股权凭证。1992年4月，四川峨眉山盐化（集团）股份有限公司在深交所上市，其股票于红庙子街以摆摊形式发行，此举标志红庙子市场影响日增，四川外企业证券、股票及股权证持有人纷至沓来，自发聚成交易市场。1993年初，四川省内众多公司发行的股票、股权证等金融产品纷纷进入红庙子市场交易，交易品种繁多、市场活跃。红庙子市场的成功亦促使了其他地区类似市场的出现，形成了"红庙子系"区域性非上市股权交易市场。然而，随市场之渐进发展，行业与监管层面亦开始筹谋变革。此变革之潮，不仅推进红庙子市场走向规范化，亦促使其上活跃之公司与投资者步入新阶段。红庙子市场及其参与者之命运，将于规范化之路面临新挑战与机遇。[4]

表2-6 截至1993年年末，四川证券市场发展的基本情况

<table>
<tr><th>发展情况</th><th colspan="3">内容详情</th></tr>
<tr><td>上市公司发展情况</td><td colspan="3">到1993年年末，四川共有上市公司14家，仅次于上海、深圳，居全国第三位</td></tr>
<tr><td rowspan="4">证券市场发展情况</td><td>专业证券公司</td><td colspan="2">5家</td></tr>
<tr><td>证券营业部</td><td colspan="2">109个</td></tr>
<tr><td>证券交易柜台</td><td colspan="2">29个</td></tr>
<tr><td>证券业务代理网点</td><td colspan="2">407个</td></tr>
<tr><td rowspan="3">期货市场发展情况</td><td>期货市场</td><td>6个</td><td>成都金属交易所、重庆生产资料交易所、成都粮油商品交易所、四川商品交易所、华西农产品交易所、成都肉类商品交易所</td></tr>
<tr><td>期货经纪公司</td><td colspan="2">20家</td></tr>
<tr><td>期货经纪人员</td><td colspan="2">500余人</td></tr>
</table>

[1] 参见罗望：《实现新的起步——四川金融市场证券交易中心开业之际访吴瑞柽总经理》，载《四川金融》1992年第1期。

[2] 该公司成立于1988年4月，乃四川省第一家证券公司。参见欧力生、徐一丁、欧一士、四川省人大财经委：《四川省股份制改革与证券市场建设研究》，载《经济体制改革》1994年第2期。

[3] 参见何燮清：《91四川证券市场回首》，载《四川金融》1992年第7期。

[4] 参见《成都有个"红庙子"，它见证了成都人敢为天下先的勇气》，载搜狐网2018年7月4日，https://www.sohu.com/a/239267672_99997284。

续表

发展情况	内容详情	
有价证券发行情况	发行各类有价证券	四川发行了总额达 40.5 亿元的各类有价证券。其中,企业债券的发行规模为 7.8 亿元,股票发行规模为 2.6 亿元。至年末,证券余额累积至 85.6 亿元。在整个年度中,证券交易总额高达 189.7 亿元,尤为突出的是,股票交易额在总交易额中占比高达 92%,且相较于之前,实现了 5.2 倍的显著增长

数据来源:《四川区域性股权交易市场的发展历程》,载中国产权网 2018 年 11 月 15 日,http://www.cspea.org.cn/article/sjyj/zjgd/201811/20181100006615.shtml。

1993 年 3 月,政府将“红庙子”市场迁至城北体育馆(俗称“白庙子”),导致交易量锐减,年底时日常交易人数已降至百人以下,交易活动基本停滞;1994 年 1 月,根据政府决定,多个部门联合通告关闭自发证券交易市场;部分交易者转至冻青树综合市场(股民称“青庙子”),但交易低迷,自此,成都地区的证券自发交易基本结束。但在此之后,四川证券市场又经历了新的发展。(见图 2 - 1)

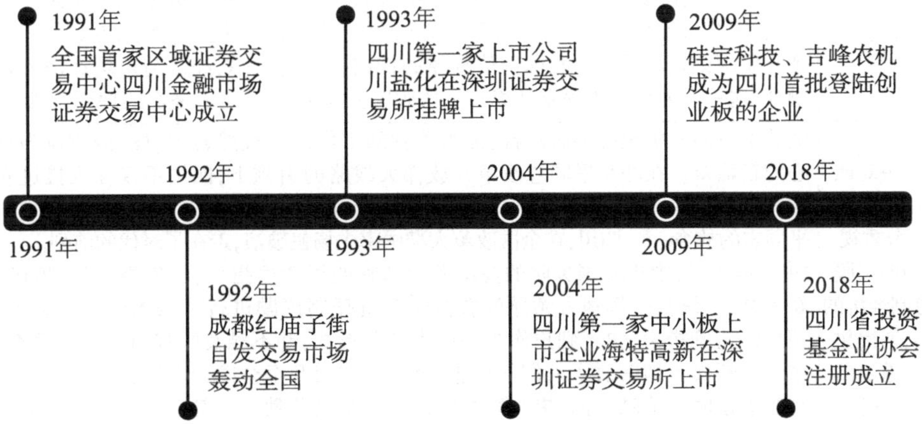

图 2 - 1　四川资本市场的发展历程

2. 改革开放初期,四川企业率先发行公众股的原因分析(见表 2 - 7)

股份制和股份制公司是人类社会发展到一定阶段后,为对社会进行管理而实行的一种经济组织形式,亦是当今社会资本运作的最佳选择。股份制和股份制公司既可以将社会上的闲散资金集中起来,为发展生产和繁荣社会经济服务,又可以使社会资源得到有效合理的配置,为推动经济体制改革,建立现代企业制度,完善公司法人治理,提高经济效益等发挥积极作用。改革开放初期,应时代的要求,四川省委、省政府解放思想束缚,根据四川的实际,实事求是地进行了包括发展股份制经济在内的各项经济改革,在当时走在了全国的前列。通过向社会公众发行股票,它们筹措了大量的经营发展资金,使企业生产要素得到了有效发挥,解放了生产力。

表2-7 四川企业率先发行公众股的原因分析

原因类别	主要内容
四川改革较早,推动了股份制经济的发展	在推进农村改革的同时,四川省委于1978年4月启动了针对重庆钢铁公司、成都无缝钢管厂、宁江机床厂、四川化工厂、新都氮肥厂及南充丝绸厂这六家企业的自主权扩大试点改革。随后,在1979年2月,四川省委依据省经委党组的《关于扩大企业权力,加快生产建设步伐的试点意见》(以下简称"14条"),将自主权扩大试点的企业范围扩展至100家,并同时选取40家商业企业进行经营自主权、价格制定、利润留成、奖惩机制、人事安排及民主管理等方面的改革试点。众多参与这些试点的企业后来逐步转向了股份制,部分企业在20世纪80年代甚至发行了面向公众的股票
在实践的基础上,四川学术探讨活跃	在四川省委的鼎力支持下,四川省社会科学院与西南财经大学高度重视学术研究活动。早在1979年2月至20世纪80年代初,这两家机构频繁携手组织相关部门,围绕价值规律与金融证券等核心议题召开理论研讨会。会上,专家们积极呼吁应深刻认识并充分发挥价值规律的作用,主张将计划经济与市场经济有机融合,这一系列讨论为民众从思想上摆脱"左"倾束缚奠定了坚实的理论基础
中央对四川的改革十分重视,为四川股份制经济的发展提供了重要的支持	党的十一届三中全会圆满落幕,标志着党的工作重心毅然转向以经济建设为核心的新篇章。在邓小平同志改革开放伟大战略的引领下,四川不仅深入推进农村体制改革,更在工业、商业、财政、金融等多个领域掀起了一系列改革浪潮,使邓小平同志的故乡——四川,在全国改革大潮中率先扬帆破浪,走在了时代的前列。 1981年2月,中央及国务院的高层领导亲临四川考察指导,与省委、温江地区、新都县、广汉县委等地方领导就农村生产责任制议题进行了深入座谈。会上,领导们明确指出,包产到户作为一种责任制形式,并不触及所有制问题的根本,这一论断极大地解放了人们的思想束缚,为四川乃至全国的农村和城市经济体制改革指明了清晰方向,更为后续股份制经济的蓬勃兴起奠定了坚实的思想基础与政策支撑
产业结构调整,促使企业发展股份制	长期以来,我国经济实行高度计划体制。进入新时期,经济体制改革后,产业结构不合理问题凸显,重工业产能过剩,而轻工产品供给不足,尤其在"三线建设"重点省份四川更为显著。企业亟须根据市场需求调整产品结构,实现多元化经营。然而,此过程需大量资金投入。随着国家对企业的投资方式由拨款转为贷款,企业新项目上马和技术改造需自筹部分资金。在此背景下,一批重工业企业主动求变,选择股份制改革,通过发行社会公众股股票筹集资金,成功实现产品结构调整,确保了企业的生存和发展。这一转型不仅解决了资金难题,更为企业的长远发展奠定了坚实基础,彰显了股份制改革在促进产业结构优化中的关键作用

续表

原因类别	主要内容
军转民的需要，加速了四川股份制企业发展	自 1979 年起，军品生产任务逐年大幅缩减，与此同时，民用消费类产品的市场需求却与日俱增，这一转变迫使军工企业踏上二次创业的征程，利用自身军工技术优势转型生产市场亟需的民用产品。然而，这些企业面临的技术装备落后与产品结构单一问题，难以满足市场的新需求。在国家投入有限的情况下，它们毅然选择了股份制改革这一路径，通过向社会公开发行公众股股票，有效解决了二次创业过程中的巨额资金需求。在此期间，四川长虹、中国嘉陵、长城特钢等一批具有代表性的军工企业，通过成功推行股份制改革并发行公众股，为顺利实现军转民战略转型赢得了宝贵的资金支持，从而奠定了坚实的发展基础

三、四川股票市场的现状及发展趋势

（一）四川股票市场的现状

1. 区域性股权市场活跃

（1）创新典范：天府（四川）联合股权交易中心

除了中国主板市场，四川的区域性股权市场亦呈现出蓬勃发展的态势。区域性股权市场为中小企业提供了一个更为灵活的融资渠道，帮助它们解决资金短缺的问题。四川的区域性股权市场通过创新金融产品和服务，吸引了大量中小微企业挂牌融资，成为当地资本市场的重要补充。作为四川省多层次资本市场体系组成部分之一的成都（川藏）股权交易中心于 2017 年 6 月 12 日更名为"天府（四川）联合股权交易中心"，并在德阳、绵阳、成都高新区建设三个分中心。彼时，科技金融板、"一带一路"板和双创企业板等四大特色板块亦开板亮相。此举标志着四川区域性股权市场进入了改革 2.0 版发展阶段。2020 年 8 月 18 日下午，天府（四川）联合股权交易中心隆重举行了首只股票挂牌及交易转让活动。挂牌股票简称"四川聚能"，证券代码 810482。[1] 该只股票挂牌当日即成交 2 笔，共 24,400 股，成交价 3.05 元/股，交易后当日清算交收完毕。这

---

〔1〕 公开披露信息显示，当日挂牌的四川聚能滤材有限公司成立于 2017 年 4 月，总股本 1,060,000 股。公司 2017 年 12 月在天府（四川）联合股权交易中心"创新创业板"挂牌展示，当年面向 8 位个人投资者成功融资 400 万元；2018 年 3 月 22 日，在天府（四川）联合股权交易中心办理了股权的登记托管；2020 年 8 月 18 日，公司股票在天府（四川）联合股权交易中心挂牌，并成功实现两笔交易转让。

意味着，天府新四板即川藏区域性股票市场正式开市。非上市公司股票在天府（四川）联合股权交易中心挂牌展示及交易转让，是盘活企业股权的重要举措，对促进非上市公司提高直接融资特别是股权融资比重具有深远意义。四川聚能股票挂牌及交易转让活动的成功，标志着天府（四川）联合股权交易中心改革发展取得新的重大进展，可更充分地为川藏区域非上市企业发挥"发股票、发债券、交易转让"等融资服务的功能和作用。

（2）四川积极探讨区域性股权市场规范发展

2018年，中国证券监督管理委员会在四川成都召开区域性股权市场规范发展座谈会，这是其首次组织召开区域性股权市场全国性会议。中国证券监督管理委员会及四川省证监局的指导、地方政府监管部门的支持，以及四川地区自身的优势，使四川股权市场的改革与发展取得了初步成效。通过不断积累经验、完善制度、加大监管力度，可以预见四川股权市场将进一步规范发展，为地方经济的繁荣和企业的融资提供更好的支持。

夯"塔基"加快转型，突出地方交易所融资服务功能。进入21世纪后，四川股权市场在转型方面取得了显著成就。第一，优化区域性股权市场结构。四川股权市场逐步完善了区域性股权市场的制度框架，建立了更加规范、透明的交易机制，吸引了更多的企业挂牌上市。第二，加快转型，适应新时代发展需求。随着经济全球化和信息技术的迅猛发展，传统金融市场的模式已难以满足现代企业的融资需求。四川股权市场积极寻求转型，以适应新时代的发展需求。积极开展数字化转型，利用大数据、云计算、区块链等新兴技术，提升交易效率和安全性。例如，通过建立智能化交易平台，实现信息的实时共享和高效匹配，降低交易成本。第三，突出地方交易所融资服务功能。地方交易所作为连接企业和投资者的重要桥梁，在促进区域经济发展中扮演着至关重要的角色。为了更好地发挥其融资服务功能，四川股权市场采取了一系列举措。首先，强化中介机构作用。培育和发展一批专业的券商、会计师事务所、律师事务所等中介机构，为企业提供全方位的金融服务。这些机构不仅能够帮助企业完成上市流程，还能为其后续运营提供持续的支持和指导。其次，创新金融产品和服务。根据市场需求推出多样化的金融产品，如可转债、优先股等，满足不同类型企业的融资需求。同时，还推出了诸如股权质押融资、供应链金融等创新型服务，进一步拓宽了企业的融资途径。此外，四川省还通过设立专门基金和制定支持政策等方式,为小微企业提供更为多元化的融资途径和便利条件。这些举措不仅解决了小微企业的融资难题,促进了其发展壮大,还提升了小微企业的创新能力和市场竞争力,对促进就业和增加税收起到了积极的推动作用。[1]

寻特色改革创新,重构业务板块。四川省在规范发展区域性股权市场方面采取了一系列举措,通过寻求特色改革创新和重构业务板块,推动多层次资本市场更好地服务实体经济,为实体企业融资和优质企业上市提供支持,助力四川省的经济发展。首先,四川省积极推进特色改革创新,通过改革完善政策和制度,提高区域性股权市场的规范性。四川省出台了一系列支持措施,鼓励投资者参与区域性股权市场,降低企业融资成本,提高融资效率。四川省还加强了对股权市场的监管力度,促进了交易制度的完善,确保市场的公平公正。其次,四川省重构业务板块,推进企业上市和重组。四川省通过引导企业进行重组和整合,促进企业规模扩大和资源优化配置,提高企业的市场竞争力。四川省加强了对企业上市的引导和支持,鼓励具备条件的优质企业选择区域性股权市场进行融资和上市,提高企业的融资能力和市场化程度。

2. 金融生态环境的逐步完善

(1)多层次发展

党的十八大以来,四川省的资本市场经济体系取得了长足发展,形成了多层次的股权市场。目前,四川省的融资规模和上市公司数量在中西部地区均位居首位,显示出了四川股权市场的活跃程度。首先,四川省的股权市场呈现出多层次的发展格局。通过推进股权市场改革,四川省成功引入了多家创新层、中小板和科创板等新兴市场,形成了较为完善的市场体系。这样的多层次发展使得不同类型的企业都能够找到适合自己的融资渠道,有利于满足企业的融资需求。其次,四川省的融资规模和上市公司数量在中西部地区均位居首位。这一成就是四川股权市场活跃程度的直接体现。大量的企业通过股权市场进行融资,为企业的发展提供了资金支持和发展空间,上市公司数量的增加亦为投资者提供了更多的投资机会。此外,四川股权市场的发展还得益于政府的积极推动和支持。四川省积极引导金融机构加大对实体经济的支持力度,通过降低融资门槛、提供优惠政策等措施,鼓励更多的企业选择通过股权市场进行融资。

---

[1] 参见卢薇:《规范区域性股权市场 四川找准发力点》,载《四川日报》2018 年 10 月 10 日,第 7 版。

政府还积极推动金融创新,引进了一系列的金融产品和服务,为股权市场的发展提供了更加丰富的资源。[1]

(2)比较优势

四川省的金融机构数量、金融业总规模、社会融资总量、存款和贷款总量以及保费收入等方面都居中西部地区的首位,展现了四川在金融领域具有明显的比较优势。首先,四川省的金融机构数量居中西部地区首位。四川省拥有众多的银行、证券公司、保险公司等金融机构,覆盖了广泛的金融服务领域。金融机构的数量多,能够提供更多样化、更具竞争力的金融产品和服务,为企业和个人提供更多的选择。其次,四川省的金融业总规模在中西部地区处于领先地位。金融业总规模是一个国家或地区金融发展水平的重要指标,代表了金融机构的综合实力和发展程度。四川省金融业总规模的领先地位,反映了四川省金融业的健康发展和强大实力。此外,四川省的社会融资总量、存款和贷款总量以及保费收入等指标亦居中西部地区首位。社会融资总量是金融体系为实体经济提供资金的总量,存款和贷款总量则是金融机构存贷款业务的规模,而保费收入则反映了保险业的发展规模。四川省在这些指标上的领先地位,表明四川省的金融体系能够为实体经济提供充足的资金支持,为企业和个人提供了广泛的金融服务。

(3)供给侧结构性改革

面对经济发展新常态,四川银行业金融机构围绕国家重大部署,着力推进供给侧结构性改革。首先,银行业金融机构在补短板方面发挥了重要作用。四川作为中西部地区的重要省份,经济发展水平相对较高,但仍有提升的空间。银行业金融机构积极开展对重点领域的金融支持,如基础设施建设、科技创新、农村发展等,加大对这些领域的资金投入,弥补了资金短缺的问题,推动了相关

---

[1] 四川中小微企业通过多层次资本市场融资呈现以下特点:一是融资规模逐年上升。2014 年 394 亿元,2015 年 782 亿元,2016 年 972 亿元,年均增长 73.35%;二是融资形式多种多样。一方面,通过首发上市实现融资,2016 年以来,新易盛、千禾味业、帝王洁具、中科信息、爱乐达等多家公司首发上市,实现首发融资超 30 亿元;另一方面,并购重组日趋活跃,2016 年,四川省上市公司完成并购重组 39 单,交易金额 352 亿元。四川省新三板挂牌公司涉及行业众多,其中,来自战略性新兴产业中的新一代信息技术、新能源、新材料、节能环保等领域的公司最多。新三板公司融得发展资金后,市值规模迅速壮大,截至 2017 年 7 月 31 日,市值在 10 亿元以上公司达 12 家。截至 2017 年,四川股票军团融资规模已经达到了中西部的首位,新三板挂牌公司的数量激增到了 320 家。

领域的发展。其次,银行业金融机构在调结构方面发挥了积极作用。供给侧结构性改革的核心是优化供给结构,银行业金融机构通过调整信贷结构和金融产品创新,逐步向高科技、高附加值、绿色环保等领域倾斜,促进产业结构的升级和优化,提高经济发展的质量和效益。此外,银行业金融机构还通过推行惠民生政策,支持消费和提高居民的生活水平。金融机构积极开展消费金融、住房贷款、小微企业贷款等业务,为个人和企业提供便利的金融服务,在提高消费能力和居民生活品质之时,亦为经济增长注入了动力。通过调结构、惠民生等措施,四川银行业金融机构为实体经济的发展提供了有力的支持,推动了四川经济的稳步增长。银行业金融机构在服务实体经济的过程中亦得到了良好的回报,实现了自身的可持续发展。随着供给侧结构性改革的深入推进,四川银行业金融机构将继续发挥重要作用,推动经济发展转型升级,实现高质量发展的目标。

(4)西部金融中心建设

四川在西部金融中心建设方面进展顺利。这一举措旨在加强西部地区的金融服务能力,提升金融中心地位,促进西部地区经济的发展。首先,四川在金融中心建设上采取了一系列措施,以提升金融服务能力。四川积极引进和培育金融机构,吸引了一批国内外知名的银行、证券、保险等金融机构进驻四川。四川还推动金融科技的发展和应用,提升金融服务的效率和质量。通过建设金融科技创新中心、金融科技实验室等,四川积极推动金融科技与实体经济的融合,以提供更加便捷和智能的金融服务。其次,四川旨在提升金融中心地位,以吸引更多的金融机构和资金流入西部地区。通过提供更加便利和优惠的金融政策,四川吸引了大量的金融机构和资金涌入,进一步增强了其金融服务的能力和影响力。最后,四川的金融中心建设有助于促进西部地区经济的发展。金融中心的建设将为西部地区企业提供更便捷的融资渠道和更全面的金融服务,推动企业的创新和发展。金融中心的发展还将带动相关产业的发展,促进经济的转型升级和区域经济的协调发展。

(二)四川股票市场发展趋势

1. 四川的股票机构队伍将继续扩大,股票市场将越来越开放

四川的股票机构队伍将继续扩大是多种因素共同作用的结果,而股票市场的开放亦将给四川带来更多的机遇和挑战,有助于构建一个更加健康、成熟、富

有活力的股票市场体系。四川作为我国西南地区的经济大省，近年来积极推进产业结构调整。在传统制造业向高端制造业转型的过程中，如电子信息、装备制造等新兴产业蓬勃发展。这些企业对于直接融资有着强烈的需求，以获取资金用于技术研发、扩大生产规模等。这就为各类股票机构提供了广阔的服务空间，促使更多证券公司、基金公司等股票相关机构进入四川市场。例如，成都的高新技术产业园区内聚集了众多科技型中小企业，它们需要通过股票市场进行股权融资，而股票机构能够为企业提供上市辅导、发行承销等服务，这吸引着越来越多的股票机构前来布局。随着四川地区经济的持续发展，居民收入水平不断提高。根据统计数据，四川城镇居民人均可支配收入稳步增长，居民手中有了更多的闲置资金后，对投资理财的需求亦日益增加。股票作为一种重要的投资品种，在风险承受能力较高的投资者中具有较大的吸引力。为了满足居民的投资需求，股票经纪业务不断拓展，新的营业网点不断增加，同时一些专业的投资咨询机构亦纷纷设立分支机构，使得股票机构队伍逐渐壮大。成渝地区双城经济圈上升为国家战略后，两地之间的金融合作不断加深。作为成渝地区的重要组成部分，四川的股票市场迎来了前所未有的发展机遇。一方面，两地股票机构可以共享资源、协同发展，例如，重庆的一些大型证券公司在成都设立分支机构，将自身成熟的业务模式和风险管理经验引入四川，同时亦带来了更多的客户资源。另一方面，区域内企业的跨区域并购重组等活动增多，这为股票机构提供了丰富的业务机会，如财务顾问、并购重组融资等业务，进而推动股票机构队伍的扩大。

2. 四川股票市场与国内国际市场的联动将日趋渐强

四川股票市场与国内国际市场的联动将日趋渐强。在过去的股票市场发展过程中，四川股票市场与国内国际股票市场的联动性相对较弱。这一现象主要是多种因素导致的，包括市场规模、市场参与者、政策限制等方面的差异。首先，市场规模的差异是联动性较弱的一个重要原因。相比于国内国际一线城市的股票市场，四川的股票市场规模相对较小，这导致四川股票市场的交易量和市值相对较低，对国内国际市场的影响相对有限。其次，市场参与者的差异亦是导致联动性较弱的因素之一。一线城市的股票市场吸引了大量的机构投资者和国际投资者，这些参与者的资金实力和交易行为对市场走势有较大影响。相比之下，四川的股票市场参与者主要以个人投资者为主，其资金实力和交易行为对市场的影响较小。此外,政策限制亦是导致联动性较弱的因素之一。由于监管政策不同,国内外股票市场存在一定的限制和差异,这导致四川股票市场与国内国际市场之间的资金流动和投资决策存在一定的障碍,限制了联动性的发展。

然而,随着金融市场的发展和金融改革的推进,四川股票市场与国内国际市场的联动性将逐渐增强。首先,随着四川经济的发展和金融体制改革的深入推进,四川股票市场的规模和市值将逐渐扩大,吸引更多的资金和机构参与,提高市场的活跃度和影响力。其次,国家对金融市场的监管政策亦在不断改革和完善,逐步消除市场之间的障碍,促进资金的自由流动和投资者的跨市场投资。最后,随着四川与国内外的经济交流和合作的不断加深,四川股票市场的联动性将受到国内外经济和政策因素的更多影响,市场走势将更加趋同。

3. 证券品种将会更加的多样、交易效率将提高、企业更加注重可持续发展

目前四川的股票市场品种相对较少,主要以股票为主。然而,随着未来股票市场创新机制的完善,与股票相关的一些新品种及其衍生产品将不断涌现出来,丰富四川的股票市场。首先,随着金融科技的发展,数字化资产和加密资产将成为股票市场的新兴品种。例如,一些上市公司可能会通过发行数字股票或加密股票来筹集资金,这将为投资者提供更多的投资选择和机会。随着区块链技术的广泛应用,股票市场的交易效率亦将得到提高,进一步推动股票市场的健康发展。其次,衍生品市场的发展亦将增加四川股票市场的多样性。衍生品市场包括期货、期权等,这些新品种的引入将促进市场的多元化发展,提高市场的流动性和活跃度。最后,创新机制将推动交易制度的改革和完善,如引入更高效的交易方式、优化交易流程等,从而提高市场的交易效率。随着环境、社会和治理理念的深入人心,四川股票市场将更加注重企业的可持续发展和社会责任。

第三章　四川债券市场

一、四川债券市场产生的历史背景及意义

(一)四川债券市场产生的历史背景

四川债市之历史背景可溯及改革开放后之经济体制改革与金融市场发展。改革开放之初,中国金融市场相对封闭,债市尤薄。四川省为中国西部重要经济大省,当时债市初兴,随着经济之发展与金融改革之深入,四川债市逐渐形成。

1. 经济发展需要大量的资金支持,为四川债券市场的形成提供了条件

改革开放以来,中国经济逐渐从计划经济向市场经济转型,这一转型过程深刻影响了企业的融资需求。在计划经济时期,企业融资主要依赖政府拨款和银行信贷,资金来源相对单一。然而,随着市场经济的深入发展,企业逐渐成为市场经济的主体,其融资需求亦日益多样化和复杂化。特别是在四川省这样的中国西部地区重要经济大省,随着企业数量的增加和规模的扩大,对资金的需求更是急剧增长。在市场经济条件下,企业不仅需要短期流动资金来维持日常运营,还需要长期资本来支持技术升级、扩大生产规模和开拓新市场。传统的银行贷款等间接融资方式虽然在

一定程度上满足了企业的融资需求，但其融资规模和期限往往受到限制，且融资成本较高，而企业需要寻找更为灵活、成本更低的融资渠道。此时债券市场作为一种关键的直接融资途径，便应运而生，成为企业筹集资金的重要选择。

为了推动债券市场的发展，四川省政府采取了一系列积极措施，加大了对企业债券市场的支持力度。这些政策降低了企业发行债券的成本和风险，鼓励了更多企业参与债券市场，促进了市场的活跃度。债券市场的逐步壮大还促进了企业结构调整和产业升级，提升了企业的市场竞争力。此外，债券市场的健康发展亦带动了金融服务业等相关产业的发展，进一步推动了四川省经济的转型和升级。例如，一些传统产业通过债券市场获得资金后，进行了技术改造和设备更新，实现了从劳动密集型向技术密集型的转变。

随着四川省债券市场的不断发展，越来越多的投资者和金融机构开始关注并参与其中。这不仅包括国内的投资者，还包括国际投资者。债券市场的繁荣吸引了大量的资金流入，进一步推动了市场的扩容和发展。这亦为四川省的企业提供了更多的融资机会，形成了良性循环，促进了经济的持续增长。

2. 金融改革的推进为四川债券市场的发展创造了条件

（1）金融改革与债券市场发展的理论关联。首先，宏观金融环境优化。金融改革旨在构建一个稳定、高效、开放的金融体系。在宏观经济层面，应通过利率市场化等改革措施，使资金价格能够真实反映市场供求关系。对于债券市场而言，准确的资金价格信号有助于投资者和发行者进行合理的定价决策。例如，在利率市场化进程中，银行间债券市场的利率波动更加贴近实体经济的资金需求状况，四川的企业在发行债券时，可以依据市场化的利率水平来确定票面利率，吸引更多的投资者。其次，金融机构功能完善。金融改革促使金融机构不断拓展业务范围和服务功能，商业银行等传统金融机构从单纯的信贷业务向综合金融服务转型。在债券市场方面，商业银行可以作为债券承销商、做市商等参与其中。一方面，银行凭借其广泛的客户资源和信用评估能力，能够更好地挖掘四川地区有潜力的企业债券发行需求；另一方面，作为做市商，银行可以增加债券市场的流动性，促进债券的交易和价格发现。同时，证券公司等非银行金融机构亦在金融改革中不断发展创新业务，如资产证券化等，为四川债券市场提供了更多样化的金融产品。

（2）金融改革对四川债券市场基础设施建设的推动。首先，交易平台建设方面。随着金融改革的深入,全国性的债券交易平台不断完善,并且积极鼓励地方债券市场的创新发展。对于四川而言,一方面可以利用全国统一的债券交易平台开展债券交易活动,提高交易效率;另一方面,金融改革亦支持四川本地探索建立适合本地区的债券交易辅助平台或信息服务系统。例如,依托金融科技手段,搭建四川债券市场信息发布和交流平台,及时公布债券发行信息、企业信用状况等,方便投资者获取信息,降低信息不对称风险,促进四川债券市场的健康发展。其次,登记结算体系完善。金融改革促进了债券登记结算体系的规范化和高效化。在中国证券登记结算有限责任公司等机构的框架下,四川的债券发行和交易相关登记结算工作更加顺畅,这有助于保障债券持有人的权益,提高债券市场的运行效率。例如,在债券兑付环节,完善的登记结算体系能够确保资金按时准确地划转给债券持有人,增强投资者对四川债券市场的信心。

(3)金融改革促进四川债券市场主体活力释放。首先,发行人多元化。金融改革降低了债券发行的门槛,拓宽了发行主体的范围,除了大型国有企业外,四川的中小企业、民营企业等亦有更多机会进入债券市场融资。例如,随着债务融资工具注册制等改革措施的实施,符合条件的四川企业可以通过发行短期融资券、中期票据等债务融资工具来筹集资金。这些企业在基础设施建设、产业升级等方面发挥着重要作用,它们进入债券市场不仅丰富了债券品种,还为投资者提供了更多元化的投资选择,同时亦为四川经济的发展注入了新的动力。其次,投资者结构优化。金融改革吸引了更多类型的投资者参与到债券市场。在国内金融市场逐步对外开放的过程中,境外投资者开始关注包括四川在内的中国债券市场,同时,国内各类金融机构如保险公司、基金公司等不断发展壮大,成为债券市场的重要投资力量。这些不同类型的投资者有着不同的投资偏好和风险承受能力,他们共同参与四川债券市场,有利于提高市场的活跃度和稳定性。例如,保险公司通常追求长期稳定的收益,会倾向于投资一些信用等级较高、期限较长的四川地方政府债券或优质企业的公司债券;而基金公司则可以根据市场行情灵活调整投资组合,投资于不同类型和期限的四川债券产品。

(4)金融改革助力四川债券市场风险管理能力提升。首先,信用评级体系建设。金融改革重视信用评级行业的发展,鼓励信用评级机构提高评级质量和服务水平。在四川债券市场,专业的信用评级机构通过对发行企业的财务状况、经营能力、发展前景等方面进行全面评估，给予合理的信用评级，这有助于投资者准确判断债券的风险程度，合理配置资产。例如，对于信用评级较高的四川企业发行的债券，投资者可能愿意以较低的收益率要求购买，而对于信用评级较低的债券，则要求更高的风险补偿。信用评级机构还可以对债券存续期间进行跟踪评级，及时预警潜在的信用风险，为四川债券市场的健康发展提供保障。其次，监管协同机制强化。金融改革推动监管部门之间的协同合作，中国人民银行、中国证券监督管理委员会等监管部门在债券市场监管方面建立了更为紧密的合作机制。对于四川债券市场而言，这种协同监管有助于防范系统性风险的发生，监管部门可以在债券发行审核、信息披露、违规行为查处等方面形成合力。例如，在债券发行过程中，监管部门可以联合审查发行企业的资质，确保符合相关法律法规和政策要求；在信息披露方面，督促发行企业和中介机构按照规定及时、准确地披露相关信息；一旦发现违规行为，可以迅速采取措施进行处理，维护四川债券市场的良好秩序。

3. 四川省政府积极推动基础设施建设为债券市场的形成提供了机遇

四川省政府积极投入大量资源用于基础设施建设，在这一过程中，与债券市场之间产生了诸多紧密的联系。一方面，基础设施建设带来了巨大的资金需求；另一方面亦为债券市场的形成和发展提供了多种机遇。

（1）资金需求催生债券发行机会。首先，庞大的项目融资需求。四川省的基础设施建设项目涵盖了交通（如高速公路、铁路、机场扩建）、能源（水电站建设等）、水利（防洪灌溉工程）等多个领域，这些项目的建设需要巨额的资金投入，并且建设周期较长。例如成渝中线高铁项目，其投资规模巨大，单纯依靠政府财政拨款难以满足全部资金需求。这促使政府和相关企业积极探索多元化的融资渠道，其中债券发行成为重要的选择。对于大型基础设施项目，通过发行债券可以一次性筹集到较大规模的资金。以地方政府专项债券为例，它可以根据特定的基础设施项目进行定向发行，如针对某一个水利枢纽工程的专项债券，投资者购买该债券后，资金直接投入该项目的建设中，既满足了项目建设的资金需求，又为债券市场的发展注入了活力。其次，推动债券品种创新。为了适应不同基础设施项目的融资特点，四川省在债券品种方面不断创新。比如绿色债券的推出，许多基础设施项目涉及生态保护和可持续发展，如山区的生态水利工程、城市轨道交通中的节能改造项目等。绿色债券可以吸引那些关注环境保护和社会责任的投资者,同时亦能享受相关政策优惠。还有资产证券化产品,对于一些已经建成并产生稳定现金流的基础设施项目,如收费公路、污水处理厂等,可以通过将未来现金流打包成资产支持证券的方式进行融资。这不仅拓宽了融资渠道,亦丰富了债券市场的品种结构,增加了债券市场的吸引力。

(2)提升债券市场信用环境。首先,政府信用背书增强信心。在基础设施建设中,四川省政府往往承担着主导或重要参与者的角色,当政府相关部门或者国有企业为基础设施项目发行债券时,政府的信用背书起到了关键作用。例如地方政府债券,由于有政府的信誉保障,投资者对其偿债能力充满信心,愿意积极参与认购。政府在基础设施建设中的良好履约记录亦有助于改善整个债券市场的信用环境。如果政府能够按时足额偿还债务本息,会向市场传递积极的信号,提高债券市场的整体信用水平。这使更多的投资者敢于涉足债券市场,尤其是对于一些新兴的债券品种或者信用等级相对较低的企业债券,亦会因为整体信用环境的提升而获得更多关注。其次,带动企业信用意识提升。随着基础设施建设的推进,众多参与其中的企业亦在债券市场上逐渐崭露头角。为了成功发行债券为基础设施项目融资,这些企业必须注重自身信用建设。例如,建筑施工企业在承建大型基础设施项目时,如果要通过发行债券获取资金,就需要建立健全的财务管理制度,确保按照约定履行还本付息义务。政府在基础设施建设中的监管要求亦促使企业更加重视信用评级。较高的信用评级可以使企业以更低的成本发行债券,从而吸引更多资金投入基础设施建设中,这种良性循环有助于提升整个债券市场的信用质量,促进债券市场的健康发展。

(3)拓展债券市场需求群体。首先,吸引机构投资者。基础设施建设项目具有长期稳定回报的特点,这对于追求长期稳定收益的机构投资者非常具有吸引力。例如保险资金,其投资期限长、资金规模大,与基础设施建设项目的资金需求相匹配。四川省的基础设施建设债券可以为保险资金提供合适的投资标的,保险公司可以通过购买债券将资金投入诸如大型水电站建设等项目中,在获得稳定利息收入的同时,亦为基础设施建设提供了资金支持。养老基金亦是重要的机构投资者,随着人口老龄化加剧,养老基金需要寻找安全可靠且收益可观的投资渠道。基础设施建设债券所具有的政府背景和稳定现金流特征符合养老基金的投资需求。此外,银行理财子公司等金融机构亦可以根据投资者的风险偏好,将部分资金配置到基础设施建设债券上,进一步扩大债券市场的资金来源。其次,培育个人投资者市场。四川省基础设施建设的蓬勃发展使得债券市场逐渐走向大众视野。政府和相关机构通过宣传推广基础设施建设债券的优势,如安全性高、收益相对稳定等,吸引了越来越多的个人投资者关注。例如,一些小型的城市市政建设项目债券,面额较小,适合普通民众购买。随着互联网金融的发展,线上债券交易平台不断完善,个人投资者购买债券变得更加便捷,这不仅增加了债券市场的流动性,也为债券市场的扩大奠定了广泛的群众基础。

(二)四川债券市场产生的意义

四川债券市场的发行模式和管理体制的演变与我国整体债券市场发行模式和管理体制的演变有相通之处。无论是四川省债券市场,还是整体债券市场,都以政府债券和企业债券为主要发行品种。这两种债券类型在四川省和全国范围内都发挥了重要的融资功能。在债券市场的发展过程中,四川省债券市场亦受到了全国债券市场的影响和引领。全国债券市场的发展和改革措施,对于四川省债券市场的发展方向和政策调整都起到了一定的示范和参考作用。

1. 四川债券市场的发展对于满足地方政府和企业的融资需求、推动经济发展、提升金融服务能力具有重要的意义

通过政府债券和企业债券的发行,债券市场能够有效连接投资者和融资主体,实现资金的有效配置和流动,促进经济的健康发展。1994 年我国实行了分税制改革,这是中华人民共和国成立以来规模最大、范围最广、内容最深刻、力度最强的一次税制改革。尽管分税制改革取得了显著成效,但在改革过程中亦暴露出一些问题,如对非税收入的依赖不断强化、转移支付资金配置效率不理想等。从四川省地方政府债券的发展情况分析,自 1994 年我国实行分税制改革后,财政支出与财政收入的比例逐渐走向失衡,省级和县市级的财政资金缺口很大。地方政府的债务危机日益显现,严重影响了社会经济的发展和稳定。从 2020 年地方政府债券发行量来看,四川省发行的金额是 3543 亿元,排名第 4;从 2020 年我国各省市地方政府专项债券发行量的排名来看,四川省排名第 4,发行的总金额为 2256 亿元。从 2020 年我国各省市地方政府一般债券发行量的排名来看,一共有 8 个省份的发行量超过了 1000 亿元发行量,其中发行量最

多的是四川省,2020 年共发行了一般债券 1287 亿元,占全国地方政府一般债券发行总量的 5.59%。[1] 从四川省企业债券发行情况分析,1986 年 9 月 4 日,四川省人民政府颁布《四川省人民政府关于企业债券、股票管理的暂行规定》。1987 年 3 月,国务院颁布实施了《企业债券管理暂行条例》(已失效)。1993 年国务院颁布《企业债券管理条例》。四川企业债券市场的规模在此期间逐步扩大,审批亦由人民银行过渡到计委和人行共同审批,企业债券在沪、深证券交易所挂牌交易,流动性有所提高。2004 年 6 月起由国家发改委批准企业发行债券并进行监督管理,2007 年 11 月国家发改委下发通知,将企业债券先核定规模、后核准发行两个环节,简化为直接核准发行一个环节。增加了四川企业的发债量,使四川企业由此获得更多资金支持。

《关于对 2019 年落实有关重大政策措施真抓实干成效明显地方予以督查激励的通报》(国办发〔2020〕9 号),对 2019 年落实有关重大政策措施真抓实干成效明显的 30 项予以督查激励通报。[2] 其中,包括四川省绵阳市在内的全国共 10 个市(区)在促进社会投资健康发展、企业债券发行、债券品种创新与风险防范等方面工作成效显著,获得国务院督查激励,区域内企业申请企业债券自 2020 年起两年内实行"直通车"机制,享受"即报即审"的奖励支持措施。从 2017 年国务院办公厅组织开展督查激励工作以来,四川泸州市、成都市、绵阳市先后获得国务院督查激励通报表扬,四川成为全国连续 3 年获得国务院督查激励的 2 个省份之一。2020 年以来,四川加大企业债券申报力度,保持了企业债券工作良好势头。2020 年的 1 ~4 月,四川共有 8 支企业债券获得国家发展改革委核准发行,总规模 278.7 亿元。[3]

2. 助力解决金融体系和债券市场资金结构不匹配问题具有重要意义

进入 20 世纪 90 年代后,我国金融体系和债券市场出现了资金结构不匹配的问题。尤其是在西部地区,如四川等地,金融市场的发展还处于初级阶段,面

〔1〕 参见童锡来:《2020 年中国地方政府债券行业市场现状及发展趋势分析 2020 年债券发行量破新高》,载前瞻经济学人网 2021 年 3 月 9 日,https://www.qianzhan.com/analyst/detail/220/210309-26f31e31.html。

〔2〕 参见陈曦:《四川企业债券发行连续 3 年获国务院督查激励》,载人民网 – 四川频道 2020 年 5 月 15 日,http://sc.people.com.cn/BIG5/n2/2020/0515/c345509-34019474.html。

〔3〕 参见陈曦:《四川企业债券发行连续 3 年获国务院督查激励》,载人民网 – 四川频道 2020 年 5 月 15 日,http://sc.people.com.cn/BIG5/n2/2020/0515/c345509-34019474.html。

临一些困难。首先,我国的债券市场规模较小,产品种类有限。在这个时期,债券市场的发展相对滞后,可供投资者选择的债券种类较少,无法满足投资者多样化的需求。这导致投资者的投资选择受到限制,无法充分利用债券市场进行资金配置。其次,银行存款利率持续下降,使银行储蓄对居民失去了吸引力。相对于银行储蓄,居民更倾向于追求更高收益的投资方式。然而,由于股票市场的不完善和风险较大,许多投资者不敢轻易涉足,国债市场规模亦有限,无法满足广大投资者的需求。

(1)四川作为中国西部地区经济发展较快的省份,发展债券市场可以帮助优化资金配置,提高投资效率。

债券市场的发展对企业和政府提供了多样化的融资渠道。通过发行债券,企业和政府可以从投资者那里筹集资金,用于项目投资、发展和运营。相比于传统银行贷款和股票市场,债券市场能够提供更加灵活和多元化的融资方式。企业和政府可以根据自身需求选择适合的债券类型,如公司债、政府债、可转债等,以满足不同的融资需求。债券市场的发展亦为投资者提供了丰富的投资选择,投资者可以购买各种债券产品,以获取固定的利息或者到期时的本金回收。不同类型的债券具有不同的风险和收益特点,投资者可以根据自身的风险偏好和投资目标来选择适合的债券投资组合。债券市场的发展还促进了金融创新,出现了更多新型债券产品,如可交换债、可定增债等,拓宽了投资者的选择范围。债券市场的发展可以满足不同投资者的需求,促进资金的流动和配置,投资者可以根据自己的投资目标和风险承受能力选择适合的债券投资,实现资金的配置和流动。债券市场的发展亦促进了资金的有效配置,使资金能够更好地与债券市场相匹配,债券市场的发展还可以促进资源的优化配置。因此,债券市场的发展对于企业、政府和投资者而言,都具有重要意义,它为企业和政府提供了多样化的融资渠道,为投资者提供了丰富的投资选择,促进了资金的流动和配置,使资金更好地与债券市场相匹配。

(2)四川债券市场的发展可以提高金融服务质量和促进监管完善。

债券市场的健康发展需要更完善的金融机构和服务体系。金融机构在债券市场中扮演着重要的角色,它们为发行债券的企业和政府提供融资、承销、咨询和交易等各种服务。然而,在一些地区,特别是西部地区,金融机构的发展相对滞后,金融服务不完善,四川债券市场的建设将促进金融机构的发展。通过引入更多金融机构，如证券公司、银行和基金管理公司等，债券市场将得到更加专业化、规范化和专业化的服务，这将提高金融机构的竞争力，促使它们提高金融产品和服务的质量和效率。金融机构的发展将为债券市场提供更多专业的发行、交易和结算服务，提高市场的运作效率和流动性。四川债券市场的建设还将有助于解决西部地区金融服务不完善的问题。在一些西部地区，金融机构相对较少，金融服务相对滞后，债券市场的建设将吸引更多金融机构进入该地区，提供更多优质的金融产品和服务。这将满足投资者的需求，使其能够更好地参与债券市场，获得更多投资机会，实现财富的增值。

四川债券市场的发展能够推动风险管理和监管机制的完善，进而促进金融创新。首先，强化风险管理。债券市场的发展要求相关机构如证券交易所、证券公司等加强风险评估和管理体系，有效识别和控制信用风险、流动性风险等，保障市场稳定。其次，提升监管效能。随着债券市场的成熟，监管机制需不断完善，以预防和控制风险事件，减少市场波动，增强投资者信心，吸引更多资金，提高市场效率和流动性。最后，提供安全投资环境。完善的风险管理和监管为投资者创造了一个更加安全、可靠的投资环境，提升他们对债券市场的信任度和投资积极性，有助于市场的健康发展。

(3)四川债券市场的发展对于西部地区经济发展的带动和结构优化亦具有重要意义。

债券市场的发展可以为企业提供更多融资渠道，支持企业发展和创新。相比于传统的银行贷款和股权融资，债券融资具有更灵活的特点，可以满足不同企业的融资需求。通过发行债券，企业可以获得长期、稳定的资金来源，用于扩大生产规模、改善技术设备、进行研发创新等，这有助于提升企业的竞争力和创新能力。债券市场的发展亦有助于促进西部地区经济结构的优化和产业的升级。西部地区相对于东部地区在经济发展和产业结构上存在一定的差距。债券市场的发展将为西部地区的企业提供更多融资机会，特别是中小企业和创新型企业，推动其发展壮大。对于大型基础设施建设项目而言，如交通（高速公路、铁路等）、能源（水电站建设等）项目，通过发行地方政府专项债券或企业债券能够筹集大规模的长期资金。这些资金可以投入项目建设中，推动项目的顺利进行，进而带动相关产业的发展，为区域经济发展奠定坚实的基础。这将促进西部地区经济结构的优化，推动传统产业向高端制造业、现代服务业等高附加值领域转型升级。西部地区的企业亦可以通过发行境外债券等方式走向国际市场。例如,一些具有比较优势的企业如新能源企业、特色农业企业等可以利用国际债券市场低成本、大容量的特点进行融资。这有助于提升西部地区企业在国际分工中的地位,拓展国际市场空间,带动整个西部地区积极参与全球经济合作与竞争,优化西部地区经济结构在全球产业链中的布局。从区域协调发展的角度来看,债券市场的跨区域特性使得东部地区的资金可以通过购买西部地区发行的债券等方式流入西部地区。这有利于实现东西部地区之间资本、技术、人才等要素的双向流动,缩小东西部地区在经济发展水平上的差距,促进全国区域经济的协调发展。

二、四川债券市场的发展与演进

(一)1949 年后中国债权市场的发展时期[1]

1. 前市场时期(1949~1981 年)

人民胜利折实公债是 1949 年后中国发行的第一笔公债,于 1950 年 1 月 5 日由中央人民政府批准发行。[2] 这笔公债的发行旨在筹集资金用于国家建设和发展,标志着中国开始正式进行国家债务融资。人民胜利折实公债的发行背景是中华人民共和国成立初期的特殊经济环境。当时中国经济主要面临着战争的破坏、国家建设和民生发展的需求以及外部封锁等多重困难。为了解决资金短缺的问题,中国政府决定发行公债来筹集资金。这笔公债名称中的"人民胜利"表达了中华人民共和国成立以来所取得的革命胜利和国家的独立解放,同时亦寓意着中国人民在国家建设中的重要地位和贡献。而"折实"一词则强调了这笔公债的实际价值,即以实物形式(如商品、设备等)回报债券持有者。[3] 人民胜利折

---

[1] 参见张洪海:《我国债券市场的发展历程》,载《辽宁经济》2010 年第 1 期。

[2] 亦有不同观点认为,1949 年 12 月 2 日,召开中央人民政府委员会第四次会议,听取陈云《发行公债弥补财政赤字》的报告,并通过了《关于发行人民胜利折实公债的决定》。

[3] 折实公债的募集及还本付息均以实物为计算标准,其单位定名为"分"。每分所含实物为上海、天津、汉口、西安、广州、重庆六大城市的大米(天津为小米)6 市斤、面粉 1.5 市斤、白细布 4 市尺、煤炭 16 市斤的批发价格,用加权平均的方法计算。中国人民银行每旬公布一次牌价,并作为收付债款的标准。当然,实物除了大米等之外,还有其他种类。

实公债的发行方式亦具有一定的特点。为了确保广大人民群众能够参与,债券的面值较低,一般为10元或20元。此外,债券的持有者可以根据自己的需要选择以金银或实物形式兑付。这种发行方式使债券更具吸引力,促进了广大人民群众的参与。人民胜利折实公债的发行为中国政府提供了资金来源,用于国家建设和发展。[1] 这对于中华人民共和国初期的经济发展具有重要意义。通过债务融资,中国政府能够更好地满足国家建设和民生改善的资金需求,推动经济的发展。

20世纪50年代后期到1978年改革开放前,中国经历了一段“既无外债,亦无内债”的历史时期。第一,当时中国政府注重国内经济建设和发展,积极推动农业、工业和基础设施的建设。通过农村土地改革、农业合作化和国有化等措施,中国政府将资源重点投入国内经济建设中,而不是寻求外部借贷。这种内需主导的经济政策亦是导致中国在这段时期没有形成外债和内债的原因之一。第二,中国当时实行的经济体制是以计划经济为主导。在计划经济体制下,国家对经济活动进行全面控制和调控,包括资源配置、产量管理和价格控制等。计划经济的特点是政府可以直接调动和配置资源,避免了企业负债和借贷的需求,国家通过自身的资源调配能力和生产能力,保证了经济建设和发展的需要,从而避免了形成内债。第三,中国当时实行的金融体制相对封闭,外汇和资本流动受到限制。由于国际金融市场的相对封闭状态,中国的外部债务相对较少,同时,中国政府采取了保护主义政策,限制了外资进入和外国贷款,这些政策同时也限制了外债的形成。第四,中国在这一时期实行了严格的财政纪律。政府通过控制支出、提高收入和合理规划,避免了财政赤字的形成。财政纪律的实施有助于控制借贷需求,从而减少了内债的产生。第五,全球环境和外部条件在一定程度上限制了中国外债的形成。当时的中国与西方国家之间存在外交和经济上的紧张关系,外债融资困难。需留意,当时的国际金融市场相对封闭,中国无法像现在这样轻松地获得外部贷款。中国当时的经济发展主要依靠国内资源,国内市场的需求亦得到较好满足,中国政府通过推动农业、工业和

---

[1] 折实公债计划发行两期,总额为2亿分(2万万分),年息5厘,分5年5次还清。第一期折实公债发行额为1亿分,于1950年1月至3月发行完毕。由于第一期公债发行超额完成,达到原定两期发行额的70.4%,且国家财经状况已基本好转,第二期折实公债没有再发行。

基础设施建设,以提高生产能力和人民生活水平。这一发展模式有助于增加国内收入和减少对外债务的需求。然而,需要指出的是,尽管这一时期中国没有形成大规模的外债和内债,但并不意味着没有债务和负债。中国政府在经济建设和战争重建过程中仍然面临一定的负债压力,只是相对较小。此外,这段历史时期亦面临资源匮乏、技术落后和经济落后等问题,这些问题在改革开放后逐渐显现出来。

2. 第一时期:场外柜台交易为主(1981 ~ 1991 年)

在改革开放后的 1981 ~ 1991 年,中国债券市场经历了两个发展阶段。

(1)在改革开放初期的 1981 ~ 1986 年,中国的债券市场处于非公开交易时期。

1981 年中国政府发行国库券是中国债券市场发展的重要里程碑。[1] 这次发行为政府筹集资金提供了新的途径,为投资者提供了一个相对安全和流动性较高的投资选择。这次发行亦为债券市场的建立和发展积累了经验和教训。这标志着中国债券市场迈出了重要的一步,为后续的债券市场发展奠定了基础。1982 年国家允许部分企业债券的发行是中国金融体制改革的一项重要举措,旨在满足企业融资需求,为企业提供多样化的融资渠道。在 20 世纪 80 年代初,中国正处于经济体制改革的关键时期,传统的计划经济体制已经显现出许多问题,包括融资渠道的单一性和国有企业的优先融资地位。为了推动市场化改革,政府决定放宽对企业债券发行的限制,允许企业通过发行债券来融资。允许企业债券发行的举措对于满足企业融资需求具有重要意义。债券作为一种长期借款工具,可以为企业提供相对稳定的融资来源,通过债券发行,企业能够筹集到更多的资金,进一步扩大生产规模、提升技术水平和增加市场竞争力。

---

[1] 在 1979 年和 1980 年,中国连续两年出现巨额财政赤字,合计高达 298.1 亿元,大大超出了之前的记录。同时,随着经济的发展和人民群众收入的增加,储蓄存款亦持续高速增长。为了弥补财政赤字,并有效利用人民群众的储蓄资金进行经济建设,中央政府开始筹划发行国库券。1981 年 1 月 16 日,《中华人民共和国国库券条例》获国务院通过,确定从 1981 年开始发行国库券。(1)发行规模。1981 年第一次发行的国库券总金额为 40 亿元,要求城乡人民群众购买 20 亿元,全民所有制单位和集体所有制单位购买共 20 亿元。实际认购缴款 46.65 亿元,超额完成了任务。(2)发行对象。国库券的发行对象包括全民所有制单位、集体所有制单位以及城乡人民群众。(3)利率与期限。国库券的年息定为 4 厘,以人民币为计算单位。自发行第 6 年起,一次抽签,按发行额分 5 年作 5 次偿还本金,每次偿还总额的 20%,10 年还本付息。

在此之前,中国的债券市场相对不发达,债券市场机制亦较为简单。债券发行的允许推动了债券市场的进一步发展,促使市场参与者对债券市场的了解和认知增加,并为日后债券市场的进一步改革奠定了基础。尽管在1982年允许企业债券发行时,债券的公开转让仍受到限制,但这一举措标志着中国债券市场的起步。随着中国金融体制改革的逐步深化,债券市场的规模和功能不断拓展,债券交易逐渐开放到公开市场,从而进一步促进了企业融资的多样化和市场化。但是,整体而言,在这个阶段,中国金融市场的发展相对滞后,债券交易主要通过非公开的方式进行。机构投资者之间主要通过协商和约定进行债券的买卖,缺乏一个统一的交易场所和规则。这一阶段的债券市场发展非常有限,市场规模较小,流动性都相对较低。由于缺乏标准化的交易流程和规则,债券交易较为复杂和不透明,投资者的参与度较低。在这个时期,债券市场的参与主体主要是一些大型国有企业和金融机构,他们通过私下协商的方式进行债券交易,未能形成一个统一的市场体系。这限制了债券市场的发展,并且亦使得债券市场对外界的观察和监管相对困难。另外,由于缺乏统一的交易场所,债券市场的流动性较差,投资者在买卖债券时面临较大的交易成本和流动性风险,这亦进一步限制了投资者的参与度和债券市场的发展潜力。

(2)在第二阶段,即柜台交易时期,中国债券市场的发展取得了初步进展。

在1986年,中国第一个官方批准的柜台交易市场在沈阳成立,为企业债券的交易提供了便利。[1] 随后,一些其他城市亦相继建立了类似的柜台交易市场,进一步促进了债券市场的发展。这些柜台交易市场为投资者提供了一个集中交易的平台,为企业融资提供了更多的渠道。在1986～1991年的柜台交易时期,中国政府开始逐步推动债券市场的发展。这一阶段是中国债券市场发展的重要里程碑,为债券市场的多样化提供了基础。在这个阶段,中国政府允许银行和非银行金融机构发行金融债券,这一措施为债券市场的多样化发展提供了机会,使不同机构和企业都能通过发行债券来筹集资金。中国人民银行亦加强了对债券市场的管制,要求企业债券发行必须经过中央银行批准。尽管相对

---

[1] 1986年,随着中国经济的不断发展,企业对于资金的需求日益增加,而债券市场作为一种重要的融资渠道,其发展的重要性亦日益凸显。为了推动债券市场的规范化、市场化发展,1986年8月5日,经中国人民银行沈阳分行批准,沈阳市信托投资公司正式成立,并向社会开办债券转让业务。这亦是1949年后中国第一个债券交易柜台。

滞后,但通过政府的推动和市场的探索,债券市场逐渐形成了一套初步的交易机制和市场体系,为后续债券市场的进一步发展奠定了基础。在这个阶段,债券交易开始在柜台上进行,金融机构成为债券市场的主要参与者,包括商业银行、证券公司和保险公司等。这些机构通过柜台交易进行债券的买卖,使得债券市场的交易更为便利和高效。债券市场的监管亦得到了加强,监管机构开始制定和实施一些规则和制度,以保障市场的公平和透明。在这一时期,债券市场的发展仍然存在一些挑战,诸如市场规模相对较小,投资者参与度有限,流动性仍然不够充分,缺乏多样化的债券品种,投资者的选择有限。然而,柜台交易时期为中国债券市场的进一步发展奠定了基础。市场主体的参与度增加,交易机制逐渐完善,监管力度加强,为后续的债券市场改革和发展提供了经验和教训。

3. 第二时期:以交易所交易为主(1991～1997年)

在1991～1997年,中国之债券市场以交易所为主导。自上海与深圳证券交易所创立之后,债券交易之重心逐渐转向于交易所,且交易方式亦发生变革。

(1)国债的承销和包销

1991年,财政部首次组织国债的承销和包销,这标志着我国债券发行市场化进程的启动。[1] 尽管当时的发行利率仍然由行政决定,但这一步骤在债券市场的发展中具有重要意义。在此之前,我国债券发行主要由财政部直接进行,发行利率由政府行政决定,投资者的参与度较低。这种发行方式缺乏市场竞争和定价机制,限制了债券市场的发展和投资者的选择权。然而,1991年财政部开始组织国债的承销和包销,通过与商业银行和证券公司等金融机构合作,引入市场化的机制来发行国债。这一改革措施为债券发行市场引入了更多的参与者和竞争机制,提高了发行的效率和质量。通过引入金融机构的承销和包销,债券发行逐渐实现了市场化的定价机制。这为未来的债券市场发展奠定

---

〔1〕 在1991年之前,中国国债的发行主要依赖行政摊派的方式,这种方式存在诸多弊端,如发行效率低下、市场参与度较低等。为了改变这一状况,财政部决定引入承销和包销机制,以市场化的方式推动国债的发行。1991年,财政部在人民大会堂召开了第一次的承购包销大会,将当年一部分的国债发行量以"机构承购包销"的形式发行。这一举措得到了承销机构的积极响应,承销热情高涨。然而,由于当时通胀情况逐渐变得严重,市场利率大幅上涨,而国债利率保持不变,导致1993年承销国债的意愿变得消极。为了应对这一情况,财政部又实质性回到了老路,以更强力的方式进行行政摊派。但尽管如此,"机构承购包销"仍然是未来几年国债销售的主要方式。

了基础,并为后来的债券市场上市交易提供了条件。此外,这一改革措施亦为债券市场的参与者带来了更多的选择权。金融机构作为发行的主要渠道,为投资者提供了更多的债券产品和投资渠道,这促进了债券市场的活跃度和多样性。

(2)国债招标发行试点

1995年国债招标发行试点的成功标志着中国债券市场正式进入市场化阶段。在这一试点中,国债的发行利率开始实行市场化,不再由行政决定,而是通过竞争性招标确定。这一改革措施的实施有助于加强市场的竞争机制,使债券市场的发行、交易和定价更加市场、透明和规范。通过采用竞标方式确定利率,债券的价格和利率由市场需求和供给决定,这为投资者提供了更多的选择权,增加了债券市场的竞争和活跃度。国债招标发行试点的成功亦为后续债券市场的发展奠定了基础。在试点成功后,中国债券市场逐渐引入了更多的品种和工具,包括企业债、金融债等。市场化的利率确定机制为不同类型的债券提供了更多的定价方式,丰富了市场的产品和投资渠道。此外,国债招标发行试点的成功亦为债券市场的参与者带来了更多的机会和风险管理工具。金融机构、企业和个人投资者可以通过参与债券招标发行来投资和管理风险。

(3)政策性金融债登上历史舞台

1994年,随着金融体制改革的深化,中国建立了专门的政策性银行,并实行政策性业务与商业性业务的分离,政策性金融债由政策性银行发行,政策性金融债登上历史舞台。[1] 在金融体制改革之前,中国的金融体系主要由国有商业银行组成,政策性银行的业务与商业性银行的业务混合在一起,导致了金融资源的浪费和风险的积累。为了解决这一问题,中国决定实行政策性业务

---

[1] 1994年成立的政策性银行包括:(1)国家开发银行。该行的主要目的是为国家重点建设项目融通资金,保证关系国民经济全局和社会发展的重点建设顺利进行。它还将分散管理的国家投资基金集中起来,建立投资贷款审查制度,并承担相应的责任与风险,以防止盲目投资和重复建设。(2)中国农业发展银行。农业是国民经济的基础,但农业基础薄弱,比较效益低,地区差异大。为了集中财力解决农业和农村经济发展的政策性资金需要,促进主要农产品收购资金的封闭运行而成立。(3)中国进出口银行。随着中国对外经济贸易的扩大,运用补贴以施加特殊保护、促进出口的办法已经过时。为了按国际惯例运用出口信贷、担保等通行做法,扩大机电产品,特别是大型成套设备和高新技术、高附加值产品的出口,合理促进对外贸易的发展,创造公平、透明、稳定的对外贸易环境而成立。

与商业性业务的分离，将政策性金融债的发行权交给了专门的政策性银行。政策性金融债以国家政策性需求为导向，用于支持国家重大项目、基础设施建设和社会事业发展等。这种分离的改革措施有助于明确政策性银行的定位和职责，提高政策性金融债的专业化和专业性。政策性金融债的发行为国家提供了重要的融资渠道，亦为投资者提供了风险较低、收益稳定的投资选择。政策性金融债的发行亦推动了债券市场的发展，拓展了债券市场的规模和深度。

（4）交易方式的多样化

上海和深圳证券交易所相继开设了国债现券交易、国债期货和回购交易，以及企业债现货交易，丰富了债券市场的交易品种和交易方式。首先，上海和深圳证券交易所在20世纪90年代初期[1]相继开设了国债现券交易。国债现券交易是指投资者可以直接买卖国债的交易方式。投资者可以通过证券交易所提供的交易系统进行国债的买卖，享受更加便利的交易服务。其次，上海和深圳证券交易所开设了国债期货交易。国债期货是指以国债为标的物进行交易的金融衍生品。国债期货交易可以用于套期保值和投机，为投资者提供了更多的投资选择和风险管理工具。此外，上海和深圳证券交易所还开设了债券回购交易。债券回购交易是指债券发行方在特定期限内回购已发行的债券。回购交易为投资者提供了流动性管理和短期融资的工具，亦提高了债券市场的流动性和运作效率。最后，上海和深圳证券交易所还开设了企业债现货交易。企业债现货交易是指投资者可以直接买卖企业债的交易方式，为企业债市场的发展提供了更多的交易渠道和流动性支持。这些诸多交易方式的开设丰富了债券市场的交易品种，为投资者提供了更多的投资选择和风险管理工具，这对于债券市场的发展和债券投资者的利益都具有积极的促进作用。

（5）监管机制完善

在监管方面，中国成立了中国证券监督管理委员会、中国国债协会和中国证券业协会这三个监管机构。首先，中国证券监督管理委员会是中国证券市场

---

[1] 上海证券交易所于1990年成立，并在同年开始了国债现券交易。这一年，自动报价系统亦开通，加快了证券交易的速度，进一步推动了国债交易的发展。深圳证券交易所于1991年开始营业，直到1994年3月才开始进行国债现货交易。

的主管机构。它是由国务院设立的直属机构,负责对证券市场的监管和管理。中国证券监督管理委员会负责制定和修订部分证券监管法律法规,审批和监督证券市场的各种行为,维护证券市场的稳定和健康发展。其次,中国国债协会是中国国债市场的自律监管机构。它是由国务院批准于 1991 年成立的、由国债市场主体自愿组成的非营利性社会组织。中国国债协会负责制定国债市场的自律规则,监督市场主体的行为,维护国债市场的稳定运行和健康发展。最后,中国证券业协会是中国证券业的自律监管机构。它是由证券公司、基金管理公司、期货公司等证券业主体自愿组成的非营利性社会组织,于 1991 年 8 月 28 日成立。中国证券业协会负责制定证券业的自律规则,监督市场主体的行为,维护证券市场的稳定和健康发展。这三个监管机构各司其职,在监管、自律和服务等方面发挥重要作用。中国证券监督管理委员会负责整个证券市场的监管和管理,中国国债协会负责国债市场的自律监管,中国证券业协会负责证券业的自律监管,这种监管结构的建立有助于规范市场行为,促进证券市场的健康发展。

(6)交易基础设施的改善

在基础设施建设方面,全国性的国债登记托管机构和交易所电子交易系统得以建立。首先,中国国债登记托管结算有限责任公司(以下简称国债登记公司)是全国性的国债登记托管机构。该公司于 1996 年成立,是国务院授权的国债登记、托管和结算机构。国债登记公司负责登记、保管和结算所有国债的权益,并提供相关的服务和支持。它通过建立完善的登记、托管和结算系统,提高国债市场的透明度、安全性和效率,促进了国债市场的发展。其次,交易所通过建立全电子化的交易系统,提供便捷高效的债券交易服务。它为投资者提供了公开、公平、透明的债券交易环境,推动了债券市场的发展和创新,投资者可以通过电子交易系统进行实时的交易和查看市场行情,交易的速度和效率亦得到了大幅提升,促进了债券市场的流动性和活跃度。这些基础设施的发展,为国债市场的发展提供了重要的支持和保障,使中国的国债市场更加规范、健康和有序。国债登记托管机构提供了专业的登记、托管和结算服务,保障了国债投资者的权益和交易的安全性。

整体而言,在这一阶段,债券市场在发展过程中取得了一些成绩,但亦面临一些挑战。未来,中国政府和监管机构需要进一步加强宏观监管,推动债券市场的健康发展,提高市场的稳定性和风险防控能力。

4. 第三时期：以银行间市场交易为主（1997 年至今）

1997 年 6 月，中国人民银行发布了《中国人民银行关于各商业银行停止在证券交易所证券回购及现券交易的通知》（已失效），要求各国有商业银行、其他商业银行、城市合作银行必须按照规定的时间，停止在证券交易所的证券回购和现券交易。商业银行的证券回购业务需按照人民银行的规定，在全国统一的同业拆借网络中办理，即在全国银行间同业拆借中心提供的交易系统进行回购和现券交易。这标志着中国银行间债券市场的形成。在此之前，中国的债券市场主要是通过交易所进行交易，但存在一些问题，如交易流程烦琐、信息不对称等。为了改善债券市场的交易环境，人民银行决定推动银行间债券市场的发展。银行间债券市场是指商业银行、证券公司、基金公司等金融机构之间进行债券交易的市场。通过银行间债券市场，债券的发行、交易、清算等环节更加规范化和标准化，提高了市场的秩序和效率，银行间债券市场的形成债券交易提供了一个更加便捷、高效的平台。此后，中国的债券市场不断发展壮大，交易品种亦得到了丰富，债券市场成为金融市场中重要的组成部分之一。需留意，现阶段银行间债券市场并非完全取代了交易所债券市场，两者在不同层面上都扮演着重要的角色。交易所债券市场主要面向个人和机构投资者，交易规模相对较小；而银行间债券市场主要面向金融机构，交易规模较大，两者相互补充，共同推动中国债券市场的发展。

在这个时期，中国充分吸取了以往债券市场发展的经验和教训，并在法律制度层面进行了规划和完善。1997 年，中国人民银行发布了《银行间债券回购业务暂行规定》，为债券回购业务提供了规范和指导。随后，人民银行又相继发布了《银行间债券交易规则（试行）》《银行间债券交易结算规则（试行）》《政策性银行金融债发行管理暂行规定》，为银行间债券交易和发行提供了制度指导。2000 年，人民银行在原有规定的基础上修改和完善了《全国银行间债券市场债券交易管理办法》，进一步规范了债券交易的流程和操作。这些制度规定为银行间市场的发展提供了充分的保障，为市场参与者创造了更加稳定和可预期的交易环境。2002 年是中国债券市场发展史上的重要一年，在这一年，中国银行间债券市场的交易主体得到了丰富，市场的统一性得到了加强；此外，债券市场的发展方向亦得到了明确，债券市场体系基本确立。这一时期的规划和完善，为中国银行间债券市场的长期稳定发展奠定了坚实的基础。随后的几年里，中国的银行间债券市场不断壮大,并逐步开放和创新,为国内外投资者提供了更多的投资机会。[1]

在中国银行间债券市场的发展过程中,交易主体的准入方式经历了从核准制到备案制的转变。在此过程中,非金融机构法人和个人的准入范围亦得到了扩充。起初,中国银行间债券市场的交易主体准入受到较为严格的核准制度限制。只有符合一定条件的金融机构和特定的非金融机构才能成为交易主体参与债券市场交易。这种准入制度限制了市场的参与者范围,影响了市场的活跃度和流动性。为了推动债券市场的发展和进一步扩大交易主体的范围,中国在 2002 年开始逐步实施备案制度。备案制度意味着交易主体只需要在相关机构备案,而不再需要经过严格的核准程序。这一改革措施有效地降低了交易主体准入的门槛,增加了非金融机构法人和个人的参与机会。随后,中国还进一步扩大了非金融机构法人和个人通过间接方式参与银行间债券市场的渠道。通过引入债券基金、保险公司、券商及其集合资管计划等机构,非金融机构法人和个人可以通过购买这些机构发行的金融产品间接参与债券市场。这些改革措施的实施,使中国银行间债券市场的交易主体范围得到了扩大,市场流动性得到了提高,为市场的进一步发展奠定了基础,亦为非金融机构法人和个人提供了更多的投资渠道和机会。

在债券市场的统一性方面,中国采取了多项政策和措施,以实现市场的统一化发展。首先,在跨市场发行国债方面,中国首次实现了国债在多个市场的同时发行。这意味着债券发行的市场不再受限于单一市场,不同市场的债券品种可以在多个市场进行发行和流通。这一举措增加了市场的灵活性和流动性,为债券市场的发展创造了条件。其次,中国允许商业银行承办记账式国债柜台业务,实现了银行间债券市场和柜台债券市场的联通。通过承办记账式国债柜台业务,商业银行可以在两个市场之间进行债券交易,促进了市场的互联互通。另外,中国还允许保险公司、基金公司、证券公司等非银行金融机构在银行间债券市场和交易所债券市场进行交易,进一步联通了这两个债券市场。这一举措扩大了交易主体的范围,增加了市场的参与者,促进了市场的活跃度和流动性。通过以上措施的实施,中国债券市场逐渐形成了统一的、多层次的、以银行间债券市场为主导的债券市场体系。这种体系的形成,为投资者提供了更多的选择和机会,推动了债券市场的发展和壮大。

---

[1] 参见张洪海:《我国债券市场的发展历程》,载《辽宁经济》2010 年第 1 期。

值得注意的是，中国证券监督管理委员会颁布《关于开展上市商业银行在证券交易所参与债券交易试点有关问题的通知》（证监发〔2009〕12 号），该通知为上市商业银行在证券交易所参与债券交易提供了明确的指导和规范。一是试点银行。已经在证券交易所上市的商业银行，且需经过中国银行业监督管理委员会（已撤销）的核准，方可向证券交易所申请从事债券交易。二是交易品种。试点期间，商业银行可以在证券交易所固定收益平台从事国债、企业债、公司债等债券品种的现券交易，以及经相关监管部门批准的其他品种交易。此外，上市商业银行还可以参与一级市场申购和二级市场现券交易，但暂不参与证券交易所债券回购业务。

为更好地说明中国债市的发展历程，我们图示如下（见图 3－1）。

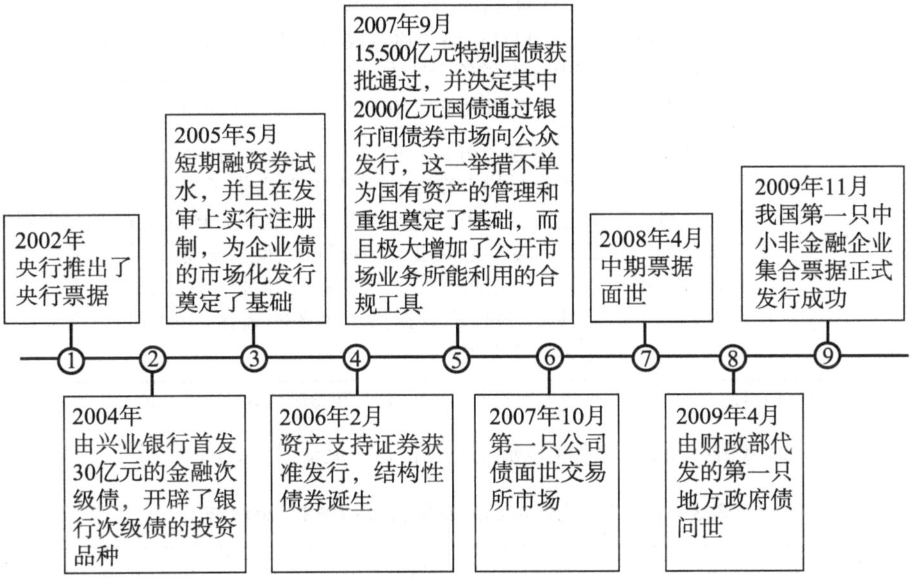

图 3－1　中国债市的发展历程

（二）四川债券市场的发展与演进

1. 四川债券市场的发展

四川债券市场是中国债券市场的有机组成部分，其发展逻辑与中国债券市场的整体发展路径一致，但四川省债券市场的发展又具有自身的一些特点。整体而言，四川债券市场的发展可以追溯到 20 世纪 80 年代初的国库券发行。经过起步、清理整顿和发展三个阶段的逐步发展，四川债券市场逐渐形成。[1] 概括起来，主要经历了三个发展阶段（见表3-1）。

表3-1 四川债券市场的主要发展阶段

阶段	时间	内容
第一阶段	1981~1985年	在改革初期，为了弥补建设资金的不足并平衡预算，国家采取了发行国库券、基本建设债券等各类国债直接融资的措施。在这一时期，国债、金融债等债券的发行成为主要形式
第二阶段	1985~1991年	随着改革的不断深化，企业债券在四川地区作为企业直接融资的重要手段得到了广泛推广。与此同时，一批股份制试点企业经过审批，获得了通过发行股票筹资的权限。这些股份制试点企业采用股份制或股份合作制组织形式，通过发行股票筹资可以帮助他们获得更多的资金支持，推动企业的发展。四川企业债券作为企业直接融资的重要手段，为企业提供了多种融资渠道，亦为投资者提供了更多的投资机会。通过发行债券和股票筹资，企业能够吸引更多的资金投入，提升企业的资金实力，推动企业的发展壮大。这些措施对于促进四川地区的经济发展和资本市场的繁荣发挥了积极的推动作用
第三阶段	1991年至今	随着川盐化、金路、金顶等公司股票的成功上市，四川省证券二级市场迎来了飞速的发展。这些公司的上市不仅为投资者提供了更多的投资机会，亦为股份经济的发展注入了更多的资金和动力。这些公司的上市亦大大提升了四川证券市场的知名度和活跃度。与此同时，受益证券、可转换债券等新的券种亦陆续在四川证券市场上市。这些新的券种的引入进一步丰富了四川证券市场的产品种类，为投资者提供了更多的选择。它们亦促进了四川证券市场的创新和多元化发展①

①何华荣：《四川证券市场的建立、发展和完善研究》，载《四川金融》1996年第4期。

1988~2018年间四川债券市场的发展情况（见表3-2）。

表3-2 四川债券市场的发展情况（1988~2018年）

项目	内容
金融市场	1988年，在四川省发行有价证券量大增的情况下，人民银行加强了对金融市场的管理. 对债券发行采取区别情况、分类管理的办法。对国家债券的发行及时落实任务，同时引导企业发行短期债券，解决流动资金需要，积极组织开放证券转让市场。成都市于1988年6月下旬开展国库券转让试点工作①
证券业务	1990年四川全省各级建行发行债券1.56亿元，其中：金融债券7200万元，代理发行重点企业债券420万元，地方债券6570万元，国库券1420万元②

〔1〕 参见欧力生、徐一丁、欧一世、四川省人大财经委：《四川省股份制改革与证券市场建设研究》，载《经济体制改革》1994年第2期。

续表

项目	内容
金融改革	1992 年四川全省金融部门大力推进金融改革，改进和完善了贷款规模管理办法，对贷款规模实行了专业银行和人民银行“双线”管理，试行下放了部分调剂规模给市、地、州人民银行，推出了信托受益债券、可转换债券等新证券品种
证券发行	1993 年，经批准，四川省全年发行各类有价证券 405，106 万元（未包括省计委批准的企业债券），其中：国家债券累计发行 155，823 万元；短期融资券 78，294 万元。截至年末，全省各类有价证券余额达 856，175 万元，其中国家债券余额 304，850 万元，企业债券及投资公司债券 26，091 万元（未包括省计委批准的企业债券）[③]
	1994 年，经批准，四川省各金融机构、证券机构代理发行各类有价证券累计 73 亿元，比 1993 年增长 75%，其中：国家债券 37 亿元，占 50.7%；“国库券再投资受益券”2 亿元，占 2.7%；短期融资券 5.3 亿元，占 7.3%。年末，全省各类有价证券余额达 140 亿元，比 1993 年增长 63%，其中：国家债券余额 80 亿元，金融债券及大额定期存单余额 26 亿元，短期融资券余额 7.5 亿元[④]
证券交易	1993 年，四川省债券交易量成倍增长.全省各类有价证券交易总额为 1，896，691 万元，比 1992 年增长 4.2 倍。其中：国家债券交易 72，159 万元，占全部证券交易额 3.8%；金融债券交易 3179 万元，占 0.2%；企业债券及公司债券交易 47，159 万元，占 2.5%[⑤]
	1994 年，四川省证券交易量大幅增长。年末，全省各类有价证券交易总额 451 亿元，比 1993 年增长 137.7%，其中：国家债券交易 12 亿元，占 2.7%；企业债券、企业短期融资券等交易 3.5 亿，占 0.8%；金融债券及大额定期存单交易 0.09 亿元，占 0.02%；国家投资债券和国家投资公司债券交易 0.7 亿元，占 0.16%；信托受益债券交易 0.12 亿元，占 0.03%[⑥]
企业债券	2014 年，全省共 20 家企业发行企业债券 20 只，实现融资 221 亿元，创历史最高水平，居全国各省第十一位，比 2013 年上升两位，发行额同比增长 38.13%，高于全国平均水平 2.79 个百分点[⑦]。四川省企业债券市场坚持以产业政策为导向，注重发挥债券融资对稳增长、调结构、转方式的支持作用，募集资金紧紧围绕政府重点工作任务，主要投向国民经济重点领域和薄弱环节
政府债券	2017 年，四川省政府成功通过财政部上交所政府债券发行系统发行了一般债券（九至十二期），这标志着四川省首次在上海证券交易所市场上发行政府债券[⑧]
2018 年四川省平台债市场发行情况	2018 年四川省平台债市场的发行情况显示出债券品种均衡、发行方式平衡，中短期债券发行占据主导地位，发行利率整体上行且利差分化明显。此外，发行规模与地区经济实力和行政级别相关，并且平台企业借新还旧仍是主流用途。（1）从债券品种来看，债券品种较为均衡，发行人更偏向选择中短期产品。这表明四川省平台债市场对于不同期限的债券需求较为平衡，发行人更愿意选择较短期的债券产品。（2）私募发行占比小幅提升，发行方式较为平衡。私募债券是指通过私人渠道发行给特定投资者的债券，其发行占比在 2018 年有所增加。这种发行方式相对于公开发行具有更高的灵活性和定制性。（3）从发行期限来看，中短期债券发行占据主导地位，而长期债券发行量同比下降。这可能是因为中短期债券具有较短的期限和较低的利率风险，更受投资者欢迎。（4）从区域分布来看，债券发行规模与各地区的

续表

项目	内容
	经济财政实力及行政级别呈现出一定的正相关性。这意味着经济财政实力较强、行政级别较高的地区往往发行规模较大的债券。(5)从发行利率利差方面来看,发行利率整体上行,低信用等级主体发行利率上升明显。发行利差呈现较大的分化趋势,低信用等级的融资平台发行利差明显高于高信用等级的融资平台发行利差。这可能是由于市场对于低信用等级主体的风险偏好下降,其融资成本上升

①人民银行四川省分行:《1989 年四川省经济金融统计资料》,载《四川金融》1990 年第 4 期;人民银行四川省分行调研室:《1990 年四川省经济金融资料》,载《四川金融》1991 年第 3 期;人民银行四川省分行调信处:《1992 年四川省经济金融资料》,载《四川金融》1993 年第 2 期。

②四川年鉴编辑委员会:《四川年鉴 1991》,载四川省情网 2025 年 7 月 20 日,https://www.scfzg.cn/pdf2/web/viewer.html? bookId = 5e5bf5db925b4e2f9148974bce061df4&bookName = 四川年鉴 1991&type = pdf&suffix = pdf&type = pdf&file。

③四川年鉴编辑委员会:《四川年鉴 1994》,载四川省情网 2025 年 7 月 20 日,https://www.scfzg.cn/pdf2/web/viewer.html? bookId = 1e614a5c183140469e5cbb7dbbcb16c5&bookName = 四川年鉴 1994&type = pdf&suffix = pdf&type = pdf&file。

④四川年鉴编辑委员会:《四川年鉴 1995》,载四川省情网 2025 年 7 月 20 日,https://www.scfzg.cn/pdf2/web/viewer.html? bookId = 0ef0f93d409f4eccb261bdd50c14ce6f&bookName = 四川年鉴 1995&type = pdf&suffix = pdf&type = pdf&file。

⑤四川年鉴编辑委员会:《四川年鉴 1994》,载四川省情网 2025 年 7 月 20 日,https://www.scfzg.cn/pdf2/web/viewer.html? bookId = 1e614a5c183140469e5cbb7dbbcb16c5&bookName = 四川年鉴 1994&type = pdf&suffix = pdf&type = pdf&file。

⑥四川年鉴编辑委员会:《四川年鉴 1995》,载四川省情网 2025 年 7 月 20 日,https://www.scfzg.cn/pdf2/web/viewer.html? bookId = 0ef0f93d409f4eccb261bdd50c14ce6f&bookName = 四川年鉴 1995&type = pdf&suffix = pdf&type = pdf&file。

⑦四川省发改委:《2014 年四川企业债券市场发展成效显著》,载四川省人民政府网 2015 年 1 月 14 日,https://www.sc.gov.cn/10462/10464/10465/10574/2015/1/14/10323689.shtml。

⑧周松林:《四川成功发行 400 亿元政府债券》,载《中国证券报》2017 年 6 月 12 日,第 1 版。

2. 四川债券的种类(见表 3 – 3)

表 3 – 3　四川债券发行的种类

发行的债券种类		债券所含的具体内容
国债	国库券	国库券一般是指国家为弥补国库收支不平衡而发行的一种政府融资债券。国库券是一种投资工具,允许投资者把钱借给政府。作为回报,投资者获得稳定的利息收入。四川比较早就发行了国库券,例如,1989 年 7 ~ 9 月兑付期中,四川办理个人中签国库券还本付息 12500 万元①
	基本建设债券	基本建设债券是中国国家投资公司为筹集基本建设资金而于 1988 年起发行的债券。由国家投资公司(能源投资公司、原材料投资公司、交通投资公司、机电轻纺投资公司)、中国石油天然气总公司和铁道部联名印制和发行,并按债券资金分配比例承担经济责任和法律责任。1988 年发行金额为 80 亿元。1989 年发行金额为 14.59 亿元。从 1989 年始,基本建设债券进入交易市场,当年的市场交易转让额为 599 万元,1990 年为 2567 万元。②1992 年,该债券与重点企业债券合并为国家投资公司债券

续表

发行的债券种类	债券所含的具体内容
企业债券	1991 年以前,四川省的国债发行方式亦采用摊派制,这种发行方式存在政府对债券市场的垄断和资源分配不均等问题。然而,从 1991 年始,四川省的国债发行方式开始转变为柜台交易方式,即通过证券交易所进行公开挂牌销售。这一改革促使四川省的国债市场更加透明、公开和规范,使债券的发行和交易更加便利和高效。柜台交易方式的实施,提高了四川省国债市场的效率和流动性,并且使投资者能够更方便地进行债券交易。四川省的国债市场因此得以获得更多的投资者和更大的交易量。与此同时,四川省的企业债券发行亦走上了规范化的轨道。从 1991 年开始,企业债券的审批发行过程变得更加规范和标准化,简化了审批程序,提高了市场参与方的参与度,这些改革举措在四川省债券市场的发展和壮大方面起到了积极的推动作用。债券市场的规范化和市场化程度的提高,为四川省的企业和政府提供了更多融资渠道和工具,同时亦为投资者提供了更多的投资选择③
金融债券	金融债券是银行和非银行金融机构发行的债券,其在不同国家的分类和命名可能会有所不同,但其发行目的和特点基本相似。金融债券是金融机构为融资目的而发行的债务证券。这些金融机构包括商业银行、证券公司、保险公司、信托公司等各类金融机构。金融债券的发行主体是金融机构本身,而非其所服务的客户。金融债券的特点是发行对象主要是机构投资者,如其他金融机构、保险公司、养老基金等,亦可以面向个人投资者发行。金融债券的期限多样化,可以是短期、中期或长期,利率一般较高,以吸引投资者进行投资。金融债券的发行用途包括补充资本金、融资扩大业务规模、改善资本结构等。金融债券的发行亦有助于提高债券市场的发展和深化金融市场的功能。 从早期数据分析,截至 1988 年年末,四川省的狭义金融市场(不包括银行融资)通过有价证券余额和净拆借余额来筹集资金,占金融部门总存款余额的 16.48%。④这个数据反映了当时四川省金融市场筹集资金的一部分来源。有价证券余额包括各类债券、股票等有价证券的市场价值,净拆借余额则是指金融机构之间的拆借资金净余额。这个比例表明,除了银行融资外,四川省的金融市场通过发行有价证券和进行拆借等方式来筹集资金,这亦意味着金融市场在四川省的经济发展中扮演着重要的角色,并且有一定的规模和影响力。需留意,这个比例只是当时的数据,随着时间的推移和金融市场的发展,这个比例可能会有所变化;另外,这个比例还需要和其他因素一起考虑,如银行融资的规模、金融市场的发展水平等,才能全面了解四川省的金融市场情况

①陶光华:《四川国库券兑付进度快反应好》,载《四川金融》1989 年第 8 期。

②李伟民主编:《金融大辞典》,黑龙江人民出版社 2002 年版,第 2184 ~ 2185 页。

③欧力生、徐一丁、欧一士、四川省人大财经委:《四川省股份制改革与证券市场建设研究》,载《经济体制改革》1994 年第 2 期。

④周有传、人民银行四川分行:《四川金融市场的回顾与建议》,载《四川金融》1989 年第 7 期。

三、四川债券市场的现状及发展趋势

四川省债券市场近年来呈现出整体增长的趋势。各类债券品种在市场中的占比逐渐提升,而且各主题类债券的发行亦取得了良好的成绩。[1] 四川省债券市场的增长对于支持当地经济的发展以及促进金融市场的稳定具有积极的意义。

(一)四川债券市场的现状

四川省债券发行量位居全国前列,其中一般债券和专项债券的发行量都很高。这反映了四川省政府对债券市场的重视,并通过债券的发行来筹集资金支持地方经济建设和社会事业发展。作为政府投资的重要方式之一,四川省地方政府对专项债券的发行比较重视。专项债券是地方政府为了支持特定项目或领域的投资而发行的债券,通常具有较长期限和较低利率。地方政府通过发行专项债券来筹集资金,支持基础设施建设、产业升级和民生改善等重要项目。同时,四川省地方政府在专项债券的发行中也重点关注民生领域的投资。四川省在专项债券的发行过程中还注重风险防控,地方政府在发行前进行严格的项目审批和评估,确保专项债券的资金用于经济建设和公共事业,同时加强对债券发行和使用过程中的监督和管理,保障投资者的利益和债券市场的稳定运行。这反映了地方政府对债券市场的重视和对地方经济发展的支持,亦促进了四川省经济的转型升级和社会事业的发展。

1. 发行规模增幅扩大

近年来,我国地方债券的发行规模持续增加。公开数据显示,以 2025 年前两个月为例,全国共发行了 1.86 万亿元的地方债,比 2024 年同期增加了 9189 亿元,创下了历史同期的新高。[2] 这说明地方政府在基础设施建设、民生项目等方面的投资力度持续加大,亦表明地方政府在资金筹措上更加主动和有前

[1] 参见屈琳杰、何强、贯小力、四川省财政厅:《四川:管好用好专项债券资金 推动经济高质量发展》,载《中国财政》2021 年第 11 期。

[2] 参见张欣然:《今年前两个月地方债发行规模大增》,载《上海证券报》2025 年 3 月 4 日,第 6 版。

瞻性。

就四川债券市场而言，发行规模亦呈现出大幅增加的趋势，这主要得益于四川经济的快速发展和政府对债券市场的积极支持。四川是中国西部地区的经济中心之一，经济总量和发展潜力巨大。为了支持本地经济发展和基础设施建设，四川省政府积极推动债券市场的发展，通过发行债券，政府可以筹集资金用于重大项目的建设和运营管理。此外，四川债券市场的增长亦受益于国家宏观经济政策的支持。中国政府实施积极的财政政策和稳健的货币政策，亦为债券市场的发展提供了良好的环境。通过降低债券发行门槛、加大市场宣传和推广力度，四川省政府积极吸引各类投资者参与债券市场，进一步推动了市场的发展。根据统计数据，四川债券市场发行规模在过去几年中实现了快速增长，截至2024年12月，四川债券市场已经涵盖了政府债券、企业债券、金融债券等各类债券品种，特别是在专项债券的发行上，四川省的表现特别突出（见表3－4）。

表3－4　四川省2018～2023年新增专项债券的发行情况

年份	发行规模/亿元	发行期限类型	平均发行期限/年	平均发行利率/%	发行项目数/个
2018年	627.00	3年期、5年期等七种	5.85	3.90	—
2019年	980.00	3年期、5年期等七种	7.65	3.47	—
2020年	1840.00	3年期、5年期等七种	14.56	3.45	—
2021年	1968.00	3年期、5年期等七种	15.31	3.50	—
2022年	2270.00	3年期、5年期等七种	16.57	3.15	—
2023年	2190.00	3年期、5年期等七种	18.69	3.07	截至2023年9月末，四川省新增专项债2069个

数据来源：《37个发行主体分析（四川）——地方政府新增专项债券数据及解读（八）》，载泓创智胜网2024年1月4日，https://www.hczsbj.com/page49?article_id=1744。

从表3－4中可以看出，四川省2018年至2023年新增专项债券的发行规模整体呈现逐年增长趋势，平均发行期限亦在逐年延长，而平均发行利率则呈现下降趋势。这些变化反映了四川省在专项债券发行方面的政策调整和市场需求变化。

2. 发行节奏适度调整

四川债券市场发行节奏的调整主要体现在：一是发行进度加快，发行时间更加灵活。近年来，四川省地方政府债券的发行进度明显加快，发行时间亦更加灵活多样。以新增专项债券为例,2018 年四川省首次发行时间为 8 月,而到了 2020 年,发行时间已经提前至 1 月,比 2019 年提前了 20 天。这种发行进度的加快,使得资金能够更早地投入到项目中,促进了经济社会的发展。同时,发行时间的灵活多样亦避免了地方政府债券集中发行给市场造成较大压力。二是发行批次增多,发行规模更加均衡。四川省地方政府债券的发行批次在逐年增加,从 2018 年的 3 批次增加到 2020 年的 7 批次,再到后续年份的多次发行,这种发行批次的增多使发行规模更加均衡,避免了单次发行规模过大对市场造成冲击。同时,多次发行亦有利于市场更好地消化和吸收债券,提高了市场的流动性和稳定性。

四川债券市场发行节奏的优化得益于市场监管部门的改革和政府的积极支持。随着市场的不断完善和政府政策的进一步推进,未来四川债券市场的发行节奏有望继续优化,为四川经济的发展提供更多的资金支持。首先,市场监管部门的改革对债券市场的发行节奏起到了积极的促进作用。监管部门的改革包括简化审批程序、加强信息披露和监管力度等方面,这些改革举措减少了发行债券的时间和成本,提高了债券市场的活跃度。随着监管机构继续改革和创新,债券市场的发行节奏将更加灵活和高效。其次,政府的积极支持亦是四川债券市场发行节奏优化的重要因素。政府在债券市场发行过程中可以提供政策支持和配套措施,包括降低债券融资成本、增加市场需求、引导资金投向领域等。政府的积极支持可以提高债券市场的发行质量和效率,增加投资者的信心,促进债券市场的稳定发展。未来,政府将进一步推进制度建设和监管标准,完善发行流程和机制,四川债券市场的发行节奏有望继续优化。

3. 发行期限拓展,利率显著下降

近年来,我国地方债券的融资成本逐渐降低。以 2025 年前两个月为例,地方债的平均发行利率为 1.91%,比 2024 年年末下降了 22 个基点。这不仅降低了地方政府的融资成本,还提高了地方债的市场吸引力,为地方债的顺利发行创造了有利条件。[1] 就四川债券市场而言,发行期限有所延长,同时发行利率亦明显降低。这反映了当前债券市场的特点和市场需求的变化。首先,债券市场的发行期限延长,意味着债券的到期时间更长。这一变化主要受益于投资者对长期投资收益的需求。随着经济的发展,投资者对长期稳定收益的需求增

[1] 参见张欣然:《今年前两个月地方债发行规模大增》,载《上海证券报》2025 年 3 月 4 日,第 6 版。

加,而债券的发行期限延长可以满足这一需求。此外,发行期限延长还可以提高债券的流动性,增加债券市场的活跃度。其次,债券市场的发行利率明显降低,即债券的票面利率较低。这主要受益于市场利率下降的影响。随着经济的发展和政府对债券市场的支持,市场利率逐渐下降,较低的发行利率可以降低融资成本,吸引更多的投资者参与债券市场。这一变化亦反映了市场对风险的评估。随着市场监管的加强和风险管理的提升,债券市场的风险得到更好的控制,投资者对债券市场的信心增强。因此,债券市场的发行利率相应降低,反映了市场对债券的风险评估的改善(见表 3 –5)。

表 3 –5　四川省 2018 ~ 2023 年新增专项债券的平均发行期限和平均发行利率情况

年份	平均发行期限/年	平均发行利率/%
2018 年	5. 85	3. 90
2019 年	7. 65	3. 47
2020 年	14. 56	3. 45
2021 年	15. 31	3. 50(预估)
2022 年	16. 57	3. 15(预估)
2023 年	18. 69	3. 07

数据来源:《37 个发行主体分析(四川)——地方政府新增专项债券数据及解读(八)》,载泓创智胜网 2024 年 1 月 4 日,https://www. hczsbj. com/page49? article_id = 1744。

从表 3 –5 中可以看出,四川省 2018 年至 2023 年新增专项债券的平均发行期限整体呈现延长趋势,而平均发行利率则呈现下降趋势。这些变化反映了四川省在专项债券发行方面的政策调整和市场需求变化。

4. 将资金投入关键行业,助推经济社会之发展

在四川债券市场的发行中,资金投向重点领域,有效地促进了经济社会的发展。首先,债券市场资金投向基础设施建设。四川作为一个经济发展较快的省份,基础设施建设一直是重点领域之一。债券市场的资金可以用于铁路、公路、水利、能源等基础设施项目的建设和改造,加快基础设施建设进度,提高交通、能源等方面的供给能力,为经济发展提供重要支撑。其次,债券市场资金投向产业升级和创新创业。四川拥有丰富的自然资源和人力资源,具备发展先进制造业、高新技术产业的优势。债券市场的资金可以用于支持科技创新、产业升级和创业创新等方面的项目,通过资金的支持,可以加快技术研发和产业转

型升级,推动经济结构的优化和创新能力的提升。此外,债券市场资金还可以投向教育、医疗等社会事业领域。四川致力于提高教育和医疗水平,债券市场的资金可以用于学校、医院等公共设施的建设和改善,提高教育和医疗资源的供给质量,改善人民群众的生活水平(见表3-6)。

表3-6 四川省2018~2023年新增专项债各类型发行情况——资金投向重点领域

投向领域	累计发行规模/亿元	占比/%
市政和产业园区基础设施	1397.4	27.40
社会事业	964.87	18.77
交通基础设施	688.89	13.39
保障性安居工程	579.79	11.29

数据来源:《37个发行主体分析(四川)——地方政府新增专项债券数据及解读(八)》,载泓创智胜网2024年1月4日,https://www.hczsbj.com/page49?article_id=1744。

5.坚持债券发行的多元性,推广信用债券的发行

四川省在债券市场发展中注重多元化发行和推广信用债券的发行方式。这一做法体现了省政府对于债券市场发展的重视,并且能够满足不同类型企业的融资需求。首先,四川省积极推广信用债券的发行。信用债券是债券市场中一种重要的品种,可以通过债券评级机构对债券发行人的信用状况进行评估和评级,为投资者提供风险参考。四川省非金融企业更倾向于中长期债券融资,这与信用债券的特点相符合。中期票据和私募公司债是四川省内非金融企业信用债市场最主流的品种,其发行规模占据了市场的较大比例。这种多元化的发行方式可以满足不同企业的融资需求,提高债券市场的活跃度。其次,四川省注重发展增信(担保)债券市场。AA级主体是全省增信(担保)债券发行的主要群体,这说明中低评级主体对增信(担保)服务的需求很高,增信(担保)债券能够提供增信手段,降低投资风险,吸引更多投资者参与。四川省内增信(担保)债券的发行规模同比持续上升,对债券发行人尤其是中低评级发行人的成功发行和融资成本控制起到了重要促进作用。这种发展有力地推动了市州及区县社会经济的发展。[1]

〔1〕 参见彭瑀珩、高杲:《我省各类债券余额达2.96万亿元》,载《四川日报》2022年2月9日,第11版。

（二）四川债券市场的发展趋势

四川债券市场属于全国的地方债券市场，根据相关分析，地方债券市场的发展趋势具有如下特点（见表3－7）。[1]

表3－7　我国地方债券发行趋势

地方债券市场发展趋势	主要内容
优化发行定价机制，提升市场化水平	在我国，地方债券的发行定价机制正逐步向市场化方向优化。过去，地方债券的发行利率往往受行政干预，难以完全反映市场供求关系。然而，随着金融市场的深化和利率市场化的推进，中国财政部正逐步减少对地方债券发行利率的直接干预，而是通过优化定价机制，引导市场力量在发行定价中发挥更大作用。未来，地方债券的发行定价将更加依赖于市场供求关系、信用评级、宏观经济环境等因素。这将有助于提升地方债券的市场吸引力，降低融资成本，同时亦有助于提高地方政府的债务透明度，增强市场对地方政府的信任度
优化期限的结构，均衡设置，防范风险	地方债券的期限结构是影响其融资成本和风险的重要因素。在我国，地方债券的期限结构正逐步优化，以更好地满足地方政府不同项目的融资需求，并合理控制筹资成本，防范风险。一方面，中国财政部正推动一般债券期限结构的均衡设置，避免期限过于集中导致的偿债压力。另一方面，对于专项债券，财政部鼓励结合项目实际情况设置合理的期限，以确保项目资金流的匹配，降低偿债风险
优化发行项目评估，完善信息披露和信用评级	发行项目评估是确保地方债券资金有效使用、防范债务风险的重要环节。中国财政部正逐步加强对地方债券发行项目的评估，完善信息披露和信用评级制度。通过加强项目评估，可以确保地方债券资金用于符合国家政策导向、具有经济效益和社会效益的项目。同时，完善信息披露和信用评级制度，可以提高地方债券的市场透明度，增强投资者的信心，降低融资成本
优化发行业务，规范承销团管理，拓宽发行渠道	地方债券的发行业务是确保其顺利发行、提高市场流动性的关键环节。我国财政部正逐步规范债券承销团的组建和管理，促进承销团成员权益的公平分配。同时，全面推行地方债发行柜台业务，拓宽发行渠道，提高市场参与度。通过规范承销团管理，可以确保承销团成员在发行过程中发挥积极作用，提高发行效率。而拓宽发行渠道，则有助于吸引更多的投资者参与地方债券的发行，提高市场流动性，降低融资成本

---

〔1〕 参见童锡来：《中国债券行业市场前瞻与投资战略规划分析报告》，载前瞻经济学人网2021年3月9日，https://www.qianzhan.com/analyst/detail/220/210309-26f31e31.html。

续表

地方债券市场发展趋势	主要内容
突出特定类别债，专项债用途扩大，置换债发行稳步放量	近年来，我国专项债的用途正在逐步扩大。政策上允许专项债用于房地产相关的领域，如土地储备和收购存量商品房等，以增加有效需求。这标志着专项债或有“一般化”的倾向，其资金用途将更加广泛，预计将以更大力度流向并有效惠及重点发展领域。未来，随着政策的进一步放宽和市场的不断发展，专项债的用途有望继续扩大。 在地方债发行规模扩大的同时，不少资金被用于置换隐性债务，这是地方政府化解隐性债务风险的重要举措。通过地方债置换高成本的隐性债务，可以有效降低债务利息负担，同时增强地方政府的债务透明度，为未来的财政可持续发展打下基础。近年来，置换债的发行规模稳步放量，未来这一趋势有望延续

除了上述地方债一般发展趋势外，四川债券市场仍具有其他的趋势特征。

1. 政策支持与引导

就国家层面而言，国家对地方债市场的政策支持不断加强。例如，提高赤字率、增加地方政府专项债务限额、发行特别国债等措施都为地方债的发行提供了有力的政策保障。四川省作为中国西部大开发的核心区域之一，政府对金融市场的支持力度持续增强，特别是随着“成渝双城经济圈”国家战略的推进，四川将获得更多的政策红利。四川省政府在推动债券市场发展方面发挥了重要的引导和支持作用，通过出台一系列政策措施，鼓励企业通过债券市场融资，优化了企业债券融资环境。例如，四川省国资委通过精准的政策引导和高效的部门协作，成功建立了新的债券发行工作机制，帮助企业降低了融资成本，提高了债券发行的成功率，并有效防控了风险。未来，随着政策的不断完善，四川省的企业债券融资工作将进一步提升，推动经济的稳定增长和结构优化，为全省经济的高质量发展提供有力支撑。

2. 绿色金融与可持续发展

在国家“双碳”目标的宏伟蓝图下，绿色金融已成为四川省经济发展的重要战略方向。四川省凭借其得天独厚的自然资源和丰富的清洁能源优势，在水电、风电、光伏等绿色能源领域展现出了显著的竞争优势，为绿色金融的发展提供了坚实的基础。绿色债券作为绿色金融的重要组成部分，正逐渐成为四川省推动绿色项目发展的重要融资工具。企业和地方政府可以通过发行绿色债券，筹集专项资金用于支持清洁能源、节能减排、污染防治等绿色项目的建设和运营。这些资金的有效利用，不仅能够加速绿色技术的研发和应用，推动产业结构的优化升级，还能够促进生态环境的保护和改善，为实现“双碳”目标贡献力量。值得注意的是，随着环境、社会和治理理念的日益普及，越来越多的企业开始重视自身的社会责任和可持续发展。在四川省，这一趋势尤为明显。企业发行可持续发展债券，不仅是为了筹集资金，更是为了向市场传递其积极履行社会责任、致力于可持续发展的信号。这不仅有助于提升企业的社会声誉和品牌形象，还能够吸引更多关注可持续发展和社会责任的投资者，从而拓宽企业的融资渠道，降低融资成本。绿色债券和可持续发展债券的发行，不仅推动了四川省的绿色发展和产业升级，还为债券市场带来了新的增长点。这些债券的发行亦推动了债券市场与绿色金融的深度融合，为四川省乃至全国的绿色金融体系建设提供了有益的探索和经验。

3. 数字化转型与金融科技应用

随着金融科技的迅猛进步，四川债券市场正面临数字化转型的全新历史机遇。这一转型不仅预示着市场运作模式的深刻变革，更为提升市场效率、降低成本、增强风险防控能力开辟了广阔空间。金融科技，特别是区块链、大数据、人工智能等前沿技术的应用，将在四川债券市场的未来发展中发挥举足轻重的作用。首先，智能合约的引入有望极大简化债券发行的复杂流程。智能合约能够自动执行预设的条款和条件，一旦满足特定触发条件，即可自动完成交易，无须人工干预。这不仅显著提高了交易效率，还降低了操作风险，为债券发行和交易带来了前所未有的便捷性。其次，区块链技术的应用为债券交易的安全性和可追溯性提供了坚实保障。区块链作为一种分布式账本技术，具有不可篡改、透明度高、可追溯性强等特点。在债券交易中，区块链可以确保每一笔交易都被准确记录，且任何修改都会留下痕迹，从而有效防止欺诈和不当行为。同时，区块链还能实现交易数据的实时同步，提高市场透明度，增强投资者信心。此外，大数据和人工智能技术的融合应用，将进一步推动四川债券市场的智能化发展。大数据技术能够收集和分析海量市场数据，为投资者提供更为精准的市场预测和风险评估。而人工智能技术则可以通过机器学习算法，自动识别交易模式、预测市场趋势，为投资者提供智能化投资建议。这些技术的应用将极大地提升债券市场的信息处理能力，帮助投资者作出更为明智的投资决策。更为重要的是,金融科技的应用还将促进四川债券市场的全球化进程。随着全球金融市场的日益融合,国际投资者对四川债券市场的兴趣日益浓厚,金融科技的快速发展,打破了传统金融市场的地域限制,使跨境交易变得更为便捷和高效。这将吸引更多国际投资者参与四川债券市场,进一步提升市场的流动性和竞争力,为四川乃至中国的经济发展注入新的活力。

4. 投资者需求多样化,推动债券市场创新发展

随着四川省经济的蓬勃发展和金融市场的日益深化,投资者群体对于地方政府债券的需求正呈现前所未有的多样化趋势。这一趋势的背后,是四川省经济实力的增强、金融市场的持续成熟以及投资者风险偏好的多元化。为了满足这些多样化的需求,四川省地方政府债券市场积极响应,不断创新和发展,以适应市场的新变化。

在创新方面,四川省地方政府债券市场通过推出多种期限、利率和投向的债券品种,极大地丰富了债券市场的产品线。不同期限的债券满足了投资者对资金流动性的不同需求,而多样化的利率设计则反映了市场对风险与收益平衡的不同预期。此外,针对不同领域和项目的投向设计,更是为投资者提供了更多元化的投资选择,有助于分散风险并寻找潜在的高收益机会。

在发展方面,四川省地方政府债券市场加强与其他金融市场的联动和合作,拓宽了债券市场的融资渠道,降低了融资成本。通过与其他金融市场的紧密合作,债券市场能够更有效地吸引国内外资本,提高市场的流动性和活跃度。同时,这种合作亦有助于降低信息不对称,提高市场透明度,从而进一步降低融资成本。此外,在降低融资成本方面,四川省政府还采取了多种政策措施。一方面,政府通过货币政策工具如调整存款准备金率、公开市场操作等手段,灵活调节市场利率水平,保持合理的流动性供给,为债券市场提供稳定的资金支持。另一方面,政府还通过税收优惠、财政补贴等政策措施,直接降低企业的实际融资成本,提高企业的融资能力和市场竞争力。这些措施不仅有助于企业获得更充裕、更廉价的资金,还促进了债券市场的健康发展,增强了市场的吸引力和活力。

第四章　四川期货业市场

一、四川期货市场产生的历史背景及意义

（一）四川期货市场产生的背景

1. 中国期货市场的产生

中国期货市场的诞生源自改革开放与市场化深入发展的内在要求，其核心目的在于应对农产品市场中供需失衡与价格波动的问题，并架起实物经济与金融市场之间的桥梁。通过建立标准化的期货合约和期货交易所，中国期货市场为生产者和消费者提供了一个有效管理价格风险和库存风险的市场机制。中国期货市场的产生可以追溯到20世纪70年代末和20世纪80年代初，当时正值改革开放，并逐渐向市场经济转型。在这个过程中，中国经济面临许多新的挑战和机遇。一方面，1985年《中共中央、国务院关于进一步活跃农村经济的十项政策》取消农产品统购统销制度后，市场定价机制开始形成，但分散的小农经济与市场波动形成尖锐矛盾。由于市场供求的变化和生产的不确定性，农副产品和原材料的产量和供应量时多时少，导致价格的波动。以郑州粮食批发市场为例，1988～1990年小麦价格振幅达120%，产业链缺乏风险对冲工具。市场竞争的加剧和信息不对称亦使价格时涨时落，对人民生活和社会

安定产生了一定的影响。例如,传统计划体制下形成的“双轨制”价格体系(计划价与市场价并存)导致资源配置扭曲,1988年出现“菜贱伤农”与“抢购潮”并存的乱象。我国农业部门亟须解决市场供应和价格波动的问题。由于缺乏有效的市场机制,农产品价格往往受到政府干预和垄断行为的影响,供求失衡和价格波动。因此建立一个能够有效调节农产品供需关系和价格的市场机制迫在眉睫。而以期货合约来管理价格风险和库存风险成为选择项。期货市场的引入为农副产品和主要原材料提供了一个衍生品市场,可以通过期货交易来对农副产品和原材料的价格进行管理和控制,降低价格波动对人民生活和社会稳定的影响。另一方面,中国的实物市场和金融市场之间缺乏联系。实物市场上的生产者和消费者往往面临价格波动风险和库存风险,而金融市场上的金融工具往往无法满足实物市场的需求,进而建立一个能够连接实物市场和金融市场的市场机制亦成为中国经济发展的需要。

中国期货市场的发展经历了起步阶段、试点阶段和发展阶段(见表4-1)。

表4-1　中国期货市场的发展阶段

阶段	时间	特点
起步阶段(探索与初创)	20世纪80年代末至1993年	1988年,国务院批准了关于试办农产品期货市场的报告,标志着中国期货市场的正式起步,亦意味着中国政府开始探索建立期货市场,旨在完善金融市场体系,提高资源配置效率。1993年,郑州商品交易所成立,成为中国第一个期货交易所。[①]同年,大连商品交易所成立。最初,期货交易主要集中在农产品,如大豆、玉米等,在郑州商品交易所和大连商品交易所推出。1999年,上海期货交易所成立,标志着中国期货市场进入了一个新的发展阶段。这一阶段的主要任务是探索期货市场的运作机制,积累经验,为后续的发展奠定基础
试点阶段(治理与整顿)	1993年至2000年(亦有说法认为试点阶段至1993年结束,随后进入治理整顿阶段,但此处为便于对应问题,将治理整顿阶段并入试点阶段考虑)	在试点阶段的基础上,中国政府开始对期货市场进行规范管理和治理整顿。期货交易所和期货品种进行了精简和合并,期货代理机构亦进行了清理整顿,颁布了一系列法律法规,以规范期货市场的运作。这一阶段的目标是解决期货市场初期出现的无序和混乱现象,推动市场向法制化和规范化方向发展。代表事件:1993年,国务院发布了《期货交易管理暂行条例》(已失效)

续表

阶段	时间	特点
发展阶段（稳步发展与规范发展）	2000年至今（或2001年至今，考虑到2001年中国期货业协会的成立标志着市场进入了一个新的发展阶段）	经过治理整顿后，中国期货市场逐渐步入稳步发展阶段。新增了多个期货品种，如棉花、燃料油等，丰富了期货市场的交易内容。建立了三级监管体制，成立了中国期货保证金监控中心，加强了市场监管和风险防控。期货市场的价值发现、保值等功能逐步发挥，为实体经济提供了有效的风险管理工具。近年来，中国期货市场地位显著增强，商品期货交易在全球范围内具有较高的影响力。代表事件：2007年，《期货交易管理条例》正式实施，进一步规范了市场秩序；2010年，中国金融期货交易所成立，推出了股指期货等金融衍生品

①有观点认为，郑州商品交易所成立于1990年，但本书经过考证，1990年成立的是郑州粮食批发市场。在1993年3月，由粮食批发市场成立组建了郑州商品交易所。

我们对2023年6月的全国期货公司经营总体发展情况进行了比较（见表4－2）。

表4－2　2023年6月全国期货公司经营总体情况

总体情况	项目/时间								
	6月	行业中位数	5月	环比/%	去年同期	同比/%	1～6月	去年同期	同比/%
交易额/万亿元	46.59	—	50.21	-7.21	47.83	-2.59	261.40	256.97	1.73
其中：商品期货、期权	35.96	—	39.33	-8.57	36.38	-1.14	199.02	197.30	0.88
金融期货、期权	10.63	—	10.88	-2.30	11.45	-7.19	62.38	59.67	4.54
交易量/亿手	8.13	—	8.49	-4.19	5.71	42.36	40.79	30.43	34.03
其中：商品期货、期权	7.76	—	8.11	-4.27	5.58	39.05	38.72	29.75	30.14
金融期货、期权	0.373	—	0.382	-2.52	0.132	182.19	2.071	0.682	203.56
注册资本	1132.70	5.0000	1129.80	0.26	1081.27	4.76	—	—	—
净资本	1135.50	4.0603	1125.69	0.87	1078.22	5.31	—	—	—

续表

总体情况	项目/时间								
	6月	行业中位数	5月	环比/%	去年同期	同比/%	1~6月	去年同期	同比/%
资产总额	17,588.74	40.9876	17,748.28	-0.90	15,765.10	11.57	—	—	—
净资产	1890.52	6.8353	1878.23	0.65	1753.00	7.84	—	—	—
客户权益	15,337.99	34.7999	15,505.20	-1.08	13,672.95	12.18	—	—	—
营业收入	38.30	0.1234	31.11	23.11	44.30	-13.55	186.75	202.03	-7.56
手续费收入	20.16	0.0595	19.93	1.16	21.29	-5.30	106.23	128.19	-17.13
营业利润	16.28	0.0369	10.15	60.34	20.48	-20.50	65.01	76.02	-14.48
净利润	12.59	0.0299	7.74	62.64	15.92	-20.92	49.84	58.12	-14.25

数据来源：中国期货业协会：《2023年6月期货公司总体及分辖区经营情况》，载中国期货业协会网2023年7月24日，http://www.cfachina.org/informationpublicity/qhgsydjysj/202307/t20230724_47854.html。

中国期货市场的建立产生了三重经济效应：一是微观赋能。黑龙江农垦集团通过期货套保，将大豆销售利润率稳定在5%～8%，而同期未参与企业亏损面达37%。二是产业升级。期货价格引导农业生产区域化布局，新疆棉花、东北大豆等形成规模化产业带。三是宏观稳定。国家统计局数据显示，参与期货交易的农产品价格波动系数较非交易品种低38%，显著增强消费者物价指数预期管理有效性。中国期货市场的产生，本质是计划经济向市场经济转型过程中，通过金融工具创新实现资源配置方式变革的生动实践。其发展历程印证了"政府引导+市场主导"的双轮驱动模式，既解决了转型期的现实矛盾，更为后续金融衍生品市场体系建设积累了宝贵经验。

2. 四川本土建立期货市场的背景

四川建立期货市场之背景，基于本省农业资源丰富、经济发展需求、资本市场发展等多方面因素之综合作用。期货市场之建立为川省企业与经济之发展，提供重要之金融工具与平台。

(1)四川省农业资源丰富

四川省是中国的农业大省，拥有丰富的农业资源。四川省的农业产业板块占有重要比例，无论是经济作物还是大田作物，其种植规模都在全国排名靠前。例如，在2021年全国农业现代化示范区名单中，四川省有五个地区入选，包括攀枝花市米易县、德阳市中江县、成都市蒲江县、达州市宣汉县和南充市高坪区。这些地区在农业现代化方面取得了显著成就,进一步证明了四川省农业的发达程度。四川省农业资源丰富,吸引了大量的商业批发企业和供销合作社参与农产品的收购和批发交易活动。这些机构通过把广大农户分散生产的农副产品集中收购起来,形成经济批量,为期货市场提供了充足的交易主体。鉴于农业生产的周期性和固有的不确定性,无论是农业生产者还是消费者,都暴露在价格波动的风险之下。鉴于此,市场对期货合约的需求自然浮现,旨在通过预先确定未来的交易价格,为市场参与者提供一种规避风险的机制。

(2)经济发展需求

四川经济发展需要建立期货市场。第一,宏观经济环境的推动。随着中国经济的快速发展,金融市场逐渐完善,期货市场作为金融市场的重要组成部分,发挥着不可替代的作用。四川省作为中国西部的重要省份,在国家政策的支持下,经济增长迅速,对外开放程度不断提高,经济结构逐步优化。在这种宏观环境下,建立期货市场有助于四川更好地融入全国乃至全球经济体系,提升其在产业链中的地位。第二,推动区域经济发展。一方面,期货市场能够带动相关产业的发展,如金融、物流、信息等产业,形成产业集群效应,提升区域经济的整体实力。另一方面,期货市场为区域经济发展提供了更多的融资渠道和风险管理工具,有助于优化资源配置,促进区域经济的可持续发展。第三,国家政策的支持和战略机遇为四川期货市场的建立提供了有力保障。随着"一带一路"倡议、西部大开发战略以及成渝地区双城经济圈战略的实施,四川的对外开放程度将进一步提高,经济结构将进一步优化,这些战略机遇为四川期货市场的建立提供了广阔的发展空间和市场潜力。当前,随着成渝地区双城经济圈战略的实施,通过与重庆等周边城市的协同发展,四川可以在更大范围内整合资源,形成区域性期货市场,提升整体竞争力。

(3)资本市场发展

作为中国西部地区的经济龙头,四川省的经济发展正面临日益迫切的资金需求。建立健全的资本市场,特别是期货市场,成了推动企业成长和项目融资的关键路径。期货市场的构建,在这方面发挥着举足轻重的作用,它不仅提供了多元化的融资手段以满足企业的资金需求,还促进了整体经济的繁荣。首先,期货市场为企业开辟了一条直接融资的新途径。与依赖银行贷款和债券发行的传统融资方式不同,期货市场允许企业通过交易特定的期货合约来直接获取资金。这种融资方式相较于传统模式,展现出了更高的灵活性和更快的资金到位速度。其次,期货市场的设立对于提升资本市场的运作效率,优化资源配置亦至关重要。作为金融衍生品市场的一个核心组成部分,期货市场具备了价格发现和风险管理的双重功能,为投资者带来了更加丰富的投资选项和交易机遇。这不仅吸引了更多的资本涌入四川省,还显著增强了资本市场的活跃度和流动性,为企业争取到了更多的融资可能性。

(二)四川省期货市场产生的意义

1. 四川作为传统农业大省,期货市场可以为农产品生产者和经营者提供套期保值的功能,降低市场风险,保障其利益。

对于四川这样的传统农业大省而言,期货市场的套期保值功能可以助力农产品生产者和经营者更好地管理价格风险,他们可以利用期货合约锁定将来的农产品价格,避免价格波动对经营造成的不利影响。这对于推动农业的规模化和科学化发展非常有帮助。此外,套期保值功能还可以鼓励农产品生产者和经营者更加积极地投资和创新,因为他们可以通过期货市场来管理价格风险,降低经营风险,从而更加有信心和动力进行农业技术的改进和创新。这有助于引领四川农业向着更加科学、高效和可持续的方向发展,促进农产品的市场化和农村经济的发展。[1]

2. 四川省的工业基础相对薄弱,新的有竞争力的企业发展速度有限,这给地方经济的发展带来了一定的挑战。

就四川工业基础现状及挑战而言,一方面,其工业根基相对薄弱。四川坐落于中国西部内陆地区,工业化起步较晚,历史遗留的经济滞后和基础薄弱问题显著。尽管历经数载的建设与革新,四川已逐步踏入市场经济体制日益健全、城乡融合初步显现的工业化阶段,但其工业化层次依然显著低于全国平均水准。另一方面,四川企业的发展步伐受限。本地工业技术的自主研发创新能力不足,过度依赖外部技术引进,尤其是国外及国内发达地区的资源。加之产品市场竞争力疲软,市场份额呈现下滑趋势,这些因素共同制约了四川新兴企

[1] 参见《我国开设第一批期货市场》,载《经济师》1989 年第 2 期。

业的快速成长与竞争力增强。在此情境下,深化与期货市场的协作成为一条有效途径,旨在吸纳更多金融资源,催化地方经济成长,并激发经济活力。通过与期货市场的携手,四川省能够吸引更多资本注入本土产业与企业,助力新兴且具有竞争力的企业崛起壮大。此外,期货市场还为四川探索新产业领域提供了契机与支持。期货市场具备的价格发现与风险管理功能,对于新产业的成长壮大具有显著的推动作用,有助于四川开拓并稳固新的产业发展之路。

3. 国家对农产品市场和价格的宏观调控以及农业生产结构的调整为农产品期货提供了良好的外部环境。

国家对农产品市场和价格的宏观调控目标在于,一方面,保障农民利益。国家通过宏观调控政策,如粮食产销区省际横向利益补偿机制等,来稳定农产品价格,避免谷贱伤农的现象,这有助于保障农民的种植收益,提高其种植积极性。又如,在生猪等重要农产品方面,国家亦通过政策调控来稳定价格,为养殖户提供稳定的收益预期。另一方面,促进市场平稳运行。宏观调控政策有助于减少农产品市场的价格波动,降低市场风险,为农产品期货市场的平稳运行提供有力保障。通过政策引导和市场监管,国家可以维护农产品期货市场的公平、公正和透明。

国家对农业生产结构的调整目标在于,一方面,优化农业产业结构。根据市场对农产品需求结构的变化,国家鼓励调整农产品的生产结构,使农业生产和市场需求相协调。这有助于提升农产品的市场竞争力,为农产品期货市场提供更多的优质标的。另一方面,提高农产品质量和档次。农业生产结构的调整还包括提高农产品的质量和档次,发展名特优新产品。这有助于满足市场对优质农产品的需求,提升农产品的附加值。在农产品期货市场上,高质量的农产品通常具有更好的价格表现和投资价值。

四川省可以充分利用这些机会,通过期货市场来推动农产品的流通和市场化,增加农民收入,推动农村经济的发展。第一,加强农产品期货市场建设。四川省可以积极引入和培育农产品期货交易品种,完善期货市场体系,提高市场的吸引力和竞争力。加强与期货交易所、金融机构等合作,推动农产品期货市场的创新发展。第二,提升农民和企业的参与度。通过培训、宣传等方式,提高农民和农业企业对农产品期货市场的认识和参与度。引导农民和农业企业利用期货市场进行风险管理,稳定生产经营收益。第三,推动农业产业化经营。四川省可以结合自身地域和资源优势,发展具有本地特色的优势农产品,提高农业经济效益。结合农业生产结构的调整,推动农业产业化经营,提高农产品的规模化、标准化和品牌化水平。通过农业产业化经营,提升农产品的市场竞争力和附加值,为农产品期货市场提供更多的优质标的。

二、从我国看四川期货市场的发展与演进

2001 年以来,四川期货公司以行业复苏、政策回暖之良好环境为机,紧抓良机,快速发展壮大。同时,外省期货公司纷至沓来,纷纷于成都设立营业部。至今为止,四川之期货公司营业部数量不仅遥遥领先于西部诸省,亦为国内拥有期货营业部最多之省份之一。

(一)加快拓展,迅速发展

"借东风,抓契机,勇往直前;抢步伐,占市场,一马当先。"四川期货公司紧抓行业复苏与政策回暖的历史机遇,积极拓展业务版图,扩大经营规模。近年来,中国期货市场经历了众多改革与创新举措,政策环境日益向好,为行业发展铺设了坚实的基石。四川期货公司借此东风,加大对期货市场的投资与发展力度,通过优化业务结构、提升服务质量,显著提升了自身的市场竞争力。自 2001 年起,期货市场整体呈现出复苏态势,为四川期货业的繁荣发展带来了新的契机。在这一背景下,四川本土的期货公司充分利用行业复苏与政策回暖的利好条件,加快步伐,积极抢占市场份额,实现了跨越式的发展(见表 4－3)。

表 4－3　四川期货公司拓展发展情况

时间	公司名称	行动/事件	地点	备注
1998 年	四川嘉陵期货	设立营业部(分部)	西昌	率先走出成都
2001 年	四川嘉陵期货	建立营业部(分部)	乐山、宜宾等地	营业部数量增加至 8 个
2003 年～2010 年 5 月	成都瑞达期货	全国布局,成立营业部	汕头、泉州、晋江、石狮、上海等地	到 2010 年 5 月,营业部数量达 17 家
2010 年 5 月后	成都瑞达期货	总部迁至厦门,继续成立营业部	厦门、深圳、武汉、乐山等地	到目前为止,营业部数量达 25 家

续表

时间	公司名称	行动/事件	地点	备注
2000 年后	南洋期货、大业期货、天元期货	设立营业部	省内外其他城市	纷纷将触角伸向其他城市
2001 年 3 月至今	倍特期货	成立异地期货营业部	重庆、上海、北京、天津、广州、南宁、绵阳、南昌、济南、青岛等地	

(二)券商争相布局四川期货市场

四川的地理位置和经济基础亦为期货公司的发展提供了有利条件。四川作为西部地区的经济中心,拥有较为完善的交通和通信网络,同时亦有丰富的资源和潜在的市场需求。这些优势使四川成了各大期货公司的重要目标地,吸引了众多省外期货公司在成都设立营业部,提升了四川期货市场的竞争力和影响力。

2006 年 9 月 8 日,中国金融市场迎来了一个重要的里程碑。中国金融期货交易所在上海期货大厦内正式挂牌,[1]它不仅填补了中国金融期货市场的空白,推动了金融市场的多元化和国际化发展,还完善了金融市场结构,为金融市场提供了“安全阀”,并产生了深远的影响。随着金融期货交易所的成立,股指期货开始出现活跃的变化,为了抢占股指期货市场的机遇,一些券商加快了对期货公司的兼并重组。这表明股指期货市场的潜力被广泛认可,券商们希望通过整合资源和实力来获得竞争优势。在 2006 年 11 月,申银万国证券成功收购了成都南洋期货经纪有限公司(后更名为天意期货)90% 的股权,并将其更名为申银万国期货。这一收购事件标志着天意期货成为四川省第一家被省外券商并购的期货公司,亦反映了外省券商对四川期货市场前景的乐观态度,并有力促进了四川资本市场的发展壮大。

2007 年,党的十七大报告明确提出了优化资本市场结构、提高直接融资比

[1] 中金所的出资股东包括上海期货交易所、上海证券交易所、深圳证券交易所、大连商品交易所、郑州商品交易所。这 5 家股东各出资 1 亿元,各占 20% 股份。

重的目标。在这一背景下,四川期货市场迎来了一场大变局。一些证券公司开始涉足四川期货市场,并很快在该地掀起了一轮新的券商并购期货公司的热潮。这一情况可以理解为是党的十七大报告所提出的优化资本市场结构的具体落实。通过证券公司涉足期货市场,可以实现不同市场的资源整合和协同发展。这种多渠道提高直接融资比重的努力,有助于满足经济发展对资金的需求,并促进了资本市场的健康发展。券商并购期货公司的热潮亦说明了市场的活跃和发展潜力。证券公司希望通过并购期货公司来扩大自身实力,增强竞争优势,并进一步推动资本市场的发展。这种并购热潮亦为四川地区的期货市场注入了新的活力和机遇。

2007年8月,国金证券以1100万元的溢价受让了天元期货95.5%的股权,并将其更名为国金期货,结束了四川本土没有券商背景期货公司的历史。[1]这次交易标志着国金证券进军期货市场的战略布局,亦为四川期货市场带来了新的变化。2008年,华西证券亦选择进军期货市场,通过收购大业期货的100%股权,并将其更名为华西期货。这一举措使华西期货获得了一个全新的起点,可以从零开始构建自己的业务布局。为完成在全川地区的业务布局,华西期货除了保留原大业期货在攀枝花的营业部外,还在泸州、宜宾、南充等地开设了新的营业部。2010年9月,广州证券通过收购成都冠城投资等9家股东手中的冠华期货100%的股权,将其更名为广州期货。此行动显著增强了广州证券在期货领域的市场地位,并促使广州期货得以在川渝地区全面铺开其业务拓展的蓝图。以上这些并购和改名的案例,反映了四川资本市场优化结构、提高直接融资比重的目标的具体落实。证券公司通过收购其他公司,可以实现不同市场的资源整合和协同发展,提升自身实力和竞争优势;同时,改名为券商品牌亦能够增加企业的知名度和市场认可度。这些变化表明,四川资本市场在2007年至2010年,不断向着优化结构、多渠道提高直接融资比重的方向发展。这为四川资本市场带来了新的活力和机遇,亦推动了四川资本市场的健康发展。

2001年以来,中国期货市场蓬勃发展,四川期货公司展现出的强劲发展势

---

〔1〕 2007年7月30日,国金证券与四川嘉信贸易有限责任公司、成都仁人商贸公司签署了《关于四川天元期货经纪有限公司股权转让协议》。后经中国证券监督管理委员会核准,天元期货的注册资本由3000万元变更为5000万元,其中国金证券出资4775万元,占注册资本的95.5%。

头成功吸引了众多省外期货公司的密切关注。这一趋势直接催生了省外期货公司竞相涌入成都的现象，自2002年起，成都地区便陆续迎来了省外期货公司营业部的设立，标志着异地期货公司正式进军成都市场的序幕。[1] 这些异地期货公司的入驻，不仅是对四川期货市场巨大潜力的充分认可，亦彰显出对四川地区经济蓬勃发展的坚定信心。它们选择在四川设立营业部，旨在通过更贴近当地市场，为客户提供更加优质的服务，同时亦意在争夺市场份额，进一步扩大自身的行业影响力与知名度。这些异地期货公司的进入，既是对四川期货市场潜力的认可，也是对四川地区经济发展的看好。这些公司选择在四川设立营业部，一方面是为了能够更好地服务当地客户，另一方面亦是为了抢占市场份额并扩大影响力。

2012年之际，四川省的期货市场持续赢得了来自外省期货公司的青睐与重视，这一趋势显著体现在它们纷纷将战略目光锁定于成都，并积极投身于成都营业部设立的筹备工作中。众多知名期货公司，包括中辉期货、浙江中大期货、中信建投期货、上海东亚期货、五矿期货、新湖期货、银河期货、海通期货以及长江期货等，均积极递交了在成都设立营业部的申请，并且这些申请均顺利获得了四川省证监局的正式批准。这一现象映射了四川期货市场的潜力和吸引力。成都作为四川省的政治、经济和文化中心，具有较为完善的基础设施和便利的交通条件，吸引了众多省外期货公司的关注和进驻。这些公司看中了成都市场的发展潜力以及广阔的客户群体，希望通过设立成都营业部，能够更好地服务当地客户，开拓市场份额，并在竞争中取得优势地位；证券监管部门核准这些公司设立成都营业部的申请，亦彰显了对这些公司的认可和支持。这将促进成都及四川省期货市场的发展，带来更多的投资机会和市场竞争，进一步提升成都在全国期货市场中的地位和影响力。可以预见，在省外期货公司的积极参与和投资下，四川期货市场将继续迎来更多的发展机遇和挑战。这对于促进四川经济的发展、增加就业机会以及提升区域金融市场的竞争力都具有积极的意义。

---

[1] 2002年9月，经易期货成都营业部正式成立，成为成都地区首家异地期货公司营业部；2005年6月，南华期货成都营业部成立；2007年4月，迈科期货成都营业部成立；2010年，中国国际期货在成都设立营业部；2011年5月，广发期货成都营业部成立；2011年6月，华泰长城期货有限公司落户成都；2011年11月，中粮期货成都营业部开业。

（三）成功进入国内前列

四川期货市场取得显著发展成就不仅体现了其规模和影响力的高水平，亦反映了四川的地理位置和经济基础为期货市场提供了有利条件。本土期货公司的成长和发展，不仅反映了四川期货市场的活力和潜力，亦为四川经济的发展提供了重要的金融支持和服务，并且在期市服务实体经济方面发挥着重要作用。

1. 规模和影响力

就市场规模、交易活跃程度和影响力而言，四川期货市场在西部地区遥遥领先，2005年以来，就一直领跑西部十二省市期货市场，并且在全国范围内亦是拥有期货营业部最多的省份之一。这表明四川期货市场的规模和影响力已经达到了相当高的水平。四川期货市场的领先地位体现在两个方面，即在西部地区的领先地位和在全国范围内的影响力。第一，四川期货市场在西部地区遥遥领先。西部地区是中国经济发展的欠发达地区，但四川期货市场却在这个地区占据了绝对的领导地位。这一点可以从市场规模、交易量以及市场的稳定性等方面来看。四川期货市场的规模庞大，市场参与者众多，交易活跃度高，这使得四川期货市场成了西部地区最重要的金融交易中心之一。此外，四川期货市场的稳定性亦是其领先地位的一个重要因素。市场的稳定性意味着投资者可以在一个相对可靠和可预测的环境下进行交易，这对于吸引更多的投资者和资金是非常重要的。第二，在全国范围内，四川期货市场位列拥有最多期货营业部的省份之一，这彰显了其在期货领域的广泛影响力。众多的期货营业部意味着四川期货市场能够更充分地满足投资者的多样化需求，提供丰富的期货产品及专业服务。此举不仅有效回应了投资者的期待，亦进一步提升了四川期货市场的品牌知名度和行业口碑，四川期货市场影响力的日益扩大，映射出四川省经济的蓬勃发展及对金融市场的深切关注，这对于推动四川省经济持续增长和完善金融体系均起到了积极的催化作用。

2. 本土期货公司的增长和发展

四川拥有倍特期货、华西期货和国金期货等本土期货公司，这些公司在国内期货市场中具有较大的影响力，已经成功跻身国内期货公司的第一阵容，进一步证明了四川期货市场的竞争力和实力。首先，这些本土期货公司的影响力得益于其在市场中的表现和业绩。倍特期货、华西期货和国金期货在四川期货市场以及国内范围内都取得了显著的业绩和声誉。这些公司拥有专业的团队和丰富的经验,能够提供高质量的期货产品和优质的服务,赢得了投资者的信任和认可。他们的交易量和市场份额亦在不断增长,这表明他们在市场中的竞争力逐渐增强。其次,这些本土期货公司的成功还得益于四川期货市场的良好发展环境和政策支持。四川省始终将金融发展,尤其是期货市场的发展置于重要位置。政府制定并实施了一系列扶持政策,包括提供资金扶持、降低交易成本、完善监管机制等,为本土期货公司的成长壮大创造了有利条件。同时,四川地区经济的蓬勃发展亦为本土期货公司提供了广阔的市场空间和丰富的客户资源,进一步巩固了其在市场中的竞争优势。

(1)倍特期货有限责任公司

倍特期货有限责任公司,其前身可追溯至1993年,作为国内期货业的先行者之一及四川省期货业的开创者,历经重组变革,于1999年1月正式以“倍特期货”之名挂牌运营。该公司注册资本高达3.2亿元人民币,是由证券监督管理委员会批准、国家工商行政管理总局(已撤销)核准,并在四川省工商行政管理局注册登记的全国性大型专业期货经营实体。倍特期货隶属于成都高新区旗舰级国有企业——成都高新投资集团有限公司,并受其旗下上市公司成都高新发展股份有限公司的监管与指导。倍特期货业务范畴广泛,涵盖金融期货经纪、商品期货经纪及期货投资咨询,旗下拥有四川倍特资产管理有限公司与上海茂川资本管理有限公司两家全资子公司,分别专注于资产管理与风险管理领域。作为上海国际能源交易中心的会员,倍特期货能够代理国内全品种期货交易。公司总部位于成都,业务网络辐射全国,不仅设有四川倍特资产管理有限公司、成都自贸区分公司、上海分公司、济南分公司等分支机构,还在北京、广州、重庆、天津、南宁、青岛、绵阳等地建立了营业部,形成了覆盖国家核心城市及区域经济中心的战略布局。

倍特期货在行业内担任多项重要职务,包括大连商品交易所监事会监事、上海期货交易所自律监察委员会主任委员、郑州商品交易所品种委员会委员等,同时亦是中国金融期货交易所的交易结算会员、中国期货业协会纪律委员会委员等。此外,倍特期货还积极参与地方及行业组织,担任四川证券期货业协会理事及副会长单位、重庆证券期货业协会理事单位等多个职务,并在北京期货商会、天津期货业协会等组织中发挥重要作用,同时还是四川省粮食协会副会长单位、四川省黄金协会理事单位以及天府新区对冲基金学会副会长单位。倍特期货还设立了大连商品交易所成都培训基地,进一步强化了其在行业内的教育与培训功能。

倍特期货在服务实体经济方面表现卓越,为四川期货市场的发展作出了杰出贡献。公司积极推动郑州商品交易所在四川设立白糖、菜籽油、油菜籽、菜籽粕等交割库,填补了四川作为全国农业大省在交割库方面的空白,为四川实体经济提供了丰富的交易与风险管理工具,极大地促进了企业的套期保值活动。倍特期货在此过程中发挥了引领作用,通过与郑州商品交易所的紧密合作,为四川期货市场服务实体经济树立了典范,不仅为农产品生产企业提供了更多期货交易和风险管理的机会,亦为实体经济的稳健前行提供了坚实支撑。倍特期货的积极行动不仅为四川期货市场树立了良好的示范,亦为其他期货公司树立了榜样,推动整个市场的健康发展(见表4-4)。[1]

表4-4 倍特期货的发展情况

时间	事件简称	事件内容
1993年2月	前身创立	公司前身——东莞世通期货经纪有限公司成立,注册资本1000万元,股东为东莞市信托投资公司、广东星汉期货经纪有限公司
1995年11月	改制重组	东莞世通期货经纪有限公司股东东莞市信托投资公司和广东星汉期货经纪有限公司将股权全部转让给上海华银国际经济发展有限公司(持有60%股权)和河南省亚美经协贸易公司(持有股权40%)。同时公司更名为上海新国际期货经纪有限公司
1997年3月	公司改名	上海新国际期货经纪有限公司更名为上海国银期货经纪有限公司
1998年	股权受让	1998年,成都倍特发展集团股份有限公司(现"成都高新发展股份有限公司")分别受让上海华银国际经济发展有限公司和河南亚美经协贸易公司持有的"上海国银期货经纪有限公司"60%和5%的股权,随后将"上海国银期货经纪有限公司"迁址成都,进行相应的变更手续
1999年1月	倍特期货开业	1999年1月1日,成都倍特期货经纪有限公司(现"倍特期货有限公司")正式营业

[1] 参见王伟:《倍特期货:积极服务实体 稳健合规经营》,载《期货日报》2022年3月14日,第1版。

续表

时间	事件简称	事件内容
1999 年 9 月	增资	1999 年 9 月,注册资本由 1000 万元变更为 3000 万元,变更后公司股权结构:成都高新发展股份有限公司(原“成都倍特发展集团股份有限公司”)占总股本的 16.67%,成都倍特投资有限责任公司占总股本的 71.67%,河南省亚美经协贸易公司占总股本的 11.66%
2001 年	股权转让	2001 年,河南省亚美经协贸易公司将其持有的公司 350 万股权有偿转让给成都倍特投资有限责任公司。本次股权转让完成后,成都倍特投资有限责任公司共持有公司股份 2500 万股,占 3000 万元注册资本的 83.33%;成都高新发展股份有限公司(原“成都倍特发展集团股份有限公司”)持有公司股份 500 万股,占 3000 万元注册资本的 16.67%
2002 年	增资	2002 年,公司进行增资扩股,注册资本由原来的 3000 万元增加到 3500 万元人民币,其中,成都倍特投资有限责任公司共持有公司股份 3000 万股,占 3500 万元注册资本的 85.71%;成都高新发展股份有限公司(原“成都倍特发展集团股份有限公司”)股份 500 万股,占 3500 万元注册资本的 14.29%
2012 年	增资扩股	2012 年,根据中国证券监督管理委员会《关于核准成都倍特期货经纪有限公司变更注册资本和股权的批复》(证监许可〔2012〕1698 号)及本公司 2012 年 9 月 10 日股东会决议和修改后的章程规定,公司注册资本由 3500 万元变更为 4666 万元。新增的 1166 万元注册资本由成都高投资产经营管理有限公司、成都高新区拓新产业投资有限责任公司以现金方式认缴。公司注册资本变更后,成都倍特投资有限责任公司持股 64.29%,成都高新发展股份有限公司持股 10.72%,成都高投资产经营管理有限公司持股 19.97%,成都高新区拓新产业投资有限责任公司持股 5.02%
2013 年 7 月	同比例增资	按 2012 年 12 月 31 日的公司股本总数 4666.00 万为基数,以资本溢价的资本公积 5841.66 万元向全体股东同比例转增,转增后“资本公积—资本溢价”余额为零,以未分配利润 9492.34 万元向全体股东同比例送红股,公司注册资本变更为 20,000 万元
2013 年 11 月	公司迁址	根据业务发展需要,公司住所由“四川省成都市青羊区青龙街 51 号倍特康派大厦第 1 幢 9 层 1 – 11 号及 13 层 6 号”变更为“成都市高新区锦城大道 539 号盈创动力大厦 A 座四楼 406 号”
2014 年 1 月	经营范围变更	公司经营范围变更为:商品期货经纪、金融期货经纪、期货投资咨询
2014 年 11 月	名称变更	公司名称变更为“倍特期货有限公司”
2015 年 3 月	资管子公司成立	设立全资资产管理子公司——四川倍特资产管理有限公司

续表

时间	事件简称	事件内容
2015 年 5 月	股权转让	公司股东之一成都高新区拓新产业投资有限责任公司将所持有的倍特期货有限公司的 5.02% 股权全部转让给公司另一家股东——成都高投资产经营管理公司,自此,公司股东由四家变为三家,即成都倍特投资有限责任公司、成都高新发展股份有限公司、成都高投资产经营管理有限公司
2017 年 12 月	增资	公司现有股东以现金向公司同比倒增资 1.2 亿元,公司注册资本增至 3.2 亿元。本次增资完成后,成都高投资产经营管理有限公司出资额为 7996.80 万元,占公司的注册资本比例为 24.99%;成都高新发展股份有限公司出资额为 67.20 万元,占公司的注册资本比例为 0.21%;成都倍特投资有限责任公司出资额 23,936.00 万元,占公司的注册资本比例为 74.80%
2019 年 7 月	风险管理子公司设立	全资风险管理子公司——上海茂川资本管理有限公司通过中国期货业协会备案,正式运行

(2) 国金期货有限责任公司

国金期货有限责任公司,1993 年 7 月 28 日成立以来,便作为国金证券的全资子公司,承载着期货业务的重任,其注册资本 3 亿元人民币。国金期货在中国金融市场的核心交易所——中国金融期货交易所、上海期货交易所、大连商品交易所、郑州商品交易所及上海国际能源交易中心均享有会员资格,且是中国证券投资基金业协会的观察会员。公司的经营范围广泛,涵盖了商品期货经纪、金融期货经纪、期货投资咨询以及资产管理业务,所有业务均严格依照相关许可证的规定执行,并依法接受监管部门的监督指导。国金期货依托母公司国金证券的强大网络,其业务触角已延伸至北京、上海、广州、杭州、济南等中国经济的重要节点城市。国金期货的主要营业网点遍布全国,包括成都总部、北京、广东、山东、上海、湖北、河南等地的分公司,以及上海芳甸路营业部、杭州营业部等多个服务点,形成了覆盖全国的服务网络。国金证券,作为涌金集团的旗舰企业,以卓越的资产质量、精英团队、创新精神和特色鲜明的服务,赢得了市场的广泛认可,并成为多个重要指数的成分股。凭借全面的证券业务牌照和连续二十年的年终税前盈利记录,国金证券在行业内树立了标杆。公司秉承“责任、和谐、共赢”的核心价值观,以及“诚信、专业、创新”的经营理念,致力于在客户服务、产品研发上追求极致，以高效的人才机制驱动经营理念和信息平台的发展，同时，在客户界面设计、内部沟通氛围及企业形象塑造上，坚持友好严谨的态度。公司不仅关注经济效益，更重视社会责任，通过提升员工福利、扩大就业、积极纳税等方式，为国民经济的发展、就业增长及内需扩大作出了积极贡献（见表4－5）。

表4－5　国金期货有限公司发展情况

时间	事件简称	事件内容
1993年7月28日	首次注册登记	国家工商行政管理总局进行了注册登记
2011年（公告发布于2011年9月13日）	注册资本变更	注册资本由8000万元变更为15,000万元。此次增资由国金证券股份有限公司以现金方式认缴6685万元，湖南亨远投资发展有限公司以现金方式认缴315万元
2016年（具体日期为2016年9月20日公告发布）	股权变更	国金证券股份有限公司持有的国金期货股权发生变更，变更后国金证券持有国金期货100%的股权，湖南亨远投资发展有限公司不再持有股权
最近一次变更注册登记日期为2011年9月29日（亦有说法为2018年9月20日，可能与不同事项的变更时间有所差异）	变更注册登记地址及后续变更	四川省工商行政管理局进行变更登记

（3）华西期货有限责任公司

作为华西证券股份有限公司的全资附属机构，华西期货有限责任公司专注于期货交易、期货顾问咨询及期货投资顾问服务，其业务覆盖商品期货、股指期货、债券期货等多个领域。公司凭借深厚的研究实力和卓越的运营能力，在行业内树立了标杆。一是专业实力。华西期货拥有一支由资深分析师和交易员组成的团队，他们凭借丰富的市场经验和专业知识，能够为客户提供精准的市场分析和投资策略建议。公司不仅在期货交易方面表现出色，更在期货顾问咨询和投资顾问服务方面展现出强大的实力，能够为客户提供涵盖投资策略定制与风险管理在内的全方位服务。二是核心价值观。秉持“共创共享”的核心价值观，华西期货不断探索创新路径，力求在业务上实现突破与发展。这种创新精神不仅体现在产品和服务上,更贯穿于公司的整个运营过程中,推动了公司的持续成长。三是地区影响力。在四川省内,华西期货凭借其卓越表现享有高度认可与良好声誉,是引领当地期货市场发展的重要力量。公司的稳健发展和持续创新为当地期货市场的繁荣作出了积极贡献。

作为华西期货有限责任公司的全资子机构,华期梧桐成都资产管理有限公司专注于资产管理领域的深耕细作,致力于打造一个值得客户信赖的财富管理平台。一是资管平台构建。华期梧桐通过构建全面的资管平台,为投资顾问及客户的资产提供包括资金募集、风险控制、优秀投顾筛选等在内的全方位支持。这一平台的建立不仅提升了资产管理的效率,更确保了客户资产的安全与增值。二是主动管理策略。公司提供主动管理策略,根据客户的风险偏好和投资目标,量身定制个性化的资产管理方案。这种主动管理的理念使公司能够在复杂多变的市场环境中为客户创造稳定的回报。三是专业财富管理服务。华期梧桐以专业、诚信、高效的服务助力客户实现资产增值。公司的财富管理团队拥有丰富的市场经验和专业知识,能够为客户提供全方位、“一站式”的财富管理服务。四是客户信赖。通过持续的努力和创新,华期梧桐已经赢得了广大客户的信赖和支持。公司的稳健发展和良好口碑为未来的持续增长奠定了坚实的基础(见表 4-6)。

表 4-6 华西期货有限公司发展情况

时间	事件简称	事件内容
2007 年 12 月 7 日	股份转让	华西证券有限责任公司(以下简称华西证券)与成都大业(集团)有限责任公司、成都大捷科技发展有限公司签订《股权转让协议》,收购两股东的成都大业期货经纪有限公司全部股份
2008 年 4 月 7 日	增资	华西证券对成都大业期货经纪有限公司进行增资人民币 1720 万元,增资后公司注册资本为人民币 5000 万元,均由华西证券持有
2008 年 7 月 22 日	公司更名	成都大业期货经纪有限公司更名为华西期货有限责任公司
2009 年 1 月 7 日	增资	华西证券对华西期货进行增资 1500 万元,增资后公司注册资本为 6500 万元,均由华西证券持有
2011 年 10 月	增资	华西证券对华西期货进行增资 5500 万元,增资后公司注册资本为人民币 1.2 亿元,均由华西证券持有
2012 年 8 月	增资	华西证券对华西期货进行增资 8000 万元,增资后公司注册资本为人民币 2 亿元,均由华西证券持有

续表

时间	事件简称	事件内容
2015 年 3 月	增资	华西证券对华西期货进行增资人民币 10,000 万元,增资后公司注册资本为人民币 3 亿元
2018 年 5 月	增资	华西证券对华西期货进行增资 30,000 万元,增资后公司注册资本为人民币 6 亿元

3. 对四川经济的金融支持和服务

四川本土期货公司的崛起与壮大,无疑为四川乃至整个西南地区的经济发展注入了强劲的金融动力,提供了全面而深入的金融支持与服务。

(1)套期保值服务:稳定企业收益,规避市场风险。

四川本土期货公司在支持四川经济发展中,首先发挥了套期保值的重要作用。套期保值作为一种重要的风险管理手段,通过期货市场与现货市场的反向操作,帮助企业锁定未来的交易价格,从而有效降低了企业在商品价格波动或汇率变动中的风险。对于四川的农产品、能源、金属等关键行业,价格波动往往会对企业的经济效益产生直接影响。四川本土期货公司通过提供期货合约,使得这些企业能够在期货市场上进行套期保值操作,从而锁定未来的交易价格,减少因价格波动带来的不确定性风险。这不仅有助于企业稳定收益,还能在激烈的市场竞争中保持竞争力,为四川经济的持续增长提供有力保障。

(2)风险管理工具:降低经营风险,提升经济稳定性

除了套期保值服务外,四川本土期货公司还提供了多种风险管理工具,如期权、期货指数等,帮助企业更好地管理风险,提高经济的稳定性和可持续发展能力。在面对市场波动、价格波动、市场需求变化等不确定因素时,企业往往需要借助有效的风险管理工具来降低经营风险。四川本土期货公司凭借丰富的市场经验和专业知识,为企业提供了多种风险管理方案,帮助企业灵活应对市场变化,保护企业的利益。这不仅有助于企业保持稳健的经营态势,还能为四川经济的长期发展奠定坚实基础。

(3)专业研究与咨询服务:助力企业明智决策,提高经济效益

四川本土期货公司在提供专业的研究和咨询服务方面同样表现出色。公司拥有专业的研究团队和丰富的市场经验,能够为企业提供市场走势分析、投资建议等高质量的服务。这些服务不仅有助于企业更深入地了解市场动态和

行业趋势,亦能为企业制定科学合理的经营策略提供有力支持。通过四川本土期货公司的专业研究与咨询服务,企业能够更明智地把握市场机会,作出更精准的决策,从而提高经济效益和市场竞争力。

(4)促进金融深化与经济发展

四川本土期货公司的成长和发展不仅为四川经济提供了直接的金融支持和服务,还促进了四川金融市场的深化和经济的全面发展。随着期货市场的不断完善和壮大,四川本土期货公司在风险管理、资产配置、金融服务等方面的功能将得到进一步发挥,为四川经济的持续健康发展注入更多活力。

三、四川期货市场的现状及发展趋势

(一)四川期货市场的现状

四川期货公司在 2023 年 6 月的经营情况(见表 4 –7)。

表 4 –7　2023 年 6 月四川期货公司经营情况

单位:万元

辖区	注册资本	净资本	资产总额	净资产额	客户权益	营业收入	手续费收入	营业利润	净利润
四川	142,000.00	154,281.63	1,200,802.53	224,377.94	945,957.52	3303.19	1821.10	1098.89	880.00

数据来源:《2023 年 6 月期货公司总体及分辖区经营情况》,载中国期货业协会网 2023 年 7 月 24 日,http://www.cfachina.org//informationpublicity/qhgsydjysj/202307/t20230724_47854.html。

1. 交易规模逐年增加

四川期货市场作为中国期货市场的重要组成部分,亦在不断发展壮大。第一,交易规模逐年增加是四川期货市场的一个显著特点。随着国内经济的不断发展,农产品期货交易的需求亦在不断增加。农产品期货交易市场提供了一个有效的价格发现机制和风险管理工具,吸引了越来越多的投资者参与其中,这导致了四川期货市场的交易规模逐年扩大。第二,四川期货市场亦面临着一些挑战和问题。首先,四川农产品市场的发展相对滞后,农产品期货交易的品种和数量相对较少,这限制了四川期货市场的发展潜力。其次,四川的农产品供应链还需要进一步完善,包括物流和仓储等方面的配套设施,这些问题需要政府、期货交易所和相关机构共同努力,推动四川期货市场的发展。

2. 新品种上市步伐明显加快,品种体系日趋完善

随着四川期货市场的发展,新品种的上市步伐明显加快,品种体系亦日趋完善。四川期货市场不仅有传统的农产品期货品种,如豆粕、玉米、鸡蛋等,还陆续推出了一些新品种,如生猪、大豆等。这些新品种的上市丰富了四川期货市场的投资选择,满足了投资者对多样化投资工具的需求。四川期货市场亦在不断完善品种体系。一是在品种设计上,四川期货市场注重与地方特色相结合,推出了一些具有四川特色的品种,如四川白酒、四川花椒等。二是在品种规范上,四川期货市场加强了对品种交割标准的制定和监管,增强了市场的稳定性。新品种的上市和品种体系的完善,不仅丰富了四川期货市场的产品线,亦提高了市场的流动性和参与度。投资者可以根据自身的需求和风险偏好选择不同的品种进行投资,实现资金的配置和风险的分散。

3. 农产品期货交易活跃、能源期货交易潜力大

四川作为中国重要的农产品产区之一,在农产品方面具有丰富的资源和广阔的市场。大豆、豆粕、豆油、白糖、棉花等是四川的主要农产品,其中大豆和豆粕是四川的重要农产品之一。这些农产品的生产量和质量在中国乃至全球具有重要的影响力。为了提高市场参与者对农产品价格的风险管理能力和市场效率,四川期货市场以农产品期货交易为主,包括农产品期货合约的上市和交易。通过期货市场,农产品企业和农民可以使用期货合约进行套期保值,将农产品的价格锁定在未来的某个时间点,从而降低价格波动带来的风险,这有助于企业优化生产和销售策略,并提高农民的收入和生活水平。此外,四川期货市场的农产品期货交易亦为市场参与者提供了价格发现的平台。通过买卖农产品期货合约,市场参与者可以根据市场供需情况和信息进行交易,从而推动农产品价格的形成和调整,这为农产品市场提供更加公正和有效的价格。通过四川期货市场的农产品期货交易,农产品企业和农民可以更好地管理价格风险,提高市场参与者的价格发现能力和市场效率。这种风险管理工具的使用有助于稳定农产品市场,促进农业和农民的可持续发展。

四川作为中国西南地区的重要省份,拥有丰富的能源资源。天然气、石油和煤炭是四川的主要能源资源,其储量和开采量在中国具有重要地位。随着中国能源结构调整和能源市场改革的推进,四川期货市场在能源期货方面具有巨大的发展潜力。能源期货市场是能源企业和投资者进行风险管理和投资的重

要工具,能源期货合约的上市和交易可以帮助能源企业锁定未来的能源价格,从而降低价格波动带来的风险。通过能源期货市场,能源企业可以通过买卖期货合约进行套期保值,确保能源产品的销售收入,这对于能源企业的稳定经营和发展具有重要意义。此外,能源期货市场亦为投资者提供了参与能源市场的机会。通过能源期货合约的交易,投资者可以根据市场情况进行投资,获得投资回报。这有助于提高能源市场的竞争效率,推动能源市场的健康发展。四川期货市场在能源期货方面的发展潜力巨大,随着中国能源结构调整的深入推进,能源市场的需求和交易量将进一步增加。四川期货市场可以通过上市和交易能源期货合约,为能源企业和投资者提供更多的风险管理投资工具。这将有助于提高四川能源企业的风险管理能力,促进能源市场的健康发展。

随着期货市场的不断发展,四川省有望成为全国乃至全球重要的农产品和能源期货交易中心之一。[1]

4. 市场功能得到有效发挥,服务实体经济的能力明显增强

四川期货公司在服务国民经济发展方面发挥着重要作用,尤其以倍特期货在推动郑州商品交易所设立白糖和菜籽油交割库为例,充分展示了其对实体经济的贡献以及期货市场的有效发挥。首先,四川是中国重要的农业产区之一,白糖和菜籽油是该地区的重要农产品,在农业经济中占有重要地位。然而,传统的农产品贸易方式往往存在交易成本高、信息不对称等问题,导致市场效率低下。倍特期货积极推动郑州商品交易所在四川设立白糖和菜籽油交割库,为当地农产品企业提供了一个便捷高效的交易平台。通过这个平台,企业可以进行套期保值操作,降低市场价格波动带来的风险,从而稳定经营。交割库的存在不仅提高了交易效率,还确保了产品质量,促进了农业经济的发展。其次,提供金融工具与风险管理手段。农产品价格波动性较大,这对农产品加工企业、食品企业等相关行业构成了挑战。期货市场的设立和交割库的建立为企业提供了有效的风险管理工具,企业可以通过交易期货合约来锁定价格,减少市场波动对企业经营的影响。例如,一家菜籽油生产企业可以在期货市场上买入菜籽油期货合约,锁定未来的采购成本,避免因原材料价格上涨而带来的经营风险。同样,糖厂亦可以通过卖出白糖期货合约,提前锁定销售价格,确保利润空

〔1〕 参见周殿昆:《关于在成、渝两市试办期货市场的初步探讨》,载《经济体制改革》1988年第5期。

间。这种套期保值操作有助于企业在不确定的市场环境中保持稳定运营。再次,拓展投资渠道与增加投资收益。期货市场的发展亦为投资者提供了更多的投资机会,除了股票、债券等传统投资品种外,投资者还可以参与农产品等实物商品的交易,实现多元化投资。这不仅增加了投资渠道,亦提升了投资组合的风险分散效果。四川期货市场的功能正在得到有效发挥,其服务实体经济的能力亦明显增强。作为价格发现机制,期货市场能够更准确地反映供需关系和市场预期,帮助企业合理制定价格和决策。最后,促进融资与资本运作。期货市场还为实体经济提供了融资渠道。企业可以通过期货交易获得资金支持,尤其是在现货市场流动性不足的情况下,期货市场的保证金制度和杠杆效应为企业提供了灵活的资金运作空间。这不仅有助于缓解企业的资金压力,还促进了资本的有效配置。

(二)四川期货市场的发展趋势

1.期货新品种不断推出,合约设计更为多样

随着四川期货市场的发展,新品种的推出将成为一个重要趋势。市场将会根据实体经济的需求和市场的变化,推出更多与地方特色相关的品种,满足投资者的多样化需求。合约设计亦将更加多样化,以满足不同投资者的需求,如提供不同交割期限、价格计算方式等选择。2021 年 1 月 8 日,中国期货市场迎来了一项重要的新增商品交易品种,即大连商品交易所正式推出的生猪期货。生猪期货作为农产品领域的关键品种,其上市标志着国内养殖行业在风险管理方面取得了重大突破。这一创新模式的推出,直击养殖行业长期面临的价格波动与利润不稳定性问题,显著增强了农业产业的抵御风险能力。

在四川省证监局、四川省农业农村厅以及大连商品交易所的支持下,华西期货与巨星农牧有限公司、四川德康农牧食品集团股份有限公司、新希望六和集团旗下的凉山新六养殖有限公司,以及中国太平洋财产保险股份有限公司凉山中心支公司和中国平安财产保险股份有限公司四川分公司合作,成功开展了四川省凉山州的首单生猪“保险 + 期货”及场外期权交易,共计承保了 272 吨生猪,覆盖了约 2267 头生猪现货。这一创新合作模式不仅标志着金融衍生品在农业风险管理领域的深入应用,亦为四川省乃至全国的生猪稳产保供和农村经济发展提供了宝贵经验。

据相关报道,在生猪期货上市之前,华西期货就深入挖掘产业客户需求,为其定制了个性化的期权方案。在2021年1月8日生猪期货上市的首日,四川德康农牧食品集团股份有限公司和中国平安财产保险股份有限公司四川分公司签署了四川省首单生猪价格"保险+期货"项目的保单。巨星农牧有限公司与华西期货风险管理子公司完成了全省首单生猪期货场外期权交易,并与中国平安财产保险股份有限公司四川分公司共同签署了全省首单生猪和饲料"保险+期货"项目的保单。保险和场外期权项目均为1个月,总共覆盖了生猪现货160吨,为1334头生猪提供了价格和收益保障。巨星农牧向中国平安财产保险股份有限公司四川分公司购买生猪保险,保险公司再向华西期货购买相应的场外期权,通过期货市场的对冲,规避了生猪价格下跌和饲料价格上涨带来的利润减少风险。巨星农牧对期货期权市场有较深的了解,因此他们直接购买了场外期权,以防范生猪价格大幅下跌的风险。[1]

2020年11月17日,凉山州昭觉县成功实现全员脱贫。为了巩固凉山州扶贫成果,并支持昭觉县生猪产业的发展,凉山新六养殖有限公司、中国太平洋财产保险股份有限公司凉山中心支公司和华西期货在昭觉县签署了凉山州首个生猪价格"保险+期货"项目。作为新希望六和集团和人民银行成都分行合作的精准扶贫项目,该价格保险于2021年1月8日正式生效,保险期间为1个月,覆盖生猪现货48吨,共计437头生猪,有效地避免了价格下跌风险,保障了当地养殖户的收入。这个生猪"保险+期货"项目和生猪场外期权的成功示范不仅是四川省生猪产业风险管理的首次尝试,亦是响应省委、省政府"六稳"、"六保"政策、服务实体企业发展的一项重要举措,同时亦是产融结合的一次有益试点和示范。在完成了生猪稳产保供任务的同时,从"保险+期货"的角度解决了实体企业的难题和问题,稳定了养殖企业的收入和利润,有利于组织生产资料,安心经营,从而提高了养殖积极性,稳定了生猪供应,为四川农业"10+3"产业体系中的生猪产业发展提供了金融支持。这次成功推动了现代农业保险和金融服务的转型,为新型农业经营主体提供了高效、便捷、易参与、可持续的综合性风险管理工具,同时期货价格对于政府稳定居民"菜篮子",亦具有指导意义。[2]

---

[1] 参见姚宜兵:《四川首单生猪"保险+期货"顺利出单》,载《期货日报》2021年1月12日,第1版。

[2] 参见邬梦雯:《金融活水浇灌"中原粮仓"》,载《期货日报》2022年8月31日,第3版。

2. 期货公司集中度提高，业务呈多元化发展态势

四川期货市场在近年来呈现出显著的期货公司集中度提高和业务多元化发展的趋势，这一变化不仅反映了市场的成熟与演进，亦为未来的市场发展奠定了坚实的基础。

期货公司集中度的提高，是四川期货市场发展的重要特征之一。这主要体现为头部期货公司在市场份额、客户权益、服务质量等方面的显著提升。根据中国期货市场监控中心发布的数据，近年来期货公司持续聚焦主业，经纪业务快速发展，客户权益规模显著增长。同时，客户权益集中度进一步提升，头部期货公司的客户权益合计占全行业期货公司客户权益总量的比例逐年上升。这表明四川期货市场中，一些实力雄厚、服务质量高的期货公司正在逐步扩大其市场份额，形成更加集中的市场格局。期货公司集中度的提高，有利于提升市场的整体效率和竞争力，亦有助于降低市场的运营成本，提高市场的整体盈利能力。

在期货公司集中度提高的同时，四川期货市场亦呈现出业务多元化发展的趋势。这主要体现在期货公司不断探索新的业务领域，拓展业务范围，提供更加多样化的产品和服务。一方面，传统期货经纪业务仍然是期货公司的核心业务之一，但期货公司不再仅仅局限于为客户提供交易通道和委托服务，而是更加注重风险管理、投资咨询等增值服务的提供。例如，通过套期保值、套利等策略，帮助客户管理价格波动风险；通过提供专业的期货市场分析、投资策略建议等，帮助客户做出更为明智的投资决策。另一方面，随着期货市场的不断发展，四川期货公司的业务范围亦在不断拓展。除了传统的期货经纪业务外，一些公司还开始提供投资咨询、基金销售、资产管理等“一站式”金融服务。这种业务范围的拓展不仅提高了期货公司的盈利能力，亦增强了其市场竞争力。此外，为了满足客户的多样化需求，四川期货公司不断推出新的产品和服务。例如，一些公司推出了期权交易、场外衍生品交易等新型交易品种，为客户提供更多的投资选择和风险管理工具。同时，一些公司还开始提供定制化服务，根据客户的具体需求量身定制投资方案，提高客户的满意度和忠诚度。以大连商品交易所在四川地区的实践为例，该交易所通过设置生猪、鸡蛋交割仓库，开展“保险＋期货”业务和“企业风险管理计划”等，为四川地区的涉农企业和农户提供了有效的风险管理工具。这种创新实践不仅促进了四川期货市场的多元化发

展,亦提高了期货市场服务实体经济的能力。

3. 机构投资者成为市场主要力量,市场参与度持续提升

在四川期货市场的发展历程中,机构投资者正逐步崭露头角,成为推动市场前行的重要力量。这一转变不仅体现在机构投资者数量的增加上,更体现在他们对市场参与度、投资规模及交易活动的显著提升上,为四川期货市场的稳定性和流动性注入了新的活力。第一,机构投资者成为市场主力。近年来,随着四川期货市场的日益成熟和完善,越来越多的机构投资者开始将目光投向这片热土。他们凭借雄厚的资金实力、专业的投资团队和敏锐的市场洞察力,积极参与期货交易,不断扩大投资规模,提升交易活跃度。这一趋势不仅增强了市场的流动性,还有效降低了市场的波动性,为市场的稳定发展提供了坚实的支撑。第二,市场潜力与发展前景吸引机构投资者。四川地区独特的资源和市场优势,是吸引机构投资者的重要因素之一,这里拥有丰富的农产品资源和能源储备,为期货市场提供了丰富的交易品种和潜在的盈利机会,特别是在农产品和能源领域,四川期货市场展现出了巨大的发展潜力。机构投资者正是看到了这些潜力,纷纷布局四川期货市场,以期在激烈的市场竞争中占据一席之地。第三,政府政策支持助力市场发展。政府的积极推动和政策支持,亦为机构投资者参与四川期货市场提供了良好的外部环境。政府通过出台一系列优惠政策和扶持措施,降低了机构投资者进入市场的门槛。这些政策不仅激发了机构投资者的投资热情,还为他们提供了更加广阔的发展空间和更加有利的投资环境。第四,机构投资者提升市场专业性和稳定性。机构投资者在资金实力、信息获取和风险控制方面的优势,使他们能够采用更加专业的交易策略和风险管理方法。他们注重长期投资价值,善于把握市场趋势和风险点,为市场的稳定和健康发展提供了有力的保障。他们还通过引入先进的交易技术和数据分析工具,提高了市场的参与度和交易效率,进一步推动了四川期货市场的现代化。

4. 技术创新促进市场发展

在四川期货市场的发展中,新技术正成为驱动市场发展的新动力。随着科技的不断进步,新技术的应用将改变传统期货市场的运作方式,推动市场发展朝着更高效、更安全和更便利的方向发展。首先,人工智能技术在四川期货市场的应用将不断增加。人工智能可以通过大数据分析和机器学习等技术,帮助投资者更准确地判断市场趋势和价格变动,提高交易决策的精准度和效率。人

工智能还可以帮助期货公司和交易所进行风险管理和监控,增强市场的稳定性。其次,区块链技术将在四川期货市场得到广泛应用。区块链技术可以提供安全、透明和高效的交易和结算环境,减少交易中的中介环节和交易成本。通过区块链技术,可以实现期货合约的数字化和智能化,将交易信息永久记录在分布式账本中,提高交易的可信度和可靠性。再次,物联网技术亦将对四川期货市场的发展产生积极影响。物联网技术可以通过将传感器与期货市场相关设备和产品相连,实现实时监测和数据收集。这将使期货市场更加智能化,帮助投资者更好地了解市场情况和产品状态,提高决策的准确性和时效性。最后,移动互联网技术的普及将进一步推动四川期货市场的发展。通过移动互联网技术,投资者可以随时随地进行期货交易和查询市场信息,提高交易的便捷性和灵活性。同时,移动互联网技术还可以促进投资者之间的互动和交流,加强市场的信息传递和共享。

5. 市场监管趋严,更加注重防范系统性风险

市场监管趋于严格表现在:一是加强对交易行为的监管。四川期货市场监管机构将加强对各类交易行为的穿透式监管,压实中介机构客户管理责任,严格落实账户实名制、交易者适当性等监管要求。同时还将优化实际控制关系账户管理方式,完善相关认定标准,强化持仓管理,完善持仓合并规则等。二是强化高频交易监管。随着高频交易在期货市场中的日益普及,监管机构将持续优化特定程序化交易报备制度,完善高频交易监管规则,并根据市场发展变化适时优化申报收费实施范围和收费标准。同时还将加强期货公司席位和客户设备连接管理,规范期货公司使用期货交易所主机交易托管资源。三是坚决抑制过度投机炒作。四川期货市场监管机构将督促银行机构进一步加强信贷管理,严防企业违规使用信贷资金从事大宗商品期货投机交易。同时还将不断完善监管规则,及时采取有效措施坚决抑制过度投机,防止资金异常进出和价格异常波动。

注重防范系统性风险。系统性风险是指一些重大事件或连锁反应可能对整个市场产生严重影响的风险。一是建立健全风险预防预警体系。四川期货市场监管机构将建立健全跨交易所、跨市场、跨境风险监测指标体系,完善期货保证金封闭运行和安全存管规则,确保期货市场的资金流动清楚可追溯,且得到有效监管。同时还将加强对大额资金的监测管理,常态化开展期货市场压力

测试,优化测试方法,加强定量分析,强化对风险的源头管控和早期纠正。二是提高风险应对和处置能力。四川期货市场监管机构将压实结算参与人的风险管理和损失吸收责任,优化担保品管理,严格对期货交割库的资质审查,加强交割库日常管理。此外,还将推动期货交易所共享交割库风险预警信息,优化多层次违约风险处置规则,探索实现期货风险准备金常态化、便利化使用。三是发挥商品期货期权品种功能。四川期货市场监管机构将聚焦农业强国、制造强国、绿色低碳发展等战略方向,优化并拓展商品期货市场的品种结构。通过增加商品期货市场的交易工具种类,促使期货市场更加紧密地贴合现货市场的实际情况与产业发展的迫切需求,从而提升大宗商品价格在市场上的影响力及竞争力。

6. 国际化程度提高,与国际市场的互动增加

在探讨四川期货市场的发展路径时,一个不可忽视的重要趋势是其国际化程度的逐渐提升以及与国际市场互动的日益深化。这一趋势既是全球经济一体化和中国金融市场对外开放背景下的必然产物,也是四川期货市场寻求更高层次发展、增强国际竞争力的关键所在。首先,四川期货市场正积极主动地参与到国际市场的竞争中。随着中国经济的快速增长和金融市场的日益成熟,四川期货市场已不再是孤立于国内市场的“一隅之地”,而是逐渐融入全球市场体系,成为连接国内外商品与金融市场的桥梁。其次,在全球化背景下,信息的及时获取与有效传递对于期货市场的稳定运行至关重要。四川期货市场正致力于强化与国际市场的信息互通与合作。通过积极关注国际市场动态、加强与国际期货交易所、监管机构及行业组织的合作,四川期货市场实现了信息的共享与交流,这对于确保市场稳定运行至关重要。此举不仅帮助市场参与者迅速调整策略、降低风险,还促进了市场规则的国际化进程。同时,随着中国金融市场对外开放程度的加深,四川期货市场积极吸引境外机构参与,这些机构不仅丰富了市场产品和服务,还引入了国际领先的交易技术和风险管理工具,增强了市场的流动性、竞争力和整体国际影响力。

第五章　四川证券投资基金业

一、四川证券投资基金业产生的背景及意义

证券投资基金乃一合资工具，由投资者集资而后由专业基金管理人管理。基金管理人根据基金合同的约定，采用分散投资原则，在证券等金融资产上进行投资。该基金由募集的公众资金构成，并按照基金合同的约定，主要投资于证券市场上的股票、债券、衍生品等金融工具。证券投资基金市场提供多种类型产品（如股票型、债券型、混合型、指数型、货币市场基金等），以满足不同投资者的风险偏好和收益需求。这些基金具有灵活性高、风险分散、专业管理、监管严格等优势，成为投资者参与资本市场的重要方式。

证券投资基金在不同的国家有不同的称谓（见表5－1）。

表5－1　证券投资基金在不同国家的称谓

国家	称谓
美国	"共同基金"（mutual fund）
英国	"单位信托基金"（Unit Trust Fund）
欧洲	"集合投资基金"、"集合投资计划"（Collective Investment Scheme）
日本	"证券投资信托基金"（Securities Investment Trust Fund）

(一)证券投资基金立法沿革

“投资基金”一词在我国最早出现于1985年的《中共中央关于科学技术体制改革的决定》中。这个文件主要是关于科技投资基金的设立,但并未具体规定投资基金的内容和运作规则。[1] 直到1997年11月,中国证券监督管理委员会(时称国务院证券委员会)[2]出台了《证券投资基金管理暂行办法》(已失效),证券投资基金进入规范的开放式发展期。《证券投资基金法》由中华人民共和国第十届全国人民代表大会常务委员会第五次会议于2003年10月28日通过,自2004年6月1日起施行。这标志着我国证券投资基金市场进入规范化和法治化的道路,促进了我国证券市场的健康发展。为了有效实施《证券投资基金法》,《国务院关于证券投资基金管理公司有关问题的批复》(国函〔2004〕66号)对法人作为证券投资基金管理公司非主要股东的条件作出了规定。[3] 2009年5月,中国政府网发布了国务院批转国家发展和改革委员会的《关于2009年深化经济体制改革工作的意见》(国发〔2009〕26号)(已失效),其中明确指出,“加快股权投资基金制度建设,尽快出台股权投资基金管理办法(发展改革委牵头)”。

(二)四川证券投资基金业产生的背景

四川作为西部地区经济增长的核心,其创新创业活动长期处于领先地位。在大力推动建设西部金融中心的过程中,四川省为投资基金行业的发展提供了极佳的历史机遇。金融行业的发展对证券投资基金的创新具有重要的推动作用。

---

〔1〕 1985年3月13日,《中共中央关于科学技术体制改革的决定》的文件,指出:“对于变化迅速、风险较大的高技术开发工作,可以设立创业投资给以支持。”这标志着我国风险投资事业的开端,创业投资本质上就是一种投资基金的形式。

〔2〕 需留意,当时中国证券监督管理委员会还并未正式挂牌成立为独立的监管机构,而是作为国务院证券委员会的执行机构存在。中国证券监督管理委员会于1998年12月29日正式成立,接替国务院证券委员会的职责,成为全国证券期货市场的主管部门。

〔3〕 《国务院关于证券投资基金管理公司有关问题的批复》(国函〔2004〕66号)是国务院针对《中国证券监督管理委员会关于贯彻实施〈证券投资基金法〉有关问题的请示》(证监发〔2004〕64号)所做出的正式批复。

1. 四川省的金融行业发展迅速，为证券投资基金的发展提供了良好的环境

成都市作为西部金融中心的建设重点，其在金融行业的发展不仅为地区经济提供了坚实的支撑，还极大地推动了证券投资基金行业的创新与发展。

成都市作为西部金融中心的地位与优势。成都市凭借其完善的金融基础设施和优越的地理位置，成功吸引了大量金融机构聚集。这些金融机构包括大型银行、证券公司和基金公司等，它们的总部或重要分支机构纷纷落户成都，为四川省乃至整个西部地区的金融业发展注入了强劲动力。金融机构的集中配置不仅提高了金融资源的利用效率，还显著增强了金融业的整体竞争力，使成都市成为西部地区金融服务的核心枢纽。

金融行业发展对证券投资基金行业的带动作用。随着成都市金融行业的蓬勃发展，证券投资基金行业亦逐渐崭露头角。作为西部金融中心，成都市吸引了众多证券公司和基金公司在此设立，这些公司通过不断创新产品和服务，满足了投资者日益多样化的投资需求。例如，它们推出了多种类型的证券投资基金，包括股票型基金、债券型基金、混合型基金等，为投资者提供了丰富的投资选择。此外，金融行业的发展还促进了证券投资基金行业的专业化和规范化发展。成都市的金融机构在业务运营中严格遵守相关法律法规和监管要求，不断提升自身的合规意识和风险管理能力。

2. 四川地方政府积极制定相应政策，支持和推进证券投资基金行业发展

随着金融市场的不断发展和深化，证券投资基金行业在促进资本形成、优化资源配置、推动经济转型升级等方面发挥着越来越重要的作用。四川地方政府积极制定相应政策，旨在优化行业发展环境，激发市场活力，推动证券投资基金行业的高质量发展。

优化资本市场培育机制方面。首先，四川地方政府通过完善上市后备企业资源库培育机制，聚焦六大优势产业、战略性新兴产业、未来产业，动态筛选符合产业政策、主营业务突出、竞争能力较强的企业入库培育。这有助于为证券投资基金行业提供更多的优质投资标的。其次，实施“天府金泉”科技型企业培育计划，加大对新产业、新业态、新技术领域突破关键核心技术的“硬科技”企业的支持力度。这有助于提升证券投资基金行业的投资质量和效益。

提高上市公司质量方面。首先，四川地方政府推动上市公司完善治理和内控，落实资本市场防假打假综合惩防体系建设要求。这有助于提升上市公司的

信誉度，增强证券投资基金行业的投资信心。其次，支持上市公司首发融资和再融资募投项目落地建设，鼓励上市公司通过并购重组向新质生产力方向转型升级。这有助于拓宽证券投资基金行业的投资渠道和领域。

支持证券基金期货机构做优做强方面。首先，四川地方政府鼓励证券基金期货法人机构补充资本、完善治理，推动其差异化发展、特色化经营。这有助于提升证券投资基金行业的整体竞争力和服务水平。其次，支持证券投资基金行业加强人才队伍建设，提高从业人员的素质和专业水平。这有助于为证券投资基金行业的持续发展提供人才保障。

推动不动产投资信托基金和债券市场高质量发展方面。首先，四川地方政府积极培育发展不动产投资信托基金，以国有资产为先导，建立高质量储备项目库。这有助于拓宽证券投资基金行业的投资领域和范围，增加其收益来源。其次，支持企业通过债券市场融资和发行创新品种债券，降低融资成本，提高融资效率。这有助于为证券投资基金行业提供更多的投资机会和更大的收益空间。

3. 四川省证券期货业协会成立了证券投资基金专业委员会，专门推动四川证券投资基金业的健康持续发展

四川省证券期货业协会成立证券投资基金专业委员会是为了推动四川证券投资基金业的健康持续发展。该委员会通过制定相关规章制度、提供培训和咨询服务等方式，促进证券投资基金行业的进一步发展。首先，该委员会制定相关规章制度，为四川证券投资基金业提供规范和指导。这些规章制度可以对证券投资基金公司的运营、产品发行、风险管理等方面进行约束和监管，从而促进行业的规范化发展。其次，该委员会提供培训和咨询服务，提高从业人员的专业素质和业务水平。证券投资基金行业需要高素质的从业人员来进行投资决策和管理，而委员会可以组织培训和研讨会，提供专业知识和技能的培训，帮助从业人员不断提升自身水平。此外，委员会还可以提供咨询服务，为基金公司提供专业意见和建议，帮助它们制定科学的投资策略和管理方案。委员会还可以促进行业内外的交流与合作。通过组织行业研讨会、论坛等活动，可以促进行业内部的经验分享和合作交流，提高行业整体的发展水平。委员会还可以与相关机构和组织进行合作，共同推动四川省证券投资基金行业的发展。通过合作与协同，可以进一步扩大行业的影响力和竞争力。

4. 四川在建设西部金融中心的过程中，创新创业形势不断发展，涌现出大量优质创新企业，为证券投资基金提供了广泛的项目源

四川，特别是其省会成都，在建设西部金融中心方面取得了显著进展。成都作为西部的经济、科技和文化中心，拥有得天独厚的地理位置和资源优势。近年来，成都通过完善金融机构组织体系、优化特色金融品牌体系，以及积极对接重庆共建区域性金融交易体系、金融开放体系、金融生态体系，推动了西部金融中心建设的成型成势。一是创新创业形势发展。随着四川创新创业形势的蓬勃发展，大量优质创新企业应运而生。这些企业涵盖了信息技术、生物医药、新能源、高端装备制造等多个领域，具有较高的专业化水平和较强的创新能力。例如，在四川省第九批创新型中小企业名单中，成都有 1058 户企业上榜，这充分说明了成都创新创业的活跃度和企业的创新能力。二是优质创新企业涌现。在四川的创新创业大潮中，涌现出了一批具有核心竞争力和市场潜力的优质创新企业。这些企业不仅拥有先进的技术和产品，还具备强大的市场开拓能力和盈利能力。这些企业的快速发展，为证券投资基金提供了广阔的投资空间和丰厚的回报预期。三是为证券投资基金提供了广泛的项目源。四川的优质创新企业为证券投资基金提供了丰富的项目源。随着这些企业的不断成长和壮大，它们对资金的需求亦日益增加。证券投资基金作为一种重要的融资方式，可以通过投资于这些优质创新企业，实现资金的增值，获取回报。同时，这些企业的快速发展亦为证券投资基金带来了良好的市场前景和更多的投资机会。此外，四川还通过创新金融产品和服务模式，如“蓉易贷”“农贷通”“科创贷”等，为创新创业企业提供了更加便捷、高效的融资服务。这些金融产品和服务的推出，进一步拓宽了证券投资基金的投资渠道和项目来源。

5. 省内居民的投资理财需求日益增长，证券投资者逐步增加

随着社会经济的不断发展和人民收入水平的提高，四川省内居民的投资理财需求日益增长，证券投资者逐步增加。首先，经济发展带动了居民收入的增长。随着四川省产业升级与经济转型之持续推进，工、商、农诸业皆获得了显著进展，居民的收入水平显著提高，居民有更多的闲置资金进行投资理财。其次，金融知识的普及和投资意识的增强亦推动了居民的投资理财需求。随着金融知识的普及和信息技术的发展，居民对投资理财的了解和认识不断深化。他们开始关注股票、基金、债券等证券投资品种，希望通过投资来实现财富增值和风

险分散。这种投资意识的增强促使居民逐步成为证券投资者。再次,随着监管部门的不断努力,证券市场的规则得到了进一步完善,交易流程更加透明,信息披露更加及时,这亦吸引了更多的居民投资者。最后,金融机构和证券公司不断完善自身的产品和服务,提供更加多元化和个性化的投资理财服务,满足居民的差异化需求。

(三)四川证券投资基金业产生的意义

随着四川证券投资基金业的产生,这一新兴金融业态为四川地区的资本市场注入了新的活力,在多个方面带来了前所未有的动力与机遇。

拓宽融资渠道,优化资源配置。首先,为企业提供多元融资方式。在四川证券投资基金业兴起之前,企业主要依赖传统的银行贷款等间接融资方式,而证券投资基金业的出现为企业开辟了直接融资的新路径。例如,一些成长型的中小企业可能难以从银行获得足够的资金支持,但证券投资基金业可以通过股权投资等方式介入这些企业。以成都的一家科技初创公司为例,它获得了来自本地证券投资基金业的投资,这不仅解决了企业的资金短缺问题,还为企业带来了先进的管理经验和行业资源。其次,引导资本高效流动至潜力领域。证券投资基金业扮演了关键角色,助力地方经济实现转型升级。通过精心筛选,基金管理团队依托深度研究与分析,锁定那些具备高增长潜力及高效益的产业与企业,为之注入急需的资金,并开辟广阔的发展空间。这一策略不仅加快了本地企业的技术创新步伐、促进其产品迭代升级以及提升其市场拓展能力,而且在四川范围内,显著增强了对诸如电子信息、生物医药等高新技术产业的投资力度。尤为值得一提的是,在四川,尤其是在绵阳的电子信息产业集群中,证券投资基金业的积极参与促使资源高效汇聚于优势企业及项目,极大地提升了区域资源配置的整体效能。

增强市场流动性,提高市场活跃度。首先,增加投资者数量。四川证券投资基金业的发展吸引了更多的个人和机构投资者参与资本市场。对于个人投资者而言,证券投资基金是一种相对简单且风险分散的投资工具。基金作为一种集合投资工具,允许投资者通过购买基金份额间接投资于多种证券,从而分享市场的增长红利。这一过程不仅提升了居民的经济参与度,亦促使他们更加关注市场动态,理解投资机会与风险,进而提升了居民对金融市场的认知和理解。许多原本对股票市场望而却步的小额投资者,通过购买证券投资基金进入了资本市场。根据相关统计数据,四川地区证券投资基金的投资者数量逐年递增。这不仅增加了市场的资金供给,亦使市场的参与者结构更加多元化,从而增强了市场的整体活力。其次,促进交易活跃。证券投资基金业作为一种专业的投资机构,在市场中进行频繁的买卖操作。它们的交易行为可以带动其他投资者的情绪和决策。例如,在四川上市公司中的一些热门标的,由于受到证券投资基金的青睐,其交易量和换手率都有明显的提升,这对提高整个四川资本市场的流动性起到了积极的推动作用。

提升金融服务水平,完善金融生态。首先,培养金融专业人才。四川证券投资基金业的产生和发展需要大量的专业人才,包括基金经理、研究员、风控人员等。为了满足行业的发展需求,本地的金融机构和高校纷纷加强了金融专业人才的培养。为了满足行业发展需求,本地的金融机构和高校加强了金融专业人才的培养。通过建立完善的培训体系、开设更多与证券投资相关的课程以及开展合作实习项目,四川地区逐渐形成了一支高素质的金融人才队伍,为资本市场的发展提供了坚实的智力支撑。其次,丰富金融产品种类。在金融市场的多元化发展中,四川证券投资基金业不断丰富金融产品种类,为投资者提供了更加多样化的选择。除了传统的股票、债券等经典投资工具外,混合型基金、指数型基金等一系列创新金融产品问世,精准匹配了不同投资者的风险偏好与特定投资目标。这些新型产品的推出,不仅完善了四川地区的金融生态,还促使金融机构不断推陈出新,优化服务模式,为投资者提供了更加个性化的财富管理解决方案。

吸引外部资源,提升区域影响力。首先,吸引外地资本流入。四川证券投资基金业的良好发展态势吸引了外地资本的关注。一些全国性的大型证券投资基金公司在四川设立了分支机构或者扩大了在四川的投资规模。外地资本的流入为四川资本市场带来了增量资金,同时亦带来了先进的投资理念和管理模式。例如,上海某知名证券投资基金公司在成都设立分公司的过程中,带来了成熟的量化投资策略和风险管理经验,这对于提升四川本地证券投资基金业的整体水平起到了示范作用。其次,提升四川资本市场的知名度。随着证券投资基金业在四川的蓬勃发展,四川资本市场在全国乃至全球范围内的知名度不断提高。

二、从我国看四川证券投资基金业的发展与演进

(一)我国证券投资基金业的发展进程

我国整体的证券投资基金业的发展主要分为三个阶段,分别是探索阶段、起步阶段和快速发展阶段。

1. 在第一阶段(1985~1997年),我国证券投资基金业处于探索阶段

在20世纪80年代初,随着我国经济的改革开放,一些国外金融机构开始关注我国市场,并试图通过设立投资基金等方式参与我国的资本市场。这些基金大多由国外金融机构发起、上市或者由国内外金融机构共同发起、上市,主要对我国股票市场或者特定的产业、企业进行投资。1987年,中国新技术创业投资公司(后更名为中国科招公司)携手汇丰集团与渣打集团,共同创立了名为“中国置业基金”的创业投资基金。珠海国际信托投资公司在1991年8月发起成立了珠信基金,规模达6930万元人民币。1991年10月,武汉证券投资基金由中国人民银行武汉分行批准设立,成为中国最早的一批投资基金之一。深圳南山风险投资基金亦在1991年由深圳市南山区人民政府批准成立。但这个阶段存在一系列问题。首先,由于社会资金匮乏,驻外金融机构开始尝试通过基金来解决募集资金的问题。然而,由于还处于萌芽初期,证券投资基金面临监管机制不完善的问题。缺乏相关法律法规和监管体系,证券投资基金市场的管理和监督相对较弱,容易导致乱象和风险。其次,基金管理人的专业素质相对较低、管理经验相对匮乏。缺乏经验丰富、专业素质过硬的基金管理团队,给基金的投资运作和管理带来了一定的挑战。基金管理人的专业能力对于基金的风险控制和投资决策至关重要,而在这一阶段,行业中的专业人才相对较少。最后,投资者的认知和理解水平亦较低。彼时,大部分投资者对于证券投资基金的理解和认知程度相对较低,很多人对基金产品的风险和收益特性并不清楚。这导致部分投资者对基金期望过高或存在误解。加之缺乏投资者保护意识和足够的投资教育,投资者容易受到不良销售行为的影响,进而导致投资风险的增加。

尽管在第一阶段面临着诸多问题,但这个阶段的探索为后续的起步阶段奠

定了基础，并为我国证券投资基金业的快速发展打下了一定的基础。这个阶段的经验教训促使监管机构和行业参与者认识到监管和自律的重要性，并逐步完善了相关法律法规和监管体系。基金管理人亦意识到必须提升专业素质和管理能力，以应对市场挑战。投资者的认知和理解水平亦逐渐提高，市场在培育投资者的同时亦在不断提升产品质量和服务水平。

2. 进入第二阶段（1998～2002 年），我国证券投资基金业迈入起步阶段

1997 年 11 月，国务院颁布了《证券投资基金管理暂行办法》。这项法规的出台标志着投资基金试点工作开始。1998 年 3 月，国泰基金管理有限公司和南方基金管理股份有限公司成立，标志着中国基金业真正起步。从 1998 年到 2002 年，我国基金业经历了从封闭式基金到开放式基金的转变，基金数量和规模逐渐增长。

在政策和市场需求的推动下，我国证券投资基金规模逐渐扩大，基金产品种类亦不断增多。随着投资者对证券投资基金的认知度提高和需求增加，越来越多的资金涌入基金市场。这促使了更多的基金管理公司成立，以满足市场的需求。证券投资基金市场亦开始逐步规范。基金管理公司被要求遵守一系列的规定，包括基金管理的透明度、投资范围、风险控制等方面。在这一阶段，我国的证券投资基金业面临着一些挑战和困难。首先，基金管理公司的数量较少、规模相对较小，缺乏足够的专业人才和经验。其次，投资者对于证券投资基金的认知度和信任度仍然较低，需要通过教育和宣传来提高。最后，市场的监管和法律体系亦需要进一步完善，以维护市场秩序。

3. 第三阶段（2003 年至今）见证了我国证券投资基金业的快速发展

我国证券投资基金市场经历了快速增长的时期（见表 5－2、表 5－3），证券投资基金业在法律保障下快速发展，基金数量和规模迅速增长。这一快速增长的主要原因是投资者对证券投资基金的需求增加，以及市场发展的推动。随着市场的发展和创新，证券投资基金产品种类亦越来越丰富。除了传统的股票型基金和债券型基金，还出现了货币市场基金、混合型基金等多种类型的基金产品。这些不同类型的基金产品满足了不同投资者的需求，使投资者可以选择更加适合自己风险偏好和投资目标的基金。与此同时，监管部门加强对证券投资基金市场的监管。监管部门制定了一系列规定和制度，要求基金管理公司加强风险控制和内部管理，提高信息披露的质量。这些举措进一步增强了投资者对

证券投资基金市场的信心，推动了市场的健康发展。在第三阶段，我国证券投资基金业虽然取得了显著的成就，但仍面临着一些挑战。首先，投资者的风险意识和投资素质仍有提升空间，需要加强投资者教育和培训。其次，市场竞争激烈，基金管理公司需要不断提升自身的竞争力和服务水平，才能获得投资者的认可和信任。最后，监管部门亦需要继续加强监管，完善相关制度和规定，确保市场的健康和稳定发展。

表 5－2　我国证券投资基金业的发展情况（2003 年之后）

阶段	时间	特点
行业快速发展阶段	2003～2007 年	2003 年，《证券投资基金法》开始实施，为基金业的快速发展提供了法律保障； 2006 年和 2007 年，受益于股市繁荣，我国证券投资基金得到有史以来最快的发展，基金业绩表现出色，资产规模急速增长，投资者队伍迅速壮大； 基金产品和业务创新继续发展，基金管理公司分化加剧，业务呈现多元化发展趋势
行业平稳发展及创新探索阶段	2008～2014 年	面对不利的外部环境，基金业进行了积极的改革和探索： 完善规则、放松管制、加强监管，推动基金管理公司业务和产品创新； 互联网金融与基金业有效结合，股权与公司治理创新得到突破； 私募基金机构和产品发展迅猛，混业化与大资产管理的局面初步显现
防范风险和规范发展阶段	2015 年至今	从 2015 年下半年开始，监管部门开始采取比较严格的措施，降低和防范风险、完善法规规范和加强监督检查； 规范私募基金机构及其资产管理业务，规范分级、保本等特殊类型基金产品，发展基金中基金产品； 对基金管理公司业务实施风险压力测试，专业人士申请设立基金公司的数量攀升，申请主体渐趋多元

表 5－3　1998～2011 年我国证券投资基金业的发展情况

时间	资产规模/元	份额规模/份	资产规模增长率/%	份额增长率/%
1998 年	107.42	100	—	—
1999 年	574.6	505	434.91	405.00
2000 年	845.62	560	47.17	10.89
2001 年	814.06	801.26	－3.73	43.08
2002 年	1185.58	1310.3	45.64	63.53

续表

时间	资产规模/元	份额规模/份	资产规模增长率/%	份额增长率/%
2003 年	1699. 19	1614. 66	43. 32	23. 23
2004 年	3246. 29	3308. 72	91. 05	104. 92
2005 年	4713. 02①	4736. 78	45. 18	43. 16
2006 年	8564. 61	6220. 7	81. 72	31. 33
2007 年	32, 761. 74	22, 336. 03	282. 52	259. 06
2008 年	19, 388. 54	25, 740. 31	-40. 82	15. 24
2009 年	26, 760. 8	24, 534. 94	38. 02	-4. 68
2010 年	25, 194. 49	24, 227. 23	-5. 85	-1. 25
2011 年	21, 310. 03	24, 506. 83	-15. 42	1. 15

数据来源：中国锡河证券基金研究中心：《中国证券投资基金 2011 年行业统计分析报告》(2012 年 1 月 6 日)，https://wenku. so. com/d/d6812d678a6d487ed49ae3bf9885086d。

①但根据中国基金网的数据为 4714. 86 亿元。

(1)私募基金管理人：管理数量、规模与类型变动分析(见表 5-4)

表 5-4　私募基金管理人的相关信息(截至 2023 年 4 月末)

项目	数量/规模	较上月变化	环比增长/%
存续私募基金管理人	22, 270 家	增加 94 家	0. 42
管理基金数量	153, 763 只	增加 3317 只	2. 20
管理基金规模	20. 75 万亿元	增加 4167. 28 亿元	2. 05
私募证券投资基金管理人	8658 家	增加 38 家	0. 44
私募股权、创业投资基金管理人	13, 310 家	增加 58 家	0. 44
私募资产配置类基金管理人	9 家	0 家	0
其他私募投资基金管理人	293 家	减少 2 家	-0. 68

数据来源：《证券期货经营机构私募资管产品备案月报(2023 年 4 月)》，载中国证券投资基金业协会网 2023 年 5 月 30 日，https://www. amac. org. cn/sjtj/tjbg/smzg/202305/P020231126403019136766. pdf。

截至 2023 年 4 月末，已登记私募基金管理人数量从注册地分布来看(按 36 个辖区)，集中在上海市、北京市、深圳市、浙江省(除宁波)、广东省(除深圳)和江苏省，总计占比达 71.95%，低于 3 月的 71.94%（见表 5－5）。

表 5－5　已登记私募基金管理人数量注册地分布的辖区占比（截至 2023 年 4 月末）

辖区	数量/家	占比/%
上海市	4070	18.28
北京市	3683	16.54
深圳市	3545	15.92
浙江省（除宁波）	1756	7.89
广东省（除深圳）	1716	7.71
江苏省	1250	5.61
其他	—	28.05

数据来源：《证券期货经营机构私募资管产品备案月报（2023 年 4 月）》，载中国证券投资基金业协会网 2023 年 5 月 30 日，https://www.amac.org.cn/sjtj/tjbg/smzg/202305/P020231126403019136766.pdf。

截至 2023 年 4 月末，从管理基金规模来看，前六大辖区分别为上海市、北京市、深圳市、广东省（除深圳）、江苏省和浙江省（除宁波），总计占比达 75.03%，高于 3 月的 74.68%（见表 5－6）。

表 5－6　前六大辖区的管理基金规模及占比（截至 2023 年 4 月末）

辖区	管理基金规模/亿元	占比/%
上海市	52,600.99	25.35
北京市	46,541.16	22.43
深圳市	22,082.03	10.64
广东省（除深圳）	12,731.38	6.14
江苏省	10,976.04	5.29
浙江省（除宁波）	10,738.29	5.18

数据来源：《证券期货经营机构私募资管产品备案月报（2023 年 4 月）》，载中国证券投资基金业协会网 2023 年 5 月 30 日，https://www.amac.org.cn/sjtj/tjbg/smzg/202305/P020231126403019136766.pdf。

(2)公募基金(见表5－7)

表5－7 公募基金资产统计(截至2023年6月)

日期	类别	封闭式	开放式						合计
			股票基金	混合基金	货币市场基金	债券基金	合格境内机构投资者基金	开放式合计	
2023年6月	净值/亿元	37,545.67	26,977.71	46,303.03	114,826.52	47,656.68	3588.04	239,351.98	276,897.65
	份额/亿元	35,422.08	22,932.34	38,580.06	114,727.71	42,133.68	4201.88	222,575.67	257,997,75
	基金数量/只	1332	2089	4792	372	2144	251	9648	10,980

数据来源:《公募基金市场数据(2023年6月)》,载中国证券投资基金业协会网,https://www.amac.org.cn/sjtj/tjbg/gmjj/202311/P020231126433659593839.pdf;《公募基金管理人登记及产品备案月报(2023年12月)》,载中国证券投资基金业协会网,https://www.amac.org.cn/sjtj/tjbg/gmjj/202401/P020240125599282291079.pdf。

(3)截至2023年,我国证券投资基金业的发展情况(见表5－8)

截至2023年,我国证券投资基金业在总体规模、投资者结构、投资领域与资产配置、行业监管与政策支持、市场竞争与格局变化以及创新与未来展望等方面都取得了显著进展。这些变化不仅反映了我国资本市场的快速发展和投资者需求的多样化趋势,亦为行业的未来发展奠定了坚实基础。

表5－8 我国证券投资基金业的发展情况分析(截至2023年)

特点	内容
总体规模增长	2012年以来,我国证券投资基金业经历了显著的增长。根据公开发布的信息,截至2023年年末,公募基金总规模达到了27.6万亿元,这一数字反映了行业在过去10多年的快速发展。此外,私募基金规模亦持续增长,2023年年末达到20.58万亿元,凸显了市场对多元化投资产品的强烈需求
投资者结构变化	个人投资者在公募基金中的占比逐渐提升。截至2023年年末,个人投资者占公募基金资金来源的比例超过50%,达到52.70%,较往年有所增加。机构投资者中,银行、保险等金融机构的资金占比相对稳定,但具体比例因年份和市场环境的不同而有所变化
投资领域与资产配置	随着市场的发展和投资者需求的多样化,证券投资基金的投资领域亦逐步拓宽。除了传统的股票、债券等资产外,还涉及货币市场基金、合格境内机构投资者基金、混合基金等多种类型的投资产品。在资产配置方面,公募基金逐渐加大了对股票等权益类资产的配置比例,同时亦保持了较高的现金和债券类资产比例,以应对市场波动

续表

特点	内容
行业监管与政策支持	近年来,中国证券监督管理委员会等监管机构不断加强了对证券投资基金行业的监管力度,推动了行业的规范化、透明化发展。同时,政府亦出台了一系列支持政策,如鼓励公募基金参与养老金管理、推动公募基金投资顾问业务发展等,为行业的持续发展提供了有力保障
市场竞争与格局变化	随着市场的不断开放和竞争的加剧,证券投资基金行业的市场格局亦发生了变化。一些头部基金公司在市场中的地位逐渐稳固,而一些新兴基金公司则通过创新产品和服务来争夺市场份额。此外,外资基金公司的进入亦为中国证券投资基金市场带来了新的竞争和挑战
创新与未来展望	近年来,证券投资基金行业在创新方面取得了显著成果。例如,不动产投资信托基金(Real Estate Investment Trusts,REITs)、可以上市交易的基金(FOF-LOF)①、同业存单指数基金等创新产品的推出,为投资者提供了更多元化的投资选择。未来,随着金融科技的不断发展和投资者需求的进一步升级,证券投资基金行业将继续保持创新活力,推动行业的持续健康发展

数据来源:《私募基金管理人登记及产品备案月报(2023 年 12 月)》,载中国证券投资基金业协会网,https://www.amac.org.cn/sjtj/tjbg/smjj/202401/P020240127640325276634.pdf。

①可以上市交易的基金(FOF-LOF)是一种结合了基金中基金(Fund of Funds,FOF)和上市型开放式基金(Listed Open-ended Fund,LOF)特点的基金产品。

(二)四川证券投资基金业的发展特征

四川证券投资基金的规模和结构是指在四川省范围内的证券投资基金的总量和组成。首先,四川证券投资基金的规模是指基金管理公司在四川省所管理的证券投资基金总资产规模。四川省作为我国西部地区重要的经济省份,证券市场亦相对发达。四川证券投资基金规模较大,涵盖了股票基金、债券基金、混合基金、指数基金等各类基金产品。其次,四川证券投资基金的结构包括不同类型基金的比例和配置情况。基金的结构与市场环境、投资偏好和风险承受能力等因素有关。

1. 从规模上分析

(1)四川属于证券投资基金发展较好的地区之一,四川证券投资基金的规模与四川整体的经济发展相匹配

根据四川省经济发展的情况,四川证券投资基金的规模属于发展较好的地区之一。四川省作为我国西部地区重要的经济省份,经济发展较快,证券市场亦相对发达。随着经济的不断增长,人们对投资理财的需求亦在增加,这就推

动了四川证券投资基金规模的扩大。四川省拥有众多的上市公司和创业板企业,这为股票基金提供了更多的投资机会。四川省还具有丰富的自然资源和文化旅游资源,这为混合基金和指数基金在四川省的发展提供了良好的环境。四川省的经济发展亦带动了债券市场的发展,债券基金在四川省的规模亦相应增长。总体而言,四川证券投资基金的规模与四川整体的经济发展相匹配。四川证券投资基金的规模不断扩大,投资品种亦越来越多样化,为投资者提供了更多的选择和机会。例如,根据中国投资基金业协会发布的《私募基金管理人登记及产品备案月报》(2023 年 4 月),四川省私募基金管理人规模在全国排名第 11 位,共有 396 家,管理基金数 1594 只,管理基金规模 2516.18 亿元。

(2)私募基金管理人管理规模在不断扩大,但总体而言,四川省私募证券投资基金管理人的管理规模呈现"两头大"的局面

就总体而言,四川省私募证券投资基金管理人的管理规模呈现"两头大"的局面,即一部分管理规模较大的私募基金,而大多数管理规模较小。其中管理规模最大的是四川发展证券投资基金管理有限公司。一方面,一些知名的私募基金管理人在四川省具备较大的管理规模。这些管理规模较大的私募基金管理人通常具备丰富的投资经验和优秀的业绩表现,吸引更多的投资者和资金。另一方面,大部分四川省私募证券投资基金管理人的管理规模较小。

导致"两头大"局面的原因:一是市场竞争。私募证券投资基金行业市场竞争激烈,只有具备较强实力和优势的管理人才能在市场中脱颖而出,吸引更多的投资者和资金。一些实力较弱的管理人可能难以在竞争中立足,导致管理规模较小。二是投资者偏好。投资者在选择私募证券投资基金时,通常会关注管理人的历史业绩、投资策略、风险控制能力等因素。一些具有优秀业绩和良好口碑的管理人更容易获得投资者的信任和青睐,从而吸引更多的资金流入。而一些业绩不佳或口碑较差的管理人则可能面临资金流出的风险,导致管理规模缩小。三是监管政策。国家对私募基金的监管政策不断加强,对私募基金管理人的合规性要求不断提高。一些不符合监管要求或存在违规行为的管理人可能面临处罚或整改的风险,导致管理规模受到限制或缩小。而一些合规性较好、风险控制能力较强的管理人则更容易获得监管机构的认可和支持,从而扩大管理规模。四是经济发展。四川省经济发展相对较为初级,相对较小的经济规模和投资者对风险的保守态度亦可能限制管理规模的扩大。这种"两头大"

的局面在私募基金行业中并不罕见,亦是行业发展不均衡的一种表现。随着四川省私募基金市场的进一步成熟和投资者对私募基金的认知度提高,相信管理规模较小的私募证券投资基金管理人亦有机会扩大规模,在市场中获得更多的认可和资金投入。

随着行业整合、专业化发展和创新合作的不断推进,四川省私募证券投资基金管理人的管理规模有望得到进一步优化和提升。一是随着市场竞争的加剧和监管政策的加强,私募证券投资基金行业必将迎来一轮整合潮。一些实力较弱或管理不善的管理人将被淘汰或兼并重组,而一些实力较强、管理规范的管理人则可以通过并购等方式扩大规模。二是随着投资者对私募基金认识的加深和投资需求的增加,私募证券投资基金管理人会更加注重专业化发展。他们会根据自身的优势和特长,选择特定的投资领域或投资策略进行深耕细作,以提高投资业绩和风险控制能力。三是私募证券投资基金管理人会通过创新产品和服务来吸引更多的投资者和资金。同时,他们亦会通过与其他金融机构或企业的合作来拓展业务范围和提升竞争力。

2. 从结构上分析

(1)生产制造、企业服务、医疗健康占据四川投资事件主体地位

首先,生产制造是四川投资实践中的重要领域之一。四川地区具备丰富的资源,为生产制造业提供了有利条件。四川的制造业涵盖了多个领域,包括汽车、电子、化工、航空航天等。这些行业的发展不仅可以推动地区经济增长,还可以提升产业水平和国际竞争力。其次,企业服务亦是四川投资事件中的重要组成部分。企业服务是现代经济的重要支撑,包括金融、信息技术、人力资源、咨询等领域。四川地区发展企业服务业可以提升企业的竞争力和创新能力,促进经济结构的优化和转型升级。最后,医疗健康亦是四川投资事件中的关键领域。随着人口老龄化趋势的加剧,医疗健康产业正逐渐成为一个重要的投资方向。四川地区在医疗资源和医疗技术方面具备优势,可以吸引更多的投资者和企业进入医疗健康领域,提供更好的医疗服务和健康产品。

(2)四川省私募证券投资基金管理人在管基金多处于小额募集状态

四川省私募证券投资基金管理人在管基金多处于小额募集状态,这可能与多个因素有关。首先,四川省的私募基金市场相对较为年轻,与一线城市相比,投资者对私募基金的认知和接受程度可能较低。这导致私募基金的募集规模

相对较小，投资者对基金的风险偏好亦较为保守，更倾向于选择较小额度的投资。其次，四川省经济相对于一线城市而言仍处于较为初级的发展阶段。相对较小的经济规模和相对较低的人均收入水平可能限制了投资者对私募基金的投资规模。最后，私募基金的募资过程亦可能受到监管政策的限制。监管部门对私募基金的募集行为进行严格监管，包括募集资金来源的合规性、投资者合格认定等。这些监管要求可能增加了私募基金募集的难度，导致基金管理人选择小额募集，以满足监管要求。

三、四川证券投资基金业的现状及发展趋势

（一）四川证券投资基金业的现状

1. 市场规模扩大

四川证券投资基金市场近年来呈现快速扩大的趋势。例如，私募基金数量与规模增长。根据四川省投资基金业协会及中国证券投资基金业协会的数据，四川省私募基金的数量和规模均在不断增长。例如，截至 2021 年 12 月 31 日，注册地在四川省的私募基金管理人的管理基金规模达到 2230.45 亿元。到了 2024 年 10 月末，四川省私募基金管理人的管理规模已经增长至 2788.67 亿元，私募基金管理人数量较 2021 年亦有所增加。四川省私募基金管理人的数量逐年增长。从 2021 年到 2024 年，尽管有所波动，但整体呈上升趋势。这表明越来越多的机构和投资者看好四川的投资环境，愿意在四川设立私募基金管理人。[1]

四川证券投资基金市场规模扩大的原因包括：一是经济快速发展。四川是我国西南地区重要的经济中心，经济发展迅速。随着工业化和城市化的推进，四川经济结构不断优化，国内生产总值稳步增长。经济发展为投资者提供了更多投资机会，亦促进了基金市场的扩大。二是投资理念转变。随着投资者的教育水平提高和市场经验积累，其投资理念亦在逐渐转变。越来越多的投资者开

---

[1] 随着四川市场机会的增加和发展潜力的提升，很多国内知名的基金公司看到了这个市场的吸引力，纷纷进入四川市场。这些基金公司通常具有丰富的经验和专业的团队，可以为投资者提供更多的选择和优质的服务。随着四川市场的快速发展，一些本土基金公司亦开始崭露头角。

始关注长期投资和价值投资,而不仅仅追求短期收益。这对于四川证券投资基金业而言,是一个积极的变化,有助于市场的稳定和长期发展。三是政策支持。我国政府一直以来都非常重视资本市场的发展,提出了一系列政策措施来支持基金行业的发展。四川省金融生态环境较为成熟,金融支持实体经济力度在不断加大。四川省不断完善金融基础设施建设,如支付体系、信用体系、监管体系等,为证券投资基金市场的健康发展提供了有力保障。这些政策支持为四川证券投资基金市场的快速扩大提供了有力的保障。

2. 产品创新不断

四川证券投资基金市场的产品创新能力逐渐提升。一是多样化的基金产品类型。随着市场需求的不断变化和投资者风险偏好的差异,四川证券投资基金公司推出了更多类型的基金产品。除了传统的股票、债券和混合基金,还有货币市场基金、指数基金、行业基金等。这些基金产品的推出,满足了不同投资者的需求,提供了更多的选择。二是特色化的产品创新。为了满足不同投资者的特定需求,四川证券投资基金公司还推出了一些特色化产品。比如,针对追求稳定收益的投资者,推出了低风险的短期债券基金;针对追求高风险高回报的投资者,推出了权益类基金。此外,还有以地方经济发展为依托的区域性基金,以及专门针对某一行业的行业基金等。这些特色化产品的推出,丰富了投资者的选择,提供了更多的投资机会。

3. 监管政策趋严

随着证券市场风险的加大,监管部门加大了对基金行业的监管力度。这对于四川证券投资基金业而言,既是一种挑战,也是一种机遇。

就挑战而言,首先,合规成本上升。加强监管意味着更高的合规要求,基金公司需要投入更多资源用于内部风控体系的建设、合规培训以及审计等工作。这对于一些中小规模的基金公司而言,可能会增加运营成本,压缩利润空间。特别是在四川这样的区域市场,部分基金公司在资源和技术上可能相对薄弱,面对更严格的监管要求时,可能会感到压力较大。其次,产品创新受限。监管趋严可能导致某些创新型金融产品的推出受到限制,尤其是在高风险领域。例如,杠杆型基金、结构化产品等复杂投资工具可能会面临更严格的审批流程和信息披露要求,从而影响基金公司在这些领域的布局和发展速度。最后,市场竞争加剧。监管加强促使整个行业更加规范透明,优质资源向头部企业集中,而中小规模的基金公司将面临更大的竞争压力。

就机遇而言，首先，提升行业信誉度。更加严格的监管有助于清除市场中的不规范行为，打击非法集资、内幕交易等违法行为，净化行业发展环境。这将有利于提高整个行业的社会信誉度，增强投资者信心，为行业的长期稳定发展奠定良好基础。特别是对于四川这样正在积极打造区域性金融中心的地方而言，良好的市场秩序能够吸引更多国内外资本流入。其次，促进规范化经营。强化监管可以促使基金公司更加注重内控机制建设和风险管理能力的提升，推动企业从粗放式增长向精细化管理转变。通过建立健全的风险评估体系、优化投资决策流程等方式，基金公司可以在复杂多变的市场环境中保持稳健经营，实现可持续发展。这对四川本地基金公司而言是一次全面提升综合实力的机会。再次，引导理性投资。随着监管政策的不断完善，投资者的教育工作亦会得到加强，有助于投资者培养理性投资理念，减少非理性的投资现象。这不仅有利于维护资本市场的健康稳定运行，亦为基金公司提供了更好的客户群体和服务对象。四川作为西部经济重镇，拥有庞大的潜在投资者群体，通过加强投资者教育，可以进一步激活市场需求，扩大基金行业的业务规模。最后，推动金融科技应用。在强化监管的同时，监管部门亦在鼓励利用科技手段提高金融服务效率。例如，区块链技术可用于提升交易透明度，人工智能可用于智能投顾服务。这些新技术的应用不仅可以帮助基金公司降低运营成本、提高服务质量，还能催生更多元化的业务模式。对于四川这样一个科技创新活跃的地区而言，抓住这一契机，加快金融科技的应用与创新，有望在未来竞争中占据有利地位。

(二)四川证券投资基金业的发展趋势

1. 政策支持与监管优化

四川作为我国西部经济的重要增长极，近年来得到了国家和地方政府的大力支持。随着成渝地区双城经济圈建设的推进，四川省在金融领域的政策支持力度亦在不断加大。政府出台了一系列鼓励金融创新、推动资本市场发展的政策措施，为证券投资基金行业提供了良好的发展环境。首先，政策红利。四川省政府积极推动多层次资本市场的建设，鼓励设立各类私募股权投资基金、创业投资基金等，支持企业通过资本市场融资。同时，监管部门亦在逐步优化对证券投资基金的监管框架，简化审批流程，降低市场准入门槛，促进基金行业的健康发展。其次，税收优惠。为了吸引更多资金流入，四川省可能进一步推出税收优惠政策，尤其是在创新创业领域，吸引更多的风险投资和私募股权投资基金进入。最后，解决基金行业的自律问题亦是加强监管的关键一环。基金行业的自律机制通过制定行业公约等手段，对基金管理人和相关机构的行为进行了有效规范。《证券投资基金行业公约》的推行，规范了基金公司的经营行为，可以促使基金公司提升服务质量、树立行业良好形象，进而促进整个行业的持续发展。

2. 地方经济发展潜力巨大，助力四川证券投资基金业发展

四川作为西部地区重要的经济中心，具有巨大的经济发展潜力。随着四川省经济的持续增长和产业结构的升级，四川证券投资基金业将有更多的机会参与到地方经济的发展中，为实体经济提供资金支持和优化资源配置。首先，四川省经济持续增长，为四川证券投资基金业提供了广阔的市场空间。四川作为我国西部地区重要的经济中心，经济总量和增长速度均位居前列。随着四川省逐步实施创新驱动发展战略，以及优化营商环境、推动产业升级，四川的经济增长潜力更加巨大，这将为四川证券投资基金业提供更多项目和企业投资的机会。其次，随着四川产业结构的升级，四川证券投资基金业将有更多机会参与到高新技术、文化创意、现代服务业等新兴产业的发展中。四川省积极推进战略性新兴产业的发展，加大对科技创新的支持力度，培育壮大新兴产业集群。四川证券投资基金业可以通过投资这些新兴产业，为实体经济提供资金支持，推动产业升级和转型发展。再次，四川作为重要的交通和物流枢纽，还具备丰富的资源。四川拥有丰富的自然资源，如天然气、水力资源等，以及较好的农业、旅游等产业基础。四川证券投资基金业可以通过参与资源开发和产业链延伸，实现资源优化配置，推动地方经济的发展。最后，四川省政府积极推动营商环境的改善和政府服务的优化，为四川证券投资基金业提供了更好的发展环境和政策支持。四川省政府鼓励金融机构和资本市场参与地方经济建设，提供优惠政策和支持措施，为四川证券投资基金业的发展创造了良好的条件。

3. 产融结合，推动经济发展

四川证券投资基金业将越来越关注实体经济领域，通过产融结合的方式推动经济发展。基金业将积极参与实体经济项目的融资，提供资金支持和专业的

管理经验，推动实体经济的转型升级。首先，实体经济是经济的基础和支撑，对地方经济的发展至关重要。四川证券投资基金业意识到实体经济的重要性，将更多的投资资源和资金投入到实体经济中。通过资金的注入，基金可以帮助实体经济企业解决融资难题，促进投资项目的顺利进行。其次，四川证券投资基金业将以产融结合的方式推动经济发展。产融结合是将金融资本与实体经济相结合，使金融资源更好地服务于实体经济的发展。基金业可以通过与实体经济企业合作，共同探索创新融资模式和合作模式。例如，基金业可以与企业合作设立合资公司，共同开展产业投资和项目运营。这种方式可以有效地整合资源，充分发挥金融和实体经济的优势，推动经济的发展。最后，四川证券投资基金业通过重点支持技术创新、绿色发展、智能制造等领域的项目，助力企业实现技术升级和转型发展。同时，基金业提供专业的技术咨询和产业规划，为企业战略指导和发展路径提供有力支持。这不仅帮助企业更好地适应市场需求，提升产品质量和竞争力，还促进整个经济的发展和结构优化。

4. 创新科技驱动，提升竞争力

随着创新科技的不断进步，四川证券投资基金业将积极应对，并借助科技创新提升自身的竞争力。例如，基金业可以利用人工智能、大数据等技术，对市场进行深度分析和预测，提升投资决策的准确性和效率。首先，人工智能技术可以帮助基金业对市场进行深度分析和预测。基金业可以利用机器学习和自然语言处理等技术，对大量的市场数据进行处理和分析，发现其中的规律和趋势。通过人工智能的辅助，基金业可以更好地理解市场的变化和趋势，及时调整投资策略和风险控制。这将提高投资决策的准确性和灵活性，增强基金业的竞争力。其次，大数据技术可以帮助基金业更好地了解投资标的和市场情况。基金业可以利用大数据技术，收集和分析各种数据，包括经济指标、公司财务数据、行业数据等，从而获得更全面和准确的信息。通过对数据的挖掘和分析，基金业可以发现潜在的投资机会和风险，并及时做出相应的决策。这将提高基金的投资效益和回报率，提升基金的竞争力。再次，科技创新还可以帮助基金业提升自身的管理和运营效率。基金业可以利用科技手段优化内部的业务流程和管理系统，提高工作效率和信息交流的便利性。例如，基金业可以通过使用云计算和大数据分析等技术，实现投资决策、风险管理和业绩评估等业务的自动化和数字化。这将提高基金的运营效率和管理水平，降低成本和风险，并为投资者提供更优质的服务。复次，科技创新还可以帮助基金业拓展投资领域和市场。随着科技的进步，新兴产业和创新企业发展壮大，成为投资的热点和机遇。基金业可以通过利用科技创新，深入研究和了解新兴产业和创新企业，把握投资机会。最后，科技创新还可以帮助基金业拓展市场和投资者群体，通过互联网平台和移动应用等渠道，促进更广泛的投资者参与和资金流动。

5. 增强国际合作，拓展国际市场

四川证券投资基金业亦将积极拓展国际市场，参与全球资本市场的竞争。随着我国资本市场的日益开放和国际化，四川证券投资基金业将有更多机会与国际投资者合作，吸引更多国际资金流入四川。首先，随着我国不断推进资本市场改革和放宽外资准入标准，国际投资者对中国市场的兴趣不断增加。四川证券投资基金业可以充分利用这一机遇，与国际投资者展开合作。这将有助于扩大基金的规模，提升基金的实力，进一步推动四川资本市场的国际化进程。其次，参与全球资本市场的竞争将带来更多投资机会和回报。全球资本市场提供了更广泛和多样化的投资选择，显著增加了基金的投资机会。通过与国际投资者的合作，基金能够拓宽投资渠道，获取更多资源，进而提升投资回报率。国际合作促进了投资理念和经验的交流，有助于提升基金的投资能力和专业素养。最后，国际市场为四川证券投资基金业提供了风险分散的机会。通过将资金投向不同国家和地区，基金能够有效降低单一市场或资产的风险，保障资金安全。国际市场的开放为基金提供了更稳定的资金来源。这不仅增强了基金的抗风险能力，还为其在全球范围内的投资活动提供了坚实的资金支持。

然而，拓展国际市场亦面临一些挑战。首先，国际市场的竞争更加激烈，四川证券投资基金业只有具备更强的投资能力和竞争力才能在国际舞台上脱颖而出。其次，国际市场的风险和不确定性增加，需要四川证券投资基金业加强风险管理和控制。最后，四川证券投资基金业还需要适应不同国家和地区的法律和市场环境，提高对国际市场的了解和适应能力。正如瑞·达里奥所言，在全球化与逆全球化博弈中，真正的“护城河”是适应力。

第六章　四川证券衍生品市场

一、四川证券衍生品市场产生的历史背景及意义

(一)证券衍生品之定义

证券衍生品(Derivatives of Securities)为一金融工具,其价值源自一或多基础资产之价格变动,即证券衍生品是由原生标的资产衍生而成的金融工具,以合约形式存在,其价值与特定的标的资产或指数紧密相关。彼之衍生与基础资产价格交织而生,非直接拥有基础资产本身。证券衍生品之定义包括多种金融工具,其中最常见的是期权、期货、掉期和互换等。[1] 此等衍生品之特点是它们之价值取决于基础资产之价格变动。例如,期权是一种购买或出售基础资产的权利,而不是义务,它允许持有人在未来的某个日期以特定价格买入或卖出基础资产。期货合约为一定之合约,定于未来特定日期,以特定价格交割一定之基础资产。掉期乃一定制之契约,定于未来特定日期,以约定价格交割一定之基础资产。互换为一契约,两交易方皆同意在未来

[1] 证券衍生品交易分为场外衍生品交易和场内衍生品交易两大类。场外衍生品主要包括利率互换、个股期权、收益互换等多种品种,具有高度个性化和适应不同需求的特点。场内衍生品则主要提供权益类和债券类期货和期权,如股指期货、股票期权、国债期货等。这些产品具有标准化合约和交易规则,方便投资者进行交易和套期保值操作。

一时期之内交换资金流,通常涉及固定利率与浮动利率之间之交换。

1. 外汇期货

我国外汇期货市场的发展历史经历了起步、发展、调整和最终停止交易的过程(见图6-1)。其原因是:首先,市场混乱。在1990年年初,随着我国经济的改革开放和外汇管理体制的放松,外汇市场开始活跃起来。然而,外汇期货交易在当时的我国市场上缺乏统一的标准和规范,交易行为混乱,如虚假交易、价格操纵等。这导致市场的不公平性和不透明性,损害了投资者的利益。中国人民银行于1993年6月9日批准了《外汇期货业务管理试行办法》,该办法于同日正式由国家外汇管理局发布施行。这一法规的出台,旨在适应我国社会主义市场经济的发展,加强对外汇期货业务的管理,维护金融秩序的稳定。其次,风险失控。外汇期货交易具有高杠杆性,一旦市场波动较大,投资者可能面临巨大的亏损风险(尤其是国有企业),遭受巨额亏损。在当时的市场环境下,这种风险往往无法得到有效的控制和管理。最后,监管缺失。由于当时中国金融市场监管体系尚不完善,外汇期货交易缺乏有效的监管和约束。一些金融机构和投资者利用监管漏洞进行违规操作,加剧了市场风险。1994年8月,中国证券监督管理委员会联合其他相关部门,共同发文全面取缔了外汇期货交易(保证金)。1996年3月27日,中国人民银行和国家外汇管理局联合宣布《外汇期货业务管理试行办法》失效,这亦意味着我国外汇期货试点业务的结束。

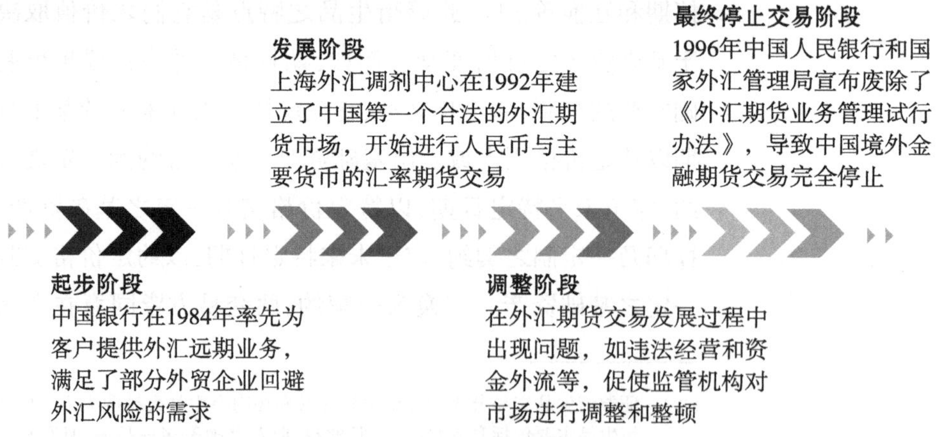

图6-1 我国外汇期货的发展阶段

1998年,中国人民银行开始允许国内银行开展面向个人的实盘外汇买卖业务,这标志着我国外汇市场开始逐步走向规范和开放。2005年7月21日,我国重启汇率市场化改革,开始实行以市场供求为基础、参考一篮子货币进行调节、有管理的浮动汇率制度。这一改革为外汇期货市场的发展奠定了坚实的基础。随后几年,我国外汇市场在产品丰富度、市场活跃度等方面取得了长足进步。例如,2005年8月、2006年4月、2007年8月和2011年4月,我国先后开通了人民币远期、人民币外汇掉期、人民币货币掉期和人民币欧式期权等衍生品。

尽管我国境内尚未建立正式的外汇期货交易市场,但离岸市场上早已出现了人民币期货等外汇期货产品。例如,2006年8月,芝加哥商品交易所(Chicago Mercantile Exchange,CME)率先推出了以离岸人民币为标的的人民币兑美元、欧元和日元的期货合约。此后,香港交易所和新加坡证券交易所亦相继推出了人民币期货合约。这些离岸市场的外汇期货产品为中国外汇期货市场的发展提供了有益的参考。随着我国经济的持续发展和金融市场的不断开放,外汇期货市场的需求日益增加。未来,我国有望推出自己的外汇期货产品,以满足国内外投资者的需求。同时,我国国家外汇管理局等监管机构亦将继续加强市场监管和风险防范工作,确保外汇期货市场的健康稳定发展。

2. 股指期货

我国股指期货市场之发展,历经起步、停滞、重新启动阶段(见图6-2)。20世纪90年代,我国曾尝试过股指期货交易。例如,1993年3月,海南证券交易中心推出了6个深圳股票指数期货合约。2006年9月8日,中国金融期货交易所在上海挂牌成立,随后于2006年10月30日推出了沪深300股指期货仿真交易。2010年4月16日,沪深300股指期货合约在中国金融期货交易所正式上市交易。2015年4月,中证500股指期货和上证50股指期货亦在中国金融期货交易所上市交易。2015年的股市异常波动对股指期货市场产生了巨大冲击。为了维护市场稳定,监管部门对股指期货市场进行了多项调整,包括上调最低保证金率、提高手续费等。自2017年2月至2019年4月,中国金融期货交易所4次对股指期货合约设计与交易制度作出梯度性调整。这些调整旨在恢复市场信心,促进股指期货市场的健康发展。

随着金融市场监管之加强与制度改革之推进,市场逐渐得以完善,股指期货成为一个重要的金融工具与风险管理工具。今日我国股票期货市场,提供诸多品种之合约，吸引大量投资者参与交易，亦提供投资者对股票市场波动投资与套期保值之工具。

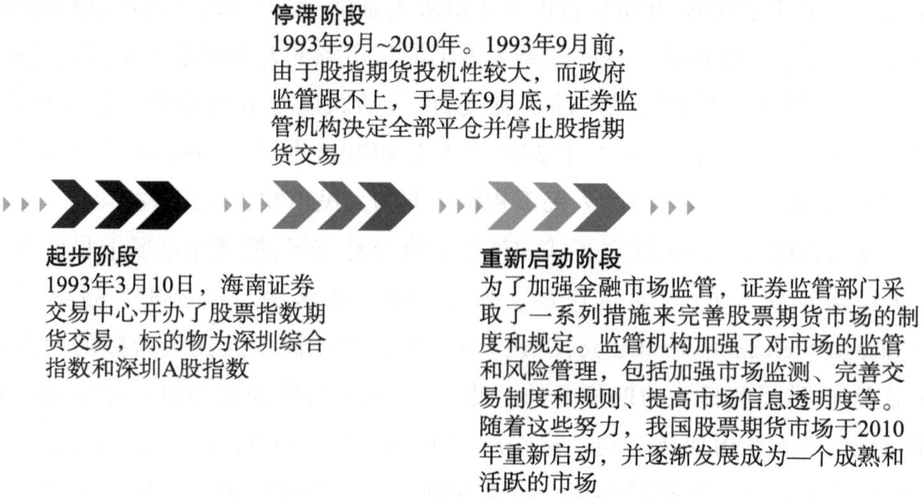

图 6-2　我国股指期货的发展历程

3. 国债期货

国债期货是一种金融衍生品，其标的资产是国债。国债期货合约允许投资者在未来某个约定的日期以约定的价格买入或卖出国债。国债期货的价格与国债的价格密切相关，因此国债期货可以用于对冲风险、套利交易和投机。国债期货的交易主要由金融衍生品交易所提供，投资者可以通过交易所的电子交易平台进行交易。国债期货合约的交易是标准化的，包括合约规格、交割月份和交割方式等都是事先确定好的。国债期货交易的投资者可以利用杠杆效应来进行交易，只需支付一定的保证金即可进行大额交易。这使国债期货成为投资者进行投机和对冲风险的工具。

整体而言，我国国债期货市场是不断发展的（见图6-3）。我国通过改革和监管的努力，逐步规范市场，为投资者提供了更多的投资渠道。近年来，我国国债期货市场亦在逐步推进对外开放，满足境外机构多元化的利率风险管理需求。未来，随着金融市场的不断发展和完善，国债期货市场将在投资和风险管理中发挥更重要的作用。

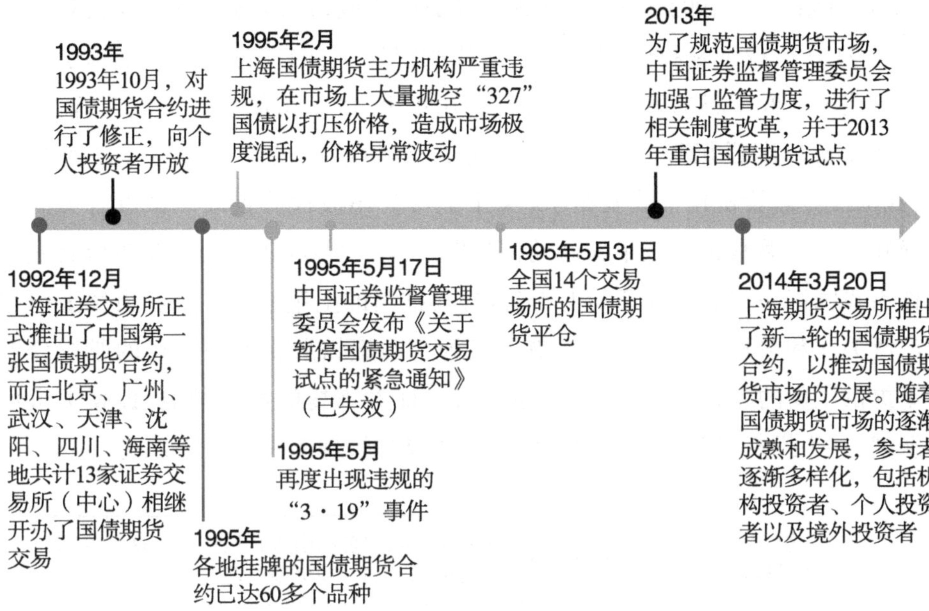

图 6－3　我国国债期货的发展历程

4. 认股权证

认股权证为一种金融衍生品，赋予持有者在特定时期内以特定价格购买特定数量股票之权利。简言之，认股权证是一种购买股票的权利证书。详言之，认股权证是由发行人（通常是上市公司）发行的，它是一种证券，代表一定数量的股票。认股权证上标明了股票的购买价格（行使价）和购买期限。持有人在认股权证有效期内，可以选择是否行使认股权证，以购买相应数量的股票。认股权证的内在价值与相关股票价格关系密切。如果股票价格高于行使价，认股权证通常具有内在价值，持有人可以通过行使认股权证以低于市场价格的价格购买股票，从而获利。如果股票价格低于行使价，认股权证通常没有内在价值，持有人可以选择不行使认股权证，从而避免亏损。认股权证的发行和交易通常在证券市场上进行，投资者可以通过购买认股权证来参与股票市场的投资。然而，由于认股权证的特殊性质，它们通常具有较高的风险和较大的波动性，投资者需要谨慎评估风险，并具备相应的投资知识和经验。

上海证券交易所于 1992 年 6 月推出了我国第一只权证——大飞乐配股权证。这一事件标志着我国权证市场的起步。1992 年 10 月，深圳市宝安企业（集团)股份有限公司(1993 年更名为中国宝安集团股份有限公司)向老股东发行的宝安 93 认股权证是我国首张中长期认股权证,它的发行进一步推动了认股权证在我国证券市场的发展。在随后的几年里,由于市场条件不成熟、监管经验不足以及过度投机等,权证市场出现了混乱现象,最终被关闭。直到 2005 年,我国证券监管机构正式发布了《关于上市公司股权分置改革试点有关问题的通知》,标志着权证市场重新启动(见图 6－4)。2005 年宝山钢铁股份有限公司作为我国第一家引入权证的上市公司,其推出的宝钢权证在证券市场上引起了广泛关注和热烈反响。这一举措不仅为宝山钢铁股份有限公司的股权分置改革提供了新的思路和解决方案,亦丰富了证券市场的产品种类,提高了市场活跃度,并为投资者和上市公司提供了新的风险管理工具和融资方式。

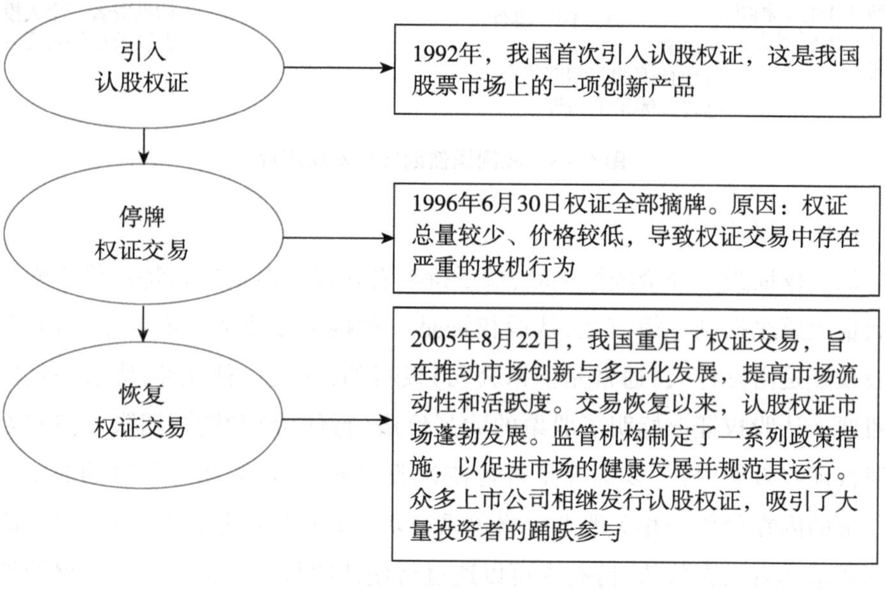

图 6－4　我国认股权证的发展历程

恢复权证交易后,我国认股权证市场仍面临一些问题和挑战。例如,市场风险和波动性增加,交易流动性较低,存在投机行为和市场操纵的风险等。为了解决这些问题,证券监管机构加强了对认股权证市场的监管力度。其中包括加强对市场的监测和监管、加强对交易所的规范管理、加强对发行人和中介机构的监管,以及加强对市场操纵行为的打击力度等。这些措施旨在创建一个公平、透明、有序的市场环境。然而,要实现我国认股权证市场的健康发展,还需要进一步完善相关的法律法规和制度，并提升投资者的教育水平和风险意识。此外，市场参与者亦需要加强自律，遵守市场规则，共同维护市场的良好秩序。只有通过各方共同努力，才能进一步推动我国认股权证市场的发展，并实现市场的长期稳定和可持续发展。

（二）四川证券衍生品市场产生的历史背景

四川证券衍生品市场源于全球金融市场的变化以及我国国内市场的需求。四川作为我国西部经济发展较快之省份，积极参与期货市场之实践。政府通过要素市场体系建设（包括大宗商品、股权、知识产权等），为衍生品市场奠定了基础。

1. 全球金融市场的变化：全球经济趋势的货币化、金融化、自由化和一体化导致金融市场风险加剧，促使各国寻求新的金融工具来规避风险

全球金融市场的变化归因于全球经济趋势的货币化、金融化、自由化和一体化。这在某种程度上导致金融市场中风险加剧，迫使各国寻求新的金融工具来规避风险。首先，全球经济趋势的货币化意味着国际贸易和投资活动主要以货币为媒介进行。这导致各国货币之间的汇率波动成为金融市场的一个重要风险因素。汇率波动对贸易和投资产生直接影响，不稳定的汇率会给企业和投资者带来风险。为了规避这种风险，各国开始使用外汇衍生品等金融工具来进行汇率风险管理。其次，全球经济趋势的金融化意味着金融市场在经济中的地位越发重要。随着金融机构的不断发展和金融产品的创新，金融市场的复杂性和风险亦相应增加。金融化的推进使得金融市场的波动性增强，并可能引发金融危机。为了规避这种风险，各国开始寻求新的金融工具来提高金融市场的稳定性和抗风险能力。最后，全球经济趋势的自由化和一体化进程加速了国际金融市场的融合。国际资本的自由流动使金融市场的风险传导更加迅速和广泛，一国金融市场的波动往往会对其他国家产生连锁反应。为了规避这种跨国风险，各国开始加强金融监管合作，建立国际金融风险管理机制，并推动新的金融工具的创新与发展。

2. 我国国内市场的需求：我国改革开放政策要求更多依靠市场机制调节经济，但农产品价格波动和市场缺乏保值增值机制的问题促使研究和发展衍生品市场。

在过去的计划经济体制下，我国农产品的价格通常由政府进行定价和调控，导致农产品价格波动幅度有限。然而，随着改革开放的深入推进，市场需求和供应的变化使农产品价格受到市场因素的影响越来越大。由于农产品的季节性产量波动以及天气、自然灾害等因素的影响，农产品价格常常出现大幅度的波动，给农民和市场参与者带来了极大的风险。此外，我国农产品市场亦缺乏有效的保值增值机制。传统的农产品交易方式主要依赖于现货市场，农民和市场参与者很难通过现货市场来有效规避价格波动的风险。而衍生品市场则为农产品生产者和市场参与者提供了更多的风险管理工具，可以帮助他们规避价格波动带来的风险。因此，在我国改革开放政策要求更多依靠市场机制调节经济的背景下，农产品价格波动和市场缺乏保值增值机制的问题促使研究和发展衍生品市场。

进入 21 世纪后，随着市场经济的深入发展和全球经济一体化的加强，内外需求变化、自然灾害和气候变化、政府政策和支持、投机与市场行为以及运输和储存成本等因素，使我国农产品价格波动剧烈，农业生产出现大起大落的问题。这些被认为是现货价格失真和市场缺乏保值增值机制的结果。为了解决这些问题，专家学者开始研究国外衍生品市场，并着手我国期货市场的研究设计工作。衍生品市场可以提供更多的风险管理工具，帮助农产品生产者和市场参与者规避价格波动的风险。20 世纪 90 年代初期我国成立第一个商品期货市场——郑州商品交易所（初期称为郑州粮食批发市场）。[1] 这标志着我国有意识地建设本国的金融衍生品市场。衍生品市场的建设可以帮助农产品生产者和市场参与者进行风险管理。通过期货合约等金融工具，农产品生产者可以锁定未来的价格，减少价格波动给农业生产带来的不确定性，市场参与者亦可以利用衍生品市场进行投机和套利，提高市场的流动性和效率。四川作为我国西部地区经济发展较快的省份，积极参与期货市场的实践，亦是出于对农产品价格波动问题的关注。研究和设计四川期货市场，可以提供更多的金融工具来规避价格风险，促进农产品市场的稳定和发展。

随着我国经济的快速发展和金融市场的进一步开放，我国的期货交易所和期货经纪机构数量迅速增长，期货市场得到了进一步发展。四川作为具有较强

---

[1] 1990 年 10 月 12 日。

经济实力和市场活力的省份，亦成为期货公司纷纷进驻的热门地区之一。

(三) 四川证券衍生品市场产生的意义

四川证券衍生品市场的产生，不仅为实体经济提供了精准的风险管理工具，推动了金融服务从多元化到专业化升级，而且对风险管理、投资机会、市场流动性和价格发现、金融市场竞争力和金融市场体系等都具有重要意义，成为西部地区金融开放与高质量发展的核心引擎。

1. 四川证券衍生品市场提供了一个有效的风险管理工具

衍生品作为一种金融工具，其价值派生自其他金融资产。它具有以下几个特点：一是对冲风险。通过使用衍生品，投资者可以对冲风险。例如，一个投资者拥有股票，但担心市场价格可能下跌，可以通过购买股票期权来对冲股票的下跌风险。无论市场价格是上涨还是下跌，投资者都能够保护自己免受损失。二是降低投资组合的波动性。投资组合通常包含多种不同类型的资产，这些资产的价值可能会随市场波动而波动。通过在投资组合中引入衍生品，投资者可以通过对冲操作来降低整体投资组合的波动性。这种对冲可以通过购买或卖出期货合约、期权等方式进行。三是提高投资回报率。衍生品市场提供了多种交易策略，投资者可以根据自己的投资目标和风险承受能力选择适合自己的策略。通过正确运用衍生品工具，投资者可以获得更高的投资回报率。例如，通过购买股票期权，投资者可以在股票价格上涨时获得更高的收益。

衍生品市场提供了丰富的交易产品和策略，投资者可以根据自己的需求选择适合自己的衍生品工具。然而，衍生品亦存在一定的风险。其价值派生自其他金融资产，如果这些资产的价值发生剧烈波动，可能会导致衍生品的价值大幅变动。此外，衍生品市场的交易可能会涉及复杂的金融工具和交易策略，对投资者的风险管理能力和交易技巧提出了一定要求。因此，投资者在使用衍生品时需要谨慎，确保了解相关风险并做好风险管理。

2. 四川证券衍生品市场提供了更多的投资机会

传统的股票和债券市场虽是金融市场中最常见的投资渠道，但其提供的投资选择有限，投资者只能购买股票或债券，以期获得资本增值或固定收益。相较之，衍生品市场提供了更多的资产类别和交易策略，扩大了投资者的选择范围。衍生品可以基于多种资产,例如股票、债券、商品和外汇等。这意味着投资者可以通过交易衍生品来参与各种市场,获得更多的投资机会。例如,投资者可以通过交易期货合约参与商品市场,灵活地利用股票和债券市场的波动来获取收益。此外,衍生品市场还提供了各种各样的交易策略,如套利、互换等。投资者可以根据市场条件和需求来选择这些策略,有助于寻找更多的投资机会。例如,投资者可以利用套利策略来从不同市场的价格差异中获取利润,或者利用互换来对冲风险或实现特定的投资目标。

3. 四川证券衍生品市场的发展亦有助于提高市场的流动性和增强价格发现功能

衍生品市场相较于股票市场,往往展现出更为庞大的交易量,这一特征为投资者开辟了更为丰富的交易契机。衍生品交易形式灵活多变,涵盖了期权、期货、掉期合约等多样化合约类型。这些合约庞大的交易量,不仅拓宽了投资者的选择范围,还使他们能根据自身投资目标与策略,灵活选取最契合的交易路径。衍生品市场的大规模交易量,进一步提高了市场的高流动性,吸引了更广泛的参与者加入。流动性,即市场中买卖双方迅速达成交易的能力,在衍生品市场中因交易量的充沛而得到显著提升。相较之下,股票市场中部分股票的流动性可能因交易量较小而受限。衍生品市场的高流动性,无疑为投资者实现衍生品买卖目标搭建了更为顺畅的道路。

四川证券衍生品市场的蓬勃发展,显著提升了市场的稳定性与抗风险能力。四川证券衍生品市场通过衍生品交易与定价机制,深化了市场参与者对市场价格、风险及未来预期的认知,有效减少了信息不对称现象,进而提升了市场运作效率。此外,衍生品市场的交易活动在价格发现方面发挥着关键作用。投资者通过衍生品交易,能够明确表达对特定资产或指数未来趋势的预期。市场参与者依据各自对未来市场走势的判断,灵活选择买入或卖出相应的衍生品合约。这些交易行为汇聚成市场共识,对价格的形成与发现起到了积极的推动作用。衍生品市场的价格发现功能,为投资者提供了更为精准的市场情报,助力他们做出更为明智的投资抉择。

4. 适应全球金融创新环境,提高金融市场的竞争力

四川衍生品市场与国际市场的融合,是其国际化旅程中的重要里程碑。这一融合不仅要求四川衍生品市场遵循国际交易规则、监管框架及信息披露准

则,还预示着它将直接步入国际金融竞技场,与全球衍生品市场建立更为紧密的纽带。此举不仅能吸引国内外投资者广泛参与,加速资金的国际流动,优化资本配置,还能显著提高四川证券市场的国际认知度和影响力。例如,摩根大通期货等外资机构进入四川,带来了成熟市场经验,促进四川衍生品市场国际化。尤为关键的是,与国际市场的融合为四川金融机构及投资者开辟了一个窗口,通过国际舞台的历练,四川金融机构能够不断提升风险管理、产品创新及国际竞争实力,进而更好地服务于本土企业和投资者,推动四川金融市场的全面发展。四川衍生品市场作为国际金融市场不可或缺的一环,其国际化步伐不仅提升了四川证券市场的国际形象,更巩固了四川证券市场在全球金融市场中的位置。随着市场的日益壮大,它将引来更多国内外投资者和金融机构的关注与加入,进一步加速四川证券市场的国际化进程,扩大其全球影响力。同时,这亦为四川金融机构带来了丰富的国际合作契机,通过与国际同行的携手,四川金融机构能够拓宽业务范畴、提升市场份额、增强国际竞争力,为四川金融市场的长远发展奠定坚实基础。

在我国加入世界贸易组织后,四川省在金融全球化的大背景下,面临着构建更为强健的金融市场体系的紧迫任务。为了应对这一挑战,发展证券衍生品市场成了四川的必然选择。加入世界贸易组织意味着四川需直面国际金融市场的激烈竞争。证券衍生品市场通过提供多样化的金融工具和产品,为企业和机构提供了有效的风险管理和资金运作手段,增强了四川省的国际竞争力。同时,它亦创造了更多的投资机会和金融服务,吸引了国内外资本流入,促进了四川的经济发展。此外,证券衍生品市场的发展还提高了四川金融体系的创新能力。在世界贸易组织框架下,金融市场的创新能力成为核心竞争力之一。证券衍生品作为金融创新的重要成果,有助于金融机构和企业更有效地管理风险、提升效率。通过发展证券衍生品市场,四川吸引了更多金融机构和专业人才,加速了金融市场的创新步伐。更为重要的是,证券衍生品市场的发展提升了四川金融市场的国际地位。在我国加入世界贸易组织后,四川亟须提升金融市场的国际影响力,与国际金融市场接轨。证券衍生品市场作为国际金融市场的重要组成部分,其发展有助于四川加强与国际金融市场的联系与合作,提升四川在全球金融市场中的位置和影响力。

5. 维护经济安全,推动四川金融市场体系的完善

发展证券衍生品市场有助于维护四川省的经济安全。首先,证券衍生品市场可以提供更多的金融工具和风险管理手段,有助于调节和控制金融市场的风险。金融市场中存在各种风险,如利率风险、汇率风险、价格波动风险等。通过引入证券衍生品市场,四川省可以提供更多的金融工具和产品,帮助金融机构和企业进行风险管理,降低风险对经济的影响。其次,证券衍生品市场的流动性亦会吸引更多的投资者进入市场,增加市场的深度和广度,提高市场的抗风险能力。再次,发展证券衍生品市场可以推动四川金融市场体系的完善,提高金融市场的效率和运行水平。该市场的发展为四川实体经济开辟了更为广阔的融资渠道。企业借助发行债券期货、股票期权等衍生品合约,能够有效筹集资金,满足其生产经营及成长需求。这些创新的融资手段不仅削减了企业的融资成本,还显著提升了融资效率。证券衍生品市场的发展还促进了金融资源的优化配置。投资者可根据个人风险偏好及投资需求,在衍生品市场中挑选适宜的金融产品进行投资,从而实现资金的最佳配置。这种资源配置的优化对于推动四川实体经济的转型升级与高质量发展至关重要。最后,证券衍生品市场的发展激励金融机构提供更加个性化的金融服务。金融机构能够依据企业的具体需求,量身定制衍生品合约,为企业提供精确的风险管理和融资解决方案。四川金融市场证券交易中心的成立及发展,作为四川证券市场启动的重要标志,见证了市场的逐步壮大。[1] 随着外汇期货、国债期货、股指期货等多样化品种的引入,四川证券衍生品市场日益成熟,提供了更为丰富的投资工具和风险管理手段。外汇期货作为市场先行者之一,为投资者提供了外汇风险管理及对冲的有效渠道,提高了市场的流动性与效率。国债期货的加入进一步丰富了市场品种,为投资者提供了利率风险管理与套期保值的工具。股指期货的引入亦为投资者开辟了更多投资机会和风险管理途径,加速了市场的发展。当前,债券类衍生品的发展正成为四川证券衍生品市场的新趋势。利率互换、信用违约互换等债券类衍生品为投资者提供了利率风险和信用风险管理的有效手段,进一步提升了金融市场的效率与稳定性。随着金融市场的持续发展与改革的

---

[1] 1991 年 12 月 26 日,四川金融市场证券交易中心在成都市红庙子街正式营业。四川金融市场证券交易中心的成立标志着四川证券市场的正式启动。

深化,四川证券市场取得了显著进步,并引起了社会各界的广泛关注。证券衍生品市场的不断建设和完善,将进一步推动四川金融市场的发展,增强其竞争力和适应性。这将为四川经济的稳健增长和金融体系的健康发展提供有力支持。

二、四川证券衍生品市场的发展

(一)我国证券衍生品市场的发展

在成立后不久,我国逐渐过渡到计划经济的模式,以国有经济为主导,强调国家对经济的集中控制。这种经济体制的目标是通过国家计划来实现经济发展和资源配置。在这种背景下,市场经济被视为资本主义经济的表现形式,与社会主义国家的发展目标不符,因此被严格限制和禁止。此外,当时的国内外形势亦对证券期货市场的发展产生了影响。在成立后的几年里,我国面临经济重建、战争和政治不稳定等问题。这些问题使政府更加关注国家安全和经济建设的稳定,而不是发展金融市场。在1952年,之前存在的上海、天津和北京等地的证券交易所都陆续被取缔。改革开放之后,在1980年,随着农副产品市场的改革,我国逐步放开了商品价格。1984年,中央一号文件《关于1984年农村工作的通知》提出了建立农副产品批发市场和开展期货交易的目标。1988年,国务院《政府工作报告》提出了加快商品体制改革和探索期货交易的重要性。1988年,国务院批准了《关于试办农产品期货市场的报告》。1990年,中国郑州粮食批发市场被批准设立,成为我国第一个引进期货机制、规范化的国家级粮食批发市场,标志着我国衍生品市场的诞生。[1] 1993年3月,郑州商品交易所成立,5月28日正式推出期货交易,形成期货、现货协调发展的"郑州模式"。1993年,大连商品交易所成立。1999年,国务院发布了《期货交易管理暂行条例》,这是我国第一部关于期货市场的法规,标志着期货市场进入了规范化发展

[1] 郑州粮食批发市场发展历程:1990年7月,市场经国务院批准成立,由商业部和河南省人民政府共同管理。1990年10月12日,正式开业。1993年3月,成立郑州商品交易所,5月28日正式推出期货交易。1995年推出粮食集成信息网,开展电子商务。2001年1月,按照国家有关部门要求,期货、现货管理体制分离。2006年9月,被国家粮食局确定为郑州国家粮食交易中心。2024年8月29日,获批承建河南小麦大数据中心。

阶段。

经过1994年和1998年两次大范围的清理整顿,国务院批准保留了郑州商品交易所、上海期货交易所和大连商品交易所这三家期货交易所。[1] 随着中国证券市场的发展,上海证券交易所和深交所亦相继成立。此外,2006年成立的中国金融期货交易所和2012年成立的全国中小企业股份转让系统公司亦加入了全国性证券期货市场的格局。在证券期货市场中,衍生品起着重要的作用。衍生品承载着衍生品市场的合约规则、业务管理、市场运行和功能发挥,是衍生品市场建设的核心和重点。衍生品连接着现货市场,是它们之间的纽带和血脉。衍生品市场的快速发展为投资者提供了更多的投资机会。期货合约以及其他衍生品允许投资者在未来购买或出售资产,从而在市场波动中进行套期保值和风险管理。它们亦可以提供投机机会,以赚取价格波动带来的利润。通过建立和完善衍生品市场,我国证券期货市场的总体格局得以形成。这些市场的发展促进了资本市场的繁荣和经济的稳定。衍生品的创新和完善亦为市场参与者提供了更多的工具和选择,推动了金融市场的发展和创新。[2]

2014年5月,国务院发布了《关于进一步促进资本市场健康发展的若干意见》,作为资本市场深化改革的纲领性文件,标志着我国金融衍生品市场进入了一个创新发展的新阶段。该文件为资本市场的健康发展提供了有力的支持和保障,推动了我国金融衍生品市场的不断创新和发展。

我国证券衍生品市场在过去30年的发展中取得了显著成就:一是市场规模的快速增长。20世纪90年代初我国证券衍生品市场诞生以来,其规模经历了从无到有、从小到大的快速增长。特别是进入21世纪后,随着我国经济的快速发展和金融市场的逐步完善,衍生品市场迅速崛起。截至2025年,我国衍生品市场规模已达到数百万亿元人民币,其中商品期货市场规模占据主导地位,金融衍生品市场增长迅速。以2019年为起点,行业规模年均增长率保持在

---

[1] 为了整顿和规范期货市场,国务院于1998年8月1日发布了《关于进一步整顿和规范期货市场的通知》。遵照国务院的决策,上海金属交易所、上海商品交易所、上海粮油商品交易所三家交易所实行合并,组建上海期货交易所。1999年4月12日,原上海金属交易所顺利东迁进驻上海期货大厦营运。同年5月4日,成功地实现了上海三家交易所合并交易的试营运。经中国证券监督管理委员会批准,上海期货交易所于1999年12月正式成立。

[2] 参见王超、张利静:《衍生品市场“三部曲” 折射中国经济发展活力》,载中证网2019年9月30日,http://www.cs.com.cn/zzqh2020/201909/t20190930_5987943.html。

20%以上,显示出强劲的增长动力。二是产品结构的多元化。我国证券衍生品市场的产品结构在过去30年中呈现多元化的特点。从最初的农产品期货到后来的工业品期货、金融期货,再到金融期权、商品期权等,产品种类不断丰富。目前,衍生品市场已经覆盖了粮、棉、油、糖、果、木、蛋、有色、化工、黑色、能源、贵金属以及股票、利率等国民经济大多数领域。这种多元化的产品结构为投资者提供了更多的选择,亦满足了不同行业、不同企业的风险管理需求。三是投资者参与度的提升。我国证券衍生品市场的发展吸引了越来越多的投资者参与其中。从最初的机构投资者到现在的个人投资者,投资者的参与度不断提升。随着投资者参与度的提高,市场的流动性亦得到了显著的提升。四是市场功能的完善。随着我国证券衍生品市场的发展,其市场功能亦逐渐完善。衍生品市场不仅为各类商品和金融资产提供了定价基准,还为产业企业、金融机构对冲价格波动风险提供了平台和工具。通过衍生品交易,企业可以锁定成本、规避风险,提高经营稳定性。同时,衍生品市场亦为投资者提供了资产配置和风险管理解决方案,有助于实现资产的保值增值。五是国际化进程的加速。近年来,我国证券衍生品市场在国际化方面取得了显著进展。一方面,我国期货市场在全球市场中的地位日益提高,与国际市场的联系更加紧密。另一方面,创新产品不断涌现,如期权、掉期等新型衍生品,为国际投资者提供了更多的选择。此外,我国还积极推动与其他国家和地区的衍生品市场合作,加强信息交流和监管合作,共同推动全球衍生品市场的健康发展。六是法规体系的健全。随着我国证券衍生品市场的快速发展,相关法规体系亦逐渐健全。例如,我国《期货和衍生品法》[1]的施行明确了衍生品业务的法律地位,并确立了衍生品交易的基础制度。这些法律法规的出台为衍生品市场的规范发展提供了法律保障,有助于维护市场秩序。

(二)四川证券衍生品市场的发展

四川证券衍生产品市场发展亦经历了一个从萌芽、成长、深入发展的过程,

〔1〕 2022年4月20日,第十三届全国人民代表大会常务委员会第三十四次会议通过了《期货和衍生品法》。该法于2022年8月1日起施行。《期货和衍生品法》共13章155条,重点围绕期货交易、结算与交割基本制度,期货交易者保护制度,期货经营机构与期货服务机构的监管,期货交易场所和期货结算机构的运行,期货市场监督管理,法律责任等作了规定。

并随着我国经济政策循序渐进。

1. 第一个阶段：萌芽阶段(1981～1985年)

在1981年至1985年，四川证券衍生品市场的发展可以被定义为萌芽阶段。在这个阶段，四川证券衍生品市场起步较晚，整体规模相对较小，市场参与者和产品种类都比较有限。在这一阶段，四川证券衍生品市场展现出了以下几个主要特征：一是初步的市场框架。在萌芽阶段，四川证券衍生品市场的监管体制和法规体系尚不完善。这一时期的金融市场处于起步阶段，国家层面的金融监管体系亦在逐步建立之中，四川作为地方市场，其监管框架和法规体系更是处于摸索状态，市场结构和交易机制相对简单，缺乏复杂的风险管理和交易策略。这些初步的市场框架为后续市场的发展奠定了基础，但亦限制了市场的灵活性和效率。二是产品种类有限。在这一阶段，四川证券衍生品市场的产品种类相对较少，主要以期货为主。这些期货产品通常以农产品和金属等实物商品为标的，反映了当时我国经济结构中农业和工业的重要地位。由于产品种类的有限性，市场的多样性和灵活性受到限制，难以满足投资者多样化的风险管理需求。三是交易量和流动性较低。由于市场参与者和产品种类的有限性，四川证券衍生品市场的交易量和流动性相对较低。这一时期的市场价格波动较小，投资者的交易机会和风险管理能力有限。低流动性和交易量限制了市场的深度和广度，使市场难以发挥价格发现和风险管理的基本功能。四是市场参与者缺乏多样性。在萌芽阶段，四川证券衍生品市场缺乏多样性的市场参与者。市场的参与者主要是一些金融机构和少数资金实力较强的投资者。这些参与者通常具有较大的资金规模和较强的投资能力，但他们的投资策略和风险偏好相对单一，难以形成多元化的市场格局。缺乏多样性的市场参与者限制了市场的活力和创新性，使市场难以适应快速变化的市场环境。五是交易方式的局限性。在萌芽阶段，四川证券衍生品市场的主要交易方式是线下交易，即通过场内交易或者柜台交易进行。这种交易方式使交易过程更加复杂和烦琐。同时，线下交易亦增加了交易成本和风险，降低了市场的吸引力和竞争力。

2. 第二个阶段：成长阶段(1985～1991年)

在1985年至1991年，四川证券衍生品市场的发展可以被描述为成长阶段。在这个阶段，四川证券衍生品市场经历了一系列的变化和发展，市场规模扩大,市场参与者和产品种类增多。在这个阶段,四川证券衍生品市场的主要特点包括:一是市场规模有所扩大。四川证券衍生品市场的市场规模有所扩大,交易量和流动性有所提高,市场参与者的数量亦增加,包括一些小型金融机构和个人投资者。二是产品种类逐渐增多。四川证券衍生品市场的产品种类开始增多,不再仅限于期货合约。其他衍生品产品,如期权、掉期等,开始在市场上出现。这些新产品的引入不仅丰富了市场的产品种类,亦为投资者提供了更多的投资选择和风险管理工具。三是市场框架和制度渐进改善。随着市场发展,四川证券衍生品市场的监管和法规体系逐步完善,交易机制和市场结构亦得到改进。四是市场参与者逐渐多样化。随着市场规模的扩大,四川证券衍生品市场的市场参与者变得更加多样化,除了大型金融机构,一些小型金融机构和个人投资者亦开始参与市场交易。多样化的市场参与者使市场更加具有包容性和适应性,能够更好地满足不同类型投资者的需求。五是市场风险和投资机会增加。市场的发展带来了更多的市场风险和投资机会。投资者可以通过衍生品市场进行风险管理和实现投资组合多样化,但同时亦面临市场波动和潜在的损失风险。

3. 第三个阶段:深入发展阶段(1991 年至今)

从 1991 年至今,四川证券衍生品市场发展进入了深入发展阶段。在这个阶段,四川证券衍生品市场经历了快速发展和不断创新,市场规模不断扩大,产品种类和市场参与者进一步增加。在这个阶段,四川证券衍生品市场的主要特点为:一是市场规模继续扩大。1991 年以来,四川证券衍生品市场的市场规模持续扩大,交易量和流动性显著增加。这不仅体现在市场规模的绝对数值上,更体现在市场的活跃度和影响力上。随着市场规模的进一步扩大,四川证券衍生品市场已经成为国内重要的衍生品市场之一,为投资者提供了丰富的交易机会。二是产品创新和多样性。四川证券衍生品市场不断推出新的产品和工具,如股指期货、债券期货、指数期货等,产品种类日益丰富,满足了不同投资者的需求,提供了更多的投资机会。产品种类的多样性使得投资者可以根据自己的风险偏好和投资目标选择适合的投资工具,从而实现了投资组合的多样化和风险管理。三是市场框架和制度进一步完善。随着市场的发展,四川证券衍生品市场的市场监管和法规体系不断完善。政府和相关监管机构加强了对市场的监管力度,制定了一系列旨在维护市场秩序和促进市场健康发展的法律法规。

这些制度性的完善为市场的健康发展提供了有力的保障。四是市场参与者更加多元化。四川证券衍生品市场的市场参与者日益多元化，不仅包括各类金融机构和个人投资者，还包括境外机构和投资者。市场参与者的数量和交易规模都有显著增长。需留意，证券经营机构和中介服务机构在四川证券衍生品市场的发展中发挥着重要作用。会计师事务所、律师事务所、证券商等证券中介机构提供各种配套服务，为企业和投资者提供咨询、评估、交易和资产管理等服务。这些机构建立了完整且符合国际惯例的评价考核体系，完善了配套措施，改善和强化了服务条件，为四川证券衍生品市场的健康发展作出了有力推动。五是投资者风险意识增强。随着市场的发展，投资者的风险意识和投资能力逐渐提高。投资者提高了对风险管理和投资策略的重视程度，更加注重风险控制和长期收益，通过合理的投资组合和风险管理策略来降低投资风险并获取长期收益。

三、四川证券衍生品市场的现状及发展趋势

（一）四川证券衍生品市场的现状

1. 四川证券衍生品市场深入发展，挑战和机遇共存

当前，四川证券衍生品市场处于深入发展阶段，呈现出一些特点和趋势。一是政策引导与支持。四川省政府及相关部门制定了一系列政策措施，如《四川资本市场高质量发展三年（2023—2025）行动计划》，旨在推动资本市场和证券衍生品市场健康发展。这些政策为市场提供了明确的发展方向和有力的支持，有助于吸引更多的投资者和资金进入市场。二是四川证券衍生品市场的交易量和规模不断增长。随着四川地区经济的快速发展和金融市场的深化改革，衍生品市场吸引了越来越多的投资者参与，交易量和规模逐年增长，市场活跃度提高。三是技术创新与应用。量化交易、人工智能、区块链等新兴科技在证券衍生品市场中的应用日益广泛，提高了市场的交易效率和风险管理水平。这些技术创新与应用为市场带来了更多的投资机会和盈利模式，推动了市场的快速发展。四是国际化进程加速。随着我国金融市场的逐步开放和国际化进程的加速，四川证券衍生品市场亦面临更多的国际合作和交流机会。这有助于提

升市场的国际影响力和竞争力,为市场带来更多的发展机遇。

然而,四川证券衍生品市场还存在一些问题和挑战。首先,市场参与者的风险管理意识和能力有待加强。衍生品交易具有较高的风险,投资者需要具备相应的风险识别和管理能力。其次,监管环境仍需进一步完善。随着金融市场的不断发展和监管政策的不断完善,对证券衍生品市场的监管要求亦在不断提高。监管部门应加强市场监管,完善监管制度,保护投资者的权益,维护市场的稳定和健康发展。

2. 在证券衍生品市场的管理上,四川与我国证券衍生品市场具有一致性

(1)缺乏证券衍生品市场管理手段

我国证券衍生品市场作为金融市场的重要组成部分,其管理手段的完善直接关系到市场的健康发展和金融稳定。然而,当前我国证券衍生品市场管理手段仍存在一些问题。一是行政手段执行效果难以保证。目前,我国证券衍生品市场监管主要依赖于行政手段,如处罚制度和行政指令。尽管这些手段在一定程度上起到了规范市场的作用,但其执行效果却难以保证。一方面,由于执行力度和效果的不稳定性,一些违法违规行为仍然时有发生,这不仅损害了市场的公平性,亦削弱了市场参与者对监管的信心。另一方面,行政手段往往具有滞后性和被动性,难以有效应对市场的快速变化和突发风险。二是管理过于依赖行政指令。我国证券衍生品市场管理过于依赖政府部门的行政指令,导致监管决策集中化,缺乏市场的自主性和灵活性。这种管理模式容易受到政策变化的影响,使市场难以形成稳定的预期。同时,过于依赖行政指令还可能导致监管过度或监管不足的问题,既可能抑制市场的创新活力,又可能留下监管空白,为市场风险埋下隐患。三是监管手段的科学性和规范性有待提升。随着证券衍生品市场的不断发展,其复杂性和风险性亦在不断增加。然而,当前我国证券衍生品市场的监管手段还相对滞后,科学性和规范性有待提升。例如,风险评估和预警机制尚不完善,难以及时发现和有效应对市场风险;信息披露制度亦存在不足,投资者难以做出理性的投资决策。

为了解决上述问题,我国正在积极推进证券衍生品市场监管体系的建设。一方面,中国证券监督管理委员会等监管机构已经开始探索建立更为科学、规范、有效的证券衍生品市场监管手段和体系。例如,加强对证券衍生品市场的监测和监控,建立风险评估和预警机制;加强对上市公司的监管,推进信息披露

制度的完善等。这些措施有助于提高证券衍生品市场的监管效能,引导市场健康发展。另一方面,加强证券衍生品市场监管体系建设还需要政府、监管机构和市场参与者的共同努力。政府应加强对监管机构的指导和支持,推动监管体系的不断完善;监管机构应提高自身的监管能力和水平,加强对市场的监测和分析,及时发现和处理市场风险;市场参与者应提高自身的法律意识和合规意识,积极配合监管机构的监管工作,共同营造一个健康、稳定的证券衍生品市场环境。

(2)缺乏证券衍生品市场管理人员

随着证券业务的蓬勃发展,证券衍生品市场作为金融市场的重要组成部分,其复杂性和风险性日益凸显,这对证券衍生品市场管理人员的数量和素质提出了更高要求。然而,现有管理人员往往忙于日常事务,难以抽出足够的时间进行深入的市场调查研究和问题解决,这成为制约市场健康发展的一大瓶颈。为解决这一问题,需采取一系列综合措施,以增加管理人员的数量并提升其素质。一是加大培训力度,提升管理人员的专业素质。应加大对证券衍生品市场管理人员的专业培训力度。培训内容应涵盖金融、经济学、市场分析等专业知识,以及领导力、沟通能力等软技能。通过定期举办培训班、研讨会、在线课程等多种形式的培训,帮助管理人员不断更新知识结构,提升专业素养。同时,鼓励管理人员参加国内外高水平的学术会议和专业认证考试,以拓宽视野,提升专业水平。二是优化人才引进和培养机制。应优化人才引进和培养机制,吸引更多优秀人才加入证券衍生品市场管理队伍。一方面,通过优化招聘流程、提高薪酬福利、提供职业发展机会等措施,吸引具有丰富经验和专业技能的人才加入。另一方面,加强内部培养计划,通过轮岗、导师制、内部培训等方式,提升现有管理人员的能力和素质。此外,还可以建立人才储备库,对潜力人才进行长期跟踪和培养。三是建立健全激励机制。建立健全激励机制是提高管理人员工作积极性和创造性的关键。通过提供晋升机会、奖励制度、股权激励等方式,激发管理人员的工作热情和创新精神。同时,建立科学的绩效评估体系,将管理人员的绩效与薪酬、晋升等挂钩,确保激励措施的有效实施。四是加强与高校和研究机构的合作。与高校和研究机构合作是提升管理人员素质的重要途径,通过合作开展证券衍生品市场调查研究、共同研发创新产品、举办学术讲座等方式,充分利用科研力量,为市场管理提供科学依据和决策支持。同时，合作还可以促进知识和经验的交流，提升管理人员的学术水平和业务能力。五是加强与国际监管机构的合作与交流。加强与国际监管机构的合作与交流是提高证券衍生品市场管理水平的关键一环。建立与国际监管机构的定期交流渠道、积极参与国际金融监管规则的制定工作，以及深化跨境监管协作，将有效拓宽我国证券衍生品市场管理人员的国际视角并增强其跨文化交流能力，同时助力我国更从容地应对市场挑战与难题，从而提升整体的管理效能。

3. 我国证券衍生品市场的共性

（1）品种少，无法满足企业需要

证券衍生品在我国的发展还存在一些问题和挑战。首先，我国证券衍生品市场的品种相对单一，缺乏多样化。尽管目前我国商品期货市场涵盖了农业、建筑业和地质能源等多个行业，但在一些行业内部的细分领域还有待完善。这种限制导致企业在避险、投资和套利等方面的选择较为有限，无法满足其特定的需求。例如，建筑业涉及的层面很多，但目前还没有针对性的衍生品服务。其次，市场参与者范围较窄，缺乏广泛的参与主体。金融衍生品市场的参与者主要集中在少数金融机构和大型企业，个人投资者的参与度较低。这种情况会导致市场的竞争不充分，信息不对称的问题比较严重，亦限制了市场的发展潜力。最后，市场流动性不足，交易活跃度较低。金融衍生品市场的流动性主要受限于参与者的数量和交易规模。目前，证券衍生品的交易主要集中在银行市场范围内，参与者相对有限，导致市场的流动性不高。这亦限制了金融衍生品市场的发展和创新。此外，我国证券衍生品市场的发展相对滞后，与国际领先国家相比存在差距。国际上一些发达国家的证券衍生品市场已经相对成熟，产品种类丰富，市场活跃度高，流动性强。与之相比，我国的证券衍生品市场还需要进一步提高和完善，以满足企业和投资者的需求。要促进我国证券衍生品市场的发展，可以采取以下措施：首先，加大产品研发力度，推出更多种类的证券衍生品，满足不同客户的需求。这需要金融机构和市场平台与企业密切合作，了解客户需求并根据需求进行创新和开发。其次，扩大市场参与主体，吸引更多的金融机构、企业和个人参与交易。这可以通过推动金融市场的开放和拓宽交易渠道来实现。最后，改善市场流动性，提高产品的交易活跃度，增加市场的吸引力。这可以通过提供更好的市场信息和交易工具来实现。

(2)对证券衍生品限制过度,不利于市场发展

客观上,我国对证券衍生品领域的过度限制体现在多个方面:首先,准入门槛设定得过于严苛。这不仅阻挡了具备潜力的市场参与者进入,限制了市场的多元化和竞争力,还因少数参与者可能形成的市场垄断而增加了市场的不规范性。其次,交易品种受到限制,投资者可选择的投资工具因此减少,市场的灵活性和深度受限,进而影响到投资者进行风险管理和资产配置的有效性。再次,过度限制还可能阻碍资本的自由流动,导致市场资源配置效率降低,资金难以流向真正需要的领域,从而抑制经济增长和产业升级。最后,过度严格的监管措施亦是一个问题。它不仅可能抑制市场的创新活力,使新产品和新服务的推出困难重重,还可能增加市场参与者的合规成本,降低市场整体效率。同时,监管政策缺乏灵活性亦是一个显著的缺陷。这可能导致市场无法及时适应外部环境的变化,使市场参与者面临不必要的风险,甚至错失市场机会。另外,监管缺乏针对性亦是一个不容忽视的问题。未能充分考虑不同市场参与者和交易品种的特性,可能导致监管过度或监管不足,影响市场的公平性和效率。因此,监管机构在权衡各方利益时,应确保监管政策既能保护市场主体的权益,又能促进市场的创新和发展。过度严格的监管可能对金融机构和投资者产生负面影响,限制市场的活跃度和创新力。监管机构应采取适度的监管措施,既要强化监管力度,防范市场风险和不当行为,亦要鼓励市场参与者进行合理的风险管理和创新。同时,监管机构还应加强对证券衍生品市场的监测和研究,及时了解市场的发展趋势和风险情况,根据市场情况灵活调整和优化监管政策。此外,与市场参与者进行沟通和合作,建立更加开放和透明的市场环境,为市场发展提供更好的支持和条件,亦是监管机构的重要任务。

(3)证券衍生品市场工具匮乏

相较于发达国家成熟且丰富的证券衍生品市场,我国的证券衍生品市场工具种类相对较少。目前,我国证券衍生品市场的场内对冲工具主要包括股指期货、上证 50 交易型开放式指数基金(上证 50ETF 期权)、上证 300 交易型开放式指数基金(上证 300ETF 期权)等,这些工具虽然在一定程度上满足了投资者的风险管理需求,但与发达国家相比,无论是在数量上还是在种类上都存在明显的差距。首先,就市场发展阶段与监管政策而言,我国证券市场起步较晚,尤其是衍生品市场的发展相对滞后。由于金融市场的复杂性和潜在风险,监管部门

在发展衍生品市场时采取了较为谨慎的态度。早期，为了防止市场过度投机和系统性风险，监管部门对衍生品市场的开放持保守态度，导致市场工具种类有限。例如，股指期货、期权等衍生品的推出时间相对较晚，且交易品种较少。直到 2010 年，沪深 300 股指期货〔1〕才正式推出，而股票期权（如上证 50ETF 期权）〔2〕则是在 2015 年才开始交易。相比之下，国际市场上的衍生品工具已经非常丰富。监管部门在引入新工具时，往往会优先考虑其对市场稳定性和投资者保护的影响。因此，衍生品工具的推出往往伴随严格的限制，如持仓限额、保证金要求等，这亦限制了市场的活跃度和发展速度。其次，市场参与者结构单一。我国证券衍生品市场的参与者结构相对单一，主要以机构投资者为主，个人投资者参与度较低。这种结构限制了市场的深度和广度，导致市场流动性不足，进而影响了衍生品工具的多样性和创新性。机构投资者（如基金、券商、保险等）是衍生品市场的主力军，但这些机构的风险偏好相对保守，更倾向于使用已有的标准化工具进行套期保值或风险管理，而不太愿意尝试新的、复杂的衍生品工具。个人投资者对衍生品的理解和操作能力有限，且衍生品交易本身具有较高的风险，因此个人投资者参与度较低。这使市场需求不足以推动更多种类的衍生品工具的开发和推广。再次，市场需求与供给不平衡。衍生品市场的发展需要有明确的需求驱动。然而，目前我国资本市场的整体需求结构较为简单，投资者的主要需求集中在现货市场（如股票、债券等），对衍生品的需求相对有限。这导致市场上衍生品工具的供给亦相应较少。我国资本市场波动性相对较小，且投资者的风险管理意识不强，导致避险需求不足。许多投资者更倾向于通过持有现金或低风险资产来规避风险，而不是利用衍生品进行套期保值。虽然部分投资者希望通过衍生品进行投机交易，但由于监管政策的限制，投机行为受到严格控制，这亦抑制了市场对衍生品工具的投资需求。最后，技术基础设施与人才储备不足。衍生品市场

---

〔1〕 沪深 300 股指期货是中国首个股指期货产品，它的推出为投资者提供了一个有效的风险管理工具，同时亦为市场参与者提供了更多的投资策略选择。沪深 300 指数作为反映 A 股市场整体表现的重要指标，其期货合约的上市具有重要意义。

〔2〕 上证 50ETF 期权是境内资本市场首个股票期权产品，它的上市掀开了中国衍生品市场产品创新的新篇章。上证 50ETF 跟踪上证 50 指数，挑选了沪市规模大、流动性好的最具代表性的 50 只股票组成样本股，以综合反映沪市最具市场影响力的一批优质大盘企业的整体状况。

的健康发展离不开先进的技术基础设施和专业的人才队伍。然而,我国在这方面还存在一定的差距。衍生品交易需要高效、安全的交易平台和清算系统。虽然近年来我国在金融科技领域取得了显著进展,但在衍生品交易系统的建设上仍需进一步完善。特别是在高频交易、算法交易等领域,技术设施的落后可能会影响市场的效率和竞争力。衍生品市场的复杂性要求从业人员具备深厚的专业知识和丰富的实践经验。然而,我国金融行业在衍生品领域的专业人才相对匮乏,尤其是在复杂的结构性产品设计和风险管理方面,人才短缺成为制约市场发展的"瓶颈"。

(4)我国证券衍生品市场面临国际压力且缺乏国际影响力

全球金融市场高度一体化,国际衍生品市场已经形成了较为成熟的体系,提供了丰富的交易工具。相较之下,我国衍生品市场的发展相对滞后,面临较大的国际竞争压力。我国对跨境衍生品交易的监管较为严格,投资者难以直接参与国际衍生品市场。这不仅限制了国内投资者的交易选择,亦使国内衍生品市场无法充分参考国际衍生品市场的经验和创新成果。随着我国资本市场的逐步开放,外资机构逐渐进入我国市场,但国内衍生品市场的国际化程度仍然较低,尚未形成与国际接轨的产品体系和服务模式。

当前,我国证券衍生品市场主要面向我国居民和金融机构开放,国际化程度相对尚浅。这主要是因为我国金融市场的开放程度相对较低,监管机构对证券衍生品市场的国际化程度把控亦比较严格。然而,随着我国金融市场的逐步开放和改革,中国证券衍生品市场正朝着国际化的方向发展。政府和监管机构已经推出了一系列政策措施,鼓励和支持证券衍生品市场对外开放。例如,近年来中国证券监督管理委员会逐步扩大了境外机构在国内证券衍生品市场的参与范围,加强了境外交易所和金融机构与中国国内市场的合作。此外,我国亦积极参与国际证券衍生品市场的合作和交流。例如,中国金融期货交易所与其他国际衍生品交易所建立了合作关系,开展跨境交易和结算等合作。我国亦积极参与国际标准的制定,推动国际证券衍生品市场的发展。因此,尽管当前我国证券衍生品市场对国际的影响力相对较低,但随着我国金融市场的国际化进程不断推进,我国证券衍生品市场的国际化程度将会逐步提高,对国际金融市场的影响力亦将会增强。

4. 四川证券衍生品市场具有的特性

(1) 区域性特色

四川证券衍生品市场作为一个区域性市场,主要覆盖四川地区。相较于全国性的衍生品市场,四川证券衍生品市场的规模和交易活跃度可能较低,这是由四川地区的经济发展相对较为落后和金融市场规模相对较小所决定的。四川地区的经济相对较为落后,主要以农业和传统制造业为主导。与一线城市相比,四川的金融市场规模有限,金融机构和金融产品亦相对较少。这导致四川证券衍生品市场的规模相对较小。此外,四川地区的金融市场的开放程度相对较低,四川证券衍生品市场与全国性的衍生品市场相比缺乏吸引力和竞争力,这亦限制了市场的发展。然而,随着四川地区经济的快速发展和金融市场的逐步开放,四川证券衍生品市场有望逐步扩大规模和提高交易活跃度。随着四川地区经济的转型升级、新兴产业的崛起,企业对风险管理的需求亦在增加,这将为四川证券衍生品市场提供更多的机会。另外,随着金融市场开放的推进,四川的金融机构和投资者将更多地接触到全国范围内的金融产品和交易机会,这有助于提高四川证券衍生品市场的交易活跃度。

(2) 金融业发展滞后

相较于一线城市和经济发达地区,四川地区的金融业发展滞后,这亦导致四川证券衍生品市场在成熟度、投资者专业度上仍有差距。投资者的参与意识和理解程度可能相对较低,这会影响市场的活跃度和交易的质量。由于四川地区金融业起步较晚,相关机构和从业人员的经验和专业水平相对较低。相对缺乏经验丰富的参与者和专业机构可能导致市场的流动性不足和交易的不活跃。此外,投资者对证券衍生品市场的了解和认知相对较低,缺乏相关的专业知识和风险意识,这可能会影响市场的活跃度和交易的质量。然而,随着金融业的发展和金融知识的普及,人们对证券衍生品市场的认识和理解将逐步提高,投资者的参与意识亦有望增强,这将为四川证券衍生品市场的发展提供积极的动力。政府和相关机构可以通过推动金融教育和培训,加强对投资者的宣传和引导,提高投资者对证券衍生品市场的理解和风险意识。此外,加强监管和风险管理亦是提升市场的专业水平和投资者的信心的重要举措。政府和相关机构可以加强对市场参与者的监管和指导,确保市场的健康发展。

(3)关注实体经济

四川地区以实体经济为主导,具有丰富的能源、冶金、化工、建筑等特色产业。在这些产业的发展过程中,企业和投资者可能会面临各种风险,如原材料价格波动、市场需求变化、汇率风险等。因此,四川证券衍生品市场可以推出一些特色衍生品,以满足实体经济的风险管理和投资需求。例如,可以推出能源期货合约,以便能源企业和投资者对原油、天然气等能源产品的价格波动进行有效的风险管理。同时,四川亦可以推出钢铁期货合约,以帮助冶金行业的企业和投资者对钢铁价格波动进行风险管理。此外,在建筑行业,可以推出房地产衍生产品,以满足开发商和投资者对房地产市场波动的风险管理需求。通过推出适应实体经济需求的特色衍生品,四川证券衍生品市场有望为企业和投资者提供更多的工具和机会,促进实体经济的稳定发展。

(4)侧重区域风险管理

四川证券衍生品市场主要面向本地投资者和机构,更加侧重于区域性风险管理。四川地区具有丰富的自然资源和特定的地理气候条件,这亦带来了一些独特的风险因素。因此,四川证券衍生品市场在实践中可以推出一些与地方经济、气候、自然灾害等相关的衍生品。例如,可以推出与四川地区水电产业相关的水电期货合约,以帮助水电企业和投资者管理电力市场的波动风险。此外,还可以推出与四川地区农产品相关的农产品期货合约,以满足农民和投资者对农产品价格波动的风险管理需求。另外,针对四川地区的地震风险和其他自然灾害风险,亦可以推出相应的保险衍生品,以帮助企业和投资者对灾害风险进行有效的管理。通过推出与地方经济、气候、自然灾害等相关的衍生品,四川证券衍生品市场既可以更好地满足本地投资者和机构的风险管理需求,亦可以为地方经济的稳定发展提供支持。

(5)后发市场

相对于其他地区而言,四川证券衍生品市场是一个后发市场,起步较晚。这主要是由于四川的金融体系和证券市场在改革开放初期相对滞后,证券衍生品市场的发展亦受到了一定的限制。然而,随着改革开放的深入推进,四川证券衍生品市场逐渐具备了发展的条件。首先,四川省具有丰富的优势产业基础,这为证券衍生品市场的发展提供了有利条件。四川省的产业结构较为完整,包括农业、工业、服务业等多个领域,这为证券衍生品市场的产品创新提供了丰富的资源。其次,四川省的金融体制改革和市场化进程逐渐推进,为证券衍生品市场的发展提供了制度保障。随着金融体制改革的深入,四川省的金融市场逐渐实现了市场化运作,金融机构的竞争力得到了提升,金融市场的开放度和自由度亦不断提高。这为证券衍生品市场的运作提供了更加良好的环境和机遇。最后,四川省注重金融监管和风险控制,提高金融市场的健全性和稳定性,这为证券衍生品市场的发展提供了可靠的保障。

(6)跳跃式发展

四川证券衍生品市场呈现迅猛的发展态势,相较于其他地区,其发展速度较快的原因主要有两个方面:首先,四川省抓住了证券衍生品市场发展的机遇。随着国家金融改革和开放进程的推进,四川省积极响应国家政策,加大证券衍生品市场的开发和创新力度。四川省政府提出了"金融强省"战略,将证券衍生品市场视为发展重点,大力支持金融机构和企业参与证券衍生品交易,促进市场发展。这种积极的政策环境为四川证券衍生品市场提供了有利条件。其次,作为我国西部重要的经济中心,四川省拥有丰富的自然资源和优势产业。这为证券衍生品市场的发展奠定了坚实的基础。四川省在农产品、能源、矿产等领域拥有一定的市场规模和资源储备,使四川省能够积极开展农产品期货交易,推动农产品衍生品市场的发展。四川省亦加大了对能源、矿产等领域证券衍生品市场的支持力度,积极引导企业和机构参与交易,推动该领域市场增长。此外,四川省还加强了与其他地区和国际金融市场的交流与合作,吸引外资和国际金融机构进入四川市场,进一步推动证券衍生品市场发展。

(二)四川证券衍生品市场的发展趋势

四川证券衍生品市场的发展趋势主要取决于市场需求、监管政策和经济环境等因素。

1.市场需求增长,证券公司应加快发展证券衍生品市场

随着我国资本市场的不断深化和四川省经济实力的显著增强,投资者对于高效、精准的风险管理工具以及灵活多变的投资策略的需求呈现出日益增长的态势。在这一背景下,证券衍生品市场作为金融市场的重要组成部分,其独特的风险管理功能和投资策略价值越发受到投资者的青睐,尤其是在四川省这一西南地区的经济枢纽,其金融市场的迅猛扩张为证券衍生品市场的繁荣提供了

土壤。近年来,证券衍生品市场呈现快速增长的态势,不仅市场规模持续扩大,市场结构亦日益完善,形成了包括大型金融机构、中小型金融机构以及广泛投资者群体在内的多层次市场结构。这种结构不仅提升了市场的流动性,还显著提高了市场的运行质量。面对这一难得的市场机遇,证券公司应充分发挥自身优势,加快发展证券衍生品市场。一方面,证券公司应加大研发投入,推动衍生品的创新与设计,以满足投资者日益增长的多元化需求。通过深入分析市场需求,开发符合投资者需求的衍生品,提高产品的市场竞争力和吸引力。例如,推出特色产业衍生品——围绕四川特色产业(如锂资源、农业科技)设计商品期货、期权,开发主题化衍生品——围绕四川专精特新企业设计定制期权,推出跨境衍生品——服务成渝地区双城经济圈企业的全球化布局。另一方面,证券公司还应加强风险管理能力的建设和提升,确保衍生品业务的稳健运行。通过建立完善的风险管理体系,例如,建立压力测试体系,加强对衍生品业务的风险监控和预警,有效防范和化解潜在风险。

2. 政策支持和监管改革

随着我国政府持续深化金融市场改革,证券衍生品市场作为金融市场的重要组成部分,正迎来前所未有的发展机遇。在四川这一西南地区重要经济枢纽,政策红利与监管革新的双重驱动给四川证券衍生品市场带来新机遇:(1)政策扶持为市场发展注入活力。一是国家层面政策导向。我国政府坚持“打造现代金融市场体系”,稳步扩大制度型开放,推动金融市场高质量发展。例如,央行推动债券市场基础设施互联互通,吸引境外投资者参与境内金融衍生品市场(“互换通”),提升市场国际化水平。我国融资结构进一步优化。例如,2023 年,政府债券、金融债券及公司信用类债券规模持续增长,为证券衍生品市场提供了丰富的底层资产和风险管理需求。二是四川地方政策红利。四川出台《关于推动资本市场高质量发展的实施方案》,明确优化资本市场培育机制、推动期货机构为实体经济提供风险管理、综合金融服务等措施。例如,支持上市公司通过期货、期权等工具对冲经营风险,鼓励期货机构开发适应四川产业链需求的衍生品。政府通过补贴、税收优惠等政策降低衍生品交易成本。又如,川润股份开展外汇衍生品交易以管理汇率风险,政策支持降低了企业的套期保值成本。(2)监管革新为市场稳健运行保驾护航。一是准入放宽与市场活力提升。中国证券监督管理委员会发布《证券公司收益互换业务管理办法》,允许更多券商开展收益互换业务,强化投资者适当性要求,但保留了市场参与的开放性。例如,专业投资者可通过收益互换实现多元化投资组合,个人投资者可通过券商提供的结构化产品间接参与收益互换业务。二是风险管理与市场规范。中国证券监督管理委员会未来将出台办法,明确功能监管与统筹监管原则,限制过度复杂的衍生品合约,要求标准化程度高、流动性强的衍生品进入集中结算。例如,禁止通过衍生品规避股份减持规则,防范操纵市场行为。中国证券监督管理委员会四川监管局推动"资本市场发展协调工作机制",联合政府、金融机构建立风险防控体系。例如,针对私募基金、场外衍生品等重点领域,强化风险隔离与处置措施。

3. 跨境合作和国际化发展

作为我国西南地区的经济枢纽,四川省有望加强与国内外金融市场的合作,特别是与邻近国家和地区的合作。跨境合作和国际化发展将为四川证券衍生品市场开拓更广阔的市场空间、带来更多的机会。首先,四川省可以与邻近国家和地区建立更紧密的合作关系,促进跨境投资和贸易。通过与周边国家和地区的金融机构和证券市场进行合作,四川省可以吸引更多的境外投资者和机构参与到四川的衍生品市场中,提升市场的活跃度和吸引力。其次,四川省可以积极参与国际金融市场的竞争和合作。随着金融市场的国际化趋势加强,四川省可以借助自身的地理位置和资源优势,吸引更多的国际金融机构进驻四川,推动衍生品市场的国际化发展。同时,四川省亦可以积极参与国际金融市场的交流,吸收国际先进的衍生品市场经验和技术,提升自身的市场竞争力。此外,四川省还可以加强与国内其他地区金融市场的合作。通过与其他省份的金融机构和市场的合作,四川省和其他省份可以共同推动衍生品市场的发展,实现互利共赢。例如,可以与上海等金融中心城市建立联动机制,推动衍生品市场的互联互通,为投资者提供更多选择和便利。

4. 风险管理意识提升

在金融市场的快速演变与日益复杂化的大环境下,投资者对风险管理的重视程度显著提升,这一变化不仅是对市场波动性的直接响应,亦是金融理论与实践深度融合的结果。首先,市场不确定性的增加。随着全球化进程的加速、金融创新的不断涌现以及宏观经济环境的频繁变动,金融市场的不确定性显著增强。股票市场的波动、汇率的剧烈变动、信用风险的上升等现象频发,使投资者意识到,传统的"买入并持有"策略已难以适应当前市场的复杂性。因此,他们开始更加重视风险管理，寻求通过多元化投资、动态调整资产配置等手段来降低风险。其次，金融科技的发展。金融科技的兴起为风险管理提供了新的工具和方法。大数据分析、人工智能等技术的应用，使得投资者能够更准确地评估资产价值、预测市场趋势，并实时监控投资组合的风险状况。这些技术的进步不仅提高了风险管理的效率和精度，亦促使投资者更加关注风险，因为技术手段使他们能够更直观地看到风险管理不当可能带来的后果。再次，监管环境的变化。近年来，全球范围内的金融监管机构都在加强对金融市场的监管，特别是在金融危机后，一系列新的监管规则和标准被制定出来，旨在提高金融体系的稳定性。这些监管要求促使金融机构和投资者加强风险管理，确保业务操作符合法规要求，同时亦提升了市场对风险管理的整体认知水平。复次，金融教育与专业培训的普及。金融教育和专业培训的普及亦是风险管理意识提升的重要因素。越来越多的投资者开始接受专业的金融知识培训，了解风险管理的基本原理和策略。教育机构、金融机构和行业协会等组织亦积极推广与风险管理相关的课程和研究，帮助投资者树立正确的风险观念，提高风险识别、评估和控制的能力。最后，个人投资者与机构投资者的成熟。随着金融市场的成熟，个人投资者和机构投资者都变得更加理性和谨慎。他们开始意识到，追求高收益的同时必须充分考虑风险，实现风险与收益的平衡。这种成熟度的提升促使投资者更加注重风险管理，采用更加科学、系统的投资方法，如量化投资、智能投顾等，以减少盲目投资带来的风险。

未来，随着金融市场的进一步复杂化和全球化，风险管理的重要性将越发凸显，成为投资者不可或缺的核心竞争力之一。

5. 加快制定和完善我国有关证券衍生品工具的会计制度

目前，完整的有关证券衍生品工具的会计制度在我国还没有真正被推出。证券衍生品领域的会计处理还没有规范化，与证券衍生品工具相关的会计制度也相对滞后，难以满足市场发展的需要。因此，加快制定和完善我国有关证券衍生品工具的会计制度是十分重要的。一个完善的会计制度可以为证券衍生品的使用提供明确的规范和指引，增强投资者对证券衍生品的信心，促进市场的健康发展。在制定和完善有关证券衍生品工具的会计制度时，以下几个方面需要特别关注：一是会计确认和计量。明确证券衍生品的会计确认原则、计量方法和标准等，确保相关信息的准确和可靠。这包括对合约的分类、估值、披露等方面的规定。二是会计披露。明确证券衍生品的披露要求,包括披露合约的类型、金额、风险敞口、对冲策略等信息。三是风险管理。规定证券公司在使用证券衍生品时应遵循的风险管理原则和要求,包括对市场风险、信用风险、操作风险等的控制措施,以保障证券公司和投资者的利益。四是会计监管。建立健全的会计监管制度,加强对证券公司和证券衍生品交易的监管和审计,确保会计准则的执行和合规性。通过加快制定和完善有关证券衍生品工具的会计制度,可以提高证券公司对证券衍生品的合理使用能力,提升证券公司的价值和竞争力。同时亦能够为投资者提供更准确、可靠的信息,提升市场的信誉和吸引力。

6. 加强人才培养和机构体系建设

证券衍生品市场作为金融市场的重要组成部分,其健康发展离不开高素质的专业人才以及完善的机构体系。

在人才培养方面,应当重视金融工程理论的深入研究与教育普及。金融工程作为连接理论与实践的桥梁,其理论研究能够为证券衍生品的设计、定价、风险管理提供坚实的理论基础。通过加强高校金融工程专业的建设,开设相关课程,可以培养出既掌握扎实金融理论知识,又具备实际操作技能的复合型人才。这些人才应能够熟练运用数学模型和计算机技术,对证券衍生品市场进行精准分析和高效操作,同时应具备良好的风险管理意识,能够在复杂多变的市场环境中保持冷静判断,有效管理风险。此外,随着金融科技的飞速发展,证券衍生品市场正经历着数字化、智能化的深刻变革。培养具备金融科技背景的人才显得尤为重要。这要求教育机构与企业合作,共同开发金融科技课程,培养能够利用这些技术优化交易策略、提升风险管理效率的专业人才。

在机构体系建设方面,完善证券衍生品交易所、金融机构及相关监管机构的制度和规范是基础。这包括建立健全的交易规则、信息披露制度、风险预警机制等,确保市场的公平、透明、高效运行。同时,加强市场监管力度,提高违法违规成本,有效遏制市场操纵、内幕交易等不当行为,维护市场秩序。为了进一步提升证券衍生品市场的风险管理和监管能力,还需要建立起完善的交易、结算和风险管理机制。这包括但不限于:优化交易系统,提高交易速度和准确性;完善结算流程,确保资金与证券的安全、及时交割;建立多层次的风险管理体系,包括市场风险、信用风险、流动性风险等,通过风险识别、评估、监控和处置等环节,有效防范和化解市场风险。

第七章　四川证券(产权)交易平台

一、四川证券(产权)交易平台产生的背景及意义

(一)产生的背景

1. 经济体制改革的内在驱动。(1)国有企业改革的核心需求。20 世纪 80 年代末,在国有企业股份制改革浪潮下,四川率先探索产权市场化流转。1988 年,乐山市成立全国首批地方产权交易所之一,直接回应国有企业资产重组、股权流转的需求。这一创新通过市场化手段优化国有资产配置,助力国有企业脱困增效。(2)市场活力的自发释放。1992 年后,成都红庙子街自发形成全国首个场外股票交易市场。该交易市场虽因监管问题于 1994 年关闭,但其探索为资本市场积累了经验。这种民间创新反映了市场对产权交易的迫切需求。

2. 政府政策的引导与规范。(1)初期政策宽松扶持。四川省政府于 1988 年设立产权转让领导小组,推动全省产权交易活动。至 1993 年,全省产权交易户数达 1800 多户,消化亏损企业职工 9 万人,体现了政策对改革的支持。(2)清理整顿与规范升级。1997 年亚洲金融危机后,国家清理整顿场外交易,四川部分产权交易所被关停。但政府持续探索规范路径,如 2005 年指定四川省国投产权交易中

心和成都联合产权交易所为省级交易机构,整合地方市场,形成“1 + N”格局。(3)创新政策突破。近年政策聚焦新兴领域。四川省政策明确引导产权交易市场服务战略性新兴产业(如科技、绿色能源、数字经济)和重点产业功能区,推动知识产权服务业与产业链、创新链深度融合。例如,支持有条件的市(州)开展知识产权服务业集聚区试点,如成都高新区入选首批国家知识产权服务业高质量集聚发展示范区。

3. 市场需求的层次化推动。(1)农村要素市场化。随着土地制度改革深化,农村产权交易需求激增。四川农村产权综合交易平台(省农交平台)整合承包地、宅基地等交易,引入社会资本,激活农村闲置资产。(2)科技与创新资产交易。科技企业融资需求催生新交易模式。成都知识产权交易中心迅速发展,2024 年高新区完成全国首单“中试平台”知识产权资产证券化,助力科技成果转化。(3)区域协同发展需求。在成渝地区双城经济圈战略下,两地探索共建农村产权交易市场。2024 年,重庆九龙坡区农村产权项目在成都农村产权交易所挂牌成交,标志着区域协作深化。探索成渝地区双城经济圈知识产权联合服务模式,推动川渝跨区域信息共享、案件研讨等协作,深化人才联合培养。

(二)产生的意义

深化国有企业改革,加速市场化转型。四川证券(产权)交易平台通过股权转让、增资扩股等市场化手段,推动国有企业混合所有制改革。例如,西南联合产权交易所有限责任公司(以下简称西南联交所)通过电子竞价平台,将广元矿鑫能源有限责任公司的股权转让价格从 2800 万元推高至 11,242 万元,增值率 401.5%,既盘活了濒危国有企业,又引入社会资本解决发展问题。[1] 截至 2018 年年底,四川省属国有企业混合面超 40%,通过产权交易优化股权结构,增强企业活力。这一模式被全国多地借鉴,成为国有企业改革的“四川经验”。

提升资源配置效率,优化经济结构。四川证券(产权)交易平台通过公开竞价机制,使资产从低效使用者流向高效使用者,实现资源优化配置。一是增值数据。西南联交所完成的国有产权交易项目平均竞价率在 60%。二是业务创新。党建引领下的阳光采购平台,为企业节约资金,降本增效显著。

---

〔1〕 参见刘怡:《广元:国有产权转让增值上亿》,载四川省人民政府网,https://www.sc.gov.cn/10462/10464/10465/10595/2018/6/13/10453007.shtml。

助力区域经济发展,促进城乡融合。四川证券(产权)交易平台成为区域经济协同发展的重要推动力。一是成渝合作。成渝共建农村产权交易市场,推动资源跨区域流动。二是城乡资源盘活。成都农村产权交易所显著提升了集体资产价值,助力乡村振兴。

激活金融创新,构建农村信用体系。"产权交易 + 金融服务"模式创新,打通农村融资堵点。一是眉山模式。整合涉农大数据,研发信用信息报告,简化贷款流程。例如,中国农业银行股份有限公司眉山分行通过平台发放"农贷通"贷款,支持生猪养殖合作社发展。二是风险控制。引入"权属码"管理和三级风险防线,降低信贷风险,提升金融普惠性。

规范权力运行,强化廉政建设。健全产权交易"应进必进、阳光交易"机制,从源头遏制腐败。一是成都实践。2022 年,成都市纪律检查委员会、监察委员会推动建立 4 大类 36 项交易目录,覆盖集体资产、工程建设等廉政风险点。二是交易监控。启用大数据监督系统,确保交易全流程透明可追溯。

政策创新引领,提供全国示范。四川的探索为全国产权市场改革提供经验。一是标准化建设。农村产权交易"五级服务体系"和标准化流程被纳入全国改革试点。二是跨区域协作。西南联交所联合全国 30 余家省级产权交易机构,于 2019 年 7 月共同发起"国企混改项目信息发布平台",打破地域壁垒,推动资本要素自由流动。

四川证券(产权)交易平台的产生,不仅是经济体制改革的"试验田",更是资源配置效率提升、区域协同发展、金融创新深化和廉政建设的"助推器"。其意义不仅在于创造经济价值,更在于通过制度创新,为全国提供了可复制、可推广的改革样本,助力构建更高水平的市场经济体系。

二、四川证券(产权)交易平台的发展与演进

(一)红庙子

1. 红庙子的发展

20 世纪 90 年代初,上海和深圳的证券市场行情上涨,带动了股价的提升。由于成都及其周边地区的股份制企业发行的股票和股权证与上海、深圳市场的股票价格存在显著差异,一旦这些股票获得上市批准,其价格有巨大的上涨潜

力。这吸引了大量投资者,包括来自上海和深圳的大户,涌向成都的红庙子市场进行交易。更值得一提的是,当时,四川盐业化工股份有限公司的股票在红庙子开始发行,这吸引了大量投资者进入市场交易。特别是在四川峨眉山盐化工业(集团)股份有限公司在深交所上市后,红庙子市场的热度达到了顶峰。在1993年初,红庙子市场提供了丰富的交易品种,不仅包括公众公司的股票和股权证,还包括定向募集股份公司所发行的股票。此外,债券和股票认购票据亦在市场上进行交易,使投资者可以进行多种不同类型的交易。[1] 此亦折射出,我国之股票市场尚属不发达,交易所之发展亦较为滞后。红庙子市场作为场外交易市场,为投资者供给一处额外之交易平台,满足其对股票交易之需求。

2. 红庙子街的股权交易方式

红庙子街的股权交易方式并非正规合法的交易方式,这引发了一系列问题。首先,少量的企业债券由四川金融市场证券交易中心挂牌委托交易过户。这种方式相对较为规范,但在整个红庙子街股权交易中仅占小部分。其次,有的交易双方谈好价格,前往股份有限公司委托的证券托管机构办理柜台转让过户。这种方式更接近正规渠道,但仍然存在一定的风险和不确定性。然而,凡交易之常态,多在双方定价既定之后,卖者持股票、股权证及身份证明之原件或复印件,与买者以人民币现金直接成交现货。[2] 这种交易方式具有高度的不透明性和不稳定性,容易引发不正当的交易和诈骗活动。另外,红庙子街的股权交易价格在一定程度上受到上海、深圳等正规证券交易市场的影响。然而,这种影响是间接的,而非直接的参考,因为红庙子街的交易并不被正式监管和依法保护。概言之,红庙子街的股权交易方式存在较大的风险和不确定性,对交易双方并不安全和可靠。因此,红庙子街的交易方式后来被中国证券监督管理委员会取缔,意在保护投资者之权益,并促进证券市场之规范发展。

3. 红庙子在四川发展缘由、闭幕及影响

1992年,随着我国经济环境的逐渐宽松,成都孕育出了著名的红庙子市场。这一市场的崛起并非偶然,而是由多种因素共同促成。早在20世纪80年代初期,四川就已经开始了对股份制经济的探索,并在实践中不断积累经验。此外,1992年,四川省成都市体制改革部门和人民银行省、市分行联合在红庙子街上租

[1] 参见厉勇:《从"成都工展"看"红庙子"当年》,载《中国收藏》2022年第1期。

[2] 参见马国栋:《火爆一时的成都红庙子街自发的非上市股权交易市场》,载《巴蜀史志》2018年第6期。

用楼宇,建立了四川金融市场证券交易中心,主要进行国债、企业债券的交易。成渝两地的“准股市”开创了中国资本市场的先河。这一市场虽然规模有限,但创新意义不容忽视。它不仅为后来的证券市场发展积累了宝贵的经验,亦为其他地区提供了可借鉴的模式。通过这些早期的探索和实践,四川在我国资本市场的发展中占据了重要的位置,成为推动全国经济体制改革的重要力量。

红庙子的火爆亦加速推进了四川省内企业的股份制改革进程。彼时,我国股市的交易制度都是“T+0”,当天买,当天就可以卖,而且没有涨停板限制,这亦导致股票的价格在一天之内的波动特别大。于成都之地,红庙子一级半自发交易之场,炒股之热情如火如荼,几近痴狂之境。无论政府允否,股票、准股票、股权证、相关票据、交款凭证,证券之品种繁多,不问其类,众人皆趋之若鹜,竞相炒作,交易之品种,盛时竟达70余种至80种之多。对于上述情形,四川省政府成立了专门的机构负责监管和管理红庙子街的交易活动,制定了一系列政策措施,加强了市场监管和风险防范。

彼时,对于如何规范场外交易市场、制止非法黑市、为没有上市的股票提供合法的交易渠道的问题,引起了广泛的理论探讨。各界专家和学者一致呼吁对柜台交易进行规范发展,并给予其明确的法律地位。《证券法》起草小组的组长、全国人大财经委办公室原副主任王连洲表示,红庙子推动了柜台交易被写入《证券法》,为柜台交易确立了明确的法律地位。继之,在北京成立了三板市场,这既是一个全国性的非上市公司股权交易市场,亦是一个场外柜台交易市场,旨在为未上市公司筹集资金。有人认为,事实上最早的三板市场应该归功于成都的红庙子。对于一个只有200米的老旧街道来讲,每天数万人的涌入是不堪重负的。很快,炒股的人群和车流就造成了红庙子街以及附近街道的拥堵和混乱。随后,开始有不少企业不按规定私自发行股票甚至超发股票,篡改股权证、制造假股票、交易欺诈等行为亦接连发生,导致众多股民蒙受亏损,局势渐趋纷扰。

1993年3月19日,政府决定暂停审批定向募集股份公司,并宣布已批准设立但尚未发行股权证的企业一律停止发行。同时,政府宣布对股票和股权证进行托管。1993年3月22日,政府正式宣布将“红庙子”自发交易市场搬迁至僻静的城北体育馆内,并俗称为“白庙子”。1994年1月3日,根据四川省政府和成都市政府的决定,成都自发证券交易市场被关闭和取缔。

此前,成都红庙子股票交易市场曾经引起中外媒体的关注和报道,成为我国股份制改革和证券市场发展中的一个特殊场景。在1992年至1994年,成都红庙子股票交易市场成为我国第一个自发形成的股票场外交易市场。它在一段时间内为当地居民提供了一个便利的股票交易平台,同时亦吸引了许多投资者和媒体的关注。然而,考虑到市场的监管和规范问题,以及政府对证券市场的整顿和发展需要,成都红庙子股票交易市场在 1994 年被关闭和取缔。这一事件标志着成都红庙子股票交易市场的历史走向终结。

整体而言,成都红庙子股票交易市场作为我国第一个自发形成的股票场外交易市场,在我国股份制改革和证券市场发展中具有一定的特殊意义。尽管它存在的时间较短,但它对我国资本市场的发展起到了一定的推动作用。它有"四川股票复兴运动"之称。20 世纪 90 年代初期,在四川企业股份制改革进程中,红庙子推动了"四川股票复兴运动",起到了客观推动的作用。红庙子的出现为实现西部区域证券中心目标和促进金融对外开放、发展大批券商拉开了序幕。它对推动企业股份制改革、普及股票知识起到了重要的作用。[1] 通过提供交易平台和服务,红庙子为四川地区的企业提供了便利的股权交易环境,推动了企业的股份制改革。此外,红庙子还对推动柜台交易纳入立法以及之后的多层次资本市场建设产生了深远的影响。它的出现促使相关政策的制定,推动了柜台交易的规范化和合法化。红庙子的成功经验亦为其他地区建设多层次资本市场提供了参考,对于推动全国范围内资本市场的发展起到了积极的示范作用。[2] 红庙子街的喧嚣虽已沉寂,但其"敢为人先"的金融实验,不仅开创了我国资本市场的先河,更为成渝地区今日在西部金融版图中的崛起埋下伏笔。这段历史,

---

〔1〕 参见潘凌:《"红庙子"一级半市场的自生自灭》,载《银行家》2021 年第 10 期。

〔2〕 18 世纪末,越来越多的商人、证券商聚集在华尔街的大树下或灯柱旁边,互相交易拍卖手中的各种金融证券,最后形成了著名的纽约证券交易所。尽管红庙子最终没有成为成都的"华尔街",但成都最早的一批券商是从这里崛起的。地处红庙子街 60 号的宏信证券红庙子街营业部于 1992 年开业。在红庙子的全盛时期,四川建信信托红庙子证券投资部成为成都第一批股民的发源地。这里有着我国最早的专业投资者,走出了不少资本大鳄。宏信证券红庙子街营业部总经理杨敏告诉记者:"在业内,我们营业部可谓成都股民的'黄埔军校'。"不过,由于股权结构等原因,四川建信信托发展亦较为缓慢,2001 年中国证券监督管理委员会批准由四川省的 6 家信托投资机构剥离证券资产合并成立和兴证券经纪有限责任公司;2012 年 11 月,公司名称更名为宏信证券有限责任公司。作为成都第一批券商,宏信证券红庙子街营业部见证了成都资本市场从萌芽到繁盛。2014 年,四川省人民政府发布《关于发展多层次资本市场服务实体经济的若干意见》,意见中明确提出,发展中介服务机构。推动证券、期货、信托、租赁等地方法人金融机构壮大资本实力,强化流动性管理,增强创新发展和风险防控能力。支持华西证券加快上市步伐,支持国金证券业务创新,支持宏信证券、川财证券持续增强资本实力,进一步拓展业务范围。2015 年以来,成都市政府亦明确提出要大力提升资本证券化水平。

恰是理解我国资本市场从“草根自发”到“规范发展”转型的生动样本。

(二)天府(四川)联合股权交易中心

1. 天府(四川)联合股权交易中心的优势

天府(四川)联合股权交易中心,原名成都(川藏)股权交易中心[1](2017 年更名)。[2] 经国务院授权,2013 年 7 月经四川省人民政府和西藏自治区人民政府批准成立。

(1)区位优势

天府(四川)联合股权交易中心作为全国唯一的跨省区产权交易机构,在川藏地区具有独特的地理优势和重要的地位。四川和西藏作为我国西部重要的经济中心和地理枢纽,交通网络与周边省区紧密相连,地理位置优越。四川拥有发达的交通、水利、能源等基础设施,与全国各地的经济联系紧密。西藏作为我国的西南边陲地区,地理位置独特,拥有丰富的自然资源和旅游资源。天府(四川)联合股权交易中心正是借助这两个地区的地理优势,成为覆盖川藏两省区的产权交易机构,为这两个地区的企业提供便利的交易平台。作为全国唯一的跨省区产权交易机构,天府(四川)联合股权交易中心在川藏地区的地位显得尤为重要。川藏地区是我国西部重要的经济增长极,拥有丰富的资源和潜力巨大的市场,天府(四川)联合股权交易中心位于西部大开发战略要地,亦是西部经济中心和交通枢纽。这使该交易中心能够充分吸引更多的投资者和交易项

[1] 成都(川藏)股权交易中心,经国务院授权,2013 年 7 月经四川省人民政府和西藏自治区人民政府批准成立。川藏两省区区域性股权市场,简称或俗称“川藏股权市场”“川藏四板市场”“四板”“新四板”“天府新四板”,是我国多层次资本市场的重要组成部分,是非上市公司特别是中小微企业直接融资的核心平台和主要渠道,是各级政府扶持中小微企业政策措施的综合运用平台。由川藏省级人民政府及其金融主管机关、中国证券监督管理委员会川藏派出机构监督管理。该交易中心以“让每一个中小微企业都能实现融资”为使命,定位于为实体经济服务,为中小微企业融资服务,为企业提供直接融资平台解决中小微企业“融资难、融资贵”的问题。该交易中心是有效聚集社会资本,促进股权合理流转,实现资源优化配置的公益优先的“四板”平台。

[2] 四川省多层次资本市场的基石、区域性股权市场——成都(川藏)股权交易中心更名为天府(四川)联合股权交易中心的原因是什么呢?为何要更名?这是要助力改革发力,打造西部金融中心重要名片。“天府(四川)联合股权交易中心是我省多层次资本市场的‘棋眼’,一招活,全盘活。”原四川省金融工作局局长欧阳泽华认为,更名背后是四川省区域股权市场为服务西部金融中心建设而展开的系列改革,亦是四川对区域经济协调发展的初步尝试。天府(四川)联合股权交易中心之所以冠名“天府”二字,在业内人士看来,这与四川省要打造地方特色金融机构,提速建设西部金融中心密切相关,四川省着力构建川渝股权交易协调化、区域化的网络体系。

目。此外,天府(四川)联合股权交易中心还具有突出的区位后发优势。它能够充分利用地区的资源和潜力,推动产权交易的发展和创新。这使得该交易中心在西部地区的经济发展和产权交易领域具有重要的影响力和作用。

(2)体制优势

天府(四川)联合股权交易中心按照《公司法》的要求以市场化方式组建。这意味着它在组建过程中遵循市场化的原则和程序,确保其合法、合规地运营。天府(四川)联合股权交易中心的股权结构清晰、股东支持力度大。这意味着该交易中心的股权分配明确,股东对其运营和发展给予了积极的支持并积极参与其中。这有助于确保该交易中心的稳定运行和有效管理。天府(四川)联合股权交易中心具有独立法人资格,且经营管理相对独立。这意味着该交易中心具备独立的法人地位,可以独立承担法律责任。同时,它的经营管理相对独立,能够自主决策和运营。此外,天府(四川)联合股权交易中心具备建立完全市场化运行机制的条件。这意味着该交易中心在组织结构、运作模式和管理机制上具备使其能够实现完全市场化运行的条件。这有助于促进产权交易的市场化发展和规范化运行。

(3)市场优势

天府(四川)联合股权交易中心覆盖川藏两省区,这两个地区的辖区面积和经济总量都具有明显的优势。四川和西藏都是中国西部地区经济发展的重要区域,拥有丰富的自然资源和人力资源。这些优势为天府(四川)联合股权交易中心提供了广阔的市场和发展空间。预计四川的经济发展将继续保持快速增长,这将进一步推动天府(四川)联合股权交易中心的发展。四川作为我国西部重要的经济中心,吸引了大量的投资和企业发展。这将带来更多的交易项目和机会,使天府(四川)联合股权交易中心的市场更加活跃。此外,川藏地区统一产权大市场共识正在逐渐形成。在推动产权交易市场化的过程中,各方对于建立统一产权大市场的共识越来越强烈。这将为天府(四川)联合股权交易中心提供更好的政策环境和支持,促使产权交易更加规范和便利。

(4)资源优势

川藏两省区拥有丰富的资源和巨大的潜在价值,具有广阔的开发前景。这些地区拥有丰富的矿产资源、水资源和生态资源,同时亦具备较大的农业和畜牧业潜力。这些资源的开发和利用将为这些地区的经济发展提供强有力的支撑。西南联交所作为天府(四川)联合股权交易中心的一部分,在对接资源与资本、实现资源向资本转化方面具有重要作用。西南联交所将充分发挥其资本市场的功能,为川藏两省区的企业提供融资和股权交易的平台,通过资源与资本的对接,将资源转化为资本,推动经济的发展和产业的壮大。此外,西南联交所还将促进资源的合理配置和优化利用,通过提供市场化的交易机制和规范的运作环境,将资源配置的决策权交给市场,推动资源的高效配置和优化利用。这将为川藏两省区的经济发展带来更多机遇和活力。

2. 天府(四川)联合股权交易中心的总体目标、宗旨和发展

(1)天府(四川)联合股权交易中心的总体目标

天府(四川)联合股权交易中心的总体目标是逐步建成融资功能完备、服务方式灵活、运行安全规范、投资者合法权益得到充分保护的股权市场。其核心功能和基本定位是:促进川藏非上市公司特别是中小微企业与全国投资者之间的投融资对接。作为川藏区域唯一合法的私募证券市场及其运营机构,天府(四川)联合股权交易中心扮演着重要的角色。首先,天府(四川)联合股权交易中心是国家西部金融中心的核心板块之一。它的发展将有助于推动西部地区金融业的发展,提升区域金融中心的地位和影响力。其次,天府(四川)联合股权交易中心是四川省企业改制挂牌上市培育计划的综合支持平台,通过提供股权交易服务,帮助企业实现改制并挂牌上市,进一步促进企业的发展壮大。再次,天府(四川)联合股权交易中心还是四川省各级政府扶持中小微企业政策措施的综合运用平台。通过与政府的合作,支持中小微企业的融资需求,提供相应的金融服务,推动企业的发展和壮大。最后,天府(四川)联合股权交易中心亦是四川省地方金融基础设施的一部分。作为地方金融基础设施,它将为整个金融体系提供必要的支持和服务,促进金融市场的健康发展。

(2)天府(四川)联合股权交易中心的宗旨

西南联交所以成都为基地,辐射川藏地区,并面向全国,坚持以服务实体经济和中小微企业为出发点。它的目标是通过全面推进公司市场化和信息化,抓住产权市场的发展趋势,将西南联交所建设成为西部地区最具公信力和影响力的交易平台,实现各种要素有序流转,促进资本与资源对接,为地方政府促进区域经济发展提供基础平台。西南联交所致力于构建川藏地区统一产权大市场和大产权市场,旨在成为川藏地区统一、集中、规模化、集团化的要素流转市场

龙头企业。通过推动产权交易和资本市场的融合,西南联交所将为企业提供更多融资渠道、投资机会和资本支持,推动经济发展。该交易所以服务实体经济和中小微企业为理念,努力为企业提供更便捷、高效的交易平台和综合性服务。同时,西南联交所亦将积极推动产权市场的发展,营造公平、透明的交易环境,提高市场的公信力和影响力。概言之,西南联交所致力于推动西部地区经济发展和产权市场的繁荣,以实体经济为导向,为企业提供多样化的金融服务和支持,构建统一、集中、规模化的要素流转市场。

(3)天府(四川)联合股权交易中心的发展

四川省委、省政府历来高度重视天府(四川)联合股权交易中心的改革与发展。2017 年确定其为四川省唯一合法的区域性股权市场运营机构。为进一步完善天府(四川)联合股权交易中心的融资服务功能,四川省人民政府办公厅出台了《推进成都(川藏)股权交易中心改革发展工作方案》,明确了天府(四川)联合股权交易中心作为四川省西部金融中心建设的重要板块和中小微企业融资中心的功能定位,确定了发展初期"政府引导、市场化运作"的推进原则和各项工作目标、工作举措、时间节点。天府(四川)联合股权交易中心创造性地提出在天府(四川)联合股权交易中心设置"军民融合板""一带一路板""科技金融板""双创企业板"四大特色业务板块。开板仪式的成功举行,标志着四川省区域性股权市场进入了改革 2.0 版的发展阶段。2018 年,天府新四板挂牌公司股票交易试点暨川酒集团收购叙府酒业股票交易仪式在天府(四川)联合股权交易中心路演大厅成功举行,并正式启动了股票交易的试点。这标志着天府新四板的证券市场功能链条基本成型,离打造川藏区域性非上市企业直接融资主渠道的目标又向前迈进了一大步。2020 年,天府(四川)联合股权交易中心登记托管企业数累计达 1034 家,首次突破 1000 家,标志着天府(四川)联合股权交易中心登记托管业务 2018 年 3 月实现零的突破以来,从无到有到成规模,取得飞跃式进展。[1] 2019 年 12 月,天府(四川)联合股权交易中心推出了"天府

---

[1] 天府(四川)联合股权交易中心的建设成效已经初步显现。截至 2020 年 6 月 10 日,四大特色业务板块合计申报挂牌企业数 4351 家,其中预核准 3674 家,通过审核 384 家。与此同时,银行、小贷、私募股权基金等金融机构以及券商、律师事务所、会计师事务所等中介机构亦被吸引到天府(四川)联合股权交易中心,形成了以天府(四川)联合股权交易中心为主,多相关机构围绕的良好股权交易生态环境。

农业板”,这是该交易中心继“一带一路板”“科技金融板”“双创企业板”之后的第五大特色板块。“天府农业板”旨在打造四川省特色农业对外展示的主要窗口,以及农业产业化扶持的重要平台。首批挂牌的75家农业企业将为四川省现代农业“10+3”产业体系建设贡献力量。与此同时,在2020年,四川成都稠州村镇银行与天府(四川)联合股权交易中心进行了《稠州村镇银行股东名册》交接仪式。天府(四川)联合股权交易中心受托管理《稠州村镇银行股东名册》并提供专业的股权登记托管相关服务。这意味着四川省成功完成了首家辖区内银行股权的第三方登记托管工作,这是四川省非上市银行股权登记托管工作的重大突破。这两个事件都标志着四川省金融市场的进一步发展和创新。“天府农业板”的设立将进一步促进四川省农业产业的发展和对外展示,有助于吸引更多的投资和资本进入农业领域。同时,稠州村镇银行与天府(四川)联合股权交易中心的合作为非上市银行股权登记托管工作开辟了新的路径,为银行业务与资本市场的融合提供了有益的尝试和经验。这些举措共同推动了四川省金融市场的发展和创新,为经济发展提供了有力的支持。[1]

(三)西南联交所

西南联交所是为促进川藏地区产权交易市场健康发展,全面助推区域经济发展,积极推动产权交易市场统一化、集中化、规模化进程,有效服务各类资源、产权流转,由四川省联合西藏自治区、成都市所设立的专业机构。[2] 西南联交所开创了产权交易机构跨区域整合的先例,在全国范围内引起了强烈反响。这一先例的建立,为其他地区的产权交易机构提供了有益的参考。首先,西南联交所通过整合川藏地区的产权交易资源和市场需求,实现了跨区域的合作与交互。这种跨区域整合的方式可以促进资源的流动和优化配置,提高产权交易的效率和规模。其他地区的产权交易机构可以参考这一模式,通过合作与整合,

---

〔1〕 参见刘泰山:《服务中小微企业天府股权交易中心四大板块鸣锣开板》,载《成都日报》2017年6月17日,第7版。

〔2〕 经四川省人民政府第十一届第三十八次常务会议审议通过,在整合原四川省国投产权交易中心和成都联合产权交易所的基础上,由四川、西藏和成都市两省区、三方的国有企事业单位于2009年12月共同出资设立。西南联交所成立后,四川省国投产权交易中心和成都联合产权交易所停止一切业务并依法注销。

实现优势互补,提升整个产权交易市场的发展水平。其次,西南联交所的成功运作对川藏地区的产权市场发展具有积极的促进作用。通过统一、规范、高起点的要素交易平台,西南联交所提供了一个安全、透明、高效的产权交易环境。这将吸引更多的投资者和资本进入川藏地区的产权市场,提高市场的活跃度和发展速度。川藏地区产权市场的进一步发展和壮大,将为区域经济的提升和发展做出积极的贡献。

1. 西南联交所的成立背景

西南联交所是在四川省政府第十一届第38次常务会议审议通过后,由四川省、西藏自治区和成都市两省区、三方的政府部门和国有企事业单位共同出资设立的(见图7-1)。其前身是四川省国投产权交易中心和成都联合产权交易所。通过成立西南联交所,川藏地区的产权交易市场将得到推动和规范。西南联交所的成立有利于促进川藏地区产权交易市场的健康发展,并形成统一、集中、规模化的产权交易市场,有效发挥融资功能和资源配置功能,全面助推川藏地区经济发展。

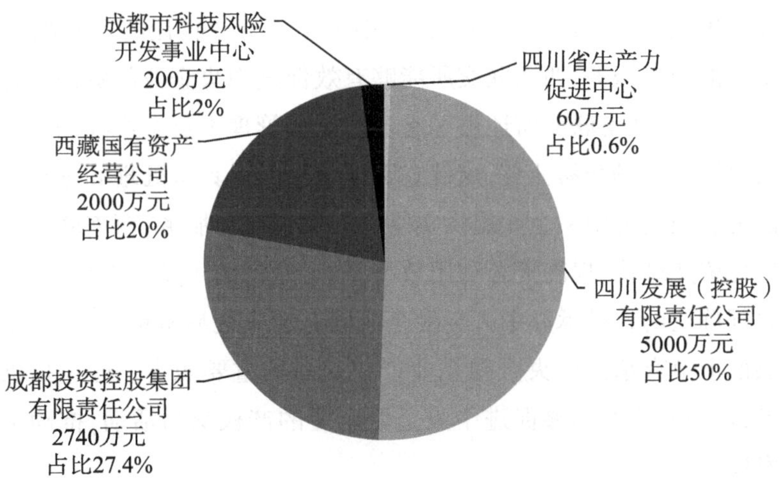

图7-1　西南联交所注册资本出资构成

2. 西南联交所的交易资质

西南联交所,是全国唯一跨省区的产权交易机构,开创了区域产权市场整合先例。其业务范围涵盖企业产权、物权、债权、知识产权、排污权等多元化交易，服务覆盖川藏两地区，辐射全国(见表7－1)。

表7－1 西南联交所的业务亮点

业务领域	具体内容
国有企业产权交易	承担川藏地区国有企业混改、资产重组的法定交易服务，确保国有资产流转阳光化
非标资产流	提供林权、排污权、特许经营权等新兴权益的交易平台，盘活存量资源
融资服务创新	通过“担保＋回购”“技术入股”等模式，为中小企业对接多元融资渠道

(1)在国家层面，西南联交所的地位和职责

首先，作为一家在国务院清理整顿交易场所部级联席会议中通过审核备案的交易机构，西南联交所具备合法的经营资格，可以提供安全、稳定的交易环境。其接入国务院国有资产监督管理委员会企业国有产权交易信息监测系统和中国企业国有产权交易项目信息统一发布系统，进一步证明了西南联交所在国家层面上的重要地位。其次，西南联交所被国务院国有资产监督管理委员会确定为首批从事中央企业资产转让交易业务的交易机构之一，这意味着它在国家层面上承担着推动和促进中央企业资产转让的重要职责。[1] 通过提供专业的交易服务，西南联交所能够有效促进中央企业的资源优化配置和转型升级。此外，西南联交所还被国有资产监督管理委员会产权局批准从事中央企业实物资产进场交易业务，这使它在国家层面上具备处理和管理实物资产交易的能力。通过为中央企业提供实物资产进场交易服务，西南联交所能够帮助企业优化资产结构，提高资源利用效率，推动经济的可持续发展。最后，作为国家财政部确定的首批承办中央金融企业国有产权交易机构之一，西南联交所在国家层面上负有承接中央金融企业产权交易的重要职责。通过提供专业的金融服务，西南联交所能够促进中央金融企业的产权交易活动，推动金融体系的健康发展。[2]

---

〔1〕 参见李李:《西南联交所:产权与资本的改革创新之路》，载《四川日报》2020年5月8日，第7版。

〔2〕 参见姚闻:《西藏产权交易中心为国有资产保值增值保驾护航》，载《西藏日报(汉)》2022年3月23日，第3版。

(2)在技术转移领域,西南联交所亦扮演着重要角色

作为一个科技金融服务机构,西南联交所致力于促进科技创新和技术转移,以支持科技和经济的融合发展。通过提供科技金融服务,该机构为企业和科研机构之间的技术转移提供了平台和桥梁。通过技术转移,西南联交所可以帮助科研机构将研发成果转化为实际应用和市场化产品。这不仅有助于提高科研机构的技术转化效率,还可以提升科技创新对经济发展的贡献。此外,西南联交所还可以协助企业进行技术引进和转化,帮助企业获取先进技术和知识产权,并将其应用到自身的生产和经营中。这对于企业提升竞争力和创新能力非常重要。西南联交所的重要性还体现在其能够提供交易服务,帮助企业进行技术资产的转让和交易。这包括中央企业资产的转让、实物资产的进场交易以及中央金融企业国有产权交易等。通过这些交易,西南联交所促进了技术和资产的流动,进一步推动了技术转移的发展。

(3)在省、自治区层面,西南联交所扮演了多个重要角色

根据相关政府部门的确定,西南联交所是以下机构的公共资源交易平台和产权交易机构:一是四川省人民政府办公厅确定的公共资源交易平台。西南联交所被四川省人民政府办公厅确定为公共资源交易平台,负责管理和运营公共资源交易业务。公共资源交易平台是政府支持的交易平台,为各类公共资源的交易提供服务,包括土地、矿产资源、建筑工程等。二是四川省国有资产监督管理委员会确定的从事省级企业国有产权转让的产权交易机构。西南联交所被四川省国有资产监督管理委员会确定为从事省级企业国有产权转让的产权交易机构。这意味着西南联交所负责管理和推动四川省级企业的国有产权转让工作,提供专业的产权交易服务。三是四川省财政厅确定的从事金融企业国有资产产权转让的产权交易机构。西南联交所被四川省财政厅确定为从事金融企业国有资产产权转让的产权交易机构。这意味着西南联交所负责管理和促进金融企业国有资产的产权转让,参与金融领域的产权交易活动。四是西藏自治区国有资产监督管理委员会确定的从事省级企业国有产权转让的产权交易机构。西南联交所被西藏自治区国有资产监督管理委员会确定为从事省级企业国有产权转让的产权交易机构。这表明西南联交所在西藏自治区负责管理和推动省级企业的国有产权转让工作,并提供相应的产权交易服务。通过这些确定和角色,西南联交所在省、自治区层面上承担着重要的公共资源交易和产

权交易的职责和任务。这进一步证明了西南联交所在当地政府和相关部门中的重要性和专业性,以及其作为公共资源交易平台和产权交易机构的能力和信誉度。[1]

(4)从行业协会层面来看,西南联交所在行业协会层面扮演着重要角色

一是知名度和影响力。作为企业国有产权交易机构协会的理事单位和创新委员会的副主任单位,西南联交所在行业协会中享有较高的地位和声誉。这使得它在行业内具有较高的知名度和较大的影响力,能够参与行业协会的决策和规划,推动行业的发展。二是平台和资源。作为行业协会的一员,西南联交所可以借助协会的平台和资源,与其他产权交易机构进行合作和交流。通过与其他机构的合作,西南联交所可以交流经验、分享资源,提升自身的专业水平和服务能力。三是规范化和监管。作为长江流域产权交易共同市场的副理事长单位,西南联交所在推动产权交易市场的规范化和监管方面起到重要作用。它可以参与制定相关规则和标准,监督市场的健康发展,保护交易参与者的合法权益。四是信用认可和信誉度。西南联交所获得中国产权交易机构协会的"3A"级信用认定,这是对其业务水平和信用状况的高度认可。这一认可进一步提升了西南联交所的信誉度和市场竞争力,使其在行业内具有较高的信用和声誉。

3. 西南联交所的建设和发展

(1)在系统建设方面,西南联交所积极推行信息化建设,建立了完善的交易系统和平台

西南联交所是西部地区规模最大、资质最全、体系最完善的产权交易所之一,其交易系统具备高度的安全性、稳定性和可靠性,能够支持大规模的交易活动。首先,它建立了高度智能化的交易系统。该系统具备高性能、高容量和高可用性的特点,能够支持大规模的交易活动,并且能够处理复杂的交易场景和多种交易类型。其次,西南联交所的交易平台具有良好的用户体验和操作便捷性。用户可以通过电子终端设备轻松进行交易操作,无论是查看交易信息、发布交易需求,还是参与交易竞价,都非常方便快捷。此外,西南联交所的交易系

[1] 从司法角度来看,西南联交所是四川省高级人民法院指定的全省法院系统委托司法拍卖第三方交易平台,也是成都市中级人民法院确定的全市法院司法拍卖、司法变卖第三方交易平台。

统支持多种支付方式,包括电子支付、银行转账等,方便交易参与方进行交易资金的划拨。同时,西南联交所通过与银行和支付机构合作,保障资金的安全性和交易的可信度。

(2)在平台建设和监管情况上,西南联交所作为国有“三公”[1]平台,对接受监督管理方面非常重视,采取了多种措施来确保交易的透明度和公正性

就西南联交所在平台建设和监管方面而言,首先,它向社会公示交易规则和交易流程,让公众了解交易的操作规范和流程,以便监督其执行情况。其次,西南联交所积极接受各方监督,包括政府相关部门、股东以及社会各界的监督。这些公众和监察机构可以对交易所的运营情况进行监督和审查,以确保其合规性和公正性。另外,西南联交所与四川省公共资源交易服务平台完成对接,实现了全省企业国有产权进场信息的同步披露和数据归集。这让公众和监察机构能够及时获取交易信息,对交易过程进行监督。此外,西南联交所的主要交易信息已接入国务院国有资产监督管理委员会企业国有产权交易信息监测系统、财政部金融企业国有产权交易信息监测系统以及省金融工作局交易场所预警监管平台等监测系统,接受国有资产监督管理委员会、财政部、省金融工作局等监管机构的实时监测和监管。它还预留了接口,可以与纪检监察、各级国有资产监管机构,工商、不动产登记机构,车辆管理机构等进行对接,提供权属变更等信息,以便相关部门进行监管和监察工作。[2]

西南联交所不断发展自身,据了解,其2012年在巴中市设立了分所。通过巴中分所这样的产权交易平台,企事业单位能够更加方便地进行资产交易和融资,亦为地方经济注入了活力和动力。巴中市的国有企事业单位能够通过这个平台有效地处置低效资产,提高资金利用效率,推动经济社会的发展。[3]

(四)四川联合环境交易所

四川联合环境交易所(以下简称环交所)成立于2011年9月,是四川省政

---

[1] “三公”即公开、公正、公平三原则。

[2] 巴中分所通过搭建国有资产招租平台,实施公开竞价,提供专业服务,为国有企业盘活资产、增加收入提供了有效的途径。同时,巴中分所作为第三方产权交易平台,还能够全程辅导资产交易,确保交易的公开、公平、公正。

[3] 参见张娇:《西南联合产权交易所打造巴中国资交易第一平台》,载《巴中日报》2020年10月13日,第1版。

府批准并备案于国务院有关部门的交易机构。作为全国非试点地区的第一家经过国家备案的碳交易机构，环交所在全国碳市场能力建设（成都）中心中发挥着重要的作用。环交所还是国家用能权交易试点的交易机构，并担任着四川省和成都市的排污权管理职责。环交所的核心主业是环境资源交易，涵盖碳排放权[1]、用能权[2]、排污权[3]、水权[4]等。作为全国的环境资源交易平台，环交所为投资者提供交易机会，并提供用能权的注册登记、清算交收、信息查询和发布，以及能力培养等服务。通过这些服务，环交所积极推动环境资源权益的管理和交易，以促进环境保护和可持续发展。环交所亦是负责任投资原则组织（Principles for Responsible Investment，PRI）成员。[5]

四川将推进碳排放权交易工作作为本省生态文明体制改革的重要改革事项，起草完成了《四川省碳排放权交易工作实施方案（2015—2020 年）》。环交所形成了以环境资源交易为核心主业，以绿色技术交易、自然资源交易为配套主业，以创新发展绿色金融、深入强化能力建设为重要抓手的“4 +2 +2”业务体系。其具体的服务内容可以分为四大类，分别是碳市场服务、用能权交易服务、绿色技术交易与服务、绿色金融服务。（见表 7 –2）

---

〔1〕 碳排放权，是具有价值的资产，可以作为商品在市场上进行交换——减排困难的企业可以向减排容易的企业购买碳排放权，后者替前者完成减排任务，同时亦获得收益，这就是碳交易的基本原理。

〔2〕 用能权是指在能源消费总量和强度控制的前提下，用能单位经核发或交易取得、允许其使用或投入生产的综合能源消费量权益。

〔3〕 排污权又称排放权，是排放污染物的权利。它是指排放者在环境保护监督管理部门分配的额度内，并在确保该权利的行使不损害其他公众环境权益的前提下，依法享有的向环境排放污染物的权利。

〔4〕 水权交易以水权人为主体。水权人可以是水使用者协会、水区、自来水公司、地方自治团体、个人等，凡是水权人均有资格进行水权的买卖。水权交易所发挥的功能是使水权成为一项具有市场价值的流动性资源，透过市场机制，使用水效率低的水权人考虑用水的机会成本而节约用水，并把部分水权转让给用水边际效益大的用水人，使新增或潜在用水人有机会取得所需水资源，从而达到提升社会用水总效率的目的。

〔5〕 PRI 是联合国旗下的一个全球性倡议，旨在推动投资者在投资决策过程中考虑环境（Environmental）、社会（Social）和治理（Governance）因素（ESG），以实现可持续发展目标。PRI 于 2006 年成立，由联合国全球契约组织（United Nations Global Compact，UNGC）与联合国环境规划署可持续金融倡议（UNEP Finance Initiative，UNEP FI）共同发起。PRI 的目标是通过倡导负责任投资的实践，促进可持续发展和长期价值的创造。该倡议提供了一套框架和指导原则，帮助投资者将 ESG 因素纳入投资决策和风险管理过程中。这些原则包括将 ESG 因素纳入投资政策和实践、积极履行股东权益、在投资决策中考虑 ESG 因素、提高 ESG 相关信息的透明度和可靠性、合作推动负责任投资的实践等。通过加入 PRI，投资者承诺将遵守这些原则，并定期向 PRI 报告他们在实践中的进展。

表 7-2　环交所服务内容

服务类型	具体分类	服务内容
碳市场服务	碳交易	环交所是经国家应对气候变化主管部门备案的专业碳交易机构,具备完善的碳交易制度。其交易系统与国家注册登记簿账户和第三方存管银行对接,保障碳交易的安全、便捷开展。碳交易涉及的具体服务项目主要为:项目推介、国家注册登记簿账户开户代理和交易服务。首先,项目推介是指发挥平台优势,为碳交易市场各类参与主体提供资源对接和项目撮合服务。环交所拥有专业的网站平台和广泛的市场渠道,具备丰富的温室气体自愿减排项目(China Certified Emission Reductions,CCER)资源及买方资源,能够为项目业主、重点排放单位、咨询机构、投资机构等市场参与者提供项目推介服务,满足其开发及交易 CCER 的需求。其次,国家注册登记簿账户开户代理。最后,交易服务。环交所提供交易账户开户、清算交收、信息发布、信息查询、交易管理等服务,保障交易平稳顺利实施①
	碳中和服务	碳中和是指政府、企业、组织或个人通过购买碳配额、碳信用或植树造林等方式,抵消其在生产、生活和消费等过程中产生的碳排放。碳中和服务是指为政府、企业、组织或个人提供碳中和解决方案的服务。碳中和的概念是为了减缓气候变化和应对全球变暖而提出的。它通过购买碳配额、碳信用或植树造林等方式来抵消碳排放,以达到减少温室气体排放的目的。碳中和服务提供商通常会根据客户的碳排放情况和需求,为其量身定制碳中和解决方案。这些解决方案可能包括购买碳配额或碳信用,从而支持减排项目和碳减排行动。此外,还可以通过支持植树造林项目来吸收和储存大气中的二氧化碳,以抵消碳排放。碳中和服务的目标是实现碳中和,即使碳排放量与碳吸收量达到平衡。通过购买碳配额或碳信用,以及支持植树造林项目,政府、企业、组织或个人可以在减少自身碳排放的同时,支持环保项目和实现可持续发展。在全球范围内,越来越多的政府、企业和个人认识到减少碳排放的重要性,并选择通过碳中和服务来履行环保责任和可持续发展的承诺。这些服务的发展亦为碳市场的发展提供了机遇,促进了碳减排和可持续发展的进程
	低碳综合咨询服务	环交所是一个专业的机构,其专业团队的从业背景涵盖金融、环境、能源、法律和信息技术等多个领域。这个团队具有丰富的实践经验,可以为政府和企事业单位提供相关的低碳综合咨询服务。环交所的咨询服务范围包括碳中和咨询、低碳项目咨询、低碳社区及园区的规划和建设咨询等。在碳中和咨询方面,环交所可以帮助客户制定碳中和战略和计划,并提供碳配额、碳信用等碳中和工具的咨询和支持。在低碳项目咨询方面,环交所可以为客户提供低碳项目的可行性研究、规划和实施方案等方面的咨询。此外,环交所还可以为客户提供低碳社区及园区的规划和建设咨询,以促进可持续发展和低碳生活方式的推广。通过环交所的专业咨询服务,政府和企事业单位可以得到专业的指导和支持,在低碳发展方面做出明智的决策和行动。这些咨询服务有助于推动低碳经济的发展,减少碳排放,提高资源利用效率,促进可持续发展

续表

服务类型	具体分类	服务内容
碳市场服务	能力建设服务	全国碳市场能力建设(成都)中心是经国家发展和改革委员会及四川省发展和改革委员会同意、依托环交所设立的机构。该中心的师资力量和智库团队由国内外30多家有关部门和机构的官员、专家和学者构成。全国碳市场能力建设(成都)中心致力于开展各种形式的能力提升活动,以助推全国碳市场的顺利启动和平稳运行。该中心提供定制服务,根据不同企事业单位的实际情况,为其提供专业化的能力提升方案,并负责实施。此外,该中心还提供专业领域的培训,包括线上和线下的培训课程,如“碳交易员”“碳核查员”“碳资产管理师”等。通过全国碳市场能力建设(成都)中心提供的定制服务和专业培训,市场参与方可以提升应对气候变化的能力。这有助于推动全国碳市场的顺利启动和平稳运行,促进碳市场的发展和应对气候变化
用能权交易服务	用能权是指在能源消费总量和强度控制的框架下,用能单位合法获取的综合能源消费量的使用权。根据四川省的规定,用能权的交易必须在环交所进行。这意味着购买和出售用能权指标等操作都需要在该交易所进行。此外,该交易所还提供用能权注册登记、清算交收、信息查询和发布、能力培养等服务。这些服务面向重点用能单位、其他用能单位、社会机构和组织,以及其他交易参与者。通过提供这些服务,环交所能够支持用能权的管理和交易,进一步推动对能源消费总量和强度的控制。 用能权交易在四川省的绿色金融发展中具有重要的意义。首先,用能权交易可以帮助实现对能源消费总量和强度的控制。通过交易所的管理和监督,能够确保用能单位按照规定的指标购买和使用用能权,从而控制能源消费的总量和强度,实现节能减排的目标。其次,用能权交易可以促进能源资源的有效配置和节约利用。通过交易所的市场机制,用能权的价格会根据供需关系来确定,从而引导用能单位合理配置和利用能源资源。交易所提供的信息查询和发布服务可以提供市场参与者所需的信息,帮助他们做出更加明智的决策。最后,用能权交易服务亦有助于提升能源管理和能效水平。通过用能权的注册登记和清算交收服务,环交所能够对用能单位的能源消费进行准确记录和核算,促进能源管理的规范和透明。交易所还提供能力建设服务,帮助用能单位提升能源管理和能效水平,实现节能减排的目标	
绿色技术交易与服务	绿色技术是指一种降低能源消耗、减少污染、改善生态环境的新兴技术。它涵盖多个领域,包括节能环保、清洁生产、清洁能源、生态保护与修复、绿色基础设施和生态农业等。绿色技术在产品设计、生产、消费和回收利用等环节中发挥作用。四川碳交易机构和碳市场的建设能够激发市场主体的活力,实现优胜劣汰和市场出清,促进科技含量高、资源消耗低、环境污染少的产业结构建设。作为中国最大的清洁能源大省之一,四川凭借水电、天然气、风电、光伏等资源,生产了全国约1/5的清洁能源。这不仅为国家提供了可靠的清洁能源供应,亦为四川省的转型发展和绿色发展提供了动力	

续表

服务类型	具体分类	服务内容
绿色金融服务		《四川省绿色金融发展规划》②的发布标志着四川省在绿色金融领域迈出了重要的一步。这一规划旨在构建绿色金融的空间格局,建立多元化、广覆盖的绿色金融创新体系和市场体系。根据该规划,四川省的绿色金融发展将以成都市、德阳市、绵阳市为绿色金融核心区,以广元市、巴中市、阿坝州、甘孜州、凉山州为绿色金融带,以攀枝花市、自贡市、乐山市等为绿色金融点。通过这种布局方式,四川省将促进绿色金融的创新和市场的发展。绿色金融是指为环保、节能、清洁能源、绿色交通、绿色建筑等领域的项目投融资、运营、风险管理等提供金融服务。发展绿色金融可以为四川省的绿色产业发展提供更多的金融支持和服务,推动绿色经济的快速发展。绿色金融的发展还将吸引更多的资金和资源投向绿色领域,推动经济结构的转型升级,实现绿色发展和经济可持续发展的双赢。通过这一规划,四川省将进一步推动绿色金融的发展,为经济转型升级和生态文明建设提供有力支持,促进经济发展和生态环境保护的良性互动。 如何实现绿色金融?根据《四川省绿色金融发展规划》的要求,四川省在绿色金融发展方面采取了多项措施来推动经济转型升级和生态文明建设。一是引导设立绿色金融总部或专营机构。四川省将引导全省法人银行业金融机构设立绿色金融总部或专营机构,以推动绿色信贷的发展。二是鼓励纳入绿色信用记录。四川省鼓励信用评级机构在信用评级过程中将绿色债券发行人的绿色信用记录纳入信用风险考量加强绿色债券信息披露监管,提高绿色债券的透明度和市场认可度。三是促进绿色发展基金设立。四川省鼓励政府与社会资本共同设立绿色发展基金,为绿色项目提供资金支持。四是制定环境污染强制责任保险办法。四川省将制定环境污染强制责任保险办法,以推动环保意识和责任的落实,促进绿色和可持续发展。通过以上措施,四川省旨在实现经济发展和生态文明建设的良性互动。 "绿蓉融"绿色金融服务平台的主要功能包括:一是绿色资金。提供绿色金融产品,包括绿色贷款、绿色债券等,帮助绿色产业企业解决融资需求。二是绿色项目。提供绿色项目申报认定服务,帮助绿色项目获得认可和支持。三是绿色技术。提供绿色技术支持和转化服务,推动绿色产业的发展和创新。四是绿色资讯。提供最新的绿色金融政策、制度和资讯,帮助企业和金融机构了解行业动态。五是能力建设。提供绿色专家支持和培训服务,提升企业的绿色发展能力。通过建设绿色企业库、绿色项目库、绿色金融产品库、绿色技术库和绿色专家库,整合绿色资金信息、绿色企业项目信息、绿色技术信息和相关资讯,为绿色产业相关企业、金融机构和政府相关部门提供全方位的支持和服务。平台的目标是促进绿色产业的发展,推动四川省绿色金融的进一步发展,提高绿色金融的服务效率和质量。③ 环交所是四川省在建设国家西部金融中心的决策部署中的重要布局,是多层次资本市场的重要组成部分,同时亦是绿色金融体系的重要基础设施。环交所的战略定位是"立足西部、服务全国、面向世界"。环交所旨在积极搭建一个具有国际影响力的环境资源交易平台,并成为中国西部碳排放权交易中心和环境资源交易的核心市场和首选平台,最终目标是发展成为全国重要的环境资源交易市场。环交所的目标是加快推进绿色金融的发展,促进环境资源的有效配置和绿色产业的发展。通过建设环境资源交易平台,可以提高碳排放权交易的效率,吸引更多的投资者参与绿色产业

续表

服务类型	具体分类	服务内容
	的投资，推动绿色经济的转型升级。作为绿色金融体系的重要一环，环交所将提供全面的交易和融资服务，支持环境资源的交易和定价，为绿色企业和绿色项目提供融资渠道。环交所还将发布相关的政策和信息，提供环境资源交易市场的监管和监测功能，推动绿色金融的规范化和可持续发展	

①2011 年 10 月，国家发展改革委办公厅发了一则《关于开展碳排放权交易试点工作的通知》，同意北京市、天津市、上海市、重庆市、湖北省、广东省及深圳市开展碳排放权交易试点，7 地的碳交易机构亦顺理成章地在 2013 年先后经国家审核通过，成了国家备案的交易机构。进行地区试点后，全国开始分化出两个阵营。试点地区的碳市场步步推进，随着试点地区配额分配方法、交易规则等碳市场构架的完成，7 地交易所的工作开展明显走在了全国先列。2016 年 12 月 16 日，对环交所而言，是个好日子，四川碳市场开市暨全国碳市场能力建设(成都)中心揭牌仪式在成都召开。环交所自 2011 年 9 月注册，经过约 5 年的时间，从一个非试点省份的环境能源交易所，成功成为国家主管部门备案的温室气体自愿减排量交易机构。环交所获得国家碳交易机构备案，成为全国碳排放权交易非试点地区首家、全国第八家碳交易机构。这亦标志着我国清洁能源大省四川跨入全国碳排放权交易行列。

②《四川省绿色金融发展规划》的发布对四川省的绿色产业发展具有重要意义。首先，规划的出台将促进绿色金融的创新和市场的发展，为绿色产业提供更多的金融支持和服务。这将有助于推动绿色产业的发展，提高其竞争力和可持续性。其次，绿色金融的发展将吸引更多的资金和资源投向绿色领域。这有助于解决绿色产业发展中的融资难题，进一步推动经济结构的转型升级。同时，这亦有助于实现绿色发展和经济可持续发展的双赢局面。最后，绿色金融的发展还将促进经济转型升级和生态文明建设。通过提供金融支持和服务，绿色金融可以推动绿色产业的发展，促进经济的可持续发展。同时，绿色产业的发展亦将有助于改善生态环境，实现经济发展和生态环境保护的良性互动。总之，《四川省绿色金融发展规划》的发布标志着四川省在绿色金融领域迈出了重要的一步。这一规划将为四川省的绿色产业的发展提供支持和推动，促进经济转型升级和生态文明建设。同时，绿色金融的发展亦将为四川省的经济发展和生态环境保护带来双重利益。

③《四川省人民政府办公厅关于印发四川省绿色金融发展规划的通知》，载四川省人民政府网，https://www.sc.gov.cn/10462/10883/11066/2018/1/24/10443359.shtml。

(五)四川金融资产交易所有限公司

2011 年 9 月，四川金融资产交易所有限公司(以下简称四川金融资产交易所)经四川省人民政府批准设立，注册资本 1 亿元。它是通过国务院清理整顿各类交易场所部际联席会议验收备案，集金融资产交易平台、投融资综合服务平台、金融理财产品配处置平台三大平台功能于一身的专业化综合性金融服务机构。四川金融资产交易所于 2011 年 10 月 18 日在成都天府国际金融中心揭牌。四川金融资产交易所在开业当天，与近 10 家机构签署了战略合作协议。签约合作金额达到 1260 亿元。同时，四川金融资产交易所亦挂牌了 79 个项目，挂牌金额达 165 亿元。通过与这些机构的战略合作，四川金融资产交易所能够借助它们的资源和专业知识，提供更多的服务和支持，为四川社会经济的发展作出更大贡献。[1]

1. 四川金融资产交易所的业务范围

四川金融资产交易所的业务范围涵盖债务融资工具产品发行与交易、金融企业国有资产交易、债权资产交易、信托产品交易、保险资产交易、私募股权交易、黄金交易等,为各类金融资产提供从登记、交易到结算的全程式服务。具体而言,可以分为基础资产交易类业务、权益转让类业务、融资类业务以及中介类业务。(见表7-3)

表7-3　四川金融资产交易所的业务范围

项目	内容
基础资产交易类业务	四川金融资产交易所的基础资产交易类业务主要包括金融资产交易和非标资产交易两个方面:一是金融资产交易。四川金融资产交易所可以提供不良金融资产交易服务,包括将不良贷款、不良债券等金融资产进行转让。这种形式的交易有助于清理金融机构的不良资产,促进金融系统的健康发展。此外,四川金融资产交易所亦可以提供国有金融企业的资产交易服务,帮助国有金融企业进行资产的优化配置和转让。二是非标资产交易。四川金融资产交易所可以提供非标资产的交易服务,包括信贷资产、银团贷款、信托贷款、委托债权投资/定向债权投资、商业汇票、应收账款等。这些非标资产通常是未在银行间市场及证券交易所市场交易的债权性资产。通过四川金融资产交易所的交易平台,投资者可以进行非标资产的买卖,实现资金的配置和收益的获取。基础资产交易类业务通过四川金融资产交易所的交易平台,将金融资产和非标资产进行交易和转让。这样可以提高资产的流动性,促进金融市场的发展和优化资产配置
权益转让类业务	四川金融资产交易所的权益转让类业务主要涉及金融资产收益权和各类非标资产的受(收)益权转让。以下是几种常见的权益转让形式:一是金融资产收益权。四川金融资产交易所可以通过发行金融资产收益权证券,将金融资产的收益权进行转让,投资者可以通过购买这些证券来享受金融资产的收益。这种形式的权益转让通常涉及收益权的分割和转让,可以满足投资者对不同收益权的需求。二是信托受益权。四川金融资产交易所可以提供信托产品的转让服务,将信托受益权转让给投资者。信托受益权是指投资者通过购买信托产品,获得信托财产的收益权。四川金融资产交易所可以作为交易平台,促进信托受益权的流动和交易。三是非标资产收益权。四川金融资产交易所可以提供各类非标资产的收益权转让服务,如融资租赁资产收益权、小额贷款公司资产收益权等。这种形式的权益转让可以帮助企业获取融资,同时为投资者提供非标资产的投资机会。四是通过四川金融资产交易所的权益转让类业务,投资者可以通过购买受(收)益权证券或参与权益转让交易,实现资金的配置和收益的获取。而企业则可以通过转让权益来筹集资金,实现融资需求

---

[1] 参见宋元东、田立民:《四川金融资产交易所正式开业》,载全景网2011年10月19日,http://www.p5w.net/news/cjxw/201110/t3878438.htm。

续表

项目	内容
融资类业务	四川金融资产交易所的融资类业务主要包括以下形式：一是定向融资工具/计划。四川金融资产交易所可以发行定向融资工具，如定向债券或定向股权，向特定的投资者发行，以满足企业或项目的融资需求。这种形式的融资工具常用于大型企业、优质债务人或特定投资机构之间的融资。二是委托债权投资。四川金融资产交易所可以接受投资者的委托，代为进行债权投资。投资者将资金委托给交易所，由交易所根据投资者的要求进行债权投资，实现资金的配置和回报。这种形式的业务可以为投资者提供更多的投资机会，同时为企业提供多元化的融资渠道。三是私募债。四川金融资产交易所可以提供私募债的发行和交易服务。私募债是非公开发行的债券，只向特定的投资者发行。通过四川金融资产交易所的平台，企业可以发行私募债来筹集资金，同时投资者亦可以在交易所进行私募债的投资
中介类业务	四川金融资产交易所的中介类业务主要是指为交易双方提供信息撮合和发布的服务。这些中介类服务能够帮助交易参与方更好地获取信息、了解市场情况，以及寻找交易对象。具体的中介类业务包括但不限于以下几个方面：一是信息发布。四川金融资产交易所可以提供信息发布平台，将交易参与方的信息进行统一整理和发布，使得交易参与方能够更便捷地获取所需的信息，包括企业信息、产品信息、市场信息等。二是中小企业投融资信息展示。四川金融资产交易所可以为中小企业提供投融资信息展示的渠道，帮助企业展示自身的投融资需求，吸引潜在的投资者或融资方。三是信息撮合。四川金融资产交易所可以通过信息撮合的方式，将有投融资需求的企业和具有投资或融资意向的机构进行匹配，促成双方的交易。四是同业拆借、回购等交易的信息撮合。四川金融资产交易所可以提供同业拆借、回购等交易的信息撮合服务，帮助参与方找到合适的交易对象，并促成交易的进行。通过以上中介类业务，四川金融资产交易所能够帮助交易参与方更高效地获取信息、寻找交易机会，并促进交易的顺利进行

2. 四川金融资产交易所的平台功能

四川金融资产交易所加强了与银行、信托、券商等金融机构的合作，积极探索适合中小企业的融资工具，同时，亦为金融机构提供更加便捷的服务，形成具有地方特色的金融资产交易平台。四川金融资产交易所主要有三大平台功能，分别是作为金融资产交易平台、投融资综合服务平台和不良资产受托处置平台。

(1)金融资产交易平台

①为银行、保险、证券、信托等金融机构提供金融资产交易服务等综合服务

它具有以下几个方面的功能：一是提供金融资产交易服务。金融资产交易平台可以提供各类金融资产的买卖、交易撮合等服务，包括债券、股票、基金、衍生品等金融资产的交易。二是提供信息服务。金融资产交易平台提供信息服

务,包括市场行情、金融产品介绍、交易参与方信息等,帮助交易参与方做出更加明智的决策。三是提供风险管理服务。金融资产交易平台可以为交易参与方提供风险管理工具和服务,包括风险评估、风险控制、风险管理咨询等,帮助交易参与方降低交易风险。四是提供结算和清算服务。金融资产交易平台可以提供结算和清算服务,包括交易资金的划转、资金结算、交易结果的确认等,确保交易的安全和顺利进行。五是提供监管和合规服务。金融资产交易平台应遵守相关法律法规,建立健全的监管机制,对交易行为进行监管和合规审查,保障交易的公平、公正和合法性。通过提供上述综合服务,金融资产交易平台能够促进金融机构之间的资产交易、提高交易效率,为金融市场的发展和金融机构的业务拓展提供支持。

②为本地商业保理、融资租赁、典当、担保、小贷(互联网小贷除外)等地方金融组织提供资产转让等综合服务

这方面的主要功能包括:一是资产转让服务。金融资产交易平台可以为本地金融组织提供资产转让服务,包括商业保理、融资租赁、典当、担保、小贷(互联网小贷除外)等业务领域的资产转让,帮助本地金融组织实现资产的流动性变现。二是信息撮合服务。金融资产交易平台可以提供信息撮合服务,将需要转让本地资产的金融组织和具有资金需求的投资者或融资方进行匹配,促成双方的交易。三是资产评估服务。金融资产交易平台可以提供资产评估服务,对需要转让的资产进行评估,确保交易的公平和合理。四是风险管理工具和服务。金融资产交易平台可以提供风险管理工具和服务,包括风险评估、风险控制、风险管理咨询等,帮助金融组织降低交易风险。五是结算和清算服务。金融资产交易平台可以提供结算和清算服务,包括交易资金的划转、资金结算、交易结果的确认等,确保交易的安全和顺利进行。通过提供上述综合服务,金融资产交易平台能够帮助本地金融组织实现资产转让、提高资金利用效率,促进本地金融市场的发展和金融组织的业务增长。

③立足地方实际,支持地方经济发展,为地方金融监管领域的优质企业客户提供有针对性的金融资产交易综合服务

一是资产转让服务。金融资产交易平台可以提供资产转让服务,帮助地方金融组织将其持有的优质企业资产转让给其他投资是以实现资金回笼和业务扩张。这包括商业保理、融资租赁、典当、担保、小贷(互联网小贷除外)等各类

金融资产的转让交易。二是资金融通服务。金融资产交易平台可以提供资金融通服务,将投资者的资金与地方金融组织的资产进行匹配,实现资金的流动和融通。通过平台进行资金融通,地方金融组织可以获得更多资金来源,提高其业务覆盖范围和市场影响力。三是风险管理服务。金融资产交易平台可以提供风险管理服务,包括对交易资产的风险评估、风险控制和风险管理咨询等。通过平台提供的风险管理服务,可以帮助地方金融组织降低交易风险,保障交易的安全和稳定进行。四是信息服务。金融资产交易平台可以为地方金融组织提供各类金融资产的信息服务,包括市场行情、金融产品介绍、交易参与方信息等。这些信息有助于地方金融组织做出更加明智的决策,提高交易效率和业务质量。通过提供上述综合服务,金融资产交易平台能够支持地方经济发展,促进地方金融组织的业务拓展和创新,为地方金融监管领域的优质企业客户提供有针对性的金融资产交易服务。

(2)投融资综合服务平台

四川金融资产交易所作为投融资综合服务平台,可以为地方中小微企业提供以下多种投融资支持:一是项目推广发布。平台可以帮助企业将自身项目推广给潜在的投资者和融资机构,提高项目的曝光度和提供融资机会。二是投融资顾问咨询。平台可以提供专业的投融资顾问团队,为企业提供投融资咨询、项目评估和投资战略规划等服务,帮助企业制订合理的投融资方案。三是业务模式设计。平台可以协助企业设计和优化业务模式,提升企业的盈利能力和市场竞争力。四是重组并购顾问。平台可以提供重组并购的顾问服务,协助企业进行资产重组、股权转让等交易,提升企业规模和价值。五是不良资产处置及流转服务。平台可以帮助企业处置不良资产,寻找潜在的买家或投资者,实现不良资产的快速流转。六是资金项目对接交易及后续跟踪管理。平台可以提供资金对接和交易服务,帮助企业与投资机构对接资金需求,并进行交易和后续跟踪管理,确保资金的顺利到账和使用。通过以上综合服务,投融资综合服务平台可以帮助地方中小微企业获得多样化的投融资支持,促进地方经济的发展和企业的成长。

(3)不良资产受托处置平台

四川金融资产交易所作为不良资产受托处置平台,专门参与地方不良资产的处置工作。平台拥有一支专业性强、经验丰富的不良资产处置团队,并与多家金融机构建立了长期合作关系。平台的合作模式灵活多样、处置渠道多元化,受到业界内外的广泛好评。具体而言,不良资产受托处置平台为四川省内的金融机构和其他机构提供以下服务:一是不良资产信息展示。平台可以展示不良资产的相关信息,向潜在的买家或投资者介绍这些资产的具体情况,以便进行后续的资产流转交易。二是资产流转服务。平台可以协助机构将不良资产转让给有购买意向的买家或投资者,促成资产流转,减轻机构的不良资产负担。三是重组并购顾问服务。平台可以提供重组并购的顾问服务,协助机构进行资产重组、股权转让等交易,优化资产结构,提升资产价值。四是通过以上服务,不良资产受托处置平台可以帮助机构高效处置不良资产,减少不良资产对机构的影响,同时为买家或投资者提供机会获取潜在的投资回报。

(六)成都农村产权交易平台

1. 成都农村产权交易平台的发展历程

成都农村产权交易平台的发展历程可以追溯到 2007 年,当时成都市成为全国统筹城乡综合配套改革试验区。在推行统筹城乡发展方面,成都市进行了一系列试点改革,其中成都农村产权交易所就是其中的亮点之一。2008 年 10 月 13 日,成都市成立了成都农村产权交易所,该所成为全国率先挂牌成立的、经国务院备案的、全省唯一经省政府同意保留的农村产权交易平台。在成立初期,成都农村产权交易所主要承担着推动农村土地流转和农村产权交易的任务。它通过提供信息发布、交易撮合、法律咨询等一系列服务,促进了农村土地、农村集体经济组织股权、农村资产等农村产权的流转和交易。

在 2009 年,《成都农村产权交易所组建方案》(已失效)和《成都市引导和鼓励农村产权入场交易暂行办法》(已失效)颁发,这标志着成都农村产权交易所的组建工作正式启动。该两份文件明确了成都农村产权交易所的组建方案、交易范围和组织机构等重要内容。为了建设区域性农村产权流转交易市场,成都市农业、国土、房管和林业等 5 个主管部门的下属事业单位共同出资 600 万元,于 2010 年 7 月 7 日正式注册成立了成都农村产权交易所有限责任公司(对外挂牌成都农村产权交易所)。

在 2014 年,为了进一步扩大成都农村产权交易所的业务规模,加快其转型升级,成都市财政局经市政府批准采取了一系列措施。首先,成都投控集团和成都市现代农业发展投资有限公司分别增加了2400万元和2000万元的投资,以增强成都农村产权交易所的资金实力。这样的增资举措有助于提升交易所的经营能力和服务水平。其次,原始股权全部被无偿交付给了成都投资控股集团有限公司,使其成为成都农村产权交易所的控股股东。这样的改变有助于加强交易所与成都投资控股集团有限公司的合作关系,进一步提升交易所的管理和运营水平。最后,成都农村产权交易所的注册资本金亦得到了增加。这一举措有助于提高交易所的信誉和实力,吸引更多的参与者和资源,进一步推动农村产权交易的发展。通过以上措施,成都农村产权交易所得到了资金和管理上的支持,为其未来的发展奠定了更加坚实的基础。

在2015年,四川省人民政府办公厅出台了《关于全省农村产权流转交易市场体系建设的指导意见》,提出了建立全省农村产权流转交易平台的目标和方向。根据该指导意见,全省农村产权流转交易市场体系的建设要依托现有的县级农村产权交易市场,逐步形成省级综合交易平台。其中,成都农村产权交易所被明确指定为省级综合交易平台,负责对市、县级交易平台建设进行业务指导。文件中还明确了省级综合交易平台的职能职责和功能定位。省级综合交易平台的主要任务是服务于农村产权流转交易和农村产业发展,提供信息发布、交易撮合、法律咨询等一系列服务。同时还要加强与相关政府部门的协作合作,推动政策落地和交易环境的改善。此指导意见的出台为成都农村产权交易所的发展提供了政策支持和指导。成都农村产权交易所将加快建设,提升自身服务能力和交易规模,努力成为全国区域性的农村产权交易平台,为促进农村产权流转和农村经济发展做出积极贡献。

通过这些年的发展,成都农村产权交易所逐渐成了农村产权交易的重要平台,为推动农村经济发展和农民收入增加做出了积极的贡献。截至2024年11月底,成都农村产权交易所已累计成交各类农村产权5.7万宗,面积532万余亩,交易规模达到2033亿元。[1]

2. 成都农村产权交易平台的发展重心

成都农村产权交易所致力于推动农村产权交易的创新与发展,以市场为导

---

〔1〕 参见王进:《“成都农村产权交易所”让川渝资源要素“活”起来》,载中国发展网,http://www.chinadevelopment.com.cn/sh/2024/1227/1927137.shtml。

向,提供公开、公平、公正的服务,促进农村经济的发展和农民收入的增加。通过不断完善交易制度和规则,探索新的服务模式,成都农村产权交易所为"三农"发展做出了积极的贡献。

成都农村产权交易所下设的不同部门(机构)确保了其正常运转和高效管理。通过建设交易硬件设施、制定交易制度和规则、完善信息系统建设,成都农村产权交易所为农村产权交易提供了良好的基础和平台。交易所连接各区(市)县农村产权交易分所的举措,旨在建立一个综合型平台,用于发布农村产权流转信息并组织交易。这种三级联动的模式有助于提高信息的传递和交易的效率。三级联动实现了"六统一"的管理模式。[1]

成都农村产权交易平台一直积极致力于开展农村产权流转交易。首先,在交易品种方面,成都农村产权交易平台涵盖农村权益类、资源类和资产类的交易品种。农村权益类交易包括林权、农业类知识产权、农地经营权、农村房屋所有权、农村集体经济组织股权和农村集体建设用地使用权等农村产权的交易。资源类交易涵盖耕地占补平衡指标、农村土地综合整治腾退出的集体建设用地指标以及农村及涉农人力资源等。资产类交易包括农业生产设施和大宗农产品等的交易。其次,成都农村产权交易平台秉承以创新为手段、以市场为导向的发展理念,不断推进制度创新和模式构建。平台充分发挥自身的优势,包括平台优势、网络优势、制度优势和服务优势,全面拓展各项农村产权流转交易业务。最后,成都农村产权交易平台致力于促进农村产权流转的有效进行。通过加强涉农价值发现和涉农风险处置能力,确保各类农村产权依法流转。平台的努力旨在实现农村产权价值的最大化,促进资本与农村要素的对接,推动资本发展产业,助力农民致富。

成都农村产权交易所全面拓展各项涉农产业交易,通过打造集体制度创新、政策研究、信息集成、交易组织、经纪管理、诚信监管、产业资讯、评估公证、

---

[1] 以土地承包经营权为例,首先,土地的权属要明晰,农民必须自愿转让,受让方需要具备农业投资、经营能力;其次,流转的项目还要符合国家法律法规、环保政策和农业产业发展规划。而在具体操作的流程上,以土地承包经营权为例,农户或集体组织将已确权颁证的土地在产权交易所发布信息,行政主管部门确定是否符合交易条件。确认后,土地信息通过网络平台对外发布,流转形式既可以是转让、出租、入股,还可以是抵押融资。产权交易所则组织投资者通过电子竞价、拍卖、招投标等方式投资土地经营。

法律援助、产权仓储、金融担保、网络结算、价格发布等多功能、多机构于一体的产权交易所集团,全力为各类农村产权流转交易提供服务,有效地激活了农村要素市场,释放了农村产权价值,增加了农村集体经济组织和农民的财产性收入,交易总量位居全国同类交易机构首位,已发展成为专业性的农村产权交易平台、综合性的乡村振兴发展平台、特色性的农村金融服务平台,正逐步成为"立足四川、辐射西南、影响全国"的区域性农村产权交易中心。

3. 成都农村产权交易平台的主要收益来源

成都农村产权交易平台的主要收益来源主要包括:一是"持证准用"建设用地指标交易服务费。"持证准用"是指农村建设用地指标已经颁发土地证书,可以进行交易。平台通过提供交易撮合、信息发布、交易管理等服务,收取一定比例的服务费用。二是耕地占补平衡指标交易服务费。耕地占补平衡是指对于被占用的耕地,按照一定比例进行补偿。平台通过提供耕地占补平衡指标的买卖撮合、交易管理等服务,收取一定比例的服务费用。三是集体经营性建设用地使用权交易服务费。集体经营性建设用地使用权是指集体农村土地的使用权流转交易。平台通过提供交易撮合、信息发布、交易管理等服务,收取一定比例的服务费用。四是农村土地综合整治项目招商交易服务费。农村土地综合整治项目招商是指对农村土地进行规划、整治和开发,吸引投资进行项目开发。平台通过提供项目招商、信息发布、交易撮合等服务,收取一定比例的服务费用。需留意者,平台的收益亦可能受到其他因素的影响,如交易量、交易金额等。

(七)成都知识产权交易中心

2018 年 7 月,成都知识产权交易中心经四川省人民政府批准筹建。2018 年 12 月 21 日正式揭牌成立。2019 年 2 月,成都知识产权交易中心经地方金融监管部门批准正式开业,注册资本 3 亿元,[1] 是四川省唯一的知识产权类交易

---

〔1〕 由成都金控集团、成都技术转移集团、成都交易所投资集团、高新区投资集团、天府新区投资集团、欣天颐投资公司、九鼎智远知识产权运营公司等 7 家企业共同出资成立的国有控股混合所有制企业。

场所,位于成都市高新区天府四街300号财智中心2栋B座。[1]

成都知识产权交易中心致力于推动知识产权交易和运营服务,打造创新型知识产权交易综合服务平台。该中心以知识产权融资和运营服务为主要目标,通过整合技术、人才、资本和服务等资源,建设规范化的知识产权及技术交易市场,促进知识产权交易的规范化。该中心旨在推进知识产权的产业化、资本化和国际化,促进知识产权的运营和科技成果的转移转化。它努力发展新经济,培育新动能,推动大众创业和万众创新。同时,该中心亦积极参与国家的重大发展倡议,例如,为"一带一路"跨境班列提供知识产权支撑,促进国际技术转移;与重庆知识产权交易中心合作,共建西部知识产权市场。

成都知识产权交易中心以市场需求为导向,通过创新交易制度和交易品种,为交易双方提供全方位的"一站式"交易服务。该中心设立了专利权、商标权、著作权、技术秘密、植物新品种权、集成电路布图设计权、特定领域知识产权等多种知识产权交易品种,满足不同领域的交易需求。该中心秉持公开、公平、

---

[1] 背景介绍:(1)知识经济的发展。随着科技进步和信息化时代的到来,知识经济开始成为全球经济发展的重要驱动力。知识产权作为知识经济的重要组成部分,对于保护和推动知识的创造、传播和应用起着重要作用。国家知识产权局推动知识产权交易的出现是为了适应知识经济的发展趋势和需求。(2)知识产权市场的需求。随着知识产权价值的不断凸显,知识产权交易成为企业创新和发展的一种重要方式。企业可以通过交易获得其他企业或个人拥有的知识产权,以补充自身的技术或产品线,实现快速发展。同时,知识产权交易亦为创新者提供了一种变现手段,鼓励更多的人参与到创新活动中。国家知识产权局推动知识产权交易就是为了促进知识产权市场的发展,帮助企业和个人更好地实现知识产权的价值。(3)国家政策的支持。为了鼓励知识产权创造、保护和交易,各国纷纷制定了相关政策和法律法规。国家知识产权局作为知识产权的管理机构,承担着推动知识产权交易的重要职责。通过制定相关政策、提供服务支持和加强法律执法,国家知识产权局为知识产权交易提供了良好的法律和政策环境,推动了知识产权交易的发展。2006年,国家知识产权局启动《全国专利技术展示交易平台计划》,旨在促进专利技术交易与知识产权市场发展,构建全国性公平、公正、透明的交易平台。平台通过在线展示专利技术,便利买卖双方对接。随后几年,国家知识产权局积极组织专利技术交易会、展览会等活动,并提供专利技术评估、交易咨询等服务,推动市场繁荣。2011年左右,国家知识产权局开始研究高智公司等及发达国家知识产权运营经验,旨在借鉴成功经验,推动国内知识产权交易与运营发展。国家知识产权局研究后形成报告并提交相关部门,提出多项建议措施。2014年,国家知识产权局与财政部合作,加强知识产权运营服务能力,年底在北京、西安、珠海启动建设国家知识产权运营公共服务平台及特色试点平台,旨在提供全面公共服务并探索特色模式。至2017年,国家知识产权运营公共服务平台及西安、珠海的特色试点平台均建成上线,提供多样化服务,支持知识产权创新、保护和应用。截至2017年年底,三平台入驻服务机构371家,受托运营专利超3000件,全国专利转让、许可、质押等次数大幅增多。2017年全国专利转让、许可、质押等次数达24.8万次,同比增长率高达43.4%,涉及专利22.9万件,同比增长40.5%。

公正的原则，在提供信息披露、交易咨询、价值评价、委托交易、交易鉴证、资金结算等服务方面，为交易双方提供全面支持。在交易过程中，该交易中心规范交易流程，确保交易顺利进行，并致力于实现交易价值的最大化。

1. 成都知识产权交易中心的发展方向

成都知识产权交易中心聚集银行、小贷、保险、担保、租赁、券商等金融机构以及评估评价、代理、法律等服务机构，创新知识产权融资模式及产品，为企业提供知识产权质押融资、知识产权股权融资、知识产权保险、知识产权证券化等一站式融资服务。成都知识产权交易中心积极探索创新知识产权质物处置机制，提供知识产权融资的政策宣讲、实务培训、融资方案策划、融资对接、项目路演、补助申报辅导等服务。此外，成都知识产权交易中心还建立知识产权及技术成果转化运营服务平台，汇聚专业服务机构提供专利、商标、著作权等知识产权咨询、代理服务以及技术合同登记服务；围绕高价值知识产权咨询、获权、挖掘、保护、管理、孵化全生命周期开展知识产权运营和技术成果转移转化服务，以“知识产权＋产业＋资本”模式，创新服务模式，对接企业、高校、科研机构、资本、众创空间、孵化器各方资源，推动创新技术落地转化。为贯彻中央、省市农村工作会议及《关于实施乡村振兴战略的意见》《关于构建更加完善的要素市场化配置体制机制的意见》《四川省“十四五”推进农业农村现代化规划》等文件精神，成都知识产权交易中心在全国首创依托知识产权类交易场所搭建农业知识产权交易平台，推动“农业农村＋知识产权”产业深度融合，优化以农业产业功能区为引领的技术、人才、资本等各类涉农要素配置方式，进一步健全涉农技术创新市场导向机制和政产学研用投合作机制，促进现代农业产业链、供应链、创新链、价值链聚集成势，营造专利技术强农、商标品牌富农、地标产品兴农的新局面，推动农业农村发展动能转换。

2. 成都知识产权交易中心加入全国知识产权交易场所联盟

2020 年 11 月 19 日，在教育部、国家知识产权局、知识产权出版社、四川省知识产权局领导的见证下，来自全国 12 家知识产权交易场所负责人在成都召开的第四届中国高校专利年会开幕式上启动了全国知识产权交易场所联盟成立仪式，标志着全国知识产权交易场所联盟正式成立。

中国知识产权交易场所联盟由成都知识产权交易中心牵头发起倡议，得到了广西知识产权交易中心、广州知识产权交易中心、上海技术交易所、上海知识产权交易中心等12家知识产权交易场所的积极响应,基于“平等自愿、合作共赢”的基本原则成立。各成员单位对成都知识产权交易中心提出的联盟运行机制、活动开展形式、业务协同模式、信息共享机制等进行了充分讨论并达成共识,签署了《知识产权交易场所联盟自律公约》。中国知识产权交易场所联盟推出了多项举措,包括创办《全国知识产权交易场所通讯》内刊、建立联盟人才库、创建知识产权交易大数据资源库、形成业务创新和经典案例分享机制等。

中国知识产权交易场所联盟的宗旨是促进科技要素资源的有效配置和有序流动,为全国高等学校的科技成果转移转化提供服务。该联盟的目标是搭建一个全国统一的知识产权交易、金融服务和运营服务平台,推动知识产权交易场所之间的信息交流、业务协作和资源共享,规范知识产权交易市场的发展,促进知识产权更好地为实体经济服务。通过联盟平台,高等学校可以将自己的科技成果进行转移转化,以便更好地推动科技创新成果的商业化应用。同时,该联盟还为知识产权交易场所提供金融服务和运营服务,以促进知识产权市场的有效运作和发展。中国知识产权交易场所联盟的成立,对于推动知识产权的交易和转移转化具有重要意义。它将有效整合和利用知识产权资源,促进科技成果转化为实际生产力,推动实体经济的发展。同时,该联盟还通过规范知识产权交易市场的发展,为知识产权持有者和使用者提供更加便捷和可靠的交易环境。

(八)四川省政府政务服务和公共资源交易服务中心

1. 四川省政府政务服务和公共资源交易服务中心的产生历程

2011年9月1日,为解决公共资源交易市场分散、管办不分等问题,按照“整合资源、盘活存量,精干高效、统一规范、公开便民、集中监管”的基本原则,经省委、省政府同意,四川省人民政府办公厅印发《关于设立四川省公共资源交易服务中心的通知》(川办函〔2011〕191号)(已失效),以原四川省机械设备成套局(四川省招标局)为基础设立四川省公共资源交易服务中心。[1] 2014年6

---

〔1〕 四川省政府政务服务和公共资源交易服务中心位于成都市南北干道人民中路上,毗邻千年古刹文殊院和成都中央休闲旅游区文殊坊,交通便利,现有办公面积近万平方米,中心行政办公区和公共资源交易服务办公区位于人民中路三段33号,政务服务办公区在草市街2号四川省政府政务服务和公共资源交易服务中心办公大楼。

月,四川省人民政府根据《中共四川省委四川省人民政府关于印发〈四川省人民政府职能转变和机构改革方案〉和〈关于组织实施四川省人民政府职能转变和机构改革方案有关问题的意见〉的通知》(川委发〔2014〕6号),决定将原省政府政务服务中心负责的政务服务平台职责与原省公共资源交易服务中心职责整合,设立四川省政府政务服务和公共资源交易服务中心,为省政府直属正厅级公益一类事业单位。

2. 四川省政府政务服务和公共资源交易服务中心的主要职责(见表7-4)

四川省政府政务服务和公共资源交易服务中心根据主要职责,内设办公室、政务平台服务处、并联审批服务处、交易受理处、交易组织处(矿业权交易中心)、交易评审处、现场监督处、财务处、人事教育处、离退休人员工作处等处室;该中心下设省政务服务和公共资源交易服务信息中心和省政府采购中心,均为正处级公益一类事业单位。该中心拥有大批具备50多年设备采购、招投标、政府采购、政务服务工作经验的专业人才。

表7-4 四川省政府政务服务和公共资源交易服务中心的主要职责

总责	具体内容
贯彻执行党和国家政务服务和公共资源交易的方针、政策、法律法规以及省委、省政府的决策部署,参与起草有关地方性法规、规章等草案	(1)贯彻执行党和国家政务服务和公共资源交易的方针、政策、法律法规。四川省政府政务服务和公共资源交易服务中心深入学习、贯彻党和国家的方针、政策,确保各项工作符合相关法律法规的要求,确保政务服务和公共资源交易的工作在法治轨道上进行。(2)贯彻执行省委、省政府的决策部署。四川省政府政务服务和公共资源交易服务中心积极贯彻执行省委、省政府的决策部署,将其转化为具体的工作行动,推动政务服务和公共资源交易的各项工作顺利进行。(3)参与起草有关地方性法规、规章等草案。四川省政府政务服务和公共资源交易服务中心积极参与相关法规、规章的起草工作,根据党和国家的方针、政策和实际情况,提出相应的建议和意见,确保地方性法规、规章与中央的法律法规相协调。(4)组织协调相关工作。四川省政府政务服务和公共资源交易服务中心组织协调政务服务和公共资源交易的相关工作,确保各项工作有序进行。同时,四川省政府政务服务和公共资源交易服务中心还需加强与其他部门的沟通、协作,共同推进政务服务和公共资源交易的工作

续表

总责	具体内容
为省政务服务和公共资源交易活动提供场所、设施、信息和现场管理服务,承担省级政务服务和公共资源交易服务平台建设和管理	(1)提供场所、设施、信息和现场管理服务。四川省政府政务服务和公共资源交易服务中心负责为省级政务服务和公共资源交易活动提供必要的场所和设施,包括会议室、办公设备等。同时,四川省政府政务服务和公共资源交易服务中心还提供信息和现场管理服务,确保各项政务服务和公共资源交易的信息公开和透明,并负责现场管理,维护秩序,保障各项活动顺利进行。(2)承担省级政务服务和公共资源交易服务平台建设和管理。四川省政府政务服务和公共资源交易服务中心负责建设和管理省级政务服务和公共资源交易服务平台,确保平台的正常运行和信息安全。平台包括政务服务平台和公共资源交易平台,为政务服务和公共资源交易提供在线申请、审批、查询、交易等服务,提高服务效率。(3)提供相关支持和辅助服务。四川省政府政务服务和公共资源交易服务中心还负责提供相关支持和辅助服务,包括培训、咨询、技术支持等,为政务服务和公共资源交易的参与者提供必要的帮助和指导,提高他们的能力和水平。(4)监督和评估工作。四川省政府政务服务和公共资源交易服务中心负责监督和评估政务服务和公共资源交易的工作,确保各项工作符合相关法律法规和政策要求,及时发现和解决问题,提出改进意见和建议
按规定制定省级政务服务和公共资源交易现场管理规章制度、工作流程和服务规范并组织实施,推行政务服务和公共资源交易服务标准化	四川省政府政务服务和公共资源交易服务中心组织开展进入省级平台的并联审批协调服务工作,对省直各部门(单位)政务服务派驻窗口及人员进行现场监督管理、实施考核,对公共资源项目进场交易机构及人员进行现场监督管理、实施评价:(1)制定规章制度、工作流程和服务规范。四川省政府政务服务和公共资源交易服务中心按规定制定省级政务服务和公共资源交易现场管理规章制度、工作流程和服务规范,为政务服务和公共资源交易活动提供统一的操作指南和服务标准,确保各项工作按照规定进行。(2)组织实施标准化服务。四川省政府政务服务和公共资源交易服务中心推行政务服务和公共资源交易服务标准化,通过制定标准和规范,统一服务流程和质量要求,提高服务效率和水平,确保交易环境公平公正。(3)组织并联审批协调服务工作。四川省政府政务服务和公共资源交易服务中心组织开展进入省级平台的并联审批协调服务工作,协调各部门(单位)间的审批事项,简化办事流程,提高办事效率,减少企业和群众的审批成本。(4)现场监督管理和实施考核。四川省政府政务服务和公共资源交易服务中心对省直各部门(单位)政务服务派驻窗口及人员进行现场监督管理,确保他们按照规定提供优质的政务服务。同时,四川省政府政务服务和公共资源交易服务中心亦对公共资源项目进场交易机构及人员进行现场监督管理,实施评价,确保公共资源交易的公开、公平、公正

续表

总责	具体内容
按有关规定查验参与公共资源交易活动各方主体的资格和进场交易项目的相关手续;负责为进入省级交易服务中心的工程建设项目招投标、国有产权交易、矿业权和特许经营权出(转)让等公共资源交易提供现场管理和服务;受委托依法承担有关公共资源项目交易服务工作	(1)查验主体资格和相关手续。四川省政府政务服务和公共资源交易服务中心按照有关规定对参与公共资源交易活动的各方主体资格进行查验,并核实各方主体所提供的相关手续的真实性和有效性。这包括工程建设项目招投标、国有产权交易、矿业权和特许经营权出(转)让等公共资源交易活动。(2)提供现场管理和服务。四川省政府政务服务和公共资源交易服务中心负责为进入省级交易服务中心的公共资源交易项目提供现场管理和服务。这包括监督和协调交易活动的进行,确保交易程序的规范和公平。(3)承担交易服务工作。四川省政府政务服务和公共资源交易服务中心根据委托,依法承担有关公共资源项目交易服务工作。这意味着四川省政府政务服务和公共资源交易服务中心可以代表委托方进行招投标工作、产权交易、矿业权出(转)让等公共资源交易活动,确保交易程序的合法性和公平性
参与全省进入政务服务和公共资源交易服务系统的综合评标专家库、电子化交易系统、信用评价体系和中介机构库的建设管理工作;建立公共资源交易从业者现场行为公开制度,开展场内信用信息记录、评价并对外发布	(1)参与综合评标专家库的建设管理。四川省政府政务服务和公共资源交易服务中心参与全省进入政务服务和公共资源交易服务系统的综合评标专家库的建设管理工作。这包括确定评标专家的资格标准、招募和培训评标专家、监督评标专家的行为,确保综合评标专家库的合规运作。(2)参与电子化交易系统的建设管理。四川省政府政务服务和公共资源交易服务中心参与全省电子化交易系统的建设管理工作。这包括确定系统的功能需求、审查系统的设计和开发,以及监督系统的运行和维护,确保电子化交易系统的安全、高效运作。(3)参与信用评价体系的建设管理。四川省政府政务服务和公共资源交易服务中心参与全省信用评价体系的建设管理工作,建立信用评级体系,为公众提供信用信息查询服务。(4)参与中介机构库的建设管理。四川省政府政务服务和公共资源交易服务中心参与全省中介机构库的建设管理工作。这包括审核和认定中介机构的资质、监督中介机构的行为、建立中介机构库、提供中介机构信息查询服务,确保中介机构的合规经营。(5)另外,四川省政府政务服务和公共资源交易服务中心还负责对外发布有关信息,以促进公共资源交易行业的透明度和规范化

续表

总责	具体内容
参与对省直部门(单位)行政审批制度改革情况、政务服务开展情况和公共资源交易综合效益评价、评估工作,为相关行业部门监管提供协助	(1)参与对省直部门(单位)行政审批制度改革情况的评价。这包括评估改革的进展和效果,分析改革过程中的问题和挑战,为相关部门提供改进建议和政策指导。(2)参与对政务服务开展情况的评价。四川省政府政务服务和公共资源交易服务中心将对政务服务的开展情况进行评价。这包括评估政务服务的覆盖范围、服务质量和用户满意度,分析政务服务中存在的问题和改进空间,为相关部门提供改进措施和服务优化建议。(3)参与对公共资源交易综合效益的评价。这包括评估公共资源交易的效率、公平性和透明度,分析交易过程中的问题和改进需求,为相关部门监管提供协助和建议。(4)为相关行业部门监管提供协助。四川省政府政务服务和公共资源交易服务中心将为相关行业部门的监管工作提供协助。这包括提供数据支持、分析报告和政策建议,帮助相关部门了解行业的运行情况和问题,制定和实施监管措施,推动行业的规范化和发展
对市、县政务服务和公共资源交易服务中心进行业务指导,参与相关业务工作的调研和培训	(1)对市、县政务服务和公共资源交易服务中心进行业务指导。四川省政府政务服务和公共资源交易服务中心将对市、县政务服务和公共资源交易服务中心进行业务指导,包括提供政策法规解读、业务流程优化建议和技术支持等。通过业务指导,促进政务服务和公共资源交易的规范化、标准化和高效化。(2)参与相关业务工作的调研和培训。四川省政府政务服务和公共资源交易服务中心将参与相关业务工作的调研和培训,包括调研市场需求和用户需求,了解行业发展趋势和技术创新,为市、县政务服务和公共资源交易服务中心提供指导和支持。同时,四川省政府政务服务和公共资源交易服务中心还将组织培训活动,提升中心工作人员的专业素质和能力水平,推动业务工作的提质增效
四川省政府政务服务和公共资源交易服务中心将负责按照规定对现场秩序进行管理和监督工作	(1)负责现场秩序管理和监督工作。四川省政府政务服务和公共资源交易服务中心将负责按照规定对现场秩序进行管理和监督工作。这包括:维持现场秩序,确保工作场所的安全和有序进行;监督执行管理制度,如检查员工的工作纪律、着装规范等;记录和制止违反现场管理制度的行为,如违规操作、违规行为等。(2)移送处理违法、违规人员。四川省政府政务服务和公共资源交易服务中心将按照职责分工,将发现的违法、违规人员移送给相关部门进行处理。这包括收集相关证据,如记录、照片等,并将其移交给执法部门或相关管理部门进行处理。四川省政府政务服务和公共资源交易服务中心将配合相关部门的工作,确保违法、违规行为得到及时处理和整改

续表

总责	具体内容
承办省政府交办的及有关部门委托办理的其他事项	(1)承办省政府交办的事项。四川省政府政务服务和公共资源交易服务中心将承办省政府交办的事项,并按照要求进行处理和落实。这些事项可能涉及各个领域和行业,包括政策研究、方案制订、问题解决等。四川省政府政务服务和公共资源交易服务中心将组织相关人员进行调研、分析和提出解决方案,并按照要求报告给省政府。(2)承办有关部门委托办理的事项。四川省政府政务服务和公共资源交易服务中心可能接受其他部门的委托,承办与其职责相关的事项。这些事项可能涉及行政执法、政策宣传、项目评估等。四川省政府政务服务和公共资源交易服务中心将根据委托方的要求,完成相应的工作任务,并及时向委托方进行报告和汇报

3. 四川省政府政务服务和公共资源交易服务中心的发展方向(见表7-5)

四川省政府政务服务和公共资源交易服务中心坚持“依法、规范、便民、高效”的原则,全面开启智慧政务建设新征程,推动政务服务增值化改革,实现惠企政策“直达快享”,深化公共资源交易数字化改革,并加强党建引领与队伍建设。这些方向将共同推动四川省政务服务和公共资源交易服务领域的高质量发展。

表7-5 四川省政府政务服务和公共资源交易服务中心的发展方向

发展方向	具体内容
智慧政务建设	数字政府项目:四川省政府政务服务和公共资源交易服务中心将全面开启智慧政务建设新征程,以数字政府项目建设为支撑,推动政务服务效能跃升。依托全省统一的数字政府底座,建设共性支撑平台和三级智慧协同平台,优化完善核心业务系统,打造“川易办”“川商通”“川政通”三大服务端和天府系列重点应用,重构覆盖省市县乡四级的数字政府体系
	数据治理:提升政务数据治理能力,建设政务服务数据资源主题库和专题库,构建政务服务知识图谱,推动数据按需汇聚和跨部门、跨层级共享
政务服务增值化改革	企业综合服务中心:优化省级企业综合服务中心功能,推动更多涉企事项进驻,指导各地建设企业综合服务中心和企业服务驿站,形成覆盖省市县三级的企业综合服务平台
	园区集成式政务服务:深化园区集成式政务服务,推动新增省级园区和50%市县级园区建设企业服务中心,结合产业园区功能定位,叠加开展金融、法治、用工等增值服务
	全生命周期服务:探索经济区与行政区适度分离改革,为园区企业提供全生命周期服务,助力企业发展

续表

发展方向	具体内容
惠企政策“直达快享”	政策管理:开展惠企政策“直达快享”攻坚行动,推进政策管理规范化、获取便利化和服务集成化。通过全量归集现有惠企政策,动态调整省市县三级事项清单,规范政策全生命周期管理
	精准推送:利用大数据和人工智能技术,完善政策和企业“双画像”,精准推送惠企政策,确保政策直达企业
	政策兑现:整合线上线下渠道,重构“天府易享”平台,打造“政策申报一件事”,实现更多惠企政策事项免申即享、快申快享,进一步减轻企业负担,提升政策兑现效率
公共资源交易数字化改革	交易体系:深化公共资源交易数字化改革,建成全省资源交易“一张网”。通过建设服务、交易、监管平台,重构“天府交易通”,实现公共资源交易的全流程电子化和智能化
	远程异地评标:完善远程异地评标调度系统功能,推动跨省远程异地评标,优化全省公共资源交易统一认证,实现川渝移动 CA 互认,逐步推进全国互认
	交易数据治理:深化交易数据治理应用,建立交易数据统计指标体系,强化数据安全保护,为公共资源交易提供更高效、更透明的服务环境
党建引领与队伍建设	党建引领:深化凝心铸魂工程,以党建引领政务服务高质量发展。加强政治机关建设,开展系列培训,锻造一支政治过硬、业务精湛的政务服务队伍
	智慧政务平台与热线:依托智慧政务平台和 12345 热线,走好网上群众路线,开展先进典型选树活动,激励党员干部争当数字政府建设的“排头兵”
	廉政建设:排查数字政府项目建设中的廉政风险,完善防控机制,构建亲清政商关系,为优化营商环境提供坚实保障

三、四川证券(产权)交易平台的发展趋势

四川证券(产权)交易平台数量、种类和职责各异,不同的证券(产权)交易平台将根据自身的定位和发展需求,确定未来的发展方向,并致力于提供更好的服务,推动本地区金融市场的发展。但整体而言,四川各类证券(产权)交易平台正呈现从多元化到专业化再到区域协同化的升级趋势,其发展轨迹深刻反映了经济体制改革深化与技术创新驱动的逻辑。

(一)政策驱动:标准化、规范化建设提速

四川农村产权交易的“两化”改革(标准化、规范化)是深化农村改革、激活

资源要素的关键举措,其政策设计与实施路径深刻体现了问题导向与目标导向的统一。

1. 政策设计:系统性破解市场困局。四川省农业农村厅等 13 部门印发的《四川省农村产权流转交易标准化规范化建设实施方案》,直面当前农村产权交易市场存在的四大难点:(1)服务体系碎片化。交易机构分散,服务能力未形成合力,导致资源浪费与效率低下。(2)信息不对称。缺乏统一的信息平台,供需双方难以精准对接,制约要素流动。(3)流程不规范。交易规则差异大,存在暗箱操作空间,易滋生基层"微腐败"。(4)风险防控薄弱。缺乏标准化监管机制,交易纠纷频发,农民权益难以得到保障。《四川省农村产权流转交易标准化建设实施方案》提出"三阶段推进"目标:一是 2025 年筑基。初步构建全省农村产权流转交易五级服务体系,基本建成省级农村产权综合交易平台(省农交平台),试点地区形成可推广经验。二是 2026 年扩面。五级服务体系基本建成,纵向贯通、横向联动的省农交平台全域覆盖,主要交易品种制度规则基本形成。三是 2027 年提质。全面建成五级服务体系、省农交平台高效运行,形成标准化制度规则与可持续发展模式。

2. 实施路径:五级联动与阳光交易双轮驱动。(1)五级服务体系。纵向贯通、横向联动。一是纵向贯通。整合公共资源交易服务机构、农村产权流转交易服务机构、自然资源流转服务机构、便民服务中心(站),构建"省—市—县—乡—村"五级服务体系。例如,沐川县构建"1 个县级养老中心 +4 个区域养老中心 + N 个乡镇敬老院"的"1 +4 + N"网络,实现服务全域覆盖。二是横向联动。建设省农交平台,统一提供政策发布、线上交易、合同签订等综合服务,整合部门数据端口,实现产权信息"一网通查"。同时探索川渝两地交易系统互联,推动跨区域交易。(2)阳光交易机制。强制入场、全程监控。一是应进必进原则。成都市强制要求 10 万元以上的农村集体资产流转必须入场公开交易,覆盖土地经营权、集体建设用地、宅基地等核心资源。二是监督与风控。设立监督管理委员会强化监督,利用"权属码"对交易项目实行"身份证"式管理,构建"农交系统实时防控 + 内部风控全程督查 + 纪检大数据跟进监督"三级风险防线。

四川农村产权交易的"两化"改革,通过政策设计与实施路径,不仅破解了当前市场痛点,更重构了农村要素配置的逻辑。其标准化、规范化、阳光化的交易体系,将成为乡村振兴的"助推器"和全国改革的"样板间",为构建城乡统一大市场提供关键支撑。

(二)市场升级:知识产权交易成新引擎

四川知识产权交易市场正通过科技创新与政策赋能的双重驱动,加速升级为区域创新发展的新引擎。这一转型不仅体现在融资模式的突破上,更通过系统性政策支持激活了市场活力,形成了一套可持续的创新生态。

1. 首单突破:成都高新区"中试平台"知识产权资产证券化(ABS)创新。2024 年 7 月,成都高新区发行全国首单"中试平台"知识产权 ABS 项目——"兴业圆融—成都中小担 3 期知识产权资产支持专项计划",发行总额 10 亿元,首期发行规模为 1.4 亿元,优先级证券评级 AAA。该项目以 14 家"中试平台"、高新技术及专精特新企业的 30 项核心专利(含 24 项发明专利)作为基础资产,通过结构化设计将知识产权转化为可流通证券,在资本市场募集资金。就实施成效而言,一是企业获益。入池企业如成都泰美克晶体技术公司凭借高价值发明专利获批 500 万元 3 年期低息贷款,缓解资金压力;成都达奇科技股份有限公司、成都圣诺科肽药物研究有限公司等企业的中试项目获融资支持,加速技术产业化。二是全国示范。该模式为轻资产科技型企业提供了新型融资路径,被国务院列为改革经验全国推广,成都高新区成为全国知识产权金融创新标杆。

2. 政策赋能:全省 18 条措施支持知识产权服务业发展。四川省出台的措施涵盖了优化流程、维权援助、高效运用、政策引导、宣传培训等方面:一是绿色通道。设立专利费用减缓审批、质押登记绿色通道,压缩办理周期至 1 个工作日。二是资金扶持。设立知识产权保护专项基金,支持专利转化、品牌建设。三是平台建设。建成国家专利审查协作四川中心、成都知识产权交易中心等平台,提升服务效能。四是实施成效。推动专利转化 2.6 万件,知识产权交易活跃度居西部第一。2022 年,成都高新区获批全国首批知识产权服务出口基地,服务出口额超千万美元;天府知识产权峰会现场签约项目 7 项,金额 2.4 亿元。

3. 市场升级:知识产权交易成为创新引擎。市场规模与活跃度。一是交易规模。2023 年成都知识产权交易中心实现交易融资 86.6 亿元,同比增长 23.9%。二是创新驱动。质押融资等模式激活"知产"变现,形成"创新—保护—交易—再创新"良性循环。成都高新区"中试+"生态推动技术产业化,成都泰美克晶体技术公司、成都圣诺科肽药物研究有限公司等企业成为科技成果转化标杆。三是全国影响力。四川7项知识产权改革经验全国推广,包括职务发明权益分享、质押融资创新。成渝共建知识产权运营中心,推动区域协同创新,助力成渝地区双城经济圈建设全国科技创新中心。

四川通过"首单突破"与"政策赋能"双轮驱动,推动知识产权交易市场升级。这一转型不仅解决了科技企业融资难问题,更激活了区域创新活力,形成了一套可持续的创新生态。未来,随着更多创新模式的涌现和政策的深化,四川有望成为全国知识产权交易市场的核心枢纽,为高质量发展注入澎湃动能。

(三)技术赋能:数字化转型深化

四川证券(产权)交易平台通过技术赋能推动数字化转型深化,构建科技金融生态系统,并在电子竞价与数据互通领域实现创新突破。

1. 科技金融生态系统:资源整合与协同创新。(1)政策与金融协同。一是政府引导。四川省政府扩大"天府科创贷"风险补偿资金池,设立省级科创投资引导基金,推动科技型企业上市培育计划,形成"间接融资+直接融资"双轮驱动。二是平台搭建。建立科技金融公共服务平台,打造科技金融创新基地,常态化组织"天府科金汇"对接活动,促进资源汇聚与共享。三是区域合作。四川省科技厅会同其他单位成立西部科创投资联盟,实施川渝科技金融一体化发展行动,深化与金融机构总部的合作,推动跨区域协同创新。(2)多方合作成效。一是融资支持。平台与政府合作推出科技金融政策,引导社会资本投向科技企业;与银行合作推出科技贷款产品,降低融资成本;与担保公司合作提供科技担保服务,增强融资信用。二是市场活力。平台通过资源整合与协同创新,形成科技企业与金融机构的良性互动,激发市场创新活力。

2. 电子竞价与数据互通:技术驱动效率提升。(1)西南联交所电子竞价系统。一是技术突破。针对煤炭去产能指标交易的复杂匹配问题,西南联交所开发专用电子竞价系统,实现"出卖人抽签排序、买受人价高优先"的自动匹配撮合机制。二是实施成效。西南联交所在首轮煤炭去产能指标交易中,系统助力219家煤矿企业完成1290.7万吨指标交易,总成交金额超18亿元,溢价率全国领先,推动全省煤炭去产能任务超额完成。(2)成都农村产权交易所线上服务拓展。一是"不见面"交易。推进全流程线上交易,整合涉农大数据生成信用报告,降低农村融资风险。二是抵质押登记服务。探索农村产权抵质押登记服务,简化贷款流程,提升金融服务效率。

3. 数字化转型深化:技术赋能未来。(1)技术驱动平台升级。一是效率提升。电子竞价系统和线上服务拓展显著提升了交易效率,降低了人力和时间成本。二是风险防控。通过数据互通和信用报告生成,增强了风险防控能力,保护投资者权益。三是用户体验。全流程线上服务改善了用户体验,增强了平台的市场竞争力。(2)未来展望。一是市场吸引力。技术创新将吸引更多交易主体参与,推动市场繁荣。二是服务拓展。随着技术应用的深入,平台有望拓展更多服务领域,如碳交易、数据资产交易等。

(四)区域协同、行业整合和金融创新

1. 区域协同:成渝合作走向纵深。跨域交易与平台互联:一是市场一体化。成渝签署《共建成渝农村产权流转交易市场合作协议》,重庆九龙坡区项目在成都农村产权交易所挂牌成交,标志跨区域合作破冰。二是全国影响力。西南联交所联合30家省级产权交易机构共建"国企混改项目信息发布平台",推动资本跨地区流动,助力全国统一大市场建设。

2. 行业整合:市场集中度提升。"1+N"格局形成:一是省级整合。原乐山、绵阳等市产权交易所整合为省级交易中心办事处,形成"1+N"市场格局,增强服务能力与竞争力。二是业务拓展。交易平台从基础产权交易向砂石、体育资源等增值服务延伸,促进要素资源转化为国有资本。

3. 金融创新:资本激活与风险防控并重。"农村产权+金融服务"模式:一是融资创新。眉山"农贷通"平台整合涉农数据,研发信用报告,简化贷款流程,授信100万元支持合作社发展。二是风险防控。引入"权属码"管理和三级风险防线,实现交易全流程监控,降低信贷风险。

四川各类证券(产权)交易平台正从"单一交易场所"向"要素配置枢纽"升级。未来,随着政策红利的持续释放、技术创新的深入应用及区域协同的加速推进,其将在优化资源配置、激活社会资本、服务乡村振兴等方面发挥更大作用,成为西部地区产权市场改革的示范标杆。

第八章 四川上市公司

一、四川上市公司产生的历史背景及意义

我国资本市场的起源可以追溯到改革开放初期。1978年,党的十一届三中全会上讨论通过了我国经济体制实施内部改革和对外开放的伟大决议,改革开放被定为我国的基本国策,此后经济建设成了国家发展的基本任务。20世纪80年代,我国经济体制改革的重心从农村转移到了城市,城市改革的重点是国有企业。在众多改革措施中,股份制改革作为一种成功的改革方法,在"老八股"[1]的改革试点中得到了初步验证。这一改革不仅促进了公司治理结构的优化、增强了资本市场的资源配置功能,而且成为中国资本市场发展的重要推动力。1992年10月,中国共产党第十

---

[1] 所谓"老八股",是指上海证券交易所开业之前已经发行并有交易的8种股票。这些股票在1990年12月19日上海证券交易所开业时上市,包括:(1)上海申华电工联合公司(已更名为申华控股,股票代码:600653);(2)上海豫园旅游商城股份有限公司(已更名为豫园商城,股票代码:600655);(3)上海飞乐股份有限公司(已更名为中安科,股票代码:600654);(4)上海真空电子器件股份有限公司(已更名为仪电电子,股票代码:600602);(5)浙江凤凰化工股份有限公司(已更名为ST博元,股票代码:600656);(6)上海飞乐音响股份有限公司(股票代码:600651);(7)上海爱使电子设备股份有限公司(已变身为游久游戏,股票代码:600652);(8)上海延中实业股份有限公司(已更名为方正科技,股票代码:600601)。

四次全国代表大会在北京召开。这次大会明确提出了我国经济体制改革的目标是建立社会主义市场经济体制，进一步解放和发展生产力。这一目标的确定，标志着我国改革开放和现代化建设事业进入了一个全新的阶段，即从计划经济体制向社会主义市场经济体制转变的新阶段。在党的十四大精神的指引下，全国各城市纷纷开展股份制试点工作。据统计，1992 年全国各城市经批准建立了近 400 家股份制试点企业，这使全国股份制企业的总数达到了 3700 多家。[1] 这些股份制试点企业的建立，不仅为企业自身的发展注入了新的活力，也为整个国民经济的改革和发展提供了有益的探索和经验。股份制试点企业的成功实践，证明股份制作为一种有效的企业组织形式，能够极大地激发企业的生产积极性和创造力。同时，股份制试点亦为企业筹集资金、扩大生产规模、提高经济效益提供了有力的支持。在股份制试点工作的推动下，国务院还批准了 9 家国有企业改组为股份公司。这一举措不仅为国有企业提供了新的融资渠道，也促进了国有企业的改制和重组，优化了治理结构，提高了国有企业的市场竞争力和盈利能力。

进入 21 世纪，随着我国加入世界贸易组织和产业的快速发展，一批大型国有企业开始走向上市，开启了"国企上市十年"的时代。国有企业是我国经济的主体，股份制改革为国有企业引入了市场机制和竞争机制，使其从传统的计划经济体制中解放出来，提高了企业的效率和竞争力。通过上市融资，国有企业得以进行重组、扩大规模和提高技术水平，为经济发展注入了活力。在这个过程中，民营企业逐渐崛起，成为我国经济的新生力量。通过资本市场的支持，民营企业得以获得融资，提高了创新能力和竞争力。同时，资本市场亦为民营企业提供了更多的发展机会和更广阔的市场空间。我国上市公司的发展对我国经济的发展起到了积极的推动作用。它们通过市场化的运作和规范的管理，实现了企业的持续发展，提高了盈利能力。同时，我国上市公司的成功亦吸引了更多的投资者和资本进入我国市场，为我国经济的发展提供了更多的资金和资源。我国上市公司的崛起是我国经济快速发展的一个缩影，亦是改革开放的成果之一。

---

〔1〕 参见邵好：《中国上市公司：资本市场催生出的响亮名字》，载《上海证券报》2019 年 10 月 1 日，第 T5 版。

(一)四川上市公司产生的历史背景

四川作为我国西南地区的重要省份,具有丰富的自然资源、优越的地理位置和广阔的市场潜力。这些因素为四川省的经济发展提供了良好的条件。随着改革开放的持续深入推进,四川省逐渐走上了市场经济发展的道路,逐步实现了经济体制的改革和市场化。随着四川省股份制试点改革,在20世纪90年代初期,四川的传统优势企业(如五粮液、泸州老窖、长虹电器)通过改制上市,成为早期A股市场的代表。作为"三线建设"的核心区域,四川在机械、电子、化工等领域积累了产业基础,为后续企业上市提供了土壤。

1. 深化改革和经济体制改革

深化改革是我国在20世纪80年代末和90年代初推进国家经济改革的重要举措。在这一时期,我国积极推动市场经济改革,逐步放开了投资和创业的限制,为企业家的发展提供了更广阔的空间和更多的机会。四川省积极响应国家政策,推进市场经济改革。改革开放初期,四川省政府着力解决资源配置效率低下、市场不发达等问题。通过对经济体制进行改革,为四川企业提供更好的发展环境。四川省逐步放开了投资和创业的限制,弘扬企业家精神。这为四川的企业提供了更多的机会和自由,促进了经济的快速增长。深化改革和经济体制改革的核心目标是通过市场机制的引导和调节,提高资源配置效率,提高经济效益和竞争力。在这一过程中,四川省大力推动企业的改革和创新,鼓励企业家精神的发展。四川的企业逐渐从传统的计划经济模式转向市场经济模式,增强了自主创新能力,提高了企业的竞争力。深化改革亦带来了一系列经济制度创新。在四川省,不少企业通过改革创新,实现了产业结构的调整和升级。这些改革举措为四川的企业提供了发展的机遇,推动了经济的快速增长。

然而,深化改革和经济体制改革亦面临一些挑战和困难。一方面,在改革过程中,四川省需要解决发展不平衡、不充分的问题,促进区域经济的协同发展。另一方面,市场经济的发展亦需要更好的法治环境和公平竞争的市场秩序,需要进一步完善相关制度和规定。

2. 优惠政策和资本市场的改革

优惠政策和资本市场的改革在四川企业发展中起到了重要的作用。四川省为了吸引更多的投资和促进企业发展,实施了一系列优惠政策,涵盖财税支持与金融激励[1]、产业扶持与集群发展[2]、金融创新与服务升级[3]、人才吸引与科技创新[4]和营商环境优化[5]等。例如,为进一步推动四川省的企业上市,四川出台了《四川省上市后备企业资源库管理办法》(川金发〔2019〕20号)[6]等文件,对拟上市企业给予财政奖励、税收优惠和绿色通道支持。与此同时,中国资本市场亦在逐步改革和完善。我国推出了股票发行、上市和交易的相关制度,为企业提供了上市融资的机会和平台。这对于四川的企业而言,是一个重要的机遇。通过在资本市场上市,企业可以获得更多的资本支持和融资渠道,进一步扩大企业规模,提升企业竞争力。优惠政策和资本市场的改革为四川的企业带来了多重好处。一方面,通过优惠政策,企业可以减少税收负

[1] (1)税收优惠方面,对设在四川的鼓励类产业企业减按15%税率征收企业所得税(如清洁能源、大数据企业);科技型中小企业研发费用按100%加计扣除,降低企业创新成本;对月销售额15万元以下的小规模纳税人免征增值税。(2)财政补贴与奖励。对引进固定资产投资超5亿元的项目,按实际投资额的1%～3%给予引荐人奖励;企业首发上市最高奖励500万元,新三板挂牌奖励100万元;对光伏、风电等清洁能源项目给予每千瓦时0.05～0.1元的电价补贴。

[2] (1)重点产业链培育。一是"5+1"现代工业体系。聚焦电子信息、装备制造、食品饮料、先进材料、能源化工五大万亿级支柱产业,配套专项扶持基金。二是战略性新兴产业。对人工智能、生物医药、新能源汽车等领域项目,给予最高1000万元的设备补贴。(2)园区载体建设。一是"亩均论英雄"改革。对亩均税收超30万元的企业给予土地价格优惠,推动园区集约发展。二是标准厂房支持。租赁标准厂房的企业可享受前3年租金全免、后2年减半政策。

[3] (1)融资支持。一是"园保贷"风险补偿。银行向园区企业贷款发生损失时,政府风险补偿金最高承担70%损失。二是知识产权质押融资。企业以专利、商标质押贷款,可享受最高50%的贴息支持。(2)基金引导。一是省级产业投资引导基金。规模超1000亿元,重点投向数字经济、绿色低碳等领域,撬动社会资本参与。二是天使投资奖励。对投资省内初创科技企业的投资机构,按投资额的5%给予奖励。

[4] (1)人才政策。一是"天府英才"计划。对高层次人才给予最高300万元资助,并提供子女教育、医疗绿色通道。二是技能人才激励。企业引进高级技师最高补贴5万元,培养技师每人奖励3000元。(2)创新平台支持。一是新型研发机构补助:对获批国家级重点实验室、技术创新中心的单位给予最高2000万元支持。二是科技成果转化。职务科技成果转化收益按不低于70%比例奖励研发团队。

[5] (1)审批制度改革。一是"一网通办"平台。企业开办全流程压缩至4小时内,工程项目审批时限缩短50%。二是"证照分离"全覆盖。取消100余项行政许可,实行告知承诺制。(2)法治保障。一是知识产权保护。建立中国(四川)知识产权保护中心,专利审查周期缩短80%。二是商业纠纷调解:在重点园区设立"商事调解工作站",提供低成本纠纷解决渠道。

[6] 《四川省上市后备企业资源库管理办法》于2019年12月30日开始实施,历经2021年4月、2022年6月两次修订。其出台和修订是为了贯彻落实《四川省人民政府办公厅关于显著提升直接融资水平全面服务实体经济的实施意见》(川办发〔2017〕77号)、《四川省人民政府关于推动提高上市公司质量的实施意见》(川府发〔2021〕2号),健全全省上市后备企业培育机制,提升上市后备企业资源库质量,推动全省资本市场持续健康发展。

担和成本,提高经营效益。另一方面,通过资本市场的改革,企业可以获得更多的资本支持,实现快速发展。然而,优惠政策和资本市场的改革亦面临一些挑战和问题。一方面,优惠政策的实施需要做好监管和评估工作,防止政策滥用和资源浪费。另一方面,资本市场的改革需要加强监管力度,防止市场不良竞争。

3. 产业结构调整和优化

在经济发展的过程中,四川省深刻认识到产业结构调整和优化对于促进经济持续健康增长的重要性,特别是在高新技术产业、现代服务业和先进制造业方面加大了发展力度。这一战略部署不仅旨在推动经济的转型升级,还着眼于提升产业的竞争力和创新能力。首先,四川省对高新技术产业的重视体现在多个层面。高新技术产业以其创新驱动和高增长潜力,成为推动经济高质量发展的关键力量。四川省通过制定优惠政策、设立科技创新基金等举措,有效激发了企业的研发活力,推动了技术创新和成果转化。同时,通过积极引进和培育高新技术企业,加强与高校、科研院所的产学研合作,四川省构建了完善的创新生态圈,为企业的科技创新提供了肥沃的土壤。这种全方位的支持体系,不仅促进了高新技术产业的快速发展,还为经济增长注入了新的活力。其次,现代服务业在四川省的经济发展中亦扮演着重要角色。作为经济增长和就业的重要支柱,现代服务业的发展对于提升经济质量和效益具有重要意义。四川省在金融、文化创意、旅游等领域加大了投资力度,推动了现代服务业的快速发展。通过建设现代化的服务业基础设施和提升服务质量,四川省成功吸引了大量服务业企业落户,为经济发展提供了坚实的支撑。最后,四川省还高度重视先进制造业的发展。先进制造业作为提升产业竞争力和实现经济转型升级的重要领域,对于推动经济高质量发展具有不可替代的作用。四川省通过推进产业升级、加强技术创新,培育了一批具有国际竞争力的先进制造业企业。这些企业通过引进先进技术和设备,提高了产品质量和技术水平,赢得了市场竞争优势,为经济增长注入了强劲动力。在这一过程中,上市公司作为经济发展的重要力量,发挥了不可或缺的作用。上市公司通过直接融资募集资金,将资金投入转型升级的关键领域,如电子信息、装备制造、医药健康等,加速了产业结构的优化和转型升级。同时,上市公司在产业链上的协同发展,提高了整个产业链的效率和竞争力,推动了四川产业结构的整体优化。此外,上市公司的发展还带动了相关配套产业的发展,如金融、法律、咨询等服务业,进一步推动了产业结构的多元化和高级化。

4. 区域合作与交流

四川省积极参与国内和国际的区域合作和交流，与周边地区和国家建立了紧密的经济联系，这为四川省的企业提供了更多的市场机会和资源平台，促进了企业的发展和壮大。首先，四川省不断加强与周边地区的合作。四川省位于西南地区，与云南、贵州、重庆等地区接壤，与这些地区形成了紧密的经济联系。四川省积极参与西南地区的一体化发展战略，推动交通、能源、产业等方面的合作。例如，2020 年 12 月 29 日，川渝两省市政府共同批复设立川渝高竹新区，[1]形成了辐射周边地区的经济发展带。这种区域合作为四川省的企业提供了更广阔的发展空间，企业可以通过跨区域合作拓展业务，并分享周边地区的资源和市场。其次，四川省积极参与国际的区域合作和交流。作为我国内陆省份，四川省通过拓展对外开放，积极参与国际合作和交流。四川省与邻近的亚洲国家如印度、尼泊尔等保持密切的经贸合作关系，推动了贸易往来和投资合作。同时，四川省还与其他国家和地区建立了友好合作关系，积极参与国际产能、跨境电商等领域的合作。这种国际合作为四川省的企业开拓了更广阔的国际市场，帮助企业增强竞争力，吸引外资和技术，提升产品和服务的国际化水平。此外，四川省还积极参与国内的区域合作和交流机制。四川省与其他省份共同参与了西部大开发战略，并与西部各省市共同推动了交通、能源、产业等领域的合作。同时，四川省还积极参与国家级的自贸试验区、自由贸易港等战略布局，加强了对外开放。这些区域合作和交流机制为四川省的企业提供了更广泛的合作平台和资源支持，促进了企业的发展和壮大。

（二）四川上市公司产生的意义

截至 2021 年年底，四川经济证券化率达 63.9%，较 2017 年提升 28.8 个百分点。[2]四川上市公司在 2022 年实现直接融资 4903.61 亿元，比 5 年前增长了 148%，[3]

---

[1] 川渝高竹新区位于四川省广安市邻水县高滩镇与重庆市渝北区茨竹镇交界处，由四川省广安市和重庆市渝北区部分行政区域组成。这使新区能够充分利用两地的资源优势和政策优势，实现跨省域协同发展。

[2] 参见朱宁：《五年来四川上市公司数量、市值均增长近 50%　上市公司总数位居西部第一》，载新浪网，http://sc.sina.com.cn/news/m/2022-05-17/detail-imcwiwst7882427.shtml。

[3] 参见叶燕、宋嘉问：《四川境内外上市公司达 206 家，居全国第 8 位》，载搜狐网 2023 年 3 月 23 日，https://www.sohu.com/a/658133779_116237。

这亦进一步证明了四川省在资本市场上的活跃度和实力。上市公司质量持续提升,为四川经济社会发展注入了强劲动力。根据产业集群效应[1]来看,上市企业不仅可以有效发挥集聚带动作用,还可以借助企业上市开展资本运作,有效推动同类企业、产业上下游之间相互兼并重组、资源整合、吸引一大批加工配套和上下游关联企业。

1. 推动经济发展

上市公司的产生促进了四川地区的经济发展。这些上市公司通过融资,可以扩大生产规模、增加就业机会,带动相关产业链的发展,促进经济增长。上市公司的发展亦带来了更多的投资和资源流入四川地区,为当地经济发展提供了支持,从而有助于促进国家西部大开发战略的成功实施。首先,上市公司通过融资可以扩大生产规模,增加投资。上市公司可以通过发行股票或债券等方式融资,获得更多的资金用于企业发展。这些资金可以用于扩大生产规模,购买先进设备和技术,提高生产效率和产品质量。通过生产规模的扩大,上市公司可以增加产出,满足市场需求,进而带动相关产业链的发展。例如,在四川省,许多上市公司通过大规模的投资和扩张,推动了电力设备制造、汽车制造等行业的发展。比较有代表性的企业有东方电气、新希望等。其次,上市公司的发展带来了更多的就业机会。随着上市公司的发展,企业规模扩大,需要更多的人员来从事生产、销售、研发等工作。上市公司的扩张和投资往往伴随招聘和就业机会的增加。这促进了就业率的提高,推动了消费和经济的增长。最后,上市公司的发展进一步促进四川地区吸引了大量投资与资源汇聚。四川上市公司股票及债券在市场上的活跃交易,不仅引起了国内外投资者的广泛关注,更为四川地区引入了丰厚的外部资金与各类资源。这些资金的注入和资源的整合,为企业的产能扩张、技术革新以及管理体系的优化提供了坚实支撑。与此同时,伴随上市公司的茁壮成长,众多供应商

---

[1] 产业集群效应是指在特定地理区域内,多个相关企业或行业集中在一起,形成一个相互关联、相互支持的网络,从而产生协同效应,提高整个区域的竞争力和创新能力的现象。这种效应不仅限于制造业,亦适用于服务业、高科技产业等多个领域。比较具有代表性的案例有:硅谷——全球著名的高科技产业集群,汇集了大量的科技公司、研究机构和风投机构。德国鲁尔区——传统的重工业区,通过转型成为集先进制造业和服务业于一体的现代产业集群。我国中关村——中关村是我国的科技创新中心之一,拥有众多高科技企业和科研机构。中关村通过不断推动技术创新和产业升级,已成为我国乃至全球的重要科技创新源地。我国杭州——以阿里巴巴为代表的电商和互联网企业聚集地,形成了强大的数字经济生态系统。

与合作伙伴纷至沓来,共同构筑了一条更为健全、高效的产业链与产业集群。这一系列的投资与资源涌入,无疑为四川地区的经济发展注入了强劲动力,有力推动了当地产业的升级换代,加快了产业的转型步伐。

2. 增加财富创造和促进财富分配

四川上市公司在增加财富创造和促进财富分配方面,通过一系列的经营活动和市场运作,不仅实现了企业自身的价值提升,亦为股东、员工和社会创造了更多的财富。

在增加财富创造方面:(1)提升盈利能力。一是优化业务结构。四川上市公司通过调整和优化业务结构,聚焦主业,剥离非核心资产,提高整体运营效率。例如,五粮液、泸州老窖等白酒企业,通过深化品牌建设、提升产品品质,实现了销售业绩的稳步增长。二是技术创新。部分上市公司加大研发投入,推动技术创新和产业升级。例如,通威股份在新能源领域取得了显著成果,其高纯晶硅、太阳能电池等产品的市场竞争力不断提升。三是拓展市场。四川上市公司积极拓展国内外市场,提高市场份额。例如,四川路桥、成都银行等企业在基础设施建设、金融服务等领域不断拓展业务,实现了收入的快速增长。(2)提高资本利用效率。一是股权融资。通过发行股票、增发等方式筹集资金,用于扩大生产规模、研发新产品或进行并购重组。例如,宜宾银行成功上市,通过发行新股筹集资金,用于支持业务发展。二是债券融资。利用债券市场筹集资金,降低融资成本。四川上市公司积极发行企业债、公司债等债券产品,为企业的持续发展提供资金支持。三是资产证券化。将部分资产转化为证券产品,提高资产流动性,实现资产增值。例如,部分上市公司通过资产证券化方式盘活存量资产,提高了资本利用效率。(3)加强风险管理。一是完善内部控制体系。建立健全内部控制体系,提高风险防范能力。四川上市公司注重内部控制建设,通过完善公司治理结构、加强内部审计等方式,确保企业稳健运营。二是多元化经营。通过多元化经营降低单一业务风险。部分上市公司在保持主业稳定发展的同时,积极拓展新业务领域,实现了风险的分散和降低。

在促进财富分配方面:(1)股东回报。一是现金分红。四川上市公司积极向股东派发现金红利,实现股东价值最大化。例如,五粮液、泸州老窖等白酒企业连续多年实施高额现金分红,为股东创造了丰厚的回报。二是股权激励。通过股权激励计划激发员工积极性,提高企业经营效率。部分上市公司实施股权激励计划,将员工利益与企业利益紧密绑定,实现了企业与员工的共赢。(2)员工薪酬。一是提高员工薪酬水平。随着企业盈利能力的提升,四川上市公司不断提高员工薪酬水平,为员工提供更好的福利待遇。二是完善福利体系。建立健全员工福利体系,包括社会保险、住房公积金、带薪休假等,提高员工的生活质量和幸福感。

3. 提高企业管理水平和竞争力

上市公司需要符合一系列规章制度和市场要求,包括财务透明度、信息披露、内部控制等方面。这些要求促使上市公司提升自身的管理水平和治理能力,从而提高企业的效率和竞争力。这对四川地区其他企业亦起到了示范作用,推动了整个地区企业的管理水平提升。四川省政府高度重视上市公司的发展,出台了一系列政策措施以提高上市公司的整体质量。包括规范公司治理和信息披露、发挥激励约束机制作用、支持市场化并购重组、推动上市公司引领产业升级等多个方面。这些政策为上市公司提供了良好的发展环境和政策支持,有助于企业提升管理水平和竞争力。提高企业管理水平和竞争力离不开良好的公司治理机制和信息披露制度。四川省政府积极推动上市公司健全公司治理机制和信息披露制度,强化企业主体责任。控股股东、实际控制人要履行诚信义务,维护上市公司的独立性,切实保障上市公司和投资者的合法权益。这些措施有助于提升上市公司的信誉度,增强投资者的信心,进而提升企业的竞争力。四川省政府还支持上市公司通过资产重组、收购和分拆上市等方式进行资源整合。这些并购重组活动有助于企业优化资源配置、提升产业链整合能力,进而提升整体竞争力。同时,四川省政府还鼓励上市公司设立研发机构,在重大关键技术研发上取得突破,形成产业发展技术优势。这些举措有助于推动上市公司引领产业升级,提升企业的核心竞争力和抗风险能力。为了提高上市公司的管理水平和竞争力,四川省政府还注重加强中介机构队伍建设。通过培育和引进相结合的方式,建设了一支以境内外知名证券公司、会计师事务所、律师事务所为核心的专业化队伍。这些中介机构为企业提供财务、法律、投资等方面的专业服务,有助于企业提升管理水平和运营效率。

4. 提升地方经济形象和知名度

上市公司的发展对四川地区经济形象的提升、品牌价值的增强以及知名度的提高具有深远影响。成功上市的公司不仅在企业层面实现了飞跃,更成为四川地区经济的重要代表和标杆,为整个区域赢得了广泛的关注和肯定。一是提升地区经济形象。上市公司的成功上市往往意味着企业在财务、管理、市场等多个方面达到了较高的水平。这些企业通常拥有稳健的财务状况、透明的信息披露制度以及良好的治理结构,这些特质使它们成为市场的佼佼者。当这些企业成为公众关注的焦点时,它们的成功故事和良好形象亦会自然地延伸到其所在的地区,从而提升整个地区的经济形象。四川地区的上市公司,如五粮液、泸州老窖等知名酒企,以及东方电气、新希望等制造业和服务业企业,它们的成功上市和稳健发展,无疑为四川地区的经济形象增添了光彩。二是增强品牌价值、提高知名度。上市公司的品牌往往与其企业形象、产品质量、市场地位等紧密相联。成功上市后,企业可以通过资本市场获得更多的资金支持和市场关注,进而提升其品牌知名度和影响力。这种品牌价值的提升不仅有助于企业在市场上获得更大的份额,还能为地区经济带来正面的溢出效应。四川地区的上市公司,如长虹电器、四川路桥等,它们的品牌已经成为行业的代名词,不仅在国内市场享有盛誉,还在国际市场上展现出强大的竞争力。三是成为地区经济的代表和标杆。上市公司的成功上市和稳健发展,使它们成为地区经济的代表和标杆。这些企业不仅在财务指标上表现出色,还在技术创新、市场拓展、社会责任等方面展现出领先的优势。它们的成功经验和发展模式,为地区内的其他企业提供了宝贵的参考和启示。四川地区的上市公司,如通威股份、科伦药业等,它们的成功故事和创新精神,激励着更多的四川企业追求卓越、勇攀高峰。一个头部企业的示范引领作用是产业集聚发展的“加速器”,同时亦是“区域+产业”品牌集群式崛起的重要方式。四是为地区赢得更多关注和肯定。上市公司的成功上市和稳健发展,不仅为企业自身带来了更多的关注和肯定,亦为所在地区赢得了更多的关注和赞誉。这些企业的成功故事和发展成就,通过媒体、网络等渠道广泛传播,使更多的人开始关注和了解四川地区。这种关注和肯定不仅有助于提升地区的知名度和影响力,还能为地区吸引更多的投资、人才和资源。

5. 增强上市公司的社会责任

从更深远的意义来看,上市公司作为公众公司,公众对于其社会责任的承担亦寄予厚望。上市公司作为公众公司,应承担社会责任。上市公司增强社会责任的意义在于:一是创造社会价值。上市公司的成功不仅体现在经济层面,还体现在为社会创造价值。通过提供就业机会、支付税收、推动科技创新等方式,上市公司可以为社会经济发展做出贡献,促进社会的繁荣和进步。二是资源回报社会。上市公司通过上市融资,获得了更多的资金和资源。作为回报,上市公司应该将一部分利润投入社会公益事业中,支持教育、扶贫、环境保护等社会事业的发展。通过开展社会责任项目,上市公司能够回馈社会,提升企业形象,增强社会认同感。三是促进公平竞争和诚信经营。上市公司应遵守法律法规,诚信经营,做到公平竞争。上市公司能够为整个社会创造一个公平竞争的环境,推动市场经济的健康发展。四是推动可持续发展。上市公司在经营过程中应注重可持续发展,关注环境、社会和公司治理等方面的可持续性。通过采取环保措施、推动绿色生产、关注员工福利等方式,上市公司能够为可持续发展作出积极贡献,推动社会经济的可持续增长。上市公司应当意识到自身的社会责任,积极履行社会责任,为社会的繁荣和进步作出贡献。通过增强社会责任,上市公司能够树立良好的企业形象,获得社会的认可,同时亦能够推动可持续发展和社会公平正义的实现。

二、四川上市公司的发展与演进

(一)四川上市公司的发展与演进历程

四川上市公司的发展与演进历程是一个充满变革与成长的过程(见表8-1)。1993年3月12日,四川峨眉山盐化工业(集团)股份有限公司股票在深交所挂牌上市,该公司成为四川亦是西南地区第一家上市公司。据不完全统计,截至2023年12月31日,四川省已有173家A股上市公司。2024年12月5日,成都佳驰电子科技股份有限公司在上海证券交易所科创板挂牌上市,成为成都第151家上市公司。截至2023年12月29日,四川省173家A股上市公司市值累计26,526.75亿元。[1] 其中,有7家上市公司市值超500亿元,3家上市公司市值超1000亿元,1家上市公司市值超5000亿元。在市值排名方面,五粮液以5446.28亿元的总市值位居第一,泸州老窖和通威股份分别以2641.04亿元和1126.84亿元的市值排名第二和第三。此外,天齐锂业、川投

---

〔1〕 参见《2023年12月四川资本市场主体概况》,载中国证券监督管理委员会网2024年2月2日,http://www.csrc.gov.cn/sichuan/c104899/c7461159/content.shtml。

能源、四川路桥、百利天恒、东方电气、科伦药业、成都银行等企业亦进入了市值前10名。[1] 四川省的上市公司涵盖多个行业领域,包括但不限于食品饮料、医药生物、电子、通信、机械设备等。其中,食品饮料行业在总市值中占据了相当大的比例,这主要得益于白酒产业的快速发展。此外,随着科技创新的不断推进,四川省在高科技领域的上市公司亦逐渐增多,为区域经济的转型升级提供了有力支撑。四川亦正在加速构建"5+1"现代产业体系。[2]

表8-1　四川上市公司发展阶段

发展阶段	具体情况
早期发展阶段(20世纪90年代初至21世纪初)	初期探索:四川的上市公司发展历程可以追溯到20世纪90年代初。1993年,四川首家上市公司四川峨眉山盐在深交所上市,标志着四川企业开始进入资本市场。随后,泸州老窖、五粮液等知名企业相继上市,为四川的资本市场注入了新的活力
	国有企业打头阵:在1993年至1995年,国有企业成为四川上市公司队伍中的主力军。这一时期的上市公司多集中在传统行业,如制造业、能源等
快速发展阶段(21世纪初至21世纪10年代初)	国有企业和民营企业交相辉映:进入21世纪后,四川的上市公司队伍迅速壮大。国有企业和民营企业在这一时期交相辉映,共同推动了四川资本市场的繁荣。五粮液、泸州老窖等老牌国有企业继续发挥引领作用,而新希望、通威股份等民营企业崭露头角
	中小民营企业崛起:特别是在2008年至2011年,随着资本市场的进一步开放和四川经济的快速发展,中小民营企业成为上市的主力军。这些企业多集中在高新技术产业、现代服务业等领域,为四川的产业结构升级提供了有力支撑
多元化发展阶段(21世纪10年代初至今)	创业板上市加速:2014年以来,四川企业上市的速度明显加快,特别是创业板上市企业的数量显著增加。这反映出四川的创新创业环境不断优化,越来越多的新兴企业开始进入资本市场
	产业链和产业集群形成:随着上市公司的增多,四川地区逐渐形成了更加完善的产业链和产业集群。这些产业链和产业集群的形成,不仅提高了企业的生产效率和市场竞争力,还吸引了更多的投资和资源流入四川地区
	国有资产改革与金融突破:近年来,四川国有资产改革持续推进,对相关上市公司产生了深远影响。同时,四川金融业亦取得了重要突破,如宜宾银行等地方性商业银行成功上市,为四川的金融市场注入了新的活力

[1] 参见中商产业研究院:《2023年四川省上市公司市值排行榜(附榜单)》,载中商情报网2024年1月5日,https://www.askci.com/news/20240105/1155102704426910464218 66.shtml。

[2] 四川省"5+1"现代工业是指电子信息、装备制造、食品饮料、先进材料、能源化工以及数字经济。

(二)四川上市公司发展的特点

1. 四川上市公司整体发展向好

四川上市公司整体发展向好,得益于经济的快速增长、政策的支持、行业的优势和上市公司数量的增加。这为四川上市公司提供了更多的发展机遇和更大的市场空间,有望推动当地经济的进一步发展和繁荣。首先,经济的快速增长。四川作为我国西部地区重要的经济中心,近年来一直保持着较快的经济增长速度。这为四川上市公司提供了良好的发展机遇。随着经济的增长和市场的扩大,四川上市公司在各个行业的发展空间逐渐扩大,有更多的机会获得市场份额和利润增长。其次,政策的支持。四川地方政府一直致力于提升当地经济发展水平,完善营商环境。政府出台了一系列扶持政策,为上市公司提供了良好的政策环境和支持措施。这些政策包括减税降费政策、优惠融资政策、科技创新支持等,能够促进上市公司的发展,提升其盈利能力和竞争力。再次,行业的优势。四川在多个行业拥有独特的优势,如能源、化工、农业等。这些行业在四川地区有着广阔的发展空间和资源优势,上市公司在这些行业中具备较强的竞争力和发展潜力。另外,四川还积极推动新兴产业的发展,如新能源、高技术制造业等,为上市公司提供了更多的发展机会。最后,上市公司数量的增加。近年来,四川上市公司的数量不断增加。这表明越来越多的企业选择通过上市来融资和扩大规模,这亦反映了四川上市公司整体发展向好的趋势。上市公司数量的增加会带来更多的投资和资金流入,为四川地区经济带来更多的发展机会。

以2020年为例,截至2020年年末,四川上市公司共计136家,同比新增11家,净增10家,列全国省级区域第8名,居西部省级区域第1名。(见表8-2、表8-3)

表8-2 2020年四川上市公司的基本发展情况(截至2020年年末)

从板块分析	主板		中小板		创业板		科创板	
	数量/家	占比/%	数量/家	占比/%	数量/家	占比/%	数量/家	占比/%
	67	49.27	33	24.26	32	23.53	4	2.94

续表

从行业分析(共涉及15个行业,以其中前5个行业作比较)	制造业		信息服务业		能源业		金融业		建筑业	
	数量/家	占比/%	数量/家	占比/%	数量/家	占比/%	数量/家	占比/%	数量/家	占比/%
	86	63.24	13	9.56	11	8.09	4	2.94	4	2.94
从区域分布来看	成都经济区		川南经济区		川东北经济区		攀西经济区		川西北生态经济区	
	数量/家	占比/%	数量/家	占比/%	数量/家	占比/%	数量/家	占比/%	数量/家	占比/%
	117	86.03	11	8.09	4	2.94	3	2.20	1	0.74
结论	从上述信息分析,四川上市公司数量增长较快及板块、行业、区域分布出现结构性调整,总体保持基本稳定格局									

数据来源:四川上市公司协会发布的《四川上市公司发展报告(2020)》;锦观新闻:《四川A股上市公司发展报告出炉:136家公司市值超30567.28亿元》,载网易网2021年12月29日,https://www.163.com/dy/article/GSD99HTG0514R9MQ.html。

表8-3 2020年四川上市公司经营情况分析(截至2020年年末)

从竞争力角度看	平均资产总额	总市值	全年营业收入	净利润	净资产收益率	资产周转率	研发强度率	资产负债率	税负率
	177.48亿元	30,567.28亿元	8071.05亿元	4.68亿元	8.12%	33.43%	2.37%	67.49%	7.44%
从融资情况来看	四川上市公司债券和股权融资均实现较大幅增长,研发强度有所提升,横向和跨行业资产并购频次较高。2020年,四川上市公司债券融资总额659.77亿元,同比增加102.87亿元,有100家上市公司参与且完成资产并购100起,交易金额71.76亿元,其中以横向整合和混合并购为目的的交易金额为23.56亿元,占比达32.83%,部分并购重组涉及上市公司控制权变更。以制造业为主的116家四川上市公司的研发投入,费用合计192.04亿元,同比增长13.93%,研发强度2.37%,同比提高0.12%								
从人员管理来看	四川上市公司员工数量略有增加,薪酬稳定上涨,国有控股上市公司人均薪酬保持比较优势,企业社会责任成效明显。2020年,四川上市公司员工总数54.57万人,同比增长6.85%;支付员工薪酬722.45亿元,人均薪酬13.24万元,同比增长2.24%。四川上市公司有33家披露了年度社会责任报告,四川上市公司扶贫支出20.20亿元、公益支出2.39亿元、环保支出2.10亿元								
从上市公司头部效应分析	传统产业仍占主导地位,五粮液市值、纳税和净利润三项指标蝉联榜首。2020年,四川市值前10名上市公司的市值合计20,263.10亿元,占四川上市公司市值66.29%,其中五粮液市值11,328.47亿元位列第1名								
从盈利能力来看	四川上市公司营业收入、境外收入和纳税总额较高增长,国有控股上市公司占比继续升高但净利润出现负增长,民营控股上市公司净利润增速大幅上升。2020年,四川上市公司全年实现营业收入同比增加594.93亿元,增长7.96%								

续表

从经营规模来看	四川上市公司总市值大幅上涨,行业市盈率差异较大,总资产和净资产较高增长,负债率相对较高。2020 年年末,四川上市公司总市值同比增长 70.66%,总市值 GDP 占比 62.90%,低于全国上市公司总市值 GDP 占比 78.37% 的平均水平

数据来源:四川上市公司协会发布的《四川上市公司发展报告(2020)》;李超:《〈四川上市公司发展报告(2020)〉发布　五粮液多项指标蝉联榜首》,载经济参考网,http://www.jjckb.cn/2021-12/29/c_1310400122.htm。

2. 多举措促进上市公司高质量发展

整体上,四川上市公司的发展存在以下问题:首先,产业质量不高。四川上市公司以传统产业为主,缺乏高附加值的新兴产业,产品技术含量低,市场竞争力不足。其次,发展能力不足。四川上市公司资金实力不强,创新能力和研发投入不足,缺乏核心竞争力。最后,四川上市公司抢抓政策和市场机遇能力欠缺,对新兴产业和新业态的发展把握不准确,错过了一些发展机会。对此,四川省采取了多举措促进四川上市公司高质量发展。一是四川省注重上市后备企业的筛选和培育工作。通过动态筛选符合产业政策、主营业务突出、竞争能力较强的企业进入全省上市后备企业资源库,形成更多的企业上市“后备军”。同时,四川省还积极推动企业入库培育,提供政策支持和融资对接服务,提高入库企业的“含金量”。二是四川省采取多项措施推动上市公司质量提升。一方面,通过强化规范治理引领、强化上市公司内生增长和创新发展等措施,做优上市公司质量。另一方面,充分发挥资本市场并购重组主渠道作用,鼓励上市公司通过并购重组向新质生产力方向转型升级,拓展产业生态圈,延伸创新生态链。三是四川省致力于优化资本市场生态环境,为上市公司的高质量发展提供更加有利的市场条件。一方面,加强行业机构能力建设,支持证券、基金、期货机构的高质量发展,同时严格履行中介机构“看门人”责任。另一方面,推动债券和不动产投资信托基金市场高质量发展,支持企业通过银行间、交易所债券市场融资,发行科创债、绿色债等创新品种债券。四是四川省政府在促进上市公司高质量发展中发挥着重要的引导作用。一方面,建立健全覆盖企业股份制改革、挂牌、上市、再融资和并购重组等方面的扶持政策,支持符合国家发展战略和产业发展方向的上市公司依法依规享受减税降费和财政补助政策。另一方面,加强组织领导,发挥金融委办公室地方协调机制和省政府金融工作议事协调机制的作用,形成监管合力,推动上市公司高质量发展。五是在促进上市公司高质量发展的过程中，四川省注重风险防控工作。通过加强资本市场重大异常信息、重大风险信息共享，推动重点领域风险防范化解，建立资本市场发展协调工作机制等措施，确保资本市场的稳健运行。

三、四川上市公司的现状及发展趋势

（一）四川上市公司的现状

1. 四川各地市上市公司的分布情况

四川上市公司分布不均，成都市数量最多。成都为四川省之省会城市与经济中心，吸引了大批企业总部与金融机构入驻。于是，成都成为四川上市公司之聚居地。成都拥有相对完善之金融服务体系与得天独厚之地理位置，为企业上市提供便利条件。成都还积极出台帮助企业上市之政策，增强企业上市之意愿。与此同时，其他地区的上市公司数量相对较少（见表8－4）。其他城市和地区的经济发展相对滞后，缺乏足够的吸引力和竞争力，导致上市公司数量较少。然近年四川省政府亦觉其弊，采取措施，促进其他地区之经济发展与企业上市。加大对其他地区之扶持，鼓励更多企业在其他地区上市，以实现经济之均衡发展。[1]

表8－4　四川各地市上市公司分布情况

各地市	基本情况
成都市——核心聚集区	(1)数量最多。成都市作为四川省的省会城市，拥有超过100家上市公司，在全省上市公司中占比约2/3。这得益于成都雄厚的经济实力、良好的营商环境和发达的产业体系。 (2)行业分布广泛。在电子信息产业方面，有像京东方这样的龙头企业。京东方在显示面板领域处于全球领先地位，其在成都的投资布局不仅带动了当地电子信息产业上下游企业的发展，亦促进了技术研发和人才聚集。医药健康产业亦有众多上市公司，如科伦药业。科伦药业专注于医药研发、生产与销售，不断加大研发投入，提升创新能力，为四川乃至全国的医药健康产业发展作出了重要贡献。此外，金融、航空航天、轨道交通等产业亦有一批优质上市公司。例如，成飞集成涉足航空航天零部件制造等领域，新筑股份在轨道交通车辆及部件制造方面具有较强竞争力

[1] 但值得注意的是，四川省仍存在大量上市空白区域，74%的区县没有A股上市公司。

续表

各地市	基本情况
绵阳市——科技之城的优势体现	(1)军工电子特色明显。绵阳市是国家科技城,上市公司数量在全省位居前列。其中军工电子类企业占据一定比例,如长虹佳华。长虹佳华依托长虹集团的资源,在信息技术服务、供应链管理等方面发展迅速,并且在军工电子产品分销等领域发挥着重要作用。 (2)新兴产业发展潜力大。绵阳市在新材料、新能源等领域亦有一些新兴的上市公司。例如富临精工,它从汽车零部件制造逐步向新能源汽车智能电控系统等新兴领域拓展业务,积极适应汽车产业变革的趋势,为绵阳市新兴产业的发展注入活力
德阳市——装备制造为主导	(1)传统装备制造业优势。德阳市被称为"重装之都",上市公司多集中在装备制造领域。东方电气是其中的典型代表,它是全球最大的发电设备制造商和电站工程承包商之一。东方电气的产品涵盖水电、火电、核电等多个领域。其在大型发电设备的研发、制造和出口方面具有很强的国际竞争力,对德阳市的工业经济发展起到了重要的支撑作用。 (2)产业升级转型中的新机遇。随着国家对清洁能源、智能制造等产业的支持,德阳市的部分上市公司亦在积极进行产业升级转型。一些企业开始涉足风电、光伏等新能源装备制造以及高端数控机床等智能制造装备的研发生产,为德阳市打造现代装备制造产业集群提供了新的动力
宜宾市——新兴产业崛起	(1)白酒产业根基深厚。宜宾市是中国著名的白酒生产基地,五粮液是其最知名的上市公司。五粮液品牌价值高,在国内外市场上享有盛誉。五粮液不断优化产品结构,提高产品质量,同时注重品牌文化建设,在推动宜宾白酒产业发展的同时,亦对地方税收、就业等方面做出了巨大贡献。 (2)动力电池等新兴产业崭露头角。近年来,宜宾市抓住新能源汽车发展的机遇,大力引进和发展动力电池产业。宁德时代在宜宾市投资建设了动力电池生产基地,带动了一批上下游企业在当地集聚,形成了一定规模的动力电池产业集群。此外,宜宾市还在智能终端、新材料等新兴产业方面培育出了一些具有发展潜力的上市公司或拟上市公司
其他地市情况	(1)泸州市——以酒类企业为主。泸州老窖是泸州市最具代表性的上市公司,与五粮液一起成为四川白酒行业的两大巨头。除了白酒企业,泸州市亦在努力发展其他产业,但目前上市公司数量相对较少。 (2)乐山市——硅材料产业特色。乐山市在硅材料产业方面有一定的优势,拥有多晶硅生产企业等上市公司。随着光伏产业的快速发展,乐山市的硅材料企业有望进一步发展壮大,提升在全省上市公司中的地位。 (3)自贡市、内江市等地。这些地市的上市公司数量相对较少,主要集中在传统产业领域,如机械制造、食品加工等。不过,它们亦在积极探索产业转型升级路径,试图培育更多具有上市潜力的企业

2. 四川上市公司各行业的发展情况

截至2023年年底，四川上市公司的行业分布广泛，涵盖多个领域。从行业分布来看，四川省的A股上市公司分布在27个分行业（另有说法为58个行业，这可能是由于统计口径或时间点的不同），呈现百花齐放的格局。国务院国有资产监督管理委员会在2019年年底提出“推动构建国资监管大格局、形成国资监管一盘棋”的口号，并印发了《关于进一步推动构建国资监管大格局有关工作的通知》（国资发法规〔2019〕117号）。四川省人民政府办公厅在2020年4月发布《关于构建全省国资监管大格局协同推进国有企业改革发展的指导意见》。该指导意见明确表示，四川要通过国有资本合理布局、高效配置，避免或有效解决产业布局同质化、主业不突出等问题。四川上市公司主要行业发展现状、优势及挑战见表8－5。

表8－5　四川上市公司主要行业发展现状、优势及挑战

行业	发展现状	优势	挑战
制造业和食品饮料行业	四川在装备制造、食品饮料等制造业领域拥有多家上市公司。例如，东方电气是全球最大的发电设备制造和电站工程承包特大型企业之一，其业务涵盖水电、火电、核电等多种发电设备的研发、制造与销售，在国内国际电力装备市场上占据重要地位。 食品饮料行业中的五粮液更是世界知名的白酒品牌，多年来一直保持着稳定的业绩增长。它通过不断优化生产工艺、拓展销售渠道，在高端白酒市场拥有强大的品牌影响力和庞大的市场份额	一是资源禀赋。四川具有丰富的原材料资源，如矿产资源为装备制造提供金属材料，农业资源为食品饮料企业提供优质原料。例如，攀西地区的钒钛磁铁矿为钢铁及有色金属加工产业提供了坚实的物质基础。 二是产业集群效应。以成都、德阳等地为中心形成了多个制造业产业集群。在成都有众多航空航天、电子信息相关制造企业集聚，这些企业在技术研发、人才交流等方面相互促进，降低了生产成本，提高了整体竞争力	一是技术升级压力。随着全球制造业向智能化、绿色化转型，部分传统制造业上市公司面临技术改造资金投入大、技术研发周期长等问题。例如一些小型机械制造企业，在向智能制造转型的过程中缺乏足够的资金用于购置先进的自动化生产设备和引进高端技术人才。 二是市场竞争激烈。国内外同行业的竞争日益加剧。在食品饮料行业，除了国内其他知名白酒品牌的竞争外，进口酒类亦对市场份额构成一定威胁；在装备制造方面，面临来自欧美日等发达国家企业的技术封锁和技术竞争

续表

行业	发展现状	优势	挑战
信息技术产业	成都作为西部地区的信息技术产业高地，孕育了一批优秀的上市公司。例如，迅游科技专注于互联网游戏加速服务，为游戏玩家提供稳定流畅的网络环境，在国内游戏加速器市场占据较大份额。川大智胜主要从事飞行模拟仿真训练设备、空中交通管理等领域的研发和生产，在航空信息化建设方面发挥着重要作用，并且积极参与到国家空管体系的建设和升级中	一是政策支持。四川省政府高度重视信息技术产业发展，出台了一系列优惠政策，如税收减免、研发补贴等。这有助于降低企业的运营成本，鼓励企业加大研发投入。 二是人才资源丰富。四川拥有众多高校和科研机构，每年培养大量的信息技术专业人才。电子科技大学、四川大学等高校为本地信息技术企业输送了大量高素质的技术人员和管理人员	一是高端芯片等核心技术受制于人。在全球信息技术产业链中，我国在高端芯片等领域仍依赖进口。对于四川的信息技术上市公司来说，如果不能突破核心技术瓶颈，在国际市场的竞争力将受到限制，同时亦面临供应链中断的风险。 二是信息安全风险。随着信息技术应用范围不断扩大，网络安全事件频发。对于从事云计算、大数据等业务的公司而言，确保用户数据安全至关重要，一旦发生信息泄露等安全问题，将严重影响企业的声誉和发展
生物医药产业	科伦药业是四川生物医药产业的代表性企业之一，主要从事大容量注射剂（输液）、小容量注射剂（水针）以及注射用无菌粉针（含冻干粉针）等产品的研发、生产和销售。公司在药物研发方面不断加大投入，积极拓展创新药领域，逐步从传统的仿制药生产企业向创新型医药企业转型。 康弘药业则在眼科用药等领域具有较强的竞争优势，其生产的康柏西普眼用注射液是我国首个自主研发的治疗湿性年龄相关性黄斑变性的药物，在国内市场取得了良好的销售业绩并逐渐走向国际市场	一是生物资源优势。四川是中药材的重要产地，丰富的生物多样性为生物医药产业提供了充足的天然药物资源。许多植物药材可用于新药研发，有助于开发具有地方特色的中药制剂或天然药物产品。 二是临床试验资源丰富。四川拥有众多大型医院和医疗机构，能够为生物医药企业的临床试验提供丰富的患者资源和专业的医疗团队支持。这有利于缩短新药研发周期，提高研发效率	一是研发投入高且回报周期长。生物医药研发需要巨额的资金投入，并且从实验室研究到最终上市销售往往需要经过漫长的过程。这对企业的资金实力和耐心都是巨大考验，特别是在早期研发阶段，失败风险较高。 二是行业监管严格。生物医药行业受到严格的法规监管，从药品注册审批到生产质量管理规范认证等环节都需要遵循一系列复杂的规定。企业必须严格按照标准进行操作，否则可能会面临召回产品、停产整顿等处罚

续表

行业	发展现状	优势	挑战
建筑与房地产相关产业	华西证券股份有限公司虽然属于金融行业,但在为四川建筑与房地产企业提供金融服务方面发挥着重要作用。而蓝光发展曾经是四川房地产行业的知名企业,在全国范围内布局房地产项目,涉足住宅、商业地产等多个领域。不过近年来,随着房地产市场调控政策的持续影响,蓝光发展股份有限公司亦面临债务危机等困境。 在建筑施工方面,四川路桥是重要的上市公司,参与了众多省内省外的公路、桥梁等基础设施建设项目,在高速公路建设等领域积累了丰富的经验和技术	一是市场需求支撑。四川作为人口大省,城市化进程持续推进,对住房、商业设施等的需求较为旺盛。同时,大规模的基础设施建设亦为建筑企业提供了广阔的市场空间。 二是地域特色建筑文化。四川有着独特的建筑文化,如川西民居建筑风格等。一些本土建筑企业可以将这种地域特色融入现代建筑设计和施工中,打造具有独特魅力的建筑作品,提升品牌形象	一是政策调整影响大。房地产行业受宏观政策影响明显。限购、限贷等政策使房地产市场成交量和价格波动较大,给房地产上市公司的经营带来不确定性。对于建筑企业来说,当房地产市场不景气时,亦会导致业务量减少。 二是环保要求趋严。随着国家对环境保护的重视程度不断提高,建筑与房地产相关企业在施工过程中必须遵守更严格的环保规定,如扬尘治理、噪声控制等,增加了企业的运营成本

3. 四川上市公司经营业绩分析

四川上市公司涵盖电池、房地产开发、电力、证券、元件、消费电子等多个行业,行业分布广泛。不同行业之间的盈利能力存在差异,但总体上呈现多元化的盈利格局。一是整体盈利情况:盈利公司数量占比高。上市公司公告数据显示,截至 2024 年 2 月 2 日,已有 87 家四川 A 股上市公司发布了 2023 年业绩预告,其中 54 家盈利,盈利公司占比达到 62.07%。截至 2023 年 10 月 31 日,172 家四川 A 股上市公司披露了 2023 年三季报,其中 142 家盈利,盈利公司占比高达 82.56%。这一数据较业绩预告有所上升,反映出四川上市公司整体盈利状况良好。二是净利润总额稳定增长。尽管面临市场波动和经济下行压力,但四川上市公司仍实现了净利润的稳定增长。以 2023 年前三季度为例,172 家四川 A 股上市公司合计实现净利润 1065.81 亿元,虽然同比 2022 年前三季净利润 1257.16 亿元有所下降(主要受部分大户如通威股份、天齐锂业净利润下降影响),但仍保持在一个较高的水平。三是龙头企业表现突出。行业中的龙头企业,凭借其独特的竞争优势和稳健的经营策略,实现了较高的销售净利润。(见表8-6)

表8-6 四川上市公司龙头企业的销售净利润(2023~2024年)

公司名称	销售净利润情况
五粮液	2024年上半年,五粮液实现营业收入506.48亿元,同比增长11.3%;实现净利润190.57亿元,同比增长11.86%。五粮液作为白酒行业的龙头企业,其高端产品2024年上半年实现营业收入392.05亿元,同比增长11.45%,对整体业绩贡献显著①
泸州老窖	泸州老窖在2024年上半年实现营业收入169.05亿元,同比增长15.84%;实现净利润80.28亿元,同比增长13.22%。中高档酒类营业收入占比高,且增长速度快,是泸州老窖业绩增长的主要动力②
天齐锂业	天齐锂业在锂电池材料行业具有重要地位。虽然受锂化工产品市场波动的影响,其2023年锂化工产品销售价格较2022年下降,导致毛利下降,但公司仍实现了较高的净利润。天齐锂业2023年实现归属于上市公司股东的净利润72.97亿元③
科伦药业	科伦药业在2023年实现归属于上市公司股东的净利润为24.56亿元,同比增长44.03%④

①宜宾五粮液股份有限公司:《2024年半年度报告》,载深圳证券交易所网2024年8月29日,http://www.szse.cn/disclosure/listed/bulletinDetail/index.html?5f15a2c0-2e74-4202-adaf-f23b7fbac609。

②泸州老窖股份有限公司:《2024年半年度报告》,载深圳证券交易所网2024年8月31日,http://www.szse.cn/disclosure/listed/bulletinDetail/index.html?f9446f3f-cf78-4017-a1e0-fcc90b52f22e。

③天齐锂业股份有限公司;《2023年年度报告》,载深圳证券交易所网2024年3月28日,http://www.szse.cn/disclosure/listed/bulletinDetail/index.html?a2ab00a2-6d5d-495a-9727-0f0d1e8d6a4e。

④科伦药业股份有限公司:《2023年年度报告》,载深圳证券交易所网2024年4月25日,http://www.szse.cn/disclosure/listed/bulletinDetail/index.html?fd060213-ab66-48da-a8ce-59bbc70231ee。

四川上市公司的销售净利润因公司、行业及市场环境的不同而有所差异。部分龙头企业在各自行业中表现出色,实现了较高的净利润和增长率。从四川上市公司龙头企业的销售净利润表现来看,销售净利润总体上呈现运转良好的态势,这明确指出了大多数上市公司在销售业务层面能够成功实现盈利,这一积极现象不仅彰显了四川上市公司在整体经营能力上的强劲实力,亦深刻反映了它们在国内乃至国际市场上的强大竞争力。这些企业凭借出色的市场表现和稳健的经营策略,成功地在激烈的市场竞争中脱颖而出,为四川乃至全国的经济发展作出了重要贡献。

然而,我们亦应注意到个别四川上市公司面临运营上的严峻挑战。这些挑战可能源于多方面因素，包括但不限于日益激烈的市场竞争环境、产品竞争力相对不足、内部管理不善以及成本控制不力等。这些问题若得不到及时解决，将严重威胁到这些公司的持续经营能力和上市地位。为了有效应对这些挑战，避免退市风险，这些面临困境的上市公司亟须采取一系列有力措施来加强自身的运营能力。具体而言，这些面临困境的上市公司可以着手改善产品质量，通过技术创新和工艺升级来提升产品的附加值和市场竞争力；同时，它们还需加强市场推广力度，通过多元化营销渠道和精准的市场定位来增加产品销售份额，扩大市场份额；此外，它们还需提升管理水平，优化内部运营流程，提高运营效率，减少浪费，并注重成本控制，通过精细化管理和供应链优化来降低生产成本，提高利润率。通过这些综合措施的实施，这些面临运营困难的上市公司有望逐步改变困境，重塑自身的竞争优势，从而在激烈的市场竞争中站稳脚跟，保持并巩固其上市地位。同时，这亦将为四川乃至全国的上市公司提供宝贵的经验和启示，推动整个行业向更高水平发展。

4. 相较于东部地区，四川上市公司的数量较少（见表8－7、表8－8）

四川省上市公司数量仍有较大上升空间，数量居中西部首位。[1] 整体而言，四川上市公司存在数量较东部地区少、缺乏新兴产业支持、关联度高、企业规模较小和技术含量低等问题。解决这些问题需要政府和上市公司共同努力，加大对技术创新和转型升级的支持力度，推动新兴产业的发展，提升企业规模和技术含量，提高企业的市场竞争力和创新能力。

表8－7　四川资本市场主体概况（截至2024年12月31日）

项目	期末数	
上市挂牌企业情况	上市公司总市值/亿元	26,954.56
	上市公司总股本/亿股	1657.88
	上市公司家数/家	177
	其中：主板/家	100
	创业板/家	46

〔1〕 截至2023年5月，四川省上市公司总市值29,348.01亿元，上市公司总股本1578.20亿股，上市公司一共171家，其中主板101家、北交所9家、创业板43家、科创板18家。除此之外，在“新三板”挂牌的公司一共有183家。

续表

项目	期末数	
上市挂牌企业情况	科创板/家	21
	北交所/家	10
	"新三板"挂牌公司家数/家	172

数据来源:《2024 年 12 月四川资本市场主体概况》,载中国证券监管管理委员会网 2025 年 2 月 6 日,http://www.csrc.gov.cn/sichuan/c104899/c7536960/content.shtml;《2023 年 5 月四川资本市场主体概况》,载中国证券监督管理委员会网 2023 年 7 月 11 日,http://www.csrc.gov.cn/sichuan/c104899/c7419205/content.shtml。

表 8-8 各省市累计上市公司数量排名(截至 2023 年 12 月 31 日)

排名	省市	数量/家	占比/%
1	广东省	872	16.34
2	浙江省	701	13.14
3	江苏省	689	12.91
4	北京市	475	8.90
5	上海市	440	8.25
6	山东省	307	5.75
7	安徽省	175	3.28
8	四川省	173	3.24
9	福建省	171	3.21
10	湖北省	146	2.74
11	湖南省	146	2.74
12	河南省	110	2.06
13	江西省	88	1.65
14	辽宁省	87	1.63
15	陕西省	81	1.52
16	重庆市	78	1.46
17	河北省	78	1.46
18	天津市	72	1.35
19	新疆维吾尔自治区	60	1.12

续表

排名	省市	数量/家	占比/%
20	吉林省	49	0.92
21	山西省	41	0.77
22	云南省	41	0.77
23	广西壮族自治区	41	0.77
24	黑龙江省	40	0.75
25	贵州省	36	0.67
26	甘肃省	35	0.66
27	海南省	28	0.52
28	内蒙古自治区	26	0.49
29	西藏自治区	22	0.41
30	宁夏回族自治区	17	0.32
31	青海省	10	0.19

数据来源:《2023年各省市A股上市公司分布报告:广东独占鳌头,江苏增量第一》,载网易网2024年3月5日,https://www.163.com/dy/article/ISHO6M4S05386VAZ.html。

根据相关报道,在2023年的31个省级单位GDP排名中,四川省位列第5。然而,对比上述表8-8所呈现的数据,截至2023年12月31日,四川省的累计上市公司数量却仅排在第8位。这一现象揭示出,四川省的上市公司数量与其经济体量之间并未形成良好的匹配关系。相较于东部地区而言,四川上市公司的数量较少。首先,地理位置和经济发展差异是导致四川上市公司数量相较于东部地区较少的一个重要原因。东部地区位于我国经济发展的核心区域,拥有发达的经济基础和优越的地理位置,吸引了大量的企业投资。相比之下,四川位于西南地区,地理位置相对偏远,交通和物流相对不便,对外交流和经济交流的限制较多,因此吸引的企业投资相对较少。其次,产业结构和经济特点亦是导致四川上市公司数量相较于东部地区较少的因素之一。东部地区拥有较为完善的产业链和先进的制造业,涵盖多个行业领域,包括高科技、金融、汽车等。这些行业的发展对于上市公司的需求较大,因此,东部地区上市公司数量相对较多。相比之下,四川的经济主要以传统产业为主,如农业、能源、化工等,这些行业对于上市公司的需求较小,因此导致四川上市公司数量较少。最后,政策和环境因素对四川上市公司数量的影响亦不可忽视。东部地区一直是我国改革开放的重点地区,政府在各方面给予了较多的支持和优惠政策,包括资金、土地、税收等方面的优惠。这些政策的支持和环境的利好,吸引了更多的企业选择在东部地区发展。相比之下,四川在政策和环境方面的支持相对较少,导致上市公司数量较少。

综上所述,相较于东部地区而言,四川上市公司数量较少是由地理位置和经济发展差异、产业结构和经济特点以及政策和环境因素等多个方面的影响所导致的。然而,需要指出的是,四川的经济发展潜力巨大,政府和相关部门一直在积极推动四川的经济转型升级和吸引更多的投资,未来四川上市公司数量有望逐步增加。

5. 企业规模较小

四川上市公司的企业规模相对较小,截至 2023 年,四川 A 股上市公司平均市值约 175 亿元,低于全国均值(约 200 亿元),与东部省份差距显著(如浙江、广东 A 股上市公司平均市值超 400 亿元)。在营业收入规模上,四川上市公司中位数营业收入约 20 亿元,而全国中位数营业收入超 30 亿元。这一现状在很大程度上与传统行业的发展滞后密切相关。这种规模上的劣势使四川上市公司在市场竞争中面临诸多挑战。一是融资难。规模较小的上市公司在融资方面往往面临较大困难。由于资本市场对小规模企业的认可度有限,这些公司难以通过股票发行、债券融资等方式筹集到足够的资金。这限制了它们的扩张能力和市场竞争力。二是技术创新能力受限。规模较小的上市公司通常缺乏足够的研发资金和技术人才,导致技术创新能力受限。在市场竞争日益激烈的今天,技术创新是企业保持竞争力的关键。因此,规模劣势使四川上市公司在技术创新方面处于不利地位。三是市场拓展困难。规模较小的上市公司在市场拓展方面亦面临较大挑战。由于品牌知名度有限、销售渠道不完善等,这些公司难以迅速扩大市场份额。同时,它们在与大型企业的竞争中往往处于劣势地位,难以获得客户的信任和认可。四是供应链管理能力不足。规模较小的上市公司在供应链管理方面亦存在缺陷。由于采购量有限、议价能力弱等,这些公司在原材料采购、物流配送等方面往往难以获得成本优势。这进一步削弱了它们在市场竞争中的地位。

为解决规模较小的上市公司面临的困难,可以采取以下措施:首先,政府可以加大对规模较小的上市公司的支持力度,提供更多的融资渠道和政策支持,降低它们的融资成本。其次,规模较小的上市公司可以通过合并、收购或联盟等方式,实现规模扩大和资源共享,增强市场竞争力。此外,规模较小的上市公司可以加强自身的创新能力和品牌建设,提高产品和服务的质量,提高客户的忠诚度和市场影响力。

6. 技术含量相对较低

四川上市公司的生产工艺和技术含量相对较低,其主要原因在于传统产业占比高。一是传统行业生产工艺与技术的局限性。传统行业往往依赖于已经相对成熟且被广泛应用的生产工艺和技术。这些技术虽然在一定程度上能够满足市场需求,但往往缺乏核心技术和自主知识产权。四川上市公司在传统行业中占据一定比例,这些公司普遍面临技术更新缓慢、创新能力不足的问题。由于缺乏核心技术和自主知识产权,这些公司在市场上难以形成差异化的竞争优势,很难通过技术创新来提高产品的质量和性能,以及降低生产成本。二是技术进步缓慢与行业特点。传统行业的技术进步相对较慢,这可能与多个因素有关。一方面,技术门槛较高,使企业难以在短时间内掌握和应用新技术。另一方面,市场需求相对稳定,缺乏足够的动力推动企业进行技术创新。在四川上市公司中,传统行业的技术进步相对缓慢的情况尤为明显。由于技术进步缓慢,这些公司往往难以跟上市场的变化和消费者需求的变化,导致在市场竞争中处于不利地位。三是技术创新面临挑战。由于传统行业的上述特点,四川上市公司在技术创新方面亦面临诸多挑战。一方面,缺乏技术创新的驱动力。由于市场需求相对稳定,企业往往缺乏进行技术创新的内在动力。另一方面,技术创新需要投入大量的资金和人力资源,而四川上市公司普遍规模较小,资金实力有限,难以承担高昂的研发成本。公开数据显示,四川 A 股上市公司平均研发费用率低于东部沿海省份。2022 年四川上市公司研发支出占营业收入比例约 1.5%,而广东、浙江等地上市公司研发支出占营业收入比例超过 2%。这反映企业在核心技术上的投入仍有提升空间。此外,技术创新还需要良好的创新环境和政策支持,而四川在这方面还有待进一步完善。

为解决四川上市公司在技术创新方面的问题,可以采取以下措施:首先,政府可以加大对技术创新的支持力度,提供相应的政策和资金支持。政府可以鼓励上市公司加大研发投入,提高技术创新能力,培育和引进高新技术企业,推动传统行业向高技术、高附加值领域转型升级。其次,上市公司可以加强与高校、科研机构和其他企业的合作,共享技术和研发资源,提高创新能力。通过合作,上市公司可以获取更多的技术支持和专业知识,提高技术创新的能力。此外,上市公司还可以加强自主研发和知识产权保护。通过加大研发投入,上市公司可以提高自身的研发能力和创新水平,增加核心技术和自主知识产权的数量、提高核心技术和自主知识产权的质量。同时,加强知识产权保护可以有效防止技术被侵权或盗用,增加技术创新的回报和竞争优势。

7. 四川省金融类上市公司的发展不强

相较于东部地区的金融中心,四川省的金融发展相对滞后。一是在四川省的金融行业中,银行业占据主导地位,这体现在银行业的上市公司数量较多,而非银行金融机构(如基金、证券、保险等)的上市公司数量相对较少。这种结构特点使得四川省金融类上市公司在体量规模上相对较小,难以形成与东部地区金融中心相媲美的金融集聚效应。四川省金融类上市公司以地方性银行(如成都银行、泸州银行)和券商(如华西证券股份有限公司)为主,但整体市值在全国同类机构中排名靠后。例如,成都银行(2023 年市值约 400 亿元)低于同区域的重庆农村商业银行(约 700 亿元),更无法与东部头部城商行(如北京银行、宁波银行)相比。二是地域和资源限制。四川省地处西部地区,相对较远离国内金融中心(如上海、深圳等),这在一定程度上限制了四川省金融机构在获取金融信息和资源方面的能力。与东部地区相比,四川省的金融机构在获取最新的金融政策、市场动态和技术创新方面存在滞后性,这影响了四川金融发展的速度和规模。四川地方银行业务多集中于省内或西南地区,跨区域拓展能力不足。例如,泸州银行 90% 以上的贷款集中在四川省内,而东部城市商业银行如上海银行已在全国主要城市布局。三是市场规模和需求的限制。四川省的市场规模相对较小,消费能力亦相对较低,这在一定程度上限制了金融机构在市场开拓和业务拓展方面的能力。与东部地区的大城市相比,四川省的金融机构在拓展新业务、开发新产品方面面临更大的挑战。同时,市场规模的限制亦影响了金融上市公司的数量和体量,使四川省的金融行业难以形成规模效应。四是金融文化和金融意识滞后。相比于东部地区,四川省在金融文化和金融意识方面的培养相对滞后。这体现在金融机构的业务水平和服务质量上,以及公众对金融产品和服务的认知与接受程度上。金融文化和金融意识的滞后不仅影响了金融机构的竞争力,亦限制了金融行业的发展潜力。五是细分市场发展滞后。四川省在基金、证券、保险等细分市场的发展相对较为滞后。这些细分市场是金融行业的重要组成部分,但由于市场规模相对较小,相应的上市公司数量亦较少。这导致四川省的金融行业在多元化和专业化方面存在缺陷,难以形成完整的金融产业链。

为了推动四川省金融类上市公司的发展,可以采取以下措施:首先,加强金融市场建设,提升市场的规模和吸引力。通过建设金融中心和金融产业集聚区,吸引更多的金融机构和人才进入四川省,提升金融市场的活力和竞争力。其次,加强金融创新和技术应用,推动金融业务的转型升级。通过引进新技术和金融产品,提升金融机构的服务质量和效率,增加金融行业的附加值和竞争力。最后,加强金融教育和培训,提升金融从业人员的专业素养和金融意识。通过加强金融文化和金融知识的普及,提高公众对金融的理解能力和参与度,推动金融市场的健康发展。

(二)四川上市公司的发展趋势

1. 高质量发展是上市公司遵循的投资准则

高质量发展作为上市公司的投资准则,具有重要意义。随着高质量发展战略的实施,以质量、效益为中心的理念开始深入人心,并成为上市公司选择投资项目的准则。首先,高质量发展强调质量和效益,这是上市公司可持续发展的基础。在投资决策过程中,以质量和效益为中心的理念,使得上市公司更加注重项目的盈利能力、市场潜力以及风险控制能力。其次,高质量发展能够提高投资项目的价值和回报。高质量的投资项目通常意味着更高的品质、更好的效益和更稳定的收益。通过选择高质量的投资项目,上市公司能够降低投资风险,提高投资回报率,并为股东创造更多的利益。这种选择投资的准则不仅有助于提高上市公司的投资质量,亦有助于维护股东权益和提升企业形象。然而,在实施高质量发展战略的过程中,上市公司可能会面临一些挑战和困难。例如,2018 年,华西能源工业股份有限公司拟收购河北省唐山境界实业有限公司股权,然股权转让方与股权受让方在资产范围、估值水平、业绩对赌、换股方案等诸多方面未能达成一致。鉴于此,华西能源工业股份有限公司管理层为实现高质量发展目标,决定终止此次重组。这说明实施高质量发展战略需要克服各种不确定性和差异。这种决策表明华西能源工业股份有限公司管理层对高质量发展的重视,并愿意舍弃短期利益,而选择更加符合公司长期发展战略的道路。因此,高质量发展作为上市公司的投资准则,不仅能够提高公司的投资质量和回报率,亦能够增强企业的竞争力和可持续发展能力。在实施高质量发展战略的过程中,上市公司需要面对各种挑战,但通过坚持稳健的投资准则和追求高质量的投资项目,公司能够实现长期的发展目标,并为股东和社会创造更大的价值。

2. 重视创新发展

四川上市公司越来越重视创新发展,积极加大科技研发投入,提升自主创新能力。

(1)科技创新是高质量发展的内在要求

科学技术的最大价值在于创新,而四川上市公司在这方面有所尝试。例如,泸州老窖作为传统类企业,通过成功研发多个项目,如"泸型酒发酵用复合微生物酶制剂的开发与应用",致力于实现智能酿造、健康酿造和有机酿造,推动传统酿造产业的升级。这些研发项目的目标是使产品制造能够有效地控制成本、降低能耗和减少排放。此外,泸州老窖还在进行"智能上甑机器人的研发与产业化"项目的研究,进一步推动智能化生产。另一个例子是四川长虹研发的"基于三维打印的家电产品快速设计制造技术研究及其应用"项目。这个项目致力于探索利用三维打印技术来快速设计和制造家电产品。通过这项技术的研究和应用,该公司可以更快地推出新产品,并提高产品的设计灵活性和制造效率。此外,通威股份的研发项目"电化水对鱼类保鲜及养殖水体灭菌应用与推广"亦值得关注。通过这个项目,通威股份致力于利用电化学原理来保鲜鱼类和灭菌养殖水体。这种创新技术不仅可以提高鱼类产品的保鲜质量,还可以减少对传统防腐剂的依赖,从而提高产品的安全性和质量。这些项目的研发不仅是为了科技创新,更是为了解决实际问题和推动企业发展。通过这些创新项目的研究和应用,四川上市公司不断提升自身的竞争力和市场地位。这些项目的成功验收亦显示了四川省科技部门对这些创新项目的认可和支持。因此,科技创新是提升企业竞争力和实现可持续发展的重要手段。四川上市公司通过不断研发和应用创新技术,不仅推动了企业的升级和发展,亦为行业的技术进步和社会的可持续发展作出了贡献。

(2)业态创新是高质量发展的路径选择

随着新经济的不断发展,新的产业形态和商业模式不断涌现,这将催生出许多新的业态。这些新业态在推动经济发展、提升创新能力和增加就业机会方面具有重要作用。新经济所具有的六大业态包括人工智能、大数据、云计算、物联网、区块链和数字经济。这些新兴业态以技术为基础,具有较好的市场前景和较大的增长潜力。通过应用这些新技术和新业态,企业可以提高生产效率、降低成本、改善产品和服务质量,从而实现高质量发展。新经济的七大场景包括智慧城市、数字农业、智能制造、健康医疗、新能源、新材料和文化旅游。这些场景是新经济发展的重要应用领域,通过应用新技术和新模式,可以实现城市管理的智能化、农业生产的智能化、制造业的智能化等,从而推动经济的高质量发展。目前,在四川上市公司中已经有一些先行者开始探索和应用新的业态和场景。例如,一些企业在人工智能、大数据和云计算领域有所突破,推出了具有创新性的产品和服务。同时,一些企业亦积极应用新技术和模式,探索新的商业模式和市场机会。业态创新不仅在经济发展中具有重要意义,亦在提升企业竞争力和创新能力方面起到了关键作用。通过引入新技术和业态,企业可以不断拓展市场和产品范围,提升核心竞争力,实现可持续发展。例如,新华文轩出版传媒股份有限公司通过“文轩网”和“九月网”探索线上线下结合的营销模式;通威股份的“通心粉社区”以“手指点一点,养鱼我全管”为核心,连接用户、养殖户、经销商等多方;红旗连锁启动红旗云大数据平台并与美团合作;峨眉山旅游股份有限公司利用多渠道营销,提供个性化旅游产品,吸引游客,扩大市场份额。

3. 产业结构更加多元化

四川作为我国西南地区重要的经济中心,其上市公司在产业结构上呈现出显著的多元化特点。这种多元化不仅体现在传统行业,如能源、化工、农业和食品加工等领域,还扩展到了新兴行业如电子信息、旅游文化创意、医药生物科技以及新能源、高端装备制造、互联网等领域。这种多元化的产业结构对于四川企业的风险分散和持续发展具有重要意义。

传统行业的坚实基础。一是能源和化工。四川拥有丰富的天然气、石油和煤炭资源,这使许多上市公司在能源和化工领域取得了良好的发展。这些企业涵盖石油化工、煤化工、天然气开发等多个子行业,为四川的能源供应和化工产业发展作出了重要贡献。二是农业和食品加工。作为我国的农业大省，四川拥有丰富的农产品资源，如优质稻米、茶叶、猪肉等。许多上市公司涉足农产品加工和食品饮料生产，不仅提升了农产品的附加值，还满足了消费者对高质量食品的需求。

新兴行业的蓬勃发展。一是电子信息。四川在电子信息领域的发展尤为突出，成都更是被誉为中国西部的"硅谷"。这里吸引了众多高新技术企业，涉及电子设备制造、通信技术、互联网服务等多个领域。这些企业的发展不仅推动了四川的产业升级，还提升了整个地区的科技创新能力。二是旅游和文化创意。四川拥有独特的自然风景和丰富的历史文化资源，这使旅游和文化创意产业成为四川上市公司的重要领域。这些企业从事旅游开发、文化艺术演出、影视制作等业务，不仅丰富了人们的文化生活，还促进了四川文化旅游产业的发展。三是医药和生物科技。在医药和生物科技领域，四川上市公司亦展现出了一定的竞争力。这些企业涉及医药制造、生物技术研发、医疗器械等多个方面，为四川的生物医药产业发展注入了新的活力。

新兴产业的积极拓展。近年来，四川上市公司积极拓展新能源、高端装备制造、互联网等新兴领域。这些领域的发展不仅符合国家的产业政策导向，亦符合市场需求的变化趋势。一是新能源。四川在水电和光伏发电方面具有较强的优势。上市公司利用这些优势积极投资建设相关项目，不仅推动了四川的能源结构调整，还为企业的可持续发展提供了新的增长点。作为全国首批低空空域协同管理改革试点省份之一，四川在无人机制造、航空电池研发等方面具有独特优势。二是高端装备制造。四川在航天、航空、核工业等领域的高端装备制造方面具有较强的技术和市场竞争力。这些企业的发展不仅提升了四川的工业水平，还为国家的国防建设和经济发展作出了贡献。三是互联网。随着互联网的普及和科技的进步，四川的互联网企业在电子商务、云计算、大数据等领域取得了重要进展。这些企业专注于互联网技术的研发和应用，为四川的数字化转型提供了有力支持。

4. 资产增值能力增强

四川上市公司呈现资产增值能力增强的发展趋势。

资产增值能力的具体表征。首先，从表现上分析。一是财务指标进一步优化。公开资料显示，2023 年四川上市公司平均净资产收益率达 8.9%，同比提升 1.2 个百分点。总资产周转率从 2018 年的 0.6 次提升至 2023 年的 0.72 次，反映出资产利用效率提高。2023 年内 18 家川股市值增幅超 50%，其中新能源、高端装备领域企业贡献主要增量，体现出产业升级红利。二是市值与资本溢价。一方面，市值增长显著。2019～2023 年川股总市值年均增速 18.2%，跑赢沪深 300 指数 6.3 个百分点；新能源、高端装备领域企业市值占比从 12% 升至 23%。另一方面，估值溢价显现。科技类川股市盈率中位数达 42 倍，较全国同类企业高 15%，显示了市场对区域创新能力的认可。三是资本支出扩张。近 3 年川股年均资本支出增速 14.7%，其中制造业企业研发投入强度超 3%，推动技术密集型资产占比提升。

其次，从驱动因素上分析。一是产业升级的结构性红利。在清洁能源革命方面，通威股份、天齐锂业等光伏锂电企业受益于全球能源转型，净利润年均复合增长率超 50%；四川清洁能源产业链企业总资产 5 年翻番。在电子信息跃迁方面，成都作为全国重要电子信息基地，相关上市公司毛利率达 28%，高于全国行业均值 5 个百分点。二是资本运作的催化效应。在并购重组方面，2020～2023 年川股完成并购 45 起，涉及资产规模超 600 亿元，其中跨行业整合案例占比达 35%，推动产业链延伸与协同效应释放。在直接融资方面，科创板上市企业从 2 家增至 13 家，北京证券交易所首批企业占全国 8%，股权融资额年均增长 27%。三是政策支持的杠杆作用。成渝地区双城经济圈基建投入年均增长 15%，带动四川路桥、四川成渝等交运建筑企业订单量年均增长 22%；省级专精特新企业获财政补贴年均增长 35%，撬动研发投入增长 40%。

综上所述，四川上市公司资产增值能力的增强，本质是区域经济动能转换的微观映射。产业升级、资本运作、政策支持形成“三位一体”驱动，使企业从规模扩张转向质量提升。未来需关注两大方向：一是技术密集型企业的长期价值成长，二是区域协同带来的产业链整合机会。

第九章　四川证券业协会

一、四川证券业协会产生的历史背景及意义

(一)四川证券业协会产生的历史背景

四川证券业协会之产生是我国金融市场改革开放的必然结果,亦是四川省经济发展之需要。它的成立使四川省证券市场能够更加规范、健康地发展,为四川省的经济发展提供了重要的支持和保障。

1. 四川证券业协会的产生与四川省经济发展的需要密切相关

首先,四川省作为我国西南地区的经济龙头,汇聚了大量资本与企业。随着其经济的迅猛增长,四川省对金融市场的需求日益攀升。证券市场作为金融市场不可或缺的一环,扮演着引导资本配置、推动企业融资与投资活动的关键角色。因此,四川省亟须多样化的专业机构来协调与管理证券市场,以契合市场不断进化的需求。其次,四川省的经济社会发展离不开一个健康、有序的证券市场。证券市场不仅为企业提供了多元化的融资渠道,还为投资者创造了更多机会,吸引更多资金流入四川,推动区域经济增长。然而,证券市场的健康发展需要有效的监督和管理。在此背景下,四川证券业协会应运而生,其旨在通过协调和管理证

券市场,促使证券市场长期稳定发展。

2. 四川产业发展需要建立证券业协会

四川作为我国西南地区的经济大省,在传统产业转型和新兴产业发展方面有着巨大的潜力。而证券市场在现代经济发展中扮演着优化资源配置、促进企业融资和发展等重要角色。四川证券业协会的建立正是为了满足四川产业发展之需要。

满足产业发展对金融服务的需求。首先,助力传统产业转型升级。四川拥有丰富的农业、制造业等传统产业资源。例如,四川的食品加工产业,其产业链长且涉及众多中小企业。这些企业在进行技术升级、扩大生产规模时通常面临资金短缺的问题。证券业协会可以组织会员单位(如证券公司、投资银行等)深入研究传统产业的发展需求,为它们提供多元化的金融解决方案。比如,帮助有潜力的传统企业进行股份制改造,通过发行股票上市或者债券融资来获取资金,用于引进先进生产设备、研发新技术等,从而实现从传统生产模式向现代化、智能化生产的转变。其次,推动新兴产业快速发展。新兴产业是四川产业结构优化升级的关键。像电子信息、航空航天、生物医药等新兴产业领域的企业,通常具有高成长性,但亦伴随较高的风险。证券业协会能够发挥桥梁作用:一方面,吸引更多的风险投资机构关注四川的新兴产业项目;另一方面,协助新兴产业领域的企业规范治理结构,以便更好地对接资本市场。例如,对于处于初创期的生物医药企业,协会可以指导企业撰写商业计划书以吸引投资者,并引导企业在合适的时机通过新三板挂牌等方式进行股权融资,加速企业的技术研发和市场拓展进程。

增强与外部资本市场的联系与合作。四川建立证券业协会后,可以将证券业协会作为一个窗口对外展示本地产业的发展优势和投资机会。协会能够组织专门的招商引资活动,邀请外地乃至国外的投资机构前来考察。例如,举办"四川投资论坛",重点介绍四川的重点产业项目,如新能源汽车产业集群建设等情况。通过协会的宣传推广,吸引更多外部资本进入四川,为本地产业发展注入活力。同时,协会还可以与国内其他地区或国际上的证券业协会建立合作关系,共享投资信息资源,拓宽四川产业的融资渠道。

助力区域协调发展。首先,平衡城乡产业发展。四川地域辽阔,城乡发展存在一定差距。证券业协会可以在推动农村产业发展方面发挥作用。例如,针对农村特色农业、乡村旅游等产业,协会可以引导金融机构开发适合农村特点的金融产品,如农业产业化龙头企业债券等。同时,利用证券市场的力量,将农村的特色农产品品牌推向全国乃至国际市场,促进农村第一、第二、第三产业融合发展,缩小城乡收入差距,实现区域内的协调发展。其次,协调省内不同区域产业发展。四川各市、州的产业发展定位和资源优势不同。证券业协会可以根据各地的特点,合理引导资本流向。比如,对于攀西地区的钒钛资源开发产业,协会可以协助当地企业与国内外大型钢铁企业、新材料企业等对接,通过并购重组、战略投资等方式整合资源,形成完整的产业链条。而对于成都平原的城市群,协会则应侧重于支持高端制造业、现代服务业等产业的发展,通过证券市场的资源配置功能,促进省内不同区域产业之间的互补和协同发展,构建更加合理的区域产业布局。

3. 四川完善的金融基础设施为四川证券业协会的建立提供了条件

四川省已构建起相对完备的金融基础设施体系,涵盖银行、证券公司、期货公司等多样化的金融机构。这一坚实的基础为四川证券业协会的成立提供了有力的支撑,使其能够更有效地履行协调与服务职责。四川证券业协会的诞生,旨在深化各金融机构间的合作与沟通,进而提升证券市场的运作效率与风险管理效能。首先,四川省内金融机构的数量与规模均达到了一定水平,它们在推动地方经济发展的过程中扮演着举足轻重的角色,为各类企业及个人提供融资、投资及风险管理等全方位金融服务。这些金融机构的稳健发展,为四川证券业协会提供了坚实的后盾与丰富的资源,为其高效运作奠定了良好基础。其次,四川省金融监管体系不断完善,包括中国人民银行四川省分行等金融监管机构在内的监管体系,为金融市场的稳定提供了有力保障。这种健全的金融监管体系为证券业协会的建立提供了良好的外部环境,使得协会能够在合法的框架内开展各项工作。最后,四川证券业协会的成立,为各金融机构搭建了一个交流互鉴的平台。通过协会,各机构得以分享宝贵经验,深化业务合作,共同提升整体竞争力。这种跨机构的合作与沟通,有助于打破信息孤岛,促进资源的高效整合与优势互补,为四川证券市场的繁荣发展注入强劲动力。

（二）四川证券业协会产生的意义

1. 促进行业自律和规范发展

四川证券业协会作为行业自律的重要载体，肩负着制定行业规范与标准、推动行业自律与规范化发展的重任。首先，协会具备制定行业规范与标准的职能，这涵盖从业人员的职业操守规范、业务操作流程等多个维度。这些规范与标准的设立，旨在统一行业行为基准，引导从业人员遵循高标准的职业道德与行为规范，从而提升整个行业的道德水准与操作规范性。其次，协会在强化从业人员职业道德与行为规范管理方面发挥着关键作用。通过设立职业道德委员会或专门的监察机构，协会能够实施有效的监督与管理机制，确保从业人员遵循既定的行为准则。这一系列举措不仅约束了从业人员的行为，还大大降低了不当行为的发生概率，为行业的健康发展营造了良好的环境。再者，协会通过推动行业的自律与规范化发展，显著提升了行业的整体形象与声誉。行业自律与规范不仅增强了投资者与公众对行业的信任，还大幅提高了行业的市场认可度。这种正面形象的塑造，有助于吸引更多的投资者与资金流入市场，为市场的繁荣与可持续发展奠定坚实的基础。

2. 提升行业的专业素质和竞争力

证券业协会在促进证券行业交流与合作、提升行业整体竞争力及从业人员专业素养方面扮演着至关重要的角色。首先，搭建合作与资源共享平台。证券业协会作为行业交流的桥梁，为证券公司、基金管理公司、投资银行等多种机构搭建了合作与资源共享的广阔平台。这一平台促进了机构间的互动与合作，为各机构提供了分享经验、交换见解的机会。这些有助于各机构共同应对挑战，推动行业进步。在这一平台上，行业内资源的有效整合与共享得以实现。资金、技术、客户资源等在不同机构间流动，实现了优势互补。例如，小型证券公司通过与大型机构合作，能够借助大型机构的资源，借鉴其经验，增强自身竞争力。同时，协会还建立了资源共享平台，提供统一的信息系统、研究报告等资源。其次，参与政策法规制定与修订。证券业协会不仅促进了行业内部的交流与合作，还积极与政府机构和监管部门合作，参与政策法规的制定与修订。协会凭借对行业的深入了解，为政府机构和监管部门提供专业意见与建议，有助于制定更加符合行业实际的政策法规。再次，推动行业创新与发展。协会密切关注市场动态和行业发展趋势，积极推动新技术、新产品在证券行业的应用和推广。通过行业整合和并购重组等方式，协会引导会员单位优化资源配置，提高运营效率。这有助于提升行业的整体竞争力和抗风险能力。最后，在提升从业人员的专业素养方面，证券业协会同样发挥着重要作用。协会通过一系列培训与教育项目，覆盖证券市场基础知识、法律法规、投资策略分析等多个维度，使从业人员能够持续学习新知识，更新专业技能。同时，协会还通过发布权威的研究报告，为业界专家、学者及从业人员提供交流思想、分享研究成果的平台。这些促进了知识与经验的深度交融，激发了创新思维，有助于提升整个行业的专业素养与服务质量。此外，协会还实施严格的认证制度与职业资格考试，要求从业人员接受专业培训并通过考核，以获得权威的职业资格证书，提升了整个行业的专业素养与服务质量。

3. 推动地方金融业的发展

证券业协会的组建对地方金融业的发展具有不可忽视的推动作用，特别是在提高地方金融机构服务效能与质量方面，其贡献尤为显著。

政策信息的桥梁作用。证券业协会作为政策信息的桥梁，密切关注国家及地方金融政策的最新动态。它不仅能够及时向会员机构传达政策信息，还能对政策细节进行深入解读，为地方金融机构提供精准的政策咨询与指导。这种及时、准确的信息传递与解读，有助于金融机构快速适应政策变化，减少政策误解或滞后导致的操作风险，进而提升服务效率。例如，当国家出台新的金融监管政策时，协会能够迅速组织专题研讨会，邀请专家进行深入解读，帮助金融机构理解政策意图，调整业务策略，确保合规经营。

金融创新与应用金融科技的推动。证券业协会在推动金融创新与应用金融科技方面发挥着关键作用。通过促进会员机构间的合作与协同，协会能够加速金融创新的步伐，鼓励技术应用的交流与合作。这种交流与合作不仅有助于金融机构共同研发新产品、新服务，还能促进金融科技成果的转化与应用。例如，协会可以组织金融创新大赛，激发金融机构的创新活力，推动金融产品的多元化发展。同时，协会还可以推动金融机构与科研机构、高校等合作，共同探索金融科技的前沿领域，提升金融服务的智能化水平。

地方金融业规范化发展的引导。在推动地方金融业规范化发展方面，证券业协会同样扮演着重要角色。

二、四川证券业协会的产生与演变

(一)中国证券业协会的产生与演变

中国证券业协会的产生和演变可以追溯到改革开放以来,特别是 20 世纪 90 年代以后。这一时期,我国证券市场经历了快速发展的阶段,国内的证券机构和从业人员迅速增加。为了规范市场秩序、促进行业发展,各个证券业协会相继成立并发挥了重要的作用。例如,中国证券业协会是最早成立的证券业协会,成立于 1991 年 8 月 28 日。这标志着我国证券行业的组织建设迈出了重要的一步。中国证券业协会的主要职责包括代表会员机构维护合法权益、推动行业自律、提供政策咨询和技术支持等。中国证券业协会在推动市场发展、行业创新和法律法规制定方面发挥了重要的作用。[1] 据 2023 年 8 月中国证券业协会官网数据,协会下设内设部门 17 个、分支机构 25 个、直属单位 1 个。截至 2022 年年底,协会共有会员 475 家,其中,法定会员 140 家,普通会员 255 家,特别会员 80 家,共有观察员 309 家。[2] 中国证券投资基金业协会成立于 2012 年

---

〔1〕《中国证券业协会章程》明确了协会的主要职责:(1)教育和组织会员及其从业人员遵守证券法律、行政法规,组织开展证券行业诚信建设和行业文化建设,督促证券行业履行社会责任;(2)依法维护会员的合法权益,向证监会等部门反映会员的建议和要求;(3)督促会员开展投资者教育和保护活动,维护投资者合法权益;(4)制定和实施证券行业自律规则和业务规范,监督、检查会员、从业人员行为,对违反法律、行政法规、协会章程、自律规则、业务规范的,按照规定给予纪律处分或者实施其他自律管理措施;组织执业评价,形成声誉激励和约束;(5)制定证券从业人员道德品行、专业能力水平标准,开展从业人员执业登记,实施从业人员分类分层自律管理;制定非准入类证券从业人员和董事、监事、高级管理人员专业能力水平评价测试规则并具体组织实施;组织从业人员的业务培训;(6)组织会员就证券行业的发展、运作及有关内容进行研究,收集整理、发布证券相关信息,提供会员服务,组织行业交流,引导行业创新发展;(7)对会员之间、会员与客户之间发生的证券业务纠纷进行调解;(8)对网下投资者、非公开发行公司债券、场外市场及场外衍生品业务进行自律管理;(9)对会员及会员间开展与证券非公开发行、交易相关业务活动进行自律管理;(10)组织开展证券业国际交流与合作,代表中国证券业加入相关国际组织,推动相关资质互认并建立资质互认机制;(11)推动会员加强科技和信息化建设,提高信息安全保障能力,对借助信息技术手段从事的证券业务活动或提供的相关服务进行自律管理;经政府有关部门批准,开展行业科学技术奖励;(12)法律、行政法规、部门规章、证监会行政规范性文件规定的其他职责;(13)其他涉及自律、服务、传导的职责。

〔2〕参见中国证券业协会:《中国证券业协会简介》,载中国证券业协会网 2025 年 7 月 1 日,https://www.sac.net.cn/ljxh/xhjj/。

6 月 6 日，是依据《证券投资基金法》和《社会团体登记管理条例》，在民政部登记的社会团体法人，是证券投资基金行业的自律性组织，接受中国证券监督管理委员会和民政部的业务指导和监督管理。[1] 根据《证券投资基金法》第 108 条第 2 款的规定，基金管理人、基金托管人应当加入中国证券投资基金业协会，基金服务机构可以加入中国证券投资基金业协会。

此外，随着证券市场的不断发展，其他专业性协会亦纷纷成立，如中国期货业协会、中国股权投资协会等。这些协会的成立和发展，在推动相关行业规范发展、促进行业交流合作、提高服务质量和风控能力等方面发挥了重要作用。

近年来，随着金融科技的迅猛发展，我国各类证券业协会亦开始关注并推动金融科技的应用。例如，我国各类证券业协会与各大证券公司一起推动了区块链、人工智能等新技术在证券市场的应用。这些努力有助于提高市场效率、降低成本、改善服务质量，推动我国证券市场的创新发展。

（二）四川证券业协会的产生与演变

四川证券业协会的产生、演变与我国证券市场的整体发展密切相关。

1. 我国证券市场的整体发展促进了四川证券业协会的产生

我国证券市场的改革开放历程为各地孕育自律组织提供了肥沃土壤。改革开放以来，我国证券市场经历了前所未有的快速发展与规模扩张。随着市场参与者数量的激增和市场规模的不断扩大，对于强有力的市场监管与行业自律的需求水涨船高。在这样的背景下，旨在维护市场秩序、保障投资者权益的自律组织应运而生。这些组织由行业内的专业人士自愿联合而成，以强化行业自律为己任，通过制定并执行行业规范、监督市场行为等手段，积极推动证券市场

---

[1] 中国证券投资基金业协会的主要职责包括：教育和组织会员遵守有关证券投资的法律、行政法规，维护投资人的合法权益；依法维护会员的合法权益，反映会员的建议和要求；制定和实施行业自律规则，监督、检查会员及其从业人员的执业行为，对于违反自律规则和协会章程的，按照规定给予纪律处分；制定行业执业标准和业务规范，组织基金从业人员的从业考试、资质管理和业务培训；提供会员服务，组织行业交流，推动行业创新，开展行业宣传和投资人教育活动；对会员之间、会员与客户之间发生的基金业务纠纷进行调解；依法办理非公开募集基金的登记、备案；协会章程规定的其他职责。

的稳健前行。四川证券市场的蓬勃兴起，为四川证券业协会的成立铺平了道路。随着四川证券市场的日益壮大，为了更好地促进市场发展、维护市场秩序，四川证券业协会应运而生。这些协会汇聚了四川省证券行业的精英力量，代表着行业的共同利益，肩负着监督、协调与自律的重任。它们与政府部门、监管机构紧密合作，积极参与市场规则的制定与优化，共同为四川证券市场的健康发展贡献力量。

2. 四川证券业协会的发展与中国证券市场的整体发展相互促进

在信息共享与资源整合方面，四川证券业协会与中国证券市场其他自律组织、监管机构之间建立了紧密的信息共享机制。这有助于协会及时获取市场动态和政策信息，为会员提供更加准确、及时的服务。同时，协会还可以整合行业资源，推动跨区域的合作与交流，促进我国证券市场的整体发展。在金融创新和技术应用方面，四川证券业协会积极借鉴全国市场的先进经验，推动四川证券市场的创新发展。这种创新不仅提升了四川证券市场的竞争力，亦为我国证券市场带来了新的发展机遇和增长点。四川证券业协会在风险防控和投资者保护方面发挥了重要作用。通过加强自律监管、提高投资者教育水平等措施，协会有效降低了市场风险，保护了投资者的合法权益。这有助于增强投资者对我国证券市场的信心，促进市场的长期稳定发展。综上，四川证券业协会的发展与我国证券市场的整体发展之间存在相互促进的紧密关系。这种关系不仅体现在市场规模、监管环境、技术创新等方面，还体现在信息共享、资源整合、协同创新、风险防控等多个层面。未来，随着我国证券市场的不断发展和四川证券业协会的持续壮大，这种相互促进的关系将更加紧密和深入。

3. 四川证券业协会的发展亦受益于中国证券市场的政策支持和法律环境的改善

我国证券市场的蓬勃发展，不仅为四川证券业协会开辟了更为广阔的天地，还为其奠定了坚实的法律与政策基石。国家层面的政策导向与法律环境的持续优化，为四川证券业协会的成长铺设了坚实的道路，提供了全方位的保障与扶持。首先，政府的一系列扶持政策为四川证券业协会的发展注入了强劲动力。诸如资本市场深化改革、创业板平台的搭建以及股权激励等政策的出台，不仅为协会会员创造了丰富的业务契机与更广阔的发展空间，还间接地促进了协会自身的壮大，并带动了行业人才的专业成长与业务技能的精进。其次，法律环境的显著改善为四川证券业协会的合规运作筑起了坚固防线。随着我国证券市场法律体系的日益完备与监管机制的逐步健全，一个公正、透明的市场环境正在形成。这不仅为协会会员在规范框架内高效开展业务提供了有力保障，有效降低了市场风险与不确定性，还为协会履行自律监管职能提供了明确的指引与坚实的依据。在这样的法律环境下，四川证券业协会得以更加稳健地推进各项工作，为行业的健康、有序发展贡献力量。

三、四川证券业协会的现状及发展趋势

（一）四川证券业协会的现状

1. 四川具有代表性的证券业协会

四川证券业协会是根据《证券法》和相关法规在四川省设立的非营利性社会组织，代表四川省证券业的利益。为更好阐述四川各类证券业协会发展的现状，本书将对四川省具有代表性的 3 家协会进行介绍，它们分别是四川省证券期货业协会、四川省上市公司协会、四川省投资基金业协会。这 3 家协会在四川省的证券业发展中发挥了重要的作用。它们通过制定自律规则、推动行业创新、提供专业支持和服务等方式，促进了四川省证券期货业、上市公司和投资基金业的健康发展。随着四川省证券业的不断发展，这些协会将继续发挥重要的作用，推动四川省证券业的繁荣和健康发展。

（1）四川省证券期货业协会

四川省证券期货业协会是 1997 年成立的非营利性社会团体法人，由四川省内的证券期货经营机构自愿组成，接受中国证券监督管理委员会四川监管局和四川省民政厅的指导监督。截至 2019 年 11 月，该协会拥有 555 家会员，分为证券、期货和投资咨询三类机构。协会下设 8 个专业委员会和 4 个联席会议，促进会员机构交流合作。协会还划分 14 个证券片区，覆盖全省。在荣誉方面，

该协会先后荣获四川省民政厅颁发的四川省先进社会组织奖，2010 年和 2011 年连续获得上海证券报颁发的股民学校优秀组织奖，2017 年被成都市中级人民法院聘为“特邀调解组织”，2025 年再次被评为“5A 级社会组织”。这些荣誉证明了该协会在推动行业发展、服务会员和投资者方面所做出的突出贡献。

①组织架构与主要职责

四川省证券期货业协会是四川省内证券期货经营机构自发组成的自律组织。作为全省性行业协会，它的目标是促进行业的健康发展，维护市场秩序。协会的最高权力机构是由全体会员组成的会员大会，[1]会员大会下设理事会和监事会分别作为执行机构和监督机构。（见表 9－1）

表 9－1　四川省证券期货业协会的组织架构与主要职责

组织架构	主要职责	
会员大会（会员大会是最高决策和监督机构，代表了会员的意志和利益）	章程制定	会员大会负责制定协会的章程，即协会的基本组织和运作规则。章程规定了会员的权利和义务、领导层的选举和任免程序、协会的会费和财务管理等方面的规定。通过制定章程，会员大会确保协会的运作符合法律法规和会员的共同利益
	制度制定	除了章程外，会员大会还负责制定协会的制度。制度是对章程的具体化和细化，规范协会内部各个方面的运作。例如，会员大会可以制定会员的入会和退出制度、协会的会议和决策程序、会员的权益保护制度等。制定制度可以进一步明确协会的规范管理和运作流程
	政策制定	会员大会制定协会的政策，即协会的重大决策和发展方向。政策制定涉及协会的战略规划、业务发展、市场推广等方面。会员大会通过讨论和投票，决定协会的发展方向和目标，确保协会的发展与会员的共同利益保持一致
	领导人选举	会员大会选择协会的领导人，包括理事会的成员和协会的主席。通过选举，会员大会确保协会的领导层具备合适的能力和经验，能够有效地推动协会的发展和利益代表会员的权益

[1] 会员大会或者会员代表大会是企业工会的权力机关，必须按期召开会议，每年至少召开一次会议，经基层工会委员会或者 1/3 以上的工会会员提议，可以临时召开会员大会或者会员代表大会。会员人数较多的企业工会召开会员代表大会；工会会员在 100 人以下的企业工会应当召开会员大会，会员大会由全体会员参加。如因特殊情况，如发生突发事件及工会工作遇到了迫切需要解决的重大问题，需要会员大会或者会员代表大会来决定时，经企业工会委员会或 1/3 以上会员提议可临时召开会议。

续表

组织架构	主要职责	
理事会(协会理事会下设多个专业委员会,它们承担着不同的职责和任务,旨在提升协会的专业水平,保障行业的合规运行和保护投资者的利益)	自律监察委员会	自律监察委员会负责监督协会会员的行为,维护行业的自律和规范。它制定和执行行业的自律规则和准则,监督会员的业务操作是否符合法律法规和道德规范,处理会员的违规行为和纠纷
	合规风控委员会	合规风控委员会负责协会的合规管理和风险控制工作。它制定合规政策和措施,监督协会会员的合规操作,提供风险评估和防范建议,确保行业的稳健发展和风险的可控
	评价委员会	评价委员会负责对行业和协会的工作进行评估和评价。它收集和分析行业数据和信息,开展调研和评估工作,提出改进和优化建议,促进行业的发展和协会的提升
	研究咨询委员会	研究咨询委员会负责行业的研究和咨询工作。它组织和开展行业研究项目和课题,提供专业咨询和意见,为政府、企业和投资者提供行业发展的参考和指导
	技术专家委员会	技术专家委员会负责协会的技术支持和专业指导。它收集和研究最新的技术发展动态,提供技术指导和支持,推动行业的技术创新和应用,提升协会会员的技术能力和竞争力
	投资者教育与服务委员会	投资者教育与服务委员会负责开展投资者教育和服务工作。它组织投资者教育活动,提供投资咨询和投资者保护服务,增强投资者的风险意识和投资能力,维护投资者的合法权益
	教育培训与交流委员会	教育培训与交流委员会负责协会会员的教育培训和业务交流。它组织和举办各类培训课程和研讨会,促进会员之间的业务交流和合作,提升会员的专业能力和业务水平
	期货委员会	期货委员会负责期货业务的监管和发展。它参与制定和完善期货市场的规则和制度,监督期货交易的合规运行,推动期货市场的创新和发展,维护市场的公平、公正和透明
监事会(确保协会的合规运作和规范管理,保障会员和投资者的合法权益。监事会由协会的会员组成,其中包括一名主监事和若干名监事成员,主监事由监事会选举产生)	监督经营管理	监事会对协会的经营管理进行监督,包括协会的组织结构、决策程序、人员任免等方面。它确保协会的经营管理符合法律法规和协会章程的规定,推动协会的合规运作和规范管理
	审计财务状况	监事会对协会的财务状况进行审计,包括财务报表的编制和披露、资金的使用和管理等方面。它确保协会的财务活动合法、透明和准确,提供客观的财务信息给协会的成员和监管部门
	提出建议和意见	监事会有权提出建议和意见,促进协会的改进和发展。它可以根据监督和审计的结果,向协会的理事会和高层管理人员提出合规建议、改进意见和风险预警,推动协会的优化和创新
	保护会员和投资者权益	监事会要保护协会的会员和投资者的合法权益,确保协会的服务和活动符合会员和投资者的需求。它可以对会员和投资者的投诉和纠纷进行调查和处理,维护市场的公平、公正和透明。监事会作为协会的监督机构,负责对协会的经营管理和财务状况进行监督和审计。它的存在和工作可以提升协会的公信力,保障协会的合规运作和会员投资者的利益

续表

组织架构	主要职责	
协会秘书处（日常办事机构）	综合部	综合部是协会秘书处的核心部门，负责协助协会领导履行行政管理职责，协调各部门的工作，制定协会的工作计划和年度预算，组织协会内部的会议和活动，处理协会的日常事务等
	会员部	会员部是协会秘书处的重要部门，负责管理协会的会员事务。它负责会员的入会和退会手续的办理，维护会员的权益，组织开展会员之间的交流和合作活动，加强协会与会员之间的联系
	培训部	培训部负责开展行业的培训和教育活动。它组织和策划丰富多样的培训课程、学术研讨会和专题讲座，提供专业知识和技能的培训，提升会员的业务水平和专业素养
	调解中心	调解中心是协会秘书处的重要组成部分，负责处理协会会员之间的纠纷和争议。它提供中立、公正的调解服务，通过调解协商解决纠纷，维护行业内部的和谐和稳定
	信息中心	信息中心负责收集、整理和发布与证券期货行业相关的信息。它通过建立信息数据库，定期发布行业动态、政策法规、市场分析和研究报告等信息，为会员提供及时、准确的行业信息，帮助他们做出明智的决策

②发展历程（见表9－2）

表9－2　四川省证券期货业协会的发展历程

发展阶段	主要内容
初创阶段（1997～2002年）	1997年10月，四川省证券期货业协会正式成立，标志着四川证券期货行业自律管理组织的诞生。成立初期，协会的主要工作是建立行业规范、开展会员管理、处理会员间纠纷以及进行行业统计和信息传导。截至2002年，四川省证券期货业协会已有会员130家，其中包括证券营业部111家、证券公司及证券投资咨询机构13家、期货经纪公司6家。在这一阶段，协会通过制定和实施《四川证券期货业协会会员管理办法》等行业规则，为行业的规范化发展奠定了基础
发展与完善阶段（2003～2017年）	进入21世纪后，四川省证券期货业协会在行业自律、服务会员、推动行业发展等方面取得了显著进展。协会不断完善专业委员会制度，探索片区自律管理新模式，自律与监管形成有效合力，推动了四川资本市场的健康发展。同时，协会还积极开展行业培训、组织考察交流活动，提高了从业人员的专业素质和经营管理水平。此外，协会还加强了与国内外同行的交流与合作，拓宽了行业发展视野。 在这一阶段，协会的会员数量亦稳步增长。截至2017年10月底，协会共有会员548家，其中证券机构445家、期货机构52家、证券投资咨询机构13家、基金和私募38家。这反映了四川证券期货行业的蓬勃发展和协会在行业中的影响力不断提升

续表

发展阶段	主要内容
深化服务与创新阶段（2018 年至今）	近年来，四川省证券期货业协会在深化服务、推动行业创新方面取得了新的突破。协会积极响应国家关于加强投资者教育与保护的号召，组织开展了“5·15全国投资者保护宣传日”等系列活动，切实维护了投资者的合法权益。同时，协会还加强了与成渝地区双城经济圈建设的协同合作，推动了区域金融业的协同发展。 此外，协会还积极探索利用新技术、新媒体等手段提升服务效率和水平。例如，通过线上答题活动、投教联盟等形式，协会扩大了投资者教育的覆盖面和影响力。这些创新举措不仅提升了协会的服务质量和效率，亦为四川证券期货行业的持续健康发展注入了新的活力

（2）四川省上市公司协会

四川省上市公司协会成立于 2003 年 9 月，是依据相关法规成立的非营利性社团法人，旨在维护四川上市公司及资本市场相关机构的权益，实施自律管理。协会宗旨为服务、自律、规范、提高，成员涵盖四川省内上市公司及资本市场相关机构。业务主管单位为中国证券监督管理委员会四川监管局，并接受四川省民政厅等指导监督。截至 2021 年 11 月，协会拥有 206 家会员，包括 147 家上市公司、35 家挂牌企业和 24 家中介机构。四川省上市公司协会实行单位会员制度，分普通会员与特别会员。普通会员包括在四川省注册并上市的 A 股、B 股、H 股类公司及服务机构，有权参与决策并享受协会服务。特别会员是在四川省注册并在全国中小企业股份转让系统挂牌公开转让的非上市公众公司和在四川省注册的、在监管部门备案的拟上市公司，享受定制化服务。协会通过精准分类满足不同类型会员的需求，促进了上市公司与非上市公众公司的共同发展，为四川省资本市场的繁荣稳定作出了贡献。协会在发展过程中亦面临一些挑战，如如何更好地适应市场变化、如何提升会员的满意度和忠诚度等。但是，协会亦面临许多机遇，如成渝地区双城经济圈建设的国家战略机遇、资本市场的改革发展机遇等。协会将积极应对挑战，抓住机遇，不断创新服务模式和管理机制，为会员提供更加优质的服务和支持。

①组织架构与主要职责（见表 9－3）

四川省上市公司协会提供多元化服务与支持，包括自律管理、沟通协调、考察培训、研究咨询、学术交流以及五大平台和三大信息库等。通过这些服务与支持，协会不仅促进了会员企业间的交流与合作，还推动了整个行业的健康发展与持续进步，为会员企业的成长与发展注入了强劲动力。

表 9－3　四川上市公司协会的组织架构及主要职责

组织架构	主要职责		
	服务与支持类别	具体内容	目标与效果
会员大会、理事会、专业性的非常设机构、秘书处	自律管理	制定自律准则与行业规范，引导会员企业遵循法律法规，确保经营行为的规范性	提升会员企业信誉，维护市场公平竞争，增强市场稳定性
	沟通协调	促进会员企业间互动与合作，与相关机构及政府部门紧密联系，提供政策解读与咨询服务	搭建政府、企业与协会间沟通桥梁，确保信息畅通与合作深化
	考察培训	组织公司治理、财务管理、风险控制等培训，提升会员企业管理效能与专业竞争力	帮助会员企业适应市场变化，把握发展机遇
	研究咨询	紧跟行业动态，提供市场分析与策略建议，助力企业明智决策与战略规划	推动会员企业可持续发展
	学术交流	组织研讨会、论坛等形式，邀请行业专家与学者分享前沿研究成果，促进知识共享与创新思维	激发行业活力与创造力
	五大平台	沟通平台：促进会员间沟通；交流平台：提供交流机会；培训平台：组织专业培训；调研平台：提供市场分析与研究报告；学术平台：推动学术研究与创新	为会员企业提供全方位支持，促进交流与合作
	三大信息库	企业高管及独立董事信息库：提供高管人才资源；财务及业务指标信息库：提供业务分析与决策支持；专业服务机构信息库：对接专业服务机构	优化会员企业资源配置，提升综合竞争力

②发展历程（见表 9－4）

表 9－4　四川省上市公司协会的发展历程

发展阶段	主要内容
初创阶段（2003～2008 年）	2003 年 9 月，四川省上市公司协会正式成立，标志着四川地区上市公司自律管理和服务体系的初步建立。 协会在成立初期，主要致力于完善组织架构，制定内部管理制度，明确协会的宗旨和服务范围。通过加强会员管理，建立会员档案，为会员提供基础服务，如信息传递、政策咨询等

续表

发展阶段	主要内容
稳步发展与会员扩张阶段（2009～2015 年）	在此阶段，协会的会员数量稳步增长，涵盖了越来越多的上市公司、挂牌企业以及中介机构。 协会在自律管理、沟通协调、考察培训、研究咨询等方面不断拓展业务，为会员提供更加全面、专业的服务。通过举办各类培训、研讨会、论坛等活动，提升了会员的专业素质和经营管理水平。协会还与中国证券监督管理委员会四川监管局等监管机构建立了良好的合作关系，共同推动四川资本市场的健康发展
深化服务与创新提升阶段（2016 年至今）	首先，深化服务。协会在继续加强自律管理、沟通协调等基础服务的同时，更加注重为会员提供个性化、定制化的服务。通过建立五大平台（沟通平台、交流平台、培训平台、调研平台、学术平台），为会员提供了更加便捷、高效的服务渠道。 其次，创新提升。协会积极探索创新服务模式，利用新技术、新媒体等手段提升服务质量和效率。例如，通过线上答题活动、投教联盟等形式，扩大了投资者教育的覆盖面和影响力。协会还积极参与全国自律协调体系建设、完善公司治理体系建设等工作，为推动四川上市公司的高质量发展贡献力量

（3）四川省投资基金业协会

四川省投资基金业协会于 2018 年 10 月成立，是四川辖区基金行业自律管理的新阶段标志。截至 2022 年年底，协会拥有 245 家会员，涵盖私募、公募、券商等金融机构，其中私募会员占主导。协会通过吸引广泛行业参与和支持，推动四川省基金行业的发展，提升整体水平和影响力，同时促进会员间交流与合作，推动行业创新。在未来发展中，协会可能会面临市场竞争加剧、会员需求多样化等挑战。为此，协会将不断创新服务模式和管理机制，提升服务质量和效率，以满足会员的多元化需求。同时，不断提升自身的竞争力和影响力。

①组织架构与主要职责（见表 9－5）

表 9－5　四川省投资基金业协会的组织架构与主要职责

组织架构	主要职责	
	服务与支持类别	具体内容
协会领导、会员大会、理事会、监事会、专业委员会、协会秘书处	提供服务	构建三大平台：行业交流平台、自律服务平台、产融对接平台。定期策划并举办专业培训与行业论坛；走访行业标杆企业，组织会员互访；提供专业的咨询与服务，助力企业提升资本运作能力

续表

组织架构	主要职责	
	服务与支持类别	具体内容
协会领导、会员大会、理事会、监事会、专业委员会、协会秘书处	行业交流平台	为会员搭建交流的桥梁,促进行业内部深度交流与融合,加速经验分享与业务提升,构建稳固的合作伙伴关系,推动行业繁荣发展
	自律服务平台	加强自律监管,制定并执行严格的行业规范与标准;规范行业主体经营行为,提升行业整体服务品质与专业水准;加强协会自身监督与约束,确保决策与执行公正、公平、透明
	产融对接平台	构建辖区项目库与投融资对接平台,将社会资本与实体经济紧密相连,为实体经济发展提供精准有力的投资支持。通过对接优质项目与资金机构,推动基金行业为实体经济提供高效、精准的融资服务
	行业交流	整合行业资源,举办培训与论坛,为会员提供丰富的交流机会,促进行业深度融合与发展
	产融对接	构建项目库与投融资对接平台,实现社会资本与实体经济的有机结合;为实体经济提供精准投资支持,通过专业咨询与服务,帮助企业提升资本运作能力,实现可持续发展

②发展历程(见表9-6)

表9-6　四川省投资基金业协会的发展历程

发展阶段	主要内容
成立与初创阶段(2008年)	在四川省政府领导的关怀及中国证券投资基金业协会和中国证券监督管理委员会四川监管局的指导下,在省、市金融局的支持下,四川省投资基金业协会于2018年10月经四川省民政厅批准后正式成立。 协会成立之初就明确了其宗旨——提供服务、规范行为、反映诉求,并致力于推进辖区基金高质量发展
稳步发展与平台建设阶段(2019~2023年)	会员增长与业务拓展:在此阶段,协会的会员数量稳步增长,涵盖了越来越多的基金行业机构。同时,协会不断拓展业务范围,着力搭建行业交流、自律服务、产融对接三大平台。 行业交流与培训:协会定期举办各类培训和行业论坛,走访优秀企业并组织会员互访,推动行业交流深度融合。这些活动不仅提升了会员的专业素质,亦促进了行业内的信息共享和合作。 自律监管与服务:协会以自律服务为本,加强自律监管,引导机构强化主动自律、过程自律。同时,协会还积极向行业机构传递监管声音,维护基金行业发展的良性生态

续表

发展阶段	主要内容
深化服务与高质量发展阶段（2024 年至今）	服务深化与创新：协会在继续加强基础服务的同时，更加注重为会员提供个性化、定制化服务。例如，通过线上平台为会员提供更加便捷的信息查询和咨询服务；通过组织专题研讨会、沙龙等活动，为会员提供更加深入的行业分析和市场洞察。 产融对接与实体经济服务：协会以产融对接为桥梁，建立辖区项目库，搭建项目—机构—资金之间的投融资对接平台。这一举措不仅促进了资本的精准投放和有效利用，亦推动了基金服务实体经济的发展。 内部管理与规范运作：协会不断加强内部管理，完善各项规章制度，确保协会的规范运作和高效运转。同时，协会还积极与政府部门、监管机构等保持密切沟通与合作，共同推动四川基金行业的健康发展

2. 四川证券业协会的会员数量不断增加

四川证券业协会会员数量不断增加，是证券市场蓬勃扩张、协会提供全方位资源与支持以及显著提升行业话语权与影响力等多重因素共同作用的结果。

证券市场蓬勃扩张带来的机遇。随着四川省证券市场的蓬勃扩张，各类金融机构如证券公司、基金公司、期货公司等纷纷涌现，并积极寻求加入四川证券业协会。这一趋势不仅极大地丰富了协会的会员构成，而且为协会带来了更为充沛的资源与支撑。证券市场的快速发展为金融机构提供了广阔的发展空间和机遇，而加入协会则成为这些机构把握机遇、提升竞争力的重要途径。

协会提供全方位资源与支持。四川证券业协会作为专业性极强的行业组织，掌握着深厚的行业知识与精湛的专业技能。成为协会成员的金融机构能够享受到由协会提供的全方位资源与支持。这包括参与协会举办的各类培训、研讨活动，即时捕获行业前沿资讯与发展脉络，以及获得专业咨询服务等。这些资源和支持有助于会员机构强化自身的市场竞争力和提高自身的专业水平，从而在激烈的市场竞争中脱颖而出。

显著提升行业话语权与影响力。成为四川证券业协会的一员，对于金融机构而言，意味着能够显著提升其在行业中的话语权与影响力。协会作为行业的代表，承担着维护行业利益、反映行业诉求的重任。会员机构借助协会这一平台，能够畅通无阻地表达自身观点与利益诉求，深入参与到行业的协商与决策流程之中。协会还频繁与政府部门、监管机构以及其他行业协会展开交流合作，通过协同努力与联合行动，共同推动行业的繁荣发展。这种行业内的广泛联系与合作,为会员机构提供了更多展示自身实力和影响力的机会。

3. 四川证券业协会在行业自律和规范发展方面取得了积极成效

四川证券业协会在行业自律和规范发展方面取得了积极成效,这些成效不仅体现在行业规范与准则的制定与实施上,还体现在会员合规建设与风险管理水平的提升、行业事件的高效处理与纠纷的调解、桥梁与纽带作用的发挥以及行业自律机制的强化与市场效能的提升等多个方面。这些共同推动了四川证券市场的健康、有序发展。

制定并实施行业规范与准则。四川证券业协会作为行业自律组织,其核心使命在于维护市场秩序与提升行业整体形象。为此,协会精心制定了涵盖交易行为、信息披露、内部控制、风险管理等多个关键领域的行业规范与准则。这些规范与准则是基于市场实际需求与行业实践经验精心编纂的行为指南,旨在确保市场的公平性,以及切实维护投资者的权益。通过实施这些规范与准则,协会对会员实施了严格的监督与管理,有效推动了行业的规范化进程与稳健发展。

推动会员合规建设与风险管理水平提升。四川证券业协会鼓励会员加强自身的合规体系构建,通过实施行业规范与准则,引导会员建立健全的内部控制机制和风险管理体系。这不仅增强了行业的稳定性与健康发展动力,还有效降低了市场风险,保护了投资者的合法权益。

高效处理行业事件与调解纠纷。面对证券市场中频发的交易纠纷、违规行为等问题,四川证券业协会迅速响应,积极投身于行业事件的处理与纠纷调解工作。通过组织调解会议、发布调解意见等举措,协会有效促进了各方达成共识,并对违规行为实施了必要的惩戒措施。这不仅维护了市场的正常秩序、增强了投资者对协会的信心,还彰显了协会在维护市场公平与诚信方面的坚定立场和积极作用。

发挥桥梁与纽带作用。在四川证券市场中,四川证券业协会扮演着不可或缺的桥梁与纽带角色。作为金融机构与政府监管部门之间的沟通桥梁,协会能够高效协调各方利益诉求,代表会员与监管部门展开深入沟通与协商。这不仅有助于及时反馈会员的意见与建议,推动政策的持续优化与完善,还促进了市场各方的紧密合作与协调。协会还积极组织行业会议、研讨会等丰富多彩的活动,为会员提供了一个交流合作、共谋发展的平台,共同应对行业面临的挑战。

强化行业自律机制与提升市场效能。通过充分发挥桥梁与纽带作用，四川证券业协会不仅促进了市场各方的紧密合作与协调，还推动了市场的有序发展。在这一过程中，协会不仅强化了行业自律机制，还提升了市场的整体效能。这体现在市场秩序的不断优化、投资者信心的增强以及行业整体竞争力的提升等方面。这为四川证券市场的繁荣发展注入了强劲动力。

4. 四川证券业协会积极推动行业创新和发展

四川证券业协会在推动行业创新与发展方面所扮演的角色至关重要，其通过一系列积极举措，不仅紧跟市场变化，更引领行业迈向新的发展阶段，为四川证券市场注入了源源不断的活力与创新动力。

敏锐捕捉市场趋势，主动适应变化。面对日新月异的科技发展与瞬息万变的市场环境，四川证券业协会展现出了高度的敏锐性和前瞻性。协会深刻认识到，传统的证券业务模式和运营方式正面临前所未有的挑战与变革，因此主动出击，积极适应市场变化，紧抓新兴机遇，勇敢迎接挑战。这种积极主动的态度，为协会在行业创新与发展中赢得了先机。

加速金融科技应用，引领数字化转型。为了紧跟市场步伐，四川证券业协会积极推动金融科技的应用，引领行业向数字化转型。协会不仅关注前沿技术的发展动态，还积极引入这些技术到证券行业中，通过创新模式和业务，为会员单位提供强有力的支持。例如，协会鼓励并引导会员单位开展线上交易、智能投顾、在线客服等数字化服务。这些服务的推出，使得投资者能够随时随地便捷地进行交易、查询与咨询，极大地提升了市场的便利性与整体效率。数字化转型不仅提升了会员单位的运营效率，还削减了成本，增强了其市场竞争力。

倡导业务创新，推动产品与服务优化。四川证券业协会不仅关注技术层面的创新，还积极倡导并推动会员单位在业务创新、产品优化以及客户服务等方面进行深入探索与实践。协会鼓励会员单位根据市场需求和投资者偏好，不断推出新的金融产品和服务，以满足市场的多元化需求。协会还注重提升客户服务质量，通过优化服务流程、提升服务效率等方式，提高投资者的满意度和忠诚度。

构建创新生态，促进协同发展。四川证券业协会还致力于构建一个开放、合作、创新的行业生态。协会通过组织行业会议、研讨会等活动，为会员单位提供了一个交流合作、共谋发展的平台。在这个平台上，会员单位可以分享创新经验、探讨行业趋势、寻求合作机会,共同推动行业的创新发展。此外,协会还与政府部门、监管机构以及其他行业协会保持密切沟通与合作,共同推动政策的持续优化与完善,为行业的创新发展提供良好的外部环境。

5. 四川各类证券业协会积极参与地方金融发展和经济建设

四川各类证券业协会积极参与地方金融发展和经济建设方面,展现了高度的责任感与使命感。它们作为行业代表,不仅致力于与地方政府及相关部门建立并维护紧密的沟通与合作机制,还积极投身于地方金融改革创新的浪潮中,为产业升级转型提供助力,从而推动地方经济的蓬勃发展并提升金融行业的综合服务能力。

信息高效共享与资源优化配置。四川证券业协会通过与地方政府的紧密沟通与合作,实现了信息的高效共享与资源的优化配置。地方政府在金融政策制定与金融改革推进上扮演着核心角色,拥有决策权与丰富的资源储备。而协会作为金融行业的权威组织,掌握了深厚的行业洞察与专业知识。双方的紧密协作,使得双方能够集合各自所长,共同研究并制定出更加精准有效的金融政策。这种合作模式不仅加快了金融改革创新的步伐,还促进了地方金融市场的健康发展,为产业升级转型提供了坚实的政策保障。

催化地方经济繁荣与产业升级转型。四川证券业协会与地方政府及相关部门的深度合作,对地方经济的繁荣与产业的升级转型具有显著的催化作用。金融作为现代经济的血脉,其健康发展对于地方经济的稳健增长至关重要。协会通过与地方政府及相关部门的携手共进,为地方经济提供了有力的金融支持。从参与地方金融发展规划与政策的制定,到促进金融机构与实体经济的深度融合,再到全力支持地方产业的升级与转型,协会的角色不可或缺。这种全方位的金融支持不仅促进了地方经济的持续繁荣,还为产业升级转型提供了动力,推动了地方经济结构的优化与升级。

提升金融行业综合服务能力。通过与地方政府及相关部门的紧密合作,四川证券业协会还致力于提升金融行业的综合服务能力。协会通过推动金融科技的应用与创新,引领行业向数字化转型,为投资者提供了更加便捷、高效的服务。协会还倡导业务创新,推动会员单位在业务创新、产品优化以及客户服务等方面进行深入探索与实践。这些举措不仅提升了金融机构的服务水平与市场竞争力,还为地方经济的多元化发展提供了有力的支持。

(二)四川证券业协会的发展趋势

1. 服务功能不断拓展

随着证券市场的持续深化发展与改革步伐的加快,四川证券业协会的服务功能正经历着前所未有的拓展与升级。这一趋势的背后,是市场环境日新月异的变迁与投资者日益多样化的现实需求。为了紧跟时代步伐,满足会员单位及广大投资者的需求,四川证券业协会正不断拓宽服务边界,提供更加专业、精细且多样化的服务。

风险管理与合规咨询服务的强化。随着证券市场风险结构的复杂化和合规要求的日益严格,会员单位面临前所未有的挑战。为了有效应对这些挑战,四川证券业协会将风险管理和合规咨询服务作为服务拓展的重点方向之一。协会通过组织专业培训、提供咨询、制定行业最佳实践指南等方式,帮助会员单位建立健全风险管理体系,提升合规运营能力。这些服务不仅有助于会员单位有效识别、评估和控制各类风险,还能确保其在激烈的市场竞争中保持合规性,增强其在复杂市场环境中的竞争力。

投资策略与产品研究的深化。面对投资者日益增长的多元化投资需求,四川证券业协会深刻认识到提供高质量投资策略与产品研究的重要性。为此,协会依托其专业团队,深入开展行业趋势分析、公司基本面研究、市场走势预测等工作,为投资者提供全面、深入、及时的市场信息。这些研究成果不仅能够帮助投资者洞察市场动态,把握投资机会,还能引导其做出更加理性、科学的投资决策。通过提供定制化的投资策略建议,协会进一步满足了不同风险偏好和投资目标的投资者需求。这种深化投资策略与产品研究的服务,不仅提升了投资者的投资体验,还增强了其对证券市场的信心,提高了投资者的参与度。

四川证券业协会拓展服务功能,响应市场与投资者的需求变化,提升自身能力并转变角色,通过专业服务增强会员竞争力,优化投资者体验,推动行业规范化、专业化发展,彰显其行业自律组织作用,显著贡献于行业创新与市场秩序维护。

2. 加强行业自律与监管合作

随着证券市场监管体系的不断完善与强化,四川证券业协会正积极响应这一趋势,将行业自律与监管合作置于更加重要的位置。这一转变不仅是对当前市场环境的深刻洞察，更是对投资者利益保护与市场秩序维护的坚定承诺。

行业自律方面：首先，积极参与自律机制建设。四川证券业协会深刻认识到行业自律在维护市场秩序中的核心作用。为此，协会积极投身于自律机制的建设与完善，通过制定和修订行业自律规则与准则，为会员单位提供明确的行为指南。这些规则与准则不仅涵盖诚信经营、信息披露、风险管理等多个方面，还强调了会员单位应遵循的职业操守与道德规范，从而引导会员单位规范市场行为。其次，强化内部监管与管理。为了更有效地执行自律规则，四川证券业协会还加强了内部的监管与管理机制。通过建立内部监察机构或委员会，协会对会员单位的日常运营与业务活动进行了更为严格的审查与监督。这一机制不仅有助于及时发现和处理违规行为，还能通过定期的审计与评估，提升会员单位的合规意识与自律能力。此外，协会还通过举办各类活动，加强对会员单位的教育与引导，提升其行业规范意识与遵循自律规则的能力。

监管合作方面：首先，建立合作机制。在加强行业自律的同时，四川证券业协会还积极与相关监管机构建立紧密的合作关系。通过与证券监管机构、交易所、其他行业协会等建立合作机制，协会不仅分享市场信息与数据，还积极参与监管政策的制定与实施。这种跨机构的合作不仅有助于形成监管合力，还能提升监管的针对性和有效性。其次，提供专业意见与建议。作为行业代表，四川证券业协会拥有深厚的行业知识与丰富的实践经验。在监管合作中，协会为监管机构提供专业的建议。这些建议不仅涵盖市场趋势分析、风险预警等方面，还涉及监管政策的优化与调整。通过这种双向交流，协会与监管机构能够共同推动市场监管体系的不断完善与升级。最后，共同维护市场秩序。在监管合作的框架下，四川证券业协会与监管机构共同努力，营造一个健康、稳定的市场环境。

3. 创新科技应用与信息交流

在科技日新月异的当下，四川证券业协会正积极拥抱创新科技，旨在通过提升信息交流与服务效能，更好地服务会员单位及广大投资者。科技的飞速发展不仅为协会提供了更为丰富、高效的工具与手段，亦为满足日益多样化的市场需求创造了更多机遇。

智能化会员管理系统的建立。四川证券业协会深知，在会员数量日益增长的背景下，传统的人工管理方式已难以满足高效、精准的管理需求。因此，协会正着手建立智能化的会员管理系统。该系统能够自动收集、整理并更新会员信息,实现信息的实时共享与查询。会员单位可通过在线平台轻松查询和更新自身信息,享受更为便捷、高效的服务体验。这一举措不仅极大地提高了协会的工作效率,还有效减少了人力资源的浪费,为会员单位提供了更为优质、个性化的服务。

大数据与人工智能技术的应用。在大数据与人工智能技术日益成熟的今天,四川证券业协会正积极探索这些新技术在证券行业的应用。通过收集和分析大数据,协会能够深入了解市场趋势、投资者需求及行业动态,为会员单位提供更精准的投资建议和市场分析。同时,通过算法和模型的运用,人工智能技术能够提供更准确的预测和判断,帮助会员单位更好地制定投资策略、降低投资风险。这些技术的应用不仅提升了协会的服务水平,还为会员单位提供了更为科学、客观的决策依据。

展望未来,四川证券业协会将继续秉承创新、服务的理念,积极探索更多科技应用的可能性。随着科技的不断发展,协会将进一步加强与会员单位、投资者以及行业内外的交流与合作,共同推动证券行业的创新与发展。例如,协会紧跟科技发展,积极关注新兴科技如区块链、云计算等在证券行业的应用前景,为会员单位和投资者提供更加前沿、高效的服务。

4. 国际合作与国际化发展

在全球经济一体化与金融市场日益开放的背景下,四川证券业协会正积极谋划并推进国际合作战略,旨在推动四川证券业的国际化发展,为行业及会员单位开辟更广阔的发展空间,创造更多机遇。

加强与国际证券业协会的交流与合作。四川证券业协会深刻认识到,与国际证券业协会的交流与合作是提升行业国际化水平的关键。通过与国际组织的紧密互动,协会能够第一时间获取国际证券业的最新发展动态,包括市场趋势、监管政策、技术创新等方面的信息。这不仅有助于协会及时调整战略方向,还能为会员单位提供宝贵的行业洞察与前瞻。协会计划与国际证券业协会共同举办国际性的各类交流活动。这些活动不仅能为行业内外搭建平台,促进知识与经验的共享,还能提升四川证券业在国际舞台上的知名度和影响力。通过这些活动,会员单位能够接触到国际先进的管理经验和技术,拓宽国际视野,增强国际竞争力。

鼓励会员参与境外市场的投资和合作。在全球经济一体化的浪潮下，跨境投资和合作已成为证券行业发展的重要趋势。四川证券业协会积极响应这一趋势，致力于与境外证券业协会建立稳固且长效的合作关系，为会员单位提供更为便利和安全的境外投资渠道与合作机会。通过与境外协会的合作，协会能够协助会员单位深入了解目标市场的法律法规、投资环境及潜在风险，为其制定科学合理的投资策略提供有力支撑。此外，协会还将推动会员单位参与国际项目合作，共同开发海外市场，实现资源共享与优势互补。

然而，国际合作亦伴随一定的挑战。不同国家和地区的法律法规、市场环境及文化差异可能给会员单位的境外投资与合作带来一定的不确定性。因此，协会在推进国际合作的过程中，需要加强对会员单位的指导和支持，帮助其提升国际化运营能力，有效应对各种挑战。在未来，随着国际合作的不断深入，四川证券业必将在国际舞台上展现出更加璀璨的光芒。

第十章　四川证券业监管

第一次世界大战结束后，美国经济经历了迅速之复苏，并进入了一段持续繁荣之时期，被称为“咆哮的20年代”（the Roaring Twenties）。这一时期以经济繁荣、社会变革和文化创新为特征，被认为是美国历史上的一个重要转折点。在这一历史期间，生产过剩、消费主义文化和债务都达到了历史最高水平。众人皆怀一夜暴富之梦，乃趋股票之市以求之。无美国联邦政府之监管，民众皆热衷于股，乃至以高危之保证金交易，遂使投资风险大增。美国股市在1929年10月崩盘。随后，超过5000家银行关闭，数千家公司破产，大规模失业浪潮席卷美国，这导致经济大萧条爆发。为了探究这场毁灭性崩盘的根本原因，并制定措施防止未来发生类似事件，美国参议院银行委员会在1932年召开了一系列会议，这些会议后来被命名为“佩科拉听证会”（the Pecora hearings），亦被称为佩科拉调查（the Pecora Investigation）或佩科拉委员会（the Pecora Commission）。彼诸听证会之要旨，乃为考察1929年华尔街股市崩溃及其后效，以及银行业及其他金融业之不当行为。佩科拉被委任为联邦参议院银行与货币委员会之首席调查员，负责考察金融界之不正行为及违法活动。这些听证会揭示出一连串贪污、操纵市场、欺诈及内幕交易等不法行为。“佩科拉听证会”产生了深远之影响。它促使金融监管的改革和立法,包括通过的《1933 年证券法》和《1934 年证券交易法》,以及成立美国证券交易委员会来监管证券交易。这些改革和立法的目标是提高金融市场的透明度、保护投资者利益,并避免类似的金融危机再次发生。"佩科拉听证会"被视为美国金融监管史上之一重要里程碑,亦为银行改革及金融监管改革之推动力量。彼揭示金融界之腐败与不当行为,引发公众对金融机构之异议,并推动了对金融业更严格的监管。佩科拉本人亦因其调查与揭露之工作而广受赞誉,成为金融监管改革之象征。

"咆哮的 20 年代"及经济大萧条,为美国史上重要之时期,彼皆显示经济之起伏与人民对财富追逐之两极端。这段历史亦教我们重视教训,即过度投机及缺乏监管或致重大之经济影响,同时亦强调政府于经济危机中之重要作用。观美国证券监管之发展过程,证券市场之监管乃客观必要之(见表 10－1),纵放任之市场恐将对全国经济造成动荡,不利于国家经济之健康发展。

表 10－1　美国证券业监管的几部法案

法案名称	内容评价
1933 年《格拉斯—斯蒂格尔法案》(the Glass-Steagall Act)	《格拉斯—斯蒂格尔法案》将商业银行业务与投资银行业务分开,以建立公众对金融部门的信任和信心,并使经济恢复到股市崩溃前的状态。该法案建立了联邦存款保险公司,促其在银行监管中发挥监督作用,保护客户的银行存款,并处理客户投诉。法案禁止银行包销和经营公司证券,银行只能购买由美国联邦储备系统批准的债券。这一规定限制了银行在证券市场上的活动范围,降低了银行面临的风险①
《1933 年证券法》(Securities Act of 1933)和《1934 年证券交易法》(Securities Exchange Act of 1934)	《1933 年证券法》目的是防止证券欺诈,并确保投资者获得有关所售证券的准确和真实的财务信息。此外,它授予联邦贸易委员会权力,如果它们认为不符合公众利益,可以阻止证券销售。 1934 年 6 月,《1934 年证券交易法》生效。这项立法促成了美国证券交易委员会的建立,赋予它广泛的权力来监管证券行业。美国证券交易委员会的职责包括三部分:一是保护投资者;二是维护公平、有序和高效的市场;三是促进资本形成。美国证券交易委员会有 5 个组成部门,每个部门都由一位委员领导,包括:公司财务部——管理所有公开交易的公司;经济和风险分析部门——监测经济状况,以确定任何新的美国证券交易委员会规则将对市场产生的影响;执行部门——调查违反证券法的可能性;投资管理部门——监督和规管投资管理界及相关实体;贸易和市场部门——确保贸易市场保持公平和有效。《1934 年证券交易法》还赋予了美国证券交易委员会对违反证券法的公司和个人提起民事诉讼的权力。美国证券交易委员会监督的违规行为主要包括

续表

法案名称	内容评价
	内幕交易、操纵市场价格、出售未注册股票、违反经纪人—客户诚信、披露虚假财务信息以及窃取客户资金等。 整体而言,美国《1933 年证券法》和《1934 年证券交易法》的立法目标是确保向公众出售证券的公司必须如实告知其业务、出售的证券以及投资这些证券所涉及的风险。这些法律亦规定了出售和交易证券的经纪人、交易商和交易所必须公平、诚实地对待投资者。其直接目的是解决 1929 年股市崩盘及经济大萧条所显之监管阙失与投资者权益保护不周之弊。它们建立了证券交易的监管框架,加强了投资者的权益保护
1939 年《信托契约法》(Trust Indenture Act)	美国国会颁布了《信托契约法》,以保护投资债券的个人和实体。《信托契约法》禁止出售价值超过 500 万美元的债务证券,如果它们没有正式的书面协议或"契约",债券持有人和债券发行人必须签署契约,并披露有关债券发行的所有细节。信托契约旨在保护债券持有人的利益,必须获得美国证券交易委员会的批准。在债券的整个存续期内,各方都受合同条款的约束。《信托契约法》是《1933 年证券法》的修正案,要求契约受托人起到更加积极的作用。这是通过对他们提出报告要求以及其他监管义务来实现的。《信托契约法》还赋予了投资者更多的实质性权力。在该法案颁布之前,个人债券持有人不能通过合法渠道获得任何应付款项,而《信托契约法》改变了这一切。如果债券发行人经历了破产程序,法律授权指定受托人追查属于发行人的所有资产,并将其出售,以收回债券持有人的投资
1940 年《投资公司法》(Investment Company Act)	1940 年《投资公司法》是为了规范投资公司的组织方式及其从事的活动。它提供了公开交易的零售投资产品的要求列表,如单位投资信托、封闭式共同基金和开放式共同基金。它要求投资公司遵守有关受托责任、财务披露、服务收费等方面的指导方针。所有投资公司的证券在公开市场交易之前都必须在美国证券交易委员会注册
1940 年《投资顾问法》(Investment Advisers Act)	1935 年,美国证券交易委员会准备了一份关于投资公司和投资信托的报告,后来提交给了国会。报告为 1940 年《投资顾问法》的颁布奠定了基础,它定义了投资顾问的角色和责任。根据该法律,任何就证券提出建议或提供意见的个人或实体都将被视为顾问。1940 年《投资顾问法》定义了三个标准来界定顾问:一是正在提供什么样的建议;二是有关建议的补偿方法;三是顾问的大部分收入是否来自提供投资建议。该法进一步规定,任何向客户自称为投资顾问的个人都将被视为投资顾问。该法律适用于向机构、个人和/或养老基金提供投资建议的实体和个人

续表

法案名称	内容评价
2002 年《萨班斯—奥克斯利法案》(Sarbanes-Oxley Act),亦被称为《SOX 法案》	《SOX 法案》旨在保护投资者免受公司财务报告欺诈的影响。这项法案出台的原因是:在 21 世纪初,涉及泰科国际和安然等大型上市公司的金融丑闻越来越多。这些引人注目的欺诈行为削弱了投资者对公司财务报表合法性的信心。《SOX 法案》的制定是为了补充和修订现有证券法规的某些部分,包括《1934 年证券交易法》的规定,以及由美国证券交易委员会执行的其他立法。该法案还对违反证券法的公司和个人施加了更严厉的惩罚。《SOX 法案》关注四个主要领域:会计法规、企业责任、严厉的刑事处罚、新的保护

①值得注意的是,随着美国金融业的发展和扩张,商业银行开始不满足于低利润的银行零售业,并试图向投资银行渗透。许多商业银行都设立了变相的投资银行部门,以绕过《格拉斯—斯蒂格尔法案》的限制。因此,该法案逐渐成了银行业发展的障碍。1999 年 11 月 12 日,美国国会通过了《金融服务现代化法案》亦称为《格雷姆 - 里奇 - 比利雷法案》。该法案废除了《格拉斯—斯蒂格尔法案》中禁止银行控股公司拥有其他金融公司的规定,允许金融持股公司下属子公司对银行、证券、保险兼业经营。这一变革结束了美国长达 66 年之久的金融分业经营历史,推动了金融业的进一步整合和发展。

一、四川证券业监管的一般理论

(一)证券业监管的内涵界定

证券业监管,是指证券监督管理机构依据法律、法规和规章,对证券市场主体与证券中介市场机构的证券业务及其在证券发行、上市、交易、登记、存管、结算活动中的行为进行监督管理的总称。广义上的证券业监管还包括其他国家主管机关对证券市场进行的监管(如审计监督)与自律组织进行的自律监管。

1. 证券业监管涵盖对证券市场的监管

证券业监管机构通过制定并执行一系列规则和制度,对证券市场的运行进行监督和管理,确保市场的公平、公正和透明。这包括对证券发行、上市、交易、信息披露等方面进行监管,以维护市场秩序。首先,证券发行监管。证券业监管机构对企业发行证券的行为进行监管,确保证券发行程序合法、信息披露充分准确。监管机构会审查和批准发行计划、拟定发行文件、监督发行过程,并对发行人进行监管。其次,上市监管。证券业监管机构对公司在证券交易所上市的过程进行监管,确保上市公司符合上市条件,并履行信息披露义务。监管机构会审核和批准上市申请、监督上市公司的运作,对不符合规定的行为进行纠正,以保障市场的公平和投资者的权益。再次,交易监管。证券业监管机构对证券交易行为进行监管,以防止操纵市场、欺诈行为和不当交易行为的发生。监管机构会制定并执行交易规则,监测交易活动,发现并处理违法违规行为,维护市场的公正和透明。最后,信息披露监管。证券业监管机构对上市公司和其他证券发行人的信息披露行为进行监管,确保发布的信息真实、准确、完整,为投资者进行决策提供依据。监管机构会对信息披露文件进行审核,监督信息披露的时效性和质量,对不符合要求的行为进行处罚。

2. 证券业监管还涵盖对证券公司和其他相关机构的监管

证券公司的经营行为直接关系到市场的稳定和投资者的利益。作为证券市场的参与者和中介机构,证券公司承担着与证券投资相关的重要责任,在证券投资活动中扮演着重要的角色,包括证券交易、承销发行、资产管理、投资咨询等活动。因此,证券业监管机构对证券公司的监管具有重要意义,以确保其合法经营、风险可控和服务投资者。首先,证券业监管机构对证券公司的设立进行监管。监管机构会对证券公司的资本金、股权结构、经营范围等进行审核和批准,并监督其是否符合法律法规的要求。通过设立准入条件和监管审批程序,监管机构可筛选出具备合规经营能力的证券公司,增强市场的竞争力,促进市场健康发展。其次,证券业监管机构对证券公司的金融风险控制进行监管。证券公司涉及的金融风险包括市场风险、信用风险和操作风险等。监管机构会制定和执行风险管理标准,要求证券公司建立健全的风险管理体系,包括风险评估、风险监测、风险控制和风险报告等方面。通过监管机构的监督,证券公司能够更好地控制风险,减少系统性风险对整个市场的冲击。最后,证券业监管机构还涉及对证券公司的内部管理进行监管。监管机构会要求证券公司建立健全的内部控制制度和合规管理制度,加强对公司治理、内部审计、信息技术安全和业务运营等方面的监督。通过监管机构的要求和指导,证券公司能够提高内部运营效率和风险管理水平,为投资者提供更加可靠和安全的服务。

除了对证券公司的监管,证券业监管机构还涉及对其他相关机构如基金管理公司、投资顾问等的监管。这些机构在证券市场中扮演着重要角色,直接影响投资者的利益和市场的稳定。监管机构会对这些机构的设立、运营行为进行监管，以确保它们遵守法律法规，提供符合投资者需要的产品和服务。

（二）证券业监管的原则

原则乃一种基本的准则或规范，用于指导人们的行为或决策。它们是在特定的背景和价值观基础上形成的，旨在确保公正、道德和合理性。原则可以基于伦理、道德、法律、科学、经验等不同的领域和准则体系。它们通常是普遍适用的，可以应用于各种不同的情境和领域。原则的作用是提供一个指导性的框架，帮助人们做出正确的决策和行为选择。它们是人们在面对各种情况和挑战时可以依据的基本准则。原则可以帮助我们明确价值观、目标和优先级，使我们的行为更加一致和可靠。它们亦可以帮助我们解决道德困境、处理复杂的决策问题，并建立公正和可持续的社会制度。在不同领域，有许多不同的原则可以指导人们的行为证券业监管领域的原则包括以下几个。

1. 法定原则

法定原则要求证券市场的监管必须依据法律、法规进行。这包括证券法律的完善与具体、执法的严格和有力等方面。以我国为例，证券市场的监管法律体系通常由三个层次构成：法律、行政法规和部门规章。这一体系以《证券法》为核心，辅以《证券投资基金法》《公司法》等相关法律，以及由国务院制定的行政法规和证券监管部门制定的部门规章。监督主体的职权和程序必须符合法律规定，监督权力的行使亦必须在宪法和法律范围内进行。监督机关必须按照法律的规定充分履行职责，完成监督任务。其他机关、组织和个人不得限制或妨碍监督权的行使，而应当依法服从和配合监督的要求。在法律保护下，所有依法进行的监督活动都应受到尊重和支持。这意味着监督主体在行使权力时，必须依法合规，不能越权或失职。同时，其他社会主体亦有义务依法配合监督工作，不能阻碍监督的进行。监督主体的职权和程序的依法性保证了监督活动的合法性和有效性。只有在法律的框架下进行监督，才能保证监督的公正性和权威性。因此，监督主体必须遵守法律规定，依法履行职权，确保监督工作的合法性和有效性。所有社会主体亦应当遵守法律，配合监督工作的进行，共同维护社会的公共利益。

2."三公"原则

公开原则的溯源可以追溯到西方启蒙运动时期的思想家们对政府权力制约和公民自由的追求,随着民主政治的发展和全球化的推进,公开原则在现代社会中越来越重要。17 世纪末,约翰·洛克的思想对公开原则的形成起到了重要作用。洛克认为政府的合法性来自人民的授权,政府的权力应该受到制约和监督。他主张公共权力应该通过透明的运作来维护人民的利益,并提出了政府应该公开决策和行政过程的观点。18 世纪,法国启蒙思想家孟德斯鸠进一步发展了公开原则的理论。他在《论法的精神》一书中认为,公共权力应该在公众监督下行使,政府的决策和行为应该公开,以确保政府的合法性和有效性。1998 年 6 月 25 日,联合国在丹麦奥胡斯通过了《在环境问题上获得信息,公众参与决策和诉诸法律权利公约》,该公约强调政府应该向公众提供信息,并鼓励公众参与决策。对公约成员而言,国家必须保证这些权利在国内得到实施公开原则的核心是让社会公众能够有效地参与权力监督活动。这意味着政府和其他权力机构应该积极主动地向公众公开信息和数据,以便公众能够了解政府的工作和决策过程。公开原则还包括给公众提供参与的机会,例如,通过公开听证会、公众咨询和意见征集等方式,让公众能够表达意见和建议。公开原则的实施有利于增强人民群众对政府的信任。当政府积极公开信息,接受公众的监督和评价时,人民群众会感到政府是透明、负责任的。这有助于建立政府与公众之间的互信关系,促进社会的稳定和发展。公开原则还有助于提升人民群众参与社会事务的能力。通过了解政府的工作和决策过程,公众可以更好地了解自己的权利和义务,从而更加积极地参与社会事务。公开原则还为公众提供了表达政治诉求的空间,促进政治民主和社会和谐。实施公开原则还能够保障权力监督的有效性和权威性。当监督主体的活动置于公众的监督之下时,权力监督才能真正体现人民的意志。通过保障公众的知情权、参与权和监督权,可以确保监督主体的活动能够真正代表人民的意志,并实现权力监督的制度目标。公开原则是一项重要的原则,它能够扩大和拓展社会公众参与权力监督活动的渠道,保障公众的知情权、参与权、表达权和监督权,有助于提升人民群众参与社会事务的能力,促进政治民主和社会和谐,实现权力监督的制度目标。公开原则是证券市场监管的核心原则之一。它要求证券市场上的各种信息必须向市场参与者公开披露,任何市场参与者不得利用内幕信息从事市场活动。这包括财务信息、交易信息、行为信息、政策信息以及监管信息等与市场参与者利益相关的所有信息。公开原则的实现有助于提高市场的透明度、增强投资者的信心，并促进证券市场的健康发展。

公平原则的历史溯源可以追溯至古代，并在不同的历史时期和文化背景下逐渐演变和发展。最初的公平观念来自对不公平社会关系的调节，亚里士多德首次系统表述了公平原则，认为“同样的情况同样对待，平等的应当平等对待，不平等的应当不平等对待”。无论是西方还是中国，公平原则都经历了从朴素观念到系统理论、从哲学探讨到法律实践的发展过程。在现代社会，公平原则已经成为法治建设和社会发展的重要基石。公平原则要求证券市场上的参与者拥有均等的市场机会、均等的交易机会和均等的竞争机会，不存在任何歧视或特殊待遇。这包括地位公平、税负公平、权利公平和利益公平等方面。公平原则要求信息的完全性和对称性，即所有投资者应拥有同质的及时信息。此外，公平原则还要求证券监管部门在处理市场纠纷和争议时，应秉持公正立场，确保各方权益得到平等保护。

公正原则的历史溯源可以追溯至古代，并在不同的历史时期和文化背景下得到了深入的思考和发展。柏拉图将公正列为“四主德”之一，并定义为履行自己的义务，强调个人在社会中的责任。亚里士多德则对公正进行了更为系统的分类和阐述，他将公正分为普遍的公正和特殊的公正，并将公正与法律联系在一起，认为法律是实现公正的重要手段。韩非子曰：“所谓直者，义必公正，公心不偏党也。”在现代社会，公正原则已经成为法治建设和社会发展的重要基石，为全人类的共同追求和价值观提供了重要的支撑。公正原则要求证券监管部门在公开、公平原则的基础上，对一切被监管对象给予公正待遇。这包括立法公正、执法公正和仲裁公正等方面。证券立法机构应制定体现公正精神的法律、法规和政策；证券监管部门应根据法律授予的权限履行监管职责，对一切证券市场参与者给予公正的待遇；对证券违法行为的处罚和对证券纠纷事件和争议的处理，都应当公正进行。公正原则是有效监管的生命，是监管者以法律框架实现市场所有参与者之间的平衡与有序的关键。

3. 独立原则

证券业监管的独立原则是确保证券市场监管有效性和金融体系稳健性的重要原则。独立原则乃权力监督的基本原则之一。它强调监督主体在履行职责时应具备独立性和权威性,以确保监督的合法性和有效性。首先,独立原则要求监督主体与被监督对象保持独立。监督主体不能受到被监督对象影响和控制,以避免利益冲突和权力滥用。只有相对独立的监督主体才能坚持公正、客观、中立的原则,有效监督和控制权力的行使。其次,独立原则要求监督主体的权力来源合法且受到法律保障。监督主体应具备明确的法定地位和职权范围,依法履行监督职责。只有在法律框架下,监督主体才能行使监督权力,维护公众利益,确保权力的合法性和合理性。最后,独立原则还要求监督主体具备权威性。监督主体应具备专业知识和经验,能够独立、客观地评估和判断被监督对象的行为。监督主体的权威性源于其公信力和专业性,只有具备权威性的监督主体才能赢得公众的信任和尊重。权力的行使者往往代表特定利益,可能追求个人或特定团体的利益,甚至试图逃避监督。在这种情况下,相对独立的监督主体能够摆脱被监督对象的干预和影响,保证监督的有效性。只有独立的监督主体才能真正履行监督职责,防止权力滥用,维护公众利益。

(三)证券业监管的特征

证券业监管对象涵盖证券市场的各类主体,包括发行人、上市公司、券商和投资者等。发行人是指首次公开发行证券或进行再融资的企业或机构。证券监管机构需要对发行人的财务状况、信息披露、合规性等进行严格审查,以确保其符合上市条件。已经上市的公司同样受到证券监管机构的监管。上市公司需要定期披露财务报告、重大事项等信息,监管机构会对这些信息的真实性、准确性和完整性进行监督,以防止信息误导和欺诈行为。证券公司、投资银行等中介机构在证券市场中扮演着重要角色,它们负责承销、发行、交易证券等活动。证券监管机构会对券商的业务操作、风险管理、内部控制等方面进行监管,以确保其合规经营。虽然投资者不是直接监管的对象,但证券监管机构会制定投资者保护政策,如设立投资者保护基金、提供投资者教育和培训等,以增强投资者的风险意识和自我保护能力。同时,监管机构亦会打击操纵市场、内幕交易等违法行为。

证券业监管具有六大特征。(见表 10-2)

表 10－2　证券业监管的六大特征

特征	具体内容
高度专业化	专业化者,谓某一领域或行业中,涉及之技术、知识和技能较为专业化且专业化程度较高之状态。在证券市场中,证券交易、投资咨询、资产管理等方面所涉及之技术和知识皆较为专业,故证券监管机构之工作亦需具备较高之专业性。证券交易的复杂性和技术性要求证券监管机构具有高度的专业化水平和技术能力。例如,证券违法案件涉及的行政违法行为较为集中。在我国,现实案件中涉及的行政违法行为主要集中在《证券法》中的相关内容,具体包括未按照规定披露信息、内幕交易、证券公司私下接受客户委托买卖证券、泄露内幕信息、建议他人买卖相关证券、法律、行政法规规定禁止参与股票交易的人员,直接或者以化名、借他人名义持有、买卖股票、违法买卖股票、违法借用他人账户、违法出借自己证券账户、公司信息披露违法等。 证券市场监管高度专业化主要表现在:一是专业人才。证券市场监管机构需要拥有一支高水平、专业化的人才队伍,这些人才需要具备专业的知识和技能,能够有效地开展监管工作。二是监管标准。证券市场监管机构需要制定行业标准和规范,这些标准和规范需要具备高度的专业性和可操作性,能够指导市场主体开展业务活动。三是监管方式。证券市场监管机构需要不断更新监管方式和手段,采用科技和数据分析等手段,提高监管工作的效率和准确性。四是监管领域。证券市场监管涉及的领域非常广泛,如证券交易、发行、信息披露、资产管理等,这些领域都需要专业化的监管团队,能够深入了解市场运作和市场趋势,及时制定监管政策和措施
高度市场化	市场化,是指在市场经济体制下,市场在资源分配中具有基础性、决定性作用。证券市场是一个高度市场化的环境,证券监管机构需要通过市场手段和机制来保护投资者的权益。证券监管作为证券市场的重要组成部分,亦应该是市场化的。 证券监管高度市场化主要表现在:一是市场自律。证券市场的发展需要市场主体自发遵守市场规则和监管要求,证券监管机构通过加强市场自律,促进市场的健康有序发展。二是市场公正。证券监管机构需要保障市场公正,通过加强监管力度,防范市场操纵、内幕交易等不法行为。三是市场透明。证券监管机构通过信息披露、公开通报等方式,对市场信息进行公开和透明化管理,增强市场的信心和稳定性。四是市场稳定。证券监管机构需要通过市场机制和手段,维护证券市场的稳定性,对市场风险进行有效管控,保障市场的平稳运行
高度风险化	风险化者,是指在特定领域或行业中,所涉及之风险因素相对较高之状态。证券市场乃一风险较高之市场,内含诸多风险因素,如市场风险、信用风险、流动性风险、操作风险等。 证券监管高度风险化主要表现在:一是风险防控。证券监管机构需要对证券市场中存在的风险因素进行有效的防控和管理,制定相关的监管政策和措施,降低市场风险。二是风险评估。证券监管机构需要对证券市场中的各种风险因素进行有效的评估和分析,为监管决策提供依据和参考。三是风险监测。证券监管机构需要建立完善的风险监测体系,通过监测市场数据和信息,及时发现和处理市场风险,避免风险扩散和蔓延。四是风险处置。证券监管机构需要对市场中出现的风险事件采取及时、有效的处置措施,减少风险对市场的影响和造成的损失

续表

特征	具体内容
高度复杂化	复杂化者，是指某一领域或行业中，涉及之事物繁多，其关系亦特别复杂之状态。证券市场乃一复杂之市场，涉及众多市场主体、交易品种和交易方式，证券监管机构需要对市场的复杂性进行有效的监管。 证券监管高度复杂化主要表现在：一是监管对象复杂。证券监管机构需要监管证券市场中的多个市场主体，包括发行人、上市公司、券商、基金公司等，每个市场主体都涉及各自的监管要求和标准。二是交易品种复杂。证券市场中存在着多种交易品种，如股票、债券、证券投资基金等，每种品种都有不同的投资特征和风险特征，证券监管机构需要对每种品种进行相应的监管。三是交易方式复杂。证券市场中存在多种交易方式，如公开竞价交易、协议转让、大宗交易等，每种交易方式都需要不同的交易流程和监管要求。四是证券衍生品复杂。证券市场中存在多种金融衍生品，如期货、期权、股指期货等，这些金融衍生品的交易和风险较为复杂，证券监管机构需要对其加强监管
高度国际化	国际化者，是指某一领域或行业中，涉及国际交流和合作之程度较高之状态。证券市场乃一国际化程度较高之行业，因证券市场中资金、投资者、证券品种等皆得跨越国界进行交流和合作，证券市场具有很强的国际化特征。 证券监管高度国际化主要表现在：一是跨境监管。证券市场中存在着跨境投资和跨境发行等行为，这就需要证券监管机构加强对跨境交易的监管和协调。二是国际合作。证券监管机构需要与其他国家的监管机构进行合作，以实现对跨境交易和跨境发行等活动的有效监管。监管机构之间可以分享监管经验和信息，包括市场监测、风险评估、监管政策和法规等方面的信息。这可以帮助监管机构更好地了解国际市场动态，发现潜在的跨境风险和违规行为。监管机构可以合作开展跨境监管行动，共同监管跨境交易和跨境发行等活动。这包括监管机构之间的合作调查、执法合作、信息共享和相互协助等。监管机构可以建立跨境协作机制，例如，签署双边或多边监管合作协议，建立合作框架和机制。这些机制可以促进监管机构之间的沟通和合作，提高监管效能和跨境监管的一致性。跨境监管合作的重要性在于，金融市场的全球化和跨境交易的增加使得跨境风险和违规行为的监管变得更加复杂和困难。通过与其他国家监管机构的合作，监管机构可以共同应对跨境风险，维护市场的稳定和公平。三是跨境诉讼。证券市场中存在跨境纠纷和跨境诉讼等情况，证券监管机构需要与其他国家的司法机构进行合作，解决跨境纠纷和诉讼问题。四是国际标准。证券市场中的行业标准和规范已经逐渐趋于国际化，证券监管机构需要积极参与国际标准的制定和修订，推动证券市场的国际化进程
高度政治化	政治化者，是指某一领域或行业中，政治因素对其运作和管理产生较大影响之现象。在证券市场中，政治因素可能涉及政府政策、国家安全、金融稳定等方面，故证券监管机构之工作亦受政治化之影响。 证券监管高度政治化主要表现在：一是政府政策。政府的宏观经济政策和金融政策对证券市场有着重要影响，证券监管机构需要密切关注政府政策的变化，及时调整监管政策。二是国家安全。证券市场中存在一些重要的行业和领域，如能源、通信、军工等，这些行业和领域的证券交易可能涉及国家安全问题，证券监管机构需要加强对这些行业和领域的监管。三是金融稳定。证券市场中存在一定的风险，如市场波动、股市崩盘等，这些风险可能会对金融稳定造成影响，证券监管

续表

特征	具体内容
	机构需要通过制定监管政策和措施来维护金融稳定。四是政治干预。政治干预是指政治因素对证券市场的运作和管理产生非正常的、不良的影响。为了避免非正常政治干预的发生，证券监管机构需要保持独立性和公正性，不受政治因素的干扰

二、四川证券业监管的现状及特点

(一)建立了完善的证券监管体系

四川证券监管部门已经建立了一套完善的证券监管体系。一是四川证券监管部门积极落实了一系列法律法规，包括《证券法》《上市公司信息披露管理办法》等。二是监管组织机构体系建立和完善。四川证券监管部门建立了一套完善的监管组织机构体系，包括中国证券监督管理委员会四川监管局、四川证券投资者保护基金、四川证券业协会、中介服务机构等，形成了多层次、全方位的监管体系。三是四川证券监管部门建立了一系列监管制度，包括内部管理制度、监管程序制度、执法操作规范等，保证了监管工作的规范性和公正性。四是四川证券监管部门建立了一套完善的监管信息系统，包括信息采集、信息处理、信息分析等，通过数据分析和技术手段提升了监管工作的效能和效率。

(二)注重与行业协会的合作

四川证券监管部门注重与证券行业协会的合作，通过与协会共同制定行业标准、维护行业秩序等方式，加强了行业自律和监管的有效性。一是制定行业标准。四川证券监管部门与行业协会共同研究和制定证券行业标准，包括行业规范、行业自律管理规定等，保障证券市场的健康发展。二是维护行业秩序。四川证券监管部门与行业协会合作，加强对证券市场的监管，维护行业秩序，打击各种违规行为，维护市场公平、公正、透明的环境。三是加强行业培训。四川证券监管部门与行业协会共同举办证券从业人员培训班，提高从业人员的业务水平和风险意识，推动证券市场的健康发展。四是开展行业研究。四川证券监管部门与行业协会共同开展证券市场和行业研究，提高监管部门对证券市场的了解和分析能力,为政策制定和监管决策提供支持。通过与行业协会的合作,四川证券监管部门能够更好地了解证券市场的实际情况,优化监管方式和方法,加强市场监管,促进证券市场的健康稳定发展。

(三)加强信息披露监管

四川证券监管部门加强了对证券市场信息披露的监管力度,强化了对上市公司信息披露的审核和监督,并加强了对信息披露违规行为的打击力度。一是审核四川上市公司的信息披露。监管部门对上市公司的信息披露文件进行严格审核,确保所披露的信息符合法律法规的要求,真实反映公司的财务状况、经营成果和现金流量,及时发现和纠正信息披露不实或者存在虚假记载等违规行为,保障投资者的合法权益。二是四川证券监管部门依据相关法律法规,不断完善信息披露制度,明确信息披露的内容、格式、时间和方式,为上市公司提供清晰的操作指南。三是加强日常监督。四川证券监管部门通过定期巡查、随机抽查等方式,对上市公司的信息披露情况进行日常监督,及时发现并纠正违规行为。四是加大对信息披露违规行为的打击力度。对于违反信息披露规定的行为,四川证券监管部门依法依规进行查处,给予相应的行政处罚,如警告、罚款等,通过官方网站、媒体等渠道,对违规行为进行公开曝光。对于情节严重、构成犯罪的违法行为,监管部门将依法移送司法机关追究刑事责任。

(四)提高监管技术水平[1]

四川证券监管部门积极引入先进的监管技术,通过智能化监管、数据分析

---

[1] 在科技创新的推动下,早在20世纪90年代,各国金融监管部门就已使用科技手段支持监管,但直到2008年之后,科技监管才得到真正发展,背后的主要推动力在于以下几方面。一是快速的科技发展。2008年后,随着计算能力的提升和数据技术的成熟,监管机构开始广泛应用科技手段来支持监管工作。例如,数据分析和挖掘技术被用于发现异常交易和风险信号,云计算和分布式存储技术被用于处理和存储海量数据,区块链技术被用于增强交易的安全性。通过采用先进的监管技术和措施,金融监管机构可以提高监管效率,降低监管成本,更好地应对严格的监管要求。同时,监管技术的不断创新和发展亦需要与监管法规的配套,以确保监管的科技手段和监管要求的一致性。二是监管机构亦加强了与科技公司和创新企业的合作,共同推动监管科技的发展。许多监管科技创新的实践和案例亦开始出现,不断推动着科技监管的发展。三是面对严峻的监管挑战,通过提升监管部门的技术能力,优化数据管理,加强合作与沟通,完善监管法规和规范,可以帮助金融监管部门更好地应对金融科技带来的挑战。只有与金融科技的发展同步,才能实现有效的金融监管,并确保金融市场的稳定和健康发展。

等方式，提高了对证券市场的监管能力和效率。一是智能化监管的引入与应用。四川证券监管部门紧跟时代步伐，充分利用现代科技手段，特别是人工智能、大数据、云计算等先进技术，推动监管工作的智能化升级。通过构建智能化的监管系统，监管部门能够实现对证券市场的实时监控、预警和分析，从而及时发现潜在的风险和问题。智能化监管的应用不仅提高了监管的精准度和时效性，还大大减轻了监管人员的工作负担，使他们能够更专注于复杂案件的查处和风险防控工作。二是数据分析在监管中的应用。数据分析是智能化监管的重要组成部分。四川证券监管部门通过收集、整理和分析大量的市场数据，能够深入了解证券市场的运行状况、投资者的行为特征以及潜在的风险因素。这些数据为监管部门提供了科学的决策依据，有助于监管部门制定更加合理、有效的监管政策和措施。通过对数据的深入挖掘和分析，监管部门能够及时发现异常交易行为、信息披露违规等问题，数据分析为查处违规行为提供了有力的证据支持。三是智能化监管与数据分析的成效。智能化监管和数据分析的应用，使得四川证券监管部门的监管能力和效率得到了显著提升。一方面，通过智能化监管，监管部门能够更快地响应市场变化，及时发现并处置潜在风险，有效维护了市场的稳定和投资者的利益。另一方面，通过数据分析，监管部门能够更准确地把握市场动态和投资者行为，制定更加科学合理的监管政策。

总体而言，四川证券监管部门在监管体系建设、行业合作、信息披露监管和技术应用等方面已经取得了一定的成绩，但仍有进一步优化的空间。在监管体系建设方面，四川证券监管部门可以进一步完善机构能力建设，加强人员培训，提升人员专业素养，以提高监管人员的能力和专业水平。此外，还需要加强内部管理制度的建设，提高工作效率和效果。在行业合作方面，四川证券监管部门可以进一步加强与其他监管机构、行业协会和市场参与者的合作与沟通，通过加强信息共享和协调配合，形成监管合力，提高监管的全面性和效能性。在信息披露监管方面，四川证券监管部门可以进一步加强对信息披露的监管，确保信息披露的及时、准确和公平，防止欺诈行为的发生。同时，还需要加强对投资者的保护，包括加强投资者教育和风险提示，提高投资者维权渠道的畅通性。在技术应用方面，四川证券监管部门可以进一步加强对技术手段的应用，如大数据、人工智能等，以提高监管的效率和精准度。同时亦需要加强对新兴科技的监管，防范科技创新带来的风险。这可以进一步提高证券市场的监管水平和效果,促进市场的稳定和健康发展。

三、四川证券业监管之臻善

四川证券业监管之臻善需要综合运用自律监管、政府监管和社会监督等不同类型的监管手段和措施。通过加强机构能力建设、完善监管制度和规范、加强信息披露和投资者保护、强化市场监测和风险防控、加强合作与沟通等方面的工作,提升证券市场的监管水平和效果,促进市场的稳定和健康发展。同时,需要加强对不同类型监管的协调和整合,形成监管工作之合力,提高监管的全面性和效能性。

(一)四川证券业的自律监管

自律监管,是指在证券市场中,行业组织自己制定和执行规则和标准,并对会员和相关人员进行监督和管理,从而维护市场之秩序和诚信。自律监管为市场自我约束和自我规范的一种方式,可以减少市场风险和不良行为。

我国 2005 年修订的《证券法》规定了中国证券监督管理委员会主导的证券业监管体制,其中证券交易所和证券业协会在自律监管方面发挥辅助作用。证券自律监管是证券市场的基础,健全的自律监管体系对促进证券市场的良性发展起到了积极作用。[1] 2021 年新成立的北京证券交易所成为继上海证券交易所和深交所后我国的第三家证券交易所,进一步促进了我国证券市场的发展和对证券交易行为的监管。金融资本市场发展瞬息万变,证券交易所自律监管不当将面临自律监管纠纷诉讼,更要承担对讲求信誉的证券业而言致命的社会名誉惩戒。同时,要从会员管理入手,充分发挥会员大会在交易所决策中的核心作用,避免中国证券监督管理委员会对交易所内部组织结构过度干预。

结合四川实际,加强四川证券市场的自律监管可以采取以下措施。

1. 建立自律监管机构,完善自律监管制度和机制

政府可以支持证券行业组织建立自律监管机构,完善自律监管制度和机

---

〔1〕 参见孙昌兴、秦洁:《我国证券自律监管中存在的问题与完善对策》,载《法治研究》2009 年第 10 期。

制，推动自律监管的发展和规范，要突出证券行业协会的自律监管，提升行业从业人员的整体要求。2019 年修订的《证券法》以及中国证券监督管理委员会颁布的《关于进一步加强中国证券业协会自律管理职责的意见》都指出，证券业协会要着力增强自律管理功能，完善自律管理规则体系，优化自律管理与行政监管协同配合机制，以更好地服务资本市场治理体系建设和证券行业高质量发展。[1] 四川证券业协会要加强省内证券从业人员的职业道德建设和专业能力培养，规范证券从业资格考试，保证证券从业人员包括证券公司的董事、监事、高级管理人员熟练掌握证券业务相关的基本法律法规和金融市场基础知识，具备相应的专业能力和专业素养，进一步加强证券行业文化建设和自律管理体系。四川证券业协会作为四川省证券行业的自律性组织，要在结合四川省自身发展的实际情况的基础上，贯彻落实中国证券业协会、中国证券监督管理委员会等规定的证券行业自律建设的原则和要求，改革协会内部组织结构和决策机制，增强证券协会在会员中的权威性。同时要进一步规范证券从业人员职业道德，提升从业人员执业质量。2022 年 5 月，中国证券业协会发布了《证券公司董事、监事、高级管理人员及从业人员管理规则》，促进和加强了全国各地证券公司董事、监事、高级管理人员及从业人员的道德品行和专业能力的建设和提升。四川省作为西部地区证券大省，截至 2021 年 12 月辖区内有证券公司 4 家、证券公司分公司 70 家、A 股上市公司 152 家、服务实体经济金额 4973.09 亿元[2]是西部地区的金融中心和重要的资本市场，因此，证券从业人员的管理至关重要。证券从业人员作为证券公司发挥资本市场中介职能的行为载体，其道德品行和专业能力关乎证券市场能否健康发展。

2. 制定和修订自律规范

自律监管机构可以制定行业自律规范，明确行业从业人员的职业道德、行为准则、管理要求和合规经营的标准，并制定严格的处罚措施，引导行业从业人员诚信经营。首先，自律监管机构可以制定行业自律规范，明确行业从业人员的职业道德和行为准则。通过制定行业自律规范，自律监管机构可以建立起行

---

[1] 参见赵福建：《证券自律监管的国际比较与我国证券自律监管体制的完善》，载《中国集体经济》2008 年第 15 期。

[2] 参见中国证券监督管理委员会：《2021 年 12 月四川资本市场主体概况》，载中国证券监督管理委员会网 2022 年 2 月 10 日，http://www.csrc.gov.cn/sichuan/c104899/c1880511/content.shtml。

业从业人员应遵循的基本道德和行为规范，明确规定诚实守信、公正透明、勤勉尽责等职业道德要求。这些规范能够引导行业从业人员树立正确的价值观和道德观念，遵循道德规范开展业务活动。其次，自律监管机构可以明确行业从业人员的管理要求和合规经营的标准。这些要求和标准可以涵盖从业资质、信息披露、风险管理、内部控制等方面。最后，自律监管机构应当制定严格的处罚措施，建立惩戒措施和机制。这种惩戒机制可以起到警示作用，维护市场秩序。

3. 推行自律管理

自律监管机构可以推行自律管理，对行业从业人员进行自我约束和自我管理，加强自律管理的有效性。首先，自律监管机构可以推动行业从业人员参与自律管理，建立行业自律文化。通过组织自律意识和道德规范的宣传活动，自律监管机构可以引导行业从业人员自觉遵守自律规则，培养良好的自律意识和行为习惯。这样的自律文化可以在行业内达成共识，推动行业从业人员自觉约束自己的行为，实现自律管理的有效性。其次，自律监管机构可以建立投诉举报机制，加强对自律规则的监督和执行。通过建立投诉举报机制，自律监管机构可以接受行业内部和外部的投诉和举报，对违反自律规则的行为进行调查和处理。这样的机制可以有效地监督和惩戒行业从业人员的违规行为，维护行业的良好秩序和声誉。最后，自律监管机构应当积极开展培训和教育，提高行业从业人员的自律意识和素质。通过组织培训和教育活动，自律监管机构可以向行业从业人员传达自律的重要性，引导他们自觉遵守自律规则，提高自身的职业道德和专业素养。这样的培训和教育可以提升行业从业人员的整体素质，减少违规行为的发生。

（二）四川证券业的政府监管

1. 加强政府监管的市场化

政府监管之市场化强调市场之自主性与自由竞争，尊重市场主体之权利与利益。政府之监管职责在于维护市场秩序与公平竞争，促进市场之有效运作与经济之健康发展。于市场化监管中，政府应积极参与并发挥监管之作用，然亦应避免过度干预与扭曲市场机制。[1] 加强政府监管之市场化，宜在下列方面

---

〔1〕 参见高西庆：《论证券监管权——中国证券监管权的依法行使及其机制性制约》，载《中国法学》2002 年第 5 期。

践行与探索。

(1)建立市场化监管机制

政府应该逐步建立市场化监管机制,采用市场化手段来调控市场。这样可以促进市场的自我调节和发展,并保障市场的公平竞争、秩序和稳定性。首先,市场化监管机制是通过市场机制引导企业自行调整,而不是过度依赖行政手段来干预企业的运营。市场化监管机制强调市场主体的主动性和自律性,允许企业根据市场需求和竞争状况进行自我调整。政府可以通过制定透明、公正的规则和制度,引导企业进行自我约束和自我完善,推动市场的良性竞争和健康发展。其次,政府过度行使证券监管权力会破坏市场私权自治运行的法则和规律。如果政府过度干预企业的运营和决策,将限制企业的自主性和创新性,扭曲市场的竞争机制,导致资源的浪费和市场的扭曲。相反,市场化监管机制可以让市场主体充分发挥自身的积极性和创造力,根据市场的需求和变化进行自主决策和调整,促进市场的有效运行。再次,市场化监管机制能够更好地保障市场的公平竞争。通过建立透明、公正的市场规则和制度,政府可以防止垄断和不正当竞争行为的发生。市场化监管机制还可以吸引更多的市场参与者,增加市场的竞争程度,为投资者提供更多投资机会和选择,促进市场资源的有效配置和优化。最后,市场化监管机制可以巩固市场的秩序和稳定性。政府可以通过完善市场规则和制度,加强对市场主体的监测和监控,及时发现和纠正市场失灵和扭曲现象,保障市场的正常运行。市场化监管机制还可以促进市场的自我纠错和调整,防止市场过度波动和风险扩散,增强市场的抗风险能力,提高市场的稳定性,促进市场可持续发展。

(2)引导社会组织参与监管

政府应该积极引导社会组织参与监管,充分发挥社会组织在市场监管中的作用。政府可以通过设立专门的社会组织监管部门或机构,鼓励社会组织参与监管,加强社会组织对市场的监督。首先,社会组织在市场监管中具有独特的优势。相比于政府机构,社会组织通常更贴近市场和民众,更具有敏锐的嗅觉和灵活的行动能力。社会组织可以通过调查研究、监督评价等方式,发现市场中存在的问题和隐患,及时提出建设性的意见和建议。社会组织还可以发挥舆论监督的作用,推动市场主体遵守法律法规,有利于营造诚实守信、公平法治的营商环境。其次,引导社会组织参与监管可以增加监管的广度和深度。政府机构在资源有限的情况下,难以覆盖所有市场领域和行业。而社会组织具有多样性和分散性的特点,可以涵盖更广泛的市场范围,提供更全面的监管服务。社会组织可以依托专业知识和经验,开展市场调研和监测,为政府提供针对性的监管建议。最后,引导社会组织参与监管可以增加监管的公信力、提高公众认可度。社会组织作为独立第三方,其监管行为更具公正性和客观性,更容易得到公众的信任和支持。政府可以通过设立社会组织监管部门或机构,明确社会组织参与监管的身份和职责,建立监管的合作机制和合作规范。政府还可以提供相应的支持和激励措施,鼓励社会组织积极参与监管,发挥其在市场监管中的作用和影响力。

(3)加强信息公开和舆论监督

政府应该加强信息公开和舆论监督,让市场参与者和社会公众充分知晓市场信息和监管情况,及时揭露和纠正违法行为,维护市场秩序,促进公平竞争。首先,加强信息公开。加强信息公开是保障市场参与者知情权的关键。透明的市场环境是健康发展的基石,能够有效减少信息不对称的情况,避免市场不公平现象。市场经济的核心在于信息对称性,只有当市场参与者全面掌握相关信息时,才能做出理性的决策。为此,政府应加大对市场信息的收集、整理和公开力度,通过适当的渠道发布信息,确保市场参与者能及时获取并使用这些信息。政府亦应主动公开监管情况,展示监管工作的成效,增强公众对监管的信任和支持。这不仅有助于提升监管的有效性,还能促使市场参与者更加自觉地遵守法律法规。其次,强化舆论监督,推动市场规范。舆论监督在引导市场行为、维护公平竞争方面发挥着重要作用。媒体作为信息传播的重要平台,可以通过报道和评论,揭露和批评违法违规行为,引导市场参与者诚信经营。政府应积极引导媒体关注市场问题,鼓励其深入调查和报道,为舆论监督提供支持和保障。此外,设立奖励机制,激励媒体积极参与舆论监督,进一步提升其监督效果。最后,引导社会组织参与舆论监督,形成多方合作的监管格局。作为独立第三方,社会组织具备独立性和公正性的优势,能够通过调研、监测、评估等方式对市场进行评价和监督。政府可以搭建社会组织与政府部门之间的沟通平台,加强双方的合作与协调,并提供必要的支持和激励措施,鼓励社会组织积极参与舆论监督,推动政府监管的市场化进程。

中国证券监督管理委员会四川省证监局作为中国证券监督管理委员会的

派出机构,在贯彻和执行中国证券监督管理委员会监管理念时,要结合四川证券业的特点和实际发展情况,更新监管理念,转变监管职能。政府作为证券市场的监管者,要正确处理好规划发展市场和监管市场两者之间的关系,实现发展和监管理念的统一,以服务和促进市场发挥功能为中心强化监管功能。四川地方证券监管机构亦要与中国证券监督管理委员会保持一致的监管理念和规则,使辖区内的证券公司、上市公司等规范运作有同质的规范。

2. 加强政府监管的法治化

政府监管的法治化,是指政府在执行监管职责时,依据法律法规,遵循科学、公正、透明、规范的原则,依法行政,通过制度化、法治化手段,实现监管的规范化和法治化,保障市场的公平竞争和秩序。具体而言,在政府监管的法治化中,包括:一是依法行政。政府在监管过程中,必须依据相关法律法规,严格执行法律程序,从而保证监管的合法性和公正性。二是规范行为。政府监管者必须严格遵守规范行为准则,以保证监管行为的公正、透明和科学。三是科学决策。政府在制定监管政策和实施监管措施时,必须依据科学手段和数据分析,做出科学合理的决策。四是公正处置。政府在监管过程中,必须公正、公平、公开地处置案件,维护市场的公平竞争和秩序。

为避免政府监管之权滥用,于四川证券市场强化法治监管之道,宜从以下方面着手。

(1)完善法律法规体系

我国《证券法》及其配套法律、法规之间存在衔接契合度较低、体系较为混乱等诸多问题。在证券发行审核程序、上市公司信息披露、上市公司违法行为的处理以及上市公司的退出机制等方面问题显得更为突出。让中国证券市场告别"政策市"采用"法治市"是近年来决策层努力的目标。[1] 法律手段的强化是以健全的法律法规体系为基础的。《证券法》为证券市场监管提供了更加健全和完善的法律基础。为了更好地贯彻《证券法》,四川地方政府监管机关应该采取以下措施:一是积极学习《证券法》及相关配套规定。四川地方政府监管机关应该深入学习《证券法》及相关配套规定的精神和要求,理解其中的核心内容和关键条款。只有对法律法规有准确的理解和把握,才能更好地运用法律手段

[1] 参见欧国锋:《中国证监会权威之惑》,载《经济》2005 年第 10 期。

进行监管工作。二是针对四川地区证券市场的特质,探索适合的地方立法工作是一个关键议题。由于不同地区的证券市场具有其独特的差异和特点,四川地方政府监管机关需紧密结合自身辖区内的证券市场的实际情况,来制定相应的地方法律法规。这一举措旨在确保监管工作的针对性和有效性,从而更好地适应和满足四川证券市场的特定需求。为了实现这一目标,建立完善的地方法律法规体系至关重要。四川地方政府监管机关应当积极与立法机构加强合作,共同制定和出台一系列相关的地方性法律法规。这些法律法规不仅要填补现有法律制度的空白,还要进一步完善证券市场的法律法规体系,使其更加健全和完备。通过这样的立法工作,可以为四川地方政府监管机关提供更加具体、更具可操作性的法律依据。这将有助于监管机关在开展工作时更加规范、有力,从而促进四川证券市场的健康稳定发展。

(2)健全程序化监管

政府应该进一步健全监管制度,确定监管职责和明确监管的范围,规范监管程序,确保监管的合法性和公正性。要促进政府监管程序化。程序是现代行政法治的核心,程序公正是实现政府行为法治化的重要保障。在证券市场监管中,政府行为的程序化表现为:在行政规章的制定上,程序化要求行政规章的制定要符合相应的立法程序,制定主体要合法,制定过程亦要保持公开化。关于审批权的程序化,主要是指股票发行审核程序的公开化、透明化。股票发行关系到众多上市公司的发展,内容极为复杂且经常变动,因此要完善股票发行程序保障上市公司平稳进入资本市场。行政处罚的程序化是指在对市场违法违规行为的处罚上要遵循法定的程序,确保行政处罚有法可依,实现执法机关的权威性和公正性。四川地方证券监管机关在对辖区内的证券交易行为进行监管时,要严格遵循法定程序,在对内幕交易、操纵市场等证券违法行为进行调查和处罚时,要按照法律规定的步骤和方式展开,确保程序正义,进而实现实体结果的公正。

3. 强化信息披露机制

信息披露乃证券市场监管之核心。信息披露是指证券发行人或其他市场参与者向投资者和其他相关方提供与证券市场交易相关的信息。这些信息包括公司财务状况、经营业绩、风险因素、重大事项等,旨在让投资者能够做出明智的投资决策。强化信息披露机制是提高四川证券监管水平的重要一环。四川地方证券监管机关要对辖区内证券公司、上市公司等市场主体在证券交易活动中信息披露的内容和质量加强监管,对信息披露方披露信息的真实性和完整性进行规范和监督,确保公众及时获得与交易相关的信息、做出适当的投资决策。

(1)完善信息披露制度

政府建立完善的信息披露制度对于保障投资者知情权和监管机构的监管权力至关重要。首先,建立完善的信息披露制度可以确保信息披露的内容、方式、时限和责任主体等方面符合标准和规范。政府可以通过法律、法规或指导意见等形式明确规定市场参与者需要披露的信息内容,如财务报表、重大事项、内幕信息等。同时,政府还可以规定信息披露的方式,如公告、报告、网站披露等,以保证信息的及时性和有效性。此外,政府还可以设定信息披露的时限,确保市场参与者在规定的时间内披露相关信息。最为重要的是,政府还应明确信息披露的责任主体,明确市场参与者对信息披露的责任和义务。其次,建立完善的信息披露制度可以保障投资者的知情权。投资者有权知道市场参与者的相关信息,以便做出明智的投资决策。信息披露制度的建立可以提供市场参与者的关键信息,如公司的财务状况、经营绩效、重大事项等。投资者可以通过监管机构的网站、报告等渠道获取这些信息,从而更好地了解市场和投资机会。这有助于投资者减少信息不对称的风险,保护他们的合法权益。最后,建立完善的信息披露制度可以增强监管机构的监管权力。监管机构在信息披露制度的指导下,可以要求市场参与者按照规定披露相关信息,并对信息披露的情况进行监督和检查。如果市场参与者未按时披露信息或披露虚假信息,监管机构可以采取相应的监管措施,如处罚、警告等。通过建立完善的信息披露制度,监管机构可以更好地行使监管权力,维护市场的公平、公正和透明。

(2)建立信息披露平台

政府可以建立信息披露平台,以实现信息披露的标准化和规范化,同时方便投资者查询和监管机构检查相关信息。首先,政府建立信息披露平台可以提高信息披露的标准化和规范化水平。平台可以设定统一的信息披露标准和规则,确保企业按照规定的格式和内容披露信息。政府可以提供信息披露的模板和指导,帮助企业进行信息披露的准备和提交。通过平台的统一规范,可以避免信息披露混乱和不规范的现象,提高信息披露的质量和效果。其次,建立信息披露平台可以方便投资者查询和监管机构检查相关信息。平台提供便捷的查询功能,投资者可以通过平台查询企业的相关信息,如财务报表、重大事项公告等。这样一来,投资者可以更快速地获取所需的信息,减少了信息获取的成本和时间。监管机构也可以通过平台对企业的信息披露情况进行监督和检查,确保企业按照规定披露信息,维护市场的公平、公正和透明。最后,信息披露平台可以提高信息披露的效率和可靠性。平台可以提供在线提交和审核的功能,企业可以直接在平台上发布披露信息,相较于传统的披露方式,平台极大地节约了时间和成本。同时,平台可以设立审核机制,确保披露的信息真实、准确和完整。这样可以提高信息披露的可靠性,减少虚假和误导性信息的传播。

(3)强化信息披露教育

政府应该加强对企业和投资者的信息披露教育,提高投资者的投资意识和风险意识,促进企业诚信经营。首先,加强对企业的信息披露教育可以提高企业的诚信经营意识。政府可以通过举办培训、发布指南和提供咨询等方式,向企业强调信息披露的重要性,阐明信息披露的相关规定。企业了解到信息披露对投资者的重要性后,会更加重视信息披露工作,自觉遵守相关规定,提高诚信经营水平。其次,加强对投资者的信息披露教育旨在提升其投资意识、风险意识以及自我保护能力。政府在这一过程中扮演着关键角色,可以通过多种途径实施相关教育策略。政府可以通过举办投资教育讲座、发布权威的投资指南以及提供详尽的投资风险评估工具等方式,向广大投资者普及信息披露的核心知识和技能。这些教育活动能够帮助投资者深刻理解信息披露在投资决策中的不可或缺性,使他们更加关注企业的信息披露质量,从而做出更加合理和审慎的投资选择,有效降低投资风险。进一步地,加强信息披露教育还能够显著提升投资者的保护意识和能力。政府有责任教育投资者如何辨别和防范信息披露中的虚假陈述和误导性信息,指导他们如何利用公开的信息披露资料进行风险评估和做出明智决策。同时,政府还应传授投资者如何利用法律武器来维护自身的合法权益,确保他们在面对信息披露违规行为时,能够采取有效措施保护自己的投资利益。

(4)制定奖惩措施

政府可以制定奖惩措施,对信息披露规范、公开透明的企业给予奖励,对信息披露不规范、欺诈误导的企业给予惩罚。首先,奖惩措施可以激励企业积极履行信息披露义务。通过制定奖励制度,政府可以对那些积极披露信息的企业给予肯定和奖励,如享受一定的税收减免、获得政府支持或获得相关认证和荣誉等。这样的激励措施可以鼓励企业主动披露信息,增强企业的信息披露意识和行为。其次,惩罚措施可以约束企业的不当行为。政府可以对信息披露不规范、欺诈误导的企业进行处罚,如罚款、暂停上市、撤销资质等。这样的惩罚措施可以起到警示和威慑作用,促使企业充分履行信息披露义务,减少虚假信息的传播,维护市场秩序和促进市场健康发展。最后,奖惩措施还可以促进企业内部管理和监督机制的完善。企业为了获得奖励和避免惩罚,会更加重视信息披露规范的建立和执行。这将推动企业加强内部管理、加强信息披露制度建设,提高信息披露的质量。然而,政府在制定奖惩措施时必须要合理公正,避免滥用权力和歧视待遇。政府应该建立健全的评估体系和监管机制,确保奖惩措施公正、透明,避免给企业带来不必要的不确定性和负担。

(5)引入第三方评估机构

引入第三方评估机构对企业的信息披露进行评估和监督是提高信息披露质量的有效方式。首先,第三方评估机构具有独立客观的特点,可以对企业的信息披露进行专业、全面的评估。这些机构通常拥有丰富的经验和专业知识,能够对企业的信息披露制度、流程和披露内容进行评估,确保其符合相关法规和准则的要求。其次,第三方评估机构的介入可以增加信息披露的可信度和公信力。由于其独立性和客观性,第三方评估机构的评估报告通常被视为中立的权威性意见。这样的评估报告能够为投资者、监管机构和其他利益相关方提供准确、可靠的信息,增加对企业的信任。最后,第三方评估机构的存在可以促使企业加强信息披露制度的建设、规范信息披露程序。企业为了获得评估机构的认可和良好的评估结果,会更加关注信息披露规范的执行和内部控制机制的完善。这将有助于提高企业信息披露的质量,减少误导和不准确的披露情况。然而,引入第三方评估机构亦面临一些挑战和问题。例如,评估机构的独立性和专业性需要得到保障,避免评估机构被企业影响或操纵。政府在引入第三方评估机构时需要建立相应的监管机制,确保评估机构的公正性和准确性。

4. 加强政府监管与自律监管之间的协调

政府监管与自律监管于证券监管之中交叉融合,其协调融合之过程为一渐次演进之过程。于异域各国与地域,证券监管体制之具体安排或存有差异,然常含政府监管与自律监管之两端。证券监管体制之变迁过程中,政府监管及自律管理二者之关系与协调亦不断演进。一方面,政府监管机构或将加强对自律组织之监管力度,提高自律规范之约束力与规范性。另一方面,自律组织亦在不断提升自身之监管与管理水平,积极配合政府监管机构之工作。

(1)加强政府对证券自律组织的监管

政府监管机关应该对证券自律组织的工作进行有效的监督和管理,以确保其履行职责的合法性和有效性,有效地消除其本身自利和不良竞争所导致的市场不公正。政府监管机关可以制定明确的监管规定,明晰证券自律组织的监管职责、权限和工作要求。这些规定应该涵盖组织结构、人员资质、自律规范制定和执行等各方面,以确保自律组织的运作符合监管要求。政府监管机关可以加强对证券自律组织的监督和检查工作,定期进行检查和评估,确保其依法运作。监管机关既可以要求自律组织提交相关的报告和信息,也可以进行现场检查和核查,及时处理发现的问题。政府监管机关可以为证券自律组织提供必要的指导和培训,帮助他们提高监管水平和能力。这可以包括法律法规的解读、实务操作的指导、行业动态的传达等,以确保自律组织能够有效履行监管职责。具体到四川证券市场,四川地方证券监管部门宜积极采上述之策,加强对四川省证券期货业协会的监督和管理,避免行业协会自身的缺陷影响辖区内证券市场的健康发展。

(2)注重政府监管与自律监管的协调[1]

政府监管和自律监管之间如何协调呢?本书认为,可以从以下几个方面入手。

政府监管机关和自律组织在监管中的职责分配需要明确。政府监管机关负责制定和执行法律法规,对整个市场进行监管和管理。自律组织则负责制定和执行行业内的自律规范,监督和管理行业内的从业人员和机构。为了明确职责分配,政府监管机关和自律组织可以通过协商、合作达成共识。在制定法律法规和自律规范时,可以广泛征求意见,包括政府监管机关、自律组织、行业从业人员和相关利益方等的意见和建议。通过充分沟通和合作,可以确保监管职

---

〔1〕 参见赵福建:《证券自律监管的国际比较与我国证券自律监管体制的完善》,载《中国集体经济》2008 年第 15 期。

责划分的准确和合理。另外,政府监管机关和自律组织之间亦可以建立信息共享和协作机制,加强监管的衔接和协调。政府监管机关可以向自律组织提供行业监管的方向和政策指导,自律组织则可以向政府监管机关提供行业内的专业知识和经验,共力促进行业之康健发展。

自律组织之间在监管职责分配中亦应当加以协调。在监管职责分配中,自律组织之间应当加以协调。自律组织是为了维护行业的良好秩序和规范运作而设立的,其监管职责涵盖了行业内的各个方面。然而,不同的自律组织可能会存在重叠的监管职责,导致监管职责分散、效率低下或者出现监管漏洞。为了解决这个问题,各个自律组织应当进行协调,明确各自的监管职责范围和边界。各自律组织可以通过建立信息共享机制、定期开展合作会议等方式,加强沟通和协作,避免监管职责的重复和遗漏。此外,各自律组织还可以根据行业特点和不同自律组织的专业优势,合理划分监管职责,确保各方都能够有效履行自己的职责。在协调监管职责时,应当考虑到自律组织之间的互动关系。不同自律组织可能存在着相互依赖和影响的情况,在分配监管职责时,应当考虑到各方的实际情况和需求。同时,还应当建立相互监督和制衡的机制,以确保监管之责得以施行与践履,方可善达监管之目标,以促业之良性进展。

政府作为主导者和监管机关,应该在促进行业自律方面发挥积极的引导作用。本书认为,以下是一些政府可以采取的措施:政府可以协助行业内各方共同设立自律机构,负责制定行业自律规范,并监督和管理行业内的从业人员和机构。这样的自律机构可以由行业协会、行业组织或者专门的自律机构人员组成。政府可以与行业自律机构合作,共同制定适用的自律规范。这些规范应该包括行为准则、道德规范、业务规则等,旨在规范行业内的各种行为和业务操作。政府可以对行业自律机构开展相关工作给予支持,包括提供资金支持、宣传推广、法律法规支持等,以促进行业自律机构的发展和规范的落实。政府的引导和支持能够更加有效地推进行业自律规范的制定和落实。这将有益于建市场之良序,增市场之信心,助行业之康健发展。

(三)四川证券业的社会监督

监督乃社会生活中广泛存在之行为,其涵盖社会之各层面与领域,对于维护社会公平正义与促进社会进步具有至关重要之意义。首先,监督是覆盖社会全体成员的行为。无论是个人还是组织,都有被监督和进行监督的可能性。个人之间相互监督,如家庭成员对彼此的行为进行监督;企事业单位内部亦有自身的监督机制,如员工对管理层的监督。同时,社会中的各种组织和机构亦扮演着对政府、企业、公共机构等进行监督的角色。其次,监督覆盖社会生活的全部领域。社会生活包括经济、政治、文化、教育、环境等多个领域,而每个领域都需要监督来确保其公正、透明和有序地运行。例如,经济领域需要监督市场竞争、垄断行为;政治领域需要监督政府的决策和行为;文化领域需要监督媒体的报道和内容。监督在各个领域中都发挥着重要作用。最后,监督涉及社会关系的全部内容。社会关系包括公民与政府的关系、消费者与企业的关系、员工与雇主的关系等。监督旨在确保这些关系的公正、平等和和谐。例如,公民对政府的监督可以促使政府更好地履行职责和义务;消费者对企业的监督可以保护消费者权益;员工对雇主的监督可以促进劳动关系的合理和谐发展。

1. 社会舆论监督

社会舆论监督,谓媒体和社会公众对于某事件或行为所表达之意见和看法。这种舆论对事件的发展和结果都会产生一定的影响。在证券市场中,社会舆论监督主要指媒体和社会公众对证券市场中企业的治理、信息披露、违规违法行为等方面所表达的意见和看法。证券市场监管要注重社会舆论监督的原因如下。

(1)提高监管透明度

社会舆论监督可以促使证券市场监管机构更加透明,及时公开监管信息和行动,增强监管的公信力和可信度。首先,社会舆论监督可以推动监管机构公开监管信息。媒体和社会公众关注并监督监管机构的工作,在发现监管机构存在信息不透明、不公开或不及时披露等问题时,社会舆论监督可以促使监管机构改善这种状况。监管信息的公开可以让市场参与者和投资者了解监管机构的工作重点、政策动态、执法行动等,为市场参与者提供更全面的信息,降低信息不对称的风险。其次,社会舆论监督可以促使监管机构及时公开监管行动。监管机构对市场中的不当行为、违法行为等进行调查和处罚是维护市场秩序的重要手段。社会舆论监督可以引起公众和投资者的关注,督促监管机构及时公布调查结果和处罚决定,增强监管的公信力和可信度。此外,监管机构应该公开自身的组织机构、职责范围、运作方式等信息,让公众和投资者了解监管机构的工作原理和决策过程。监管机构的公开可以增加公众对监管机构的信任，使监管机构更加公正、公平地履行职责，维护市场的稳定和健康发展。

(2)增强监管力度

社会舆论监督可以促使证券市场监管机构加强对市场的监管力度，加大对违规行为的打击力度，从而维护市场秩序和投资者的利益。首先，社会舆论监督可以揭露市场中的违规行为。通过媒体和社会公众的关注和监督，违规行为往往更容易暴露出来。监管机构在面临社会舆论监督的压力下，将会更加认真地处理投诉和举报，并加大对违规行为的调查力度。这种舆论监督将迫使监管机构不能对违规行为视而不见，而是要积极采取行动，确保市场秩序得到维护。其次，社会舆论监督可以推动监管机构加大对违法行为的打击力度。社会舆论监督经常会引发公众的关注，投资者对于违规行为处罚力度的期望值亦会提高。监管机构会采取更加严厉的措施来打击违法行为。这可能包括加大罚款力度、暂停或吊销违规行为者的证券从业资格、启动刑事调查等。这样的打击力度将起到威慑作用。最后，社会舆论监督可以推动监管机构加强监管力度。监管机构的监管力度包括对市场的监测、监管规则的制定、执法检查等。社会舆论监督可以使监管机构更加敏锐地察觉到市场中的问题和风险，及时采取相应的监管措施。监管机构亦会更加主动地与市场参与者和投资者沟通合作，了解市场的需求和问题，进一步加强监管力度，确保市场的健康发展。

(3)提高上市公司治理水平

社会舆论监督可以促使上市公司提高治理水平，加强信息披露，规范经营管理行为，提高企业的声誉和信誉。首先，社会舆论监督可以促使上市公司提高治理水平。社会舆论监督的关注和批评能够公开揭露企业治理中的弊端和不足，迫使上市公司更加重视完善治理机制。上市公司会意识到优化治理结构对于企业长期发展和保持良好声誉的重要性，主动推进落实内部控制、独立董事的监督和决策公开透明等方面的工作。在社会舆论监督的推动下，上市公司将更加重视投资者的权益保护和企业的社会责任，提高治理水平，增强企业的可持续发展能力。其次，社会舆论监督可以促使上市公司加强信息披露。社会舆论监督对信息披露的监督作用是不可忽视的。公众对于上市公司的经营情况和财务状况有着强烈的关注热情，社会舆论监督的压力将迫使上市公司更加主动地披露准确、及时、全面的信息。上市公司将会加强内部信息管理和披露制度,确保信息真实可靠,避免信息不对称和市场操纵行为。最后,社会舆论监督可以推动上市公司规范经营管理行为。企业的经营管理行为直接关系到企业的声誉和信誉。社会舆论监督带来曝光和舆论压力将迫使企业更加注重守信,杜绝任何不良的行为和违规操作。上市公司将会加强内部控制、风险管理和合规培训等方面的工作,规范经营行为,提高企业的声誉和信誉,增强市场竞争力。

(4)保护投资者的权益

通过媒体和社会公众的关注,投资者可以了解市场中的风险和机会,做出明智的投资决策。同时,媒体的舆论监督还可以对公司的财务状况、业绩表现等进行评价和披露,帮助投资者获得更全面的信息,降低投资风险。首先,媒体的关注可以帮助投资者了解市场中的风险和机会。媒体通过报道市场上的重要事件、政策变化以及经济发展情况等,为投资者提供及时的市场动态,投资者可据此判断风险和机会的变化,以便做出相应的投资决策。例如,媒体报道某个行业的发展趋势可能受到政策支持,投资者可以据此选择投资该行业的相关公司,以获取投资机会。其次,媒体的舆论监督可以对公司的财务状况、业绩表现等进行评价和披露。媒体作为公共利益的守护者,扮演着监督机构和舆论引导者的角色。当公司存在财务问题或业绩不佳时,媒体可以通过调查报道和评论分析,揭示其真实情况,对公司进行监督。这可以帮助投资者更全面地了解公司的财务状况和业绩表现,从而减少投资风险。

2. 社会组织监督

(1)社会组织监督的定义

证券市场之社会组织监督,谓由社会组织对证券市场各方之行为进行监督和评价,以促进市场健康发展。在证券市场中,社会组织监督的类型多样化,包括非政府组织、专业机构等。这些组织的存在和发展,对于维护证券市场的公平、公正和透明起着重要的作用。首先,非政府组织在证券市场中发挥着重要的监督作用。这些组织通常由独立的公民组成,以非营利性为目标,致力于维护社会公共利益。它们可以通过调查、研究和发布报告等方式,监督证券市场的运行情况,揭示市场中的不法行为和违规操作,为投资者提供信息和建议,促进市场的规范化发展。其次,专业机构亦扮演着重要的角色。这些机构通常由权威的专家学者组成,具有较高的学术水平和研究能力。它们可以通过研究、分析和评估证券市场的运行情况和问题,提供权威的意见和建议,为政府决策和市场监管提供参考。专业机构还可以承担监督机构委托的调查和评估任务,对市场中的违规行为进行监督和追踪。

社会组织监督具有两大特征。(见表 10 – 3)

表 10 – 3 社会组织监督的两大特征

特征	具体内容
独立自主	在证券市场中,社会组织监督是独立自主的,不受政府或其他机构的控制或干预。这种独立性是确保监督组织能够独立、客观地履行监督职责的前提条件。首先,社会组织监督的独立性保障了监督组织在监督过程中的客观性和公正性。由于不受政府或其他机构的控制,监督组织可以自由地开展调查、研究和发布报告等活动,不受利益干扰或政治压力的影响。这使监督组织能客观评估市场情况,揭示存在的问题,为投资者提供真实、可靠的信息。其次,社会组织监督的独立性有助于其提高声誉和公信力。监督组织的独立性意味着它们不受其他利益相关方的影响,可以公正地履行职责,维护投资者的权益。这种独立性使监督组织的观点和建议更具可信度,被市场参与者广泛接受和认可,从而使监督工作产生更大的影响力和效果。 需要指出的是,在一些特定情况下,社会组织监督可能会受到某些政府或其他机构的影响或干预。例如,政府可能会制定相关法律法规,要求监督组织按照特定的程序和标准开展工作。此外,政府还可以通过提供经费、设立奖励机制等方式,支持和鼓励监督组织的活动。这种干预的目的是提高监督组织的专业能力和影响力,提升市场监管的效果和效率
公正公平	在证券市场中,社会组织监督以公正公平为原则,对各类监督对象进行监督和评价。社会组织监督具有客观性、公正性、中立性,能够发挥一定的舆论监督作用,促进社会公共事务的公正、透明和民主。首先,社会组织监督具有客观性、公正性和中立性。这些组织不受政府或其他利益相关方干预或控制。它们遵循一定的法规和行业标准,进行调查研究、数据分析和评估,确保监督结果的客观性和公正性。这样的独立性和客观性有助于社会监督组织成为一个中立的第三方,能够对监督对象进行公正、无偏见的评价和监督。其次,社会组织监督发挥了舆论监督的作用。它们通过发布监督报告、举办研讨会和讲座等方式,向公众传递监督结果和意见,引导公众对证券市场进行关注和讨论,促进公众对证券市场的理解和参与。监督能够促使市场参与者遵守行业规范,推动市场规范有序运行,保障公共利益的实现

(2)社会组织监督的功能

社会组织监督的存在和发展对于建设公正、透明、民主的社会具有重要意义。它们为公民提供了参与社会事务的渠道,使公众能够行使监督权利,推动政府和企事业单位更好地服务社会。社会组织监督亦起到了提高政府和企事业单位工作质量和效率的作用,激励它们遵守法律规定、履行社会责任。

社会组织可以监督市场参与者的行为符合法律、道德和伦理要求。首先,社会组织可以发布行为准则,明确规定市场参与者的行为规范。这些准则可以包括对信息披露的要求、交易行为的限制、内幕交易的禁止等方面的规定。发布这样的行为准则有助于提醒市场参与者应该如何进行合规操作,明确他们的法律和道德责任,从而引导他们遵守规范,防止违法违规行为的发生。其次,社会组织可以举办培训和宣传活动,提高市场参与者的法治意识和知识水平。这些活动可以包括法律法规的解读、道德规范的宣传、实践案例的分享等。通过这些活动,市场参与者能够更好地了解市场的法律法规和道德规范,增强自己的合规意识和责任意识,减少风险和违规行为的发生。最后,社会组织还可以通过举报和曝光违法违规行为来进行监督。它们可以收集投诉和举报信息,对相关行为进行调查和核实,然后将其公之于众。这样的举报和曝光行为能够起到震慑和警示作用,使违法违规行为者为应对相应的社会舆论压力而付出代价,同时亦提醒其他市场参与者遵守规范,维护市场的公正和透明。

社会组织可以监督市场中的监管机构和自律组织。监管机构和自律组织在证券市场中扮演着监督和规范的角色,确保市场的公平、透明和稳定运行。然而,监管机构和自律组织的职责履行效果需要社会组织的监督和评价来提高。首先,社会组织可以通过参与监管机构的决策过程来发挥监督作用。监管机构通常会征求公众意见和专家建议,制定监管政策和规定。社会组织可以积极参与这样的决策过程,提出合理的建议和意见,促使监管机构更全面、客观地考虑各方利益,制定更符合市场需求和发展的监管政策。其次,社会组织可以评估监管政策的实施效果,对监管机构和自律组织的工作进行监督和评价。社会组织可以收集、分析市场数据和信息,评估监管政策和规定的执行情况,发现问题和不足之处,并向监管机构提出改进建议。通过这样的评估和监督,社会组织能够及时发现监管机构工作的不足之处,推动其改进并提高监管质量。最后,社会组织还可以通过舆论监督和曝光违法违规行为来促进监管机构和自律组织有效履职。社会组织可以通过媒体、网络等渠道向公众传递信息,揭露违法违规行为和监管机构的不当行为,引起社会关注和舆论压力,推动监管机构采取相应的行动。这样的监督和曝光行为对于促使监管机构和自律组织更加积极地履行职责、保护市场的公正和透明起到重要作用。

社会组织在证券市场中可以通过多种方式提供市场信息和咨询服务，从而帮助投资者了解市场情况和风险，增强他们的保护意识和能力。首先，社会组织可以通过调查研究、发布报告等方式提供市场信息。社会组织可以对市场进行深入的调研和分析，收集和整理相关数据和信息，并通过发布报告等方式向投资者提供客观、准确的市场信息。这些信息可以帮助投资者了解市场的发展趋势、行业动态以及潜在的风险因素，使他们能够做出更明智的投资决策。其次，社会组织可以通过举办论坛、研讨会等活动提供咨询服务。社会组织可以邀请行业专家、学者和从业人员等参与这些活动，分享他们的经验和观点，解答投资者的疑问，提供专业的咨询服务。这样的活动可以为投资者提供一个交流平台，帮助他们更好地了解市场和投资知识，提高他们的投资能力和决策水平。最后，社会组织还可以组织投资者教育活动，开展法律援助等服务，帮助投资者解决投资争议和维护自身权益。

(3)社会组织监督的缺陷和修正

社会组织监督存在一些缺陷。一是信息获取与成本问题是中小投资者在监督证券市场上面临的主要挑战。他们因信息不对称而处于劣势，难以获取上市公司的充分和准确的信息，且获取这些信息需付出高昂的时间和金钱成本。中小投资者缺乏专业财务知识，难以分析公司报表，易受误导。这导致问题常在损失已造成后才被揭示。个人揭露不法行为成本高、风险大，包括调查成本、法律费用及可能遭受的公司报复。尽管有举报机制，但法律程序复杂，证明不法行为需充分证据，揭露者可能面临法律风险。二是监督力量与专业能力的局限性是社会组织在证券市场监管中面临的主要问题。一方面，由于资源有限且缺乏政府监管机构所拥有的广泛权力，社会组织在实施监督时往往感到力不从心，难以全面有效地覆盖市场。另一方面，证券市场监管工作高度专业化，要求监管者具备深厚的金融和法律知识。然而，社会组织普遍缺乏此方面的专业人才，这不仅限制了它们准确识别市场问题的能力，亦影响了提出有效监管解决方案的可行性。三是社会组织在证券市场监管领域面临法律地位模糊及权力受限的双重困境。一方面，其法律地位的不明确性导致在行使监督职能时，可能会遭遇法律层面的阻碍与不确定性，影响监督的有效施展。另一方面，社会组织普遍缺乏法律赋予的制裁权力，这意味着即便发现了违法行为，它们亦无法直接对违法主体实施处罚措施，从而严重制约了其监督功能的发挥和有效性。四是社会组织在监督证券市场的过程中,面临独立性与利益冲突的双重考验。一方面,它们的独立性可能会受到各种利益集团的干扰和制约,导致监督行为偏离公正客观的原则,监督结果亦可能因此失去公信力。另一方面,部分社会组织由于自身的营利性质,与上市公司之间存在潜在的利益纠葛,这种冲突可能使得它们在监督过程中难以坚守公正立场,甚至有可能为了自身的经济利益而违背监督职责,采取舞弊等不正当手段。五是机构投资者监督失灵。机构投资者在追求最大化投资回报时,可能会因利益诱惑而在监管和披露上存在疏漏或不合理行为,如隐瞒真实财务情况。尽管有行业和法律规范约束,但规范可能宽泛或不完善,使得机构投资者有机会规避约束或利用法律漏洞。因此,确保机构投资者在会计信息披露中的独立性和职业道德,以及建立有效制衡机制是关键。[1]

社会组织监督缺陷的修正。就社会组织监督的缺陷而言,证券监管机构可以通过与社会组织合作,帮助社会组织切实发挥监督作用。具体而言,证券监管机构可以采取以下措施:一是支持社会组织参与证券监管。证券监管机构可以积极支持和鼓励社会组织参与证券监管,鼓励公益组织、行业协会、研究机构、媒体等各种形式的社会组织,以舆论监督、信息公开、调查研究等方式,对证券市场中的违法违规行为进行监督和评价。二是加强与社会组织的合作。证券监管机构可以积极与社会组织合作,共同开展证券市场监管工作。例如,可以邀请专业的社会组织代表参加证券市场监管机构的相关会议,提供专业的意见和建议,共同制定证券市场监管政策和规则。三是开放信息渠道。证券监管机构可以加强与社会组织之间的信息交流和沟通,及时向社会组织公开证券市场监管信息,使社会组织了解证券市场监管的最新情况,更好地参与证券市场监管。四是加大对社会组织权益的保护力度。证券监管机构可以加强对社会组织权益的保护力度,营造良好的社会监督环境,防止社会组织受到打压和干扰,保障社会组织的合法权益,发挥社会组织在证券监管中的重要作用,促进证券市场的稳定和发展。

---

〔1〕 参见邓建萍:《中国股票市场现有监管体制的缺失及社会监管体制的建立》,载《现代经济信息》2011 年第 1 期。

附录　四川证券市场大事记

时间	事件
1980 年 6 月	成都市政府批准成立成都市工业展销信托股份公司并发行改革开放新时期以来我国的第一张股票，标志着我国资本市场改革的新起点，为后来我国证券市场的发展奠定了基础。这一举措促进了企业改革和发展，为投资者提供了参与经济发展的机会①
1980 年 7 月	成都市工业展销信托股份公司（成都蜀都大厦股份有限公司的前身），通过募集方式发行了成都地区的第一张股票，成为 1949 年以来有记载的首批以募集方式设立的股份公司之一②
1991～1994 年	四川省和成都市的体制改革部门与人民银行的省、市分行合作，在红庙子街开设了四川金融市场证券交易中心，主要用于进行国债和企业债券的交易。从 1992 年年底开始，红庙子证券自发交易市场门前开始出现自发的交易活动。随着时间的推移，参与自发交易的人数逐渐增加，到 1993 年年初已达到数万人，逐渐成为我国最大的证券自发交易市场之一。然而，由于政府的干预，红庙子证券自发交易市场于 1994 年 1 月被迫关闭。红庙子证券自发交易市场的出现对于普及股票知识、规范证券交易以及推进四川企业股份制改革产生了重要影响③
1992 年	上海万国证券在成都设立四川首家异地证券公司营业部，为成都及周边地区的投资者提供了更好的金融服务，促进了当地金融市场的发展，推动了经济增长和就业机会的增加④
1993 年 3 月 12 日	四川峨眉山盐化工业（集团）股份有限公司成功实现在深交所的上市，成为四川省率先进入资本市场的公司之一，同时亦是深交所首批在异地注册的企业⑤

续表

时间	事件
1993 年 4 月 26 日	乐山电力股份有限公司已经成功在上海证券交易所上市,成为四川省首批登陆上海证券交易所的企业之一。这一里程碑的达成对于乐山电力和四川省的经济发展具有重要意义[⑥]
1994 年 6 月 6 日	东方电机股份有限公司的股票在香港联合交易所成功发行 H 股并挂牌上市,这标志着四川地区企业首次在境外上市。这一重要举措将为东方电机股份有限和四川地区经济发展带来新的机遇和推动力[⑦]
2007 年 5 月	四川新华文轩连锁股份有限公司(2010 年更名为新华文轩出版传媒股份有限公司)于 2007 年 5 月在香港联合交易所主板上市和 2016 年 8 月回归 A 股市场的成功,标志着该公司在出版行业的地位和影响力得到了进一步提升。作为全国出版行业首家 H 股上市公司和国内首家“A + H”出版传媒企业,新华文轩出版传媒股份有限公司在行业内具备独特的竞争优势。 作为我国文化体制改革的首批成果企业之一,新华文轩出版传媒股份有限公司在改革和发展方面一直走在全国前列。该公司通过不断创新,积极拓展多元化的业务领域,提高企业的核心竞争力。新华文轩出版传媒股份有限公司的成功经验为其他企业提供了宝贵的经验,为整个行业的发展提供了指导。作为中国出版发行行业的排头兵,新华文轩出版传媒股份有限公司在市场竞争中取得了显著的成绩,公司以优质的出版物和专业的发行服务赢得了广大读者的认可,提升了品牌价值和市场份额。新华文轩出版传媒股份有限公司的成功亦推动了整个西部地区的出版传媒产业的发展,该公司亦成为该地区的领军企业。作为四川文化产业的龙头企业,新华文轩出版传媒股份有限公司在推动四川文化产业发展方面发挥了重要作用,公司通过提升自身实力和市场竞争力,带动了整个地区文化产业的繁荣。新华文轩出版传媒股份有限公司的成功经验为其他四川文化企业提供了学习的机会,促进了整个地区文化产业的提升和创新
2008 年	“5 · 12”汶川特大地震是我国历史上一次重大的自然灾害。在这场灾难面前,四川证券人展现了坚韧不拔的意志和顽强拼搏的精神,以确保证券市场的平稳运行,为恢复地区经济和社会秩序做出了重要贡献。面对灾情,四川证券人没有退缩和畏惧,而是积极行动起来。他们迅速启动灾难应急预案,组织人员全力投入到救灾工作中,确保了证券市场的基础设施和交易系统的正常运行。他们通过不懈努力,成功维持了市场的稳定,避免了地震导致的金融风险和连锁反应[⑧]
2009 年 7 月 27 日	上海证券交易所迎来近 1 年来的首只新股———四川成渝(601107)。四川成渝高速公路股份有限公司当日发布公告称,其网上发行的 3. 75 亿股将于 2009 年 7 月 27 日起上市交易。根据公告,上市股票的证券简称为“四川成渝”,证券代码为“601107”。市场公开信息显示,多家券商机构对四川成渝上市首日定价的预测结果大约在 5. 13 元/股,其中最低价格为 3. 75 元,最高为 6. 5 元。不过,四川成渝上市首日的走势却再次复制了当年紫金矿业(601899)上市时被爆炒的一幕。周一该股上市,盘中被爆炒,被上海证券交易所两次临时停牌,其全天最高涨幅达 323%,远超市场此前主流预期。最终,四川成渝在盘中两度被交易所停牌之后,以 10. 9 元收盘,较 3. 6 元的发

续表

时间	事件
	行价大涨 202.78%，换手率高达 88.31%。四川成渝高速公路股份有限公司是首次公开募股（IPO）重启以来沪市第一家获批公司，亦是 2009 年第一只回归 A 股市场的 H 股
2016 年	推动金融业发展。四川将继续加强监管力度，提升市场化、法治化水平，优化营商环境，吸引更多的企业和投资者参与资本市场，促进经济增长。在资本市场改革方面，四川坚持“股债结合，以债为主”的发展思路，注重发展债券市场。四川积极推进企业债券、金融债券、地方政府债券等各类债券的发行，为企业提供多元化融资渠道。同时，四川还加强了资本市场基础设施建设，提升市场的运行效率和风险防范能力。在上市公司数量方面，四川通过优化上市公司审核、发行、监管等制度，吸引更多优质企业上市。根据公开数据分析，四川省上市公司数量持续增长，这为各类企业提供了更多的融资渠道和发展机会。在证券期货市场方面，四川积极推动交易额的增长。通过加强市场监管，增加交易所的创新产品和服务，四川证券期货市场交易额呈上升趋势，为投资者提供了更多投资机会。总体而言，四川省政府高度重视资本市场的发展，通过一系列的政策和举措，在资本市场改革上取得了显著的成效。四川将继续加大力度，进一步完善资本市场体系，促进经济持续健康发展⑨

注：①田立民：《四川证券市场20年“闪光的岁月”谱写华彩乐章》，载《上海证券报》2010 年 11 月 30 日，第 F11 版。

②田立民：《四川证券市场20年“闪光的岁月”谱写华彩乐章》，载《上海证券报》2010 年 11 月 30 日，第 F11 版。

③马国栋：《火爆一时的成都红庙子街自发的非上市股权交易市场》，载《巴蜀史志》2018 年第 6 期。

④田立民：《四川证券市场20年“闪光的岁月”谱写华彩乐章》，载《上海证券报》2010 年 11 月 30 日，第 F11 版。

⑤田立民：《四川证券市场20年“闪光的岁月”谱写华彩乐章》，载《上海证券报》2010 年 11 月 30 日，第 F11 版。

⑥田立民：《四川证券市场20年“闪光的岁月”谱写华彩乐章》，载《上海证券报》2010 年 11 月 30 日，第 F11 版。

⑦田立民：《四川证券市场20年“闪光的岁月”谱写华彩乐章》，载《上海证券报》2010 年 11 月 30 日，第 F11 版。

⑧田立民：《四川证券市场20年“闪光的岁月”谱写华彩乐章》，载《上海证券报》2010 年 11 月 30 日，第 F11 版。

⑨谭伟：《大力发展资本市场　助力四川新型工业化中国》，载《四川日报》2023 年 4 月 17 日，第 10 版。